YINGKE® 盈科

盈科全国业务指导委员会系列丛书

# 困境企业拯救法律指南

盈科律师事务所 / 编
关振海　满翔宇　侯晓宇　李亚辉 / 著

法律出版社 LAW PRESS · CHINA
北京

图书在版编目(CIP)数据

困境企业拯救法律指南 / 盈科律师事务所编 ；关振海等著. -- 北京 ：法律出版社，2022
ISBN 978 - 7 - 5197 - 7283 - 3

Ⅰ. ①困… Ⅱ. ①盈… ②关… Ⅲ. ①企业法 - 中国 - 指南 Ⅳ. ①D922.291.914

中国版本图书馆 CIP 数据核字（2022）第 206620 号

困境企业拯救法律指南
KUNJING QIYE ZHENGJIU FALÜ ZHINAN

盈科律师事务所 编
关振海 等著

策划编辑 朱海波
责任编辑 朱海波 李 军
装帧设计 臧晓飞

出版发行 法律出版社
编辑统筹 法律应用出版分社
责任校对 似 玉
责任印制 刘晓伟
经 销 新华书店

开本 710 毫米×1000 毫米 1/16
印张 25.75 字数 416 千
版本 2022 年 12 月第 1 版
印次 2022 年 12 月第 1 次印刷
印刷 固安华明印业有限公司

地址：北京市丰台区莲花池西里 7 号(100073)
网址：www.lawpress.com.cn
投稿邮箱：info@lawpress.com.cn
举报盗版邮箱：jbwq@lawpress.com.cn

销售电话：010 - 83938349
客服电话：010 - 83938350
咨询电话：010 - 63939796

书号：ISBN 978 - 7 - 5197 - 7283 - 3
定价：90.00 元
凡购买本社图书，如有印装错误，我社负责退换。电话：010 - 83938349

本书编著者
关振海　满翔宇　侯晓宇　李亚辉

# 自　　序

企业陷入困境,是市场竞争的产物,也是市场经济固有的"顽疾"。美国20世纪30年代的经济大萧条时期,大量的债务人陷入困境;为了拯救陷入困境的企业,破产和解制度应运而生。到了20世纪60年代,以积极拯救困境企业为目标,美国确立了破产重整制度。20世纪70年代中期,由英格兰银行创立的法庭外债务重组"伦敦模式",被广泛地运用于困境企业拯救并获得很大的成功。困境企业拯救机制经过不断地改进和发展,形成了以破产重整为核心的司法拯救机制和以庭外重组为核心的非司法拯救机制。到了20世纪80年代末90年代初期,预重整程序作为破产法发展变化的副产品在美国出现。如今,困境企业的拯救已发展成为多元化的拯救机制。

重整制度于2006年被引入我国的《企业破产法》,但其所具有的拯救功能并未得到有效发挥。随着供给侧结构性改革的深入,重整制度作为重新优化配置资源的重要手段被更多地应用。一些有影响力的困境企业通过重整的方式获得了"康复",产生了良好的社会效果,引起社会各界广泛的关注。

遭遇困境的企业,就像"烂尾工程",会面临很多现实的问题,不知道从何下手解决为好;其中,既有主观方面的因素,也有客观方面的因素。

困境企业的拯救,往往"挣扎"在资产权益、控制权益博弈的旋涡中,对企业潜在的风险及法律责任和后果缺乏足够的认知,或许还会存在一些侥幸的心理,不甘于放弃既得利益。对困境企业的拯救普遍存在认识上的误区,似乎只要解决了"钱"的问题,就可以扭转企业困境的局面。

困境企业的拯救,是一项系统工程,涉及法律、经济、金融、资本、管理、产业等多行业、多领域;我们更加重视系统化的解决方案,而不是"头痛医头,脚痛医脚"的处理方式。

困境企业的拯救涉及债务人及实控人、债权人、重整投资人、行业主管部门、政府监管部门等多方相关权益人，需要很好的利益平衡谈判能力、公共资源协调能力以及专业技术系统应用能力，具有很大的挑战性。

实务中，我们对困境企业的拯救有自己的认知、思考和总结。本着实用主义的原则，结合相关案例，以比较通俗的语言，尽可能准确、完整地表达相关的专业术语和专业观点，为的是让更多的非专业的朋友们能够很好地理解；我们希望本书能给您带来一点启示。

2022 年 9 月 15 日

# 目 录
CONTENTS

# 第二篇 Part 2 指南篇

第一篇

# 基础篇

# 第一章　困境企业拯救之路

企业陷入困境，在市场经济中是比较常见的一种经济现象，通常表现为企业的财务状况出现了问题，经营现金流已经严重不能满足支付货款、薪资等实际需要，从而陷入困境的状态，可能会面临债务违约、暂停营业、信用瑕疵等风险。陷入困境的企业如果不能及时获得拯救，便意味着“倒闭”、退出市场竞争，这是企业面临的最为严峻的挑战。现代社会的企业之间相互联系日益密切，此家企业的困境可能会牵连彼家企业的经营，像“疾病”一样会“传染”，特别是那些具有社会影响力的大型企业，还担负着一定的社会经济职能，一旦陷入困境，将会在社会上产生很大的消极影响。

困境企业的拯救是经济、法律等社会各界比较关注的话题。经过不断地发展和完善，困境企业的拯救机制从单一注重债权人利益保护的目标向兼顾社会利益、债务人利益的目标方向转变；既要保护债权人的利益，也要关注社会利益，让困境企业重生的价值目标就成为学界与实务界的主流思想，由此发生了质的飞越，困境企业拯救之路有了更多的可供选择的解决方案。

## 第一节　困境企业含义界定

困境企业的典型表现就是财务方面陷入了困境。国内外的理论界和实务界对企业的财务危机现象均有比较详细的研究。美国学者 Gordon 第一次系统完整地论述了财务困境理论，他将财务危机定义为“当公司盈利能力减低到某一水平点时，公司无法支付其债务利息和本金的可能性就会并非微不足道，此时企业就处在财务困境的状态”①,也就是说,当公司经营所赚的钱连支付债务利息和本金都很困难时,就可以说企业处于财务危机的状态了。企业陷入困境的原因可能有财务方面的因素,也可能有市场的因素或者管理方面的因素,还可能有违法、违规方面的因素。

关于困境企业的含义,目前在理论界尚无明确的定义和标准,本书只是从两个角度对企业的困境状态进行描述。

从财务角度来衡量,由于企业的经营现金流严重不足,已经无力支付货款、薪资等债务;或者是企业的总资产小于总负债,出现资不抵债的情形,此时就标志企业陷入了财务危机。陷入财务危机的企业,最典型的标志是进入了破产状态。就上市公司而言,通常情况下,如被冠以 ST(special treatment)或 * ST 标签,多数表明其陷入了财务困境。

从法律视角来考察,当企业出现全面的违约行为,拖欠或停止支付税款、职工薪资、贸易应付账款,不能清偿到期债务,或者有不能清偿到期债务的可能,就意味着企业陷入了债务危机,据此可以将其界定为困境企业。

当困境企业具有法律视角下所描述的状态时,实际上也是其进入破产程序的破产原因。因此可以说,当企业具有破产原因时,也是其成为困境企业的表现形式;将《企业破产法》规定的破产原因,作为界定困境企业的条件和标准,不仅符合逻辑,也具有法律依据。

关于企业具有破产原因的标准,《最高人民法院关于适用〈中华人民共和国企业破产法〉若干问题的规定(一)》中进行了解读,②具体有两种表现形式:一是不能清偿到期债务且资产不足以清偿全部债务;二是不能清偿到期债务且明显缺乏清偿能力。企业只要具有这两种表现形式之一,法院即可按照《企业破产法》第 2 条的规定,作为是否受理破产申请案件的法律依据和实质性条件;③同

---

① 申林平编著:《上市公司破产重整原理与实务》,法律出版社 2020 年版,第 67 页。

② 《最高人民法院关于适用〈中华人民共和国企业破产法〉若干问题的规定(一)》第 1 条规定:“债务人不能清偿到期债务并且具有下列情形之一的,人民法院应当认定其具备破产原因:(一)资产不足以清偿全部债务;(二)明显缺乏清偿能力。相关当事人以对债务人的债务负有连带责任的人未丧失清偿能力为由,主张债务人不具备破产原因的,人民法院应不予支持。”

③ 《企业破产法》第 2 条规定:“企业法人不能清偿到期债务,并且资产不足以清偿全部债务或者明显缺乏清偿能力的,依照本法规定清理债务。企业法人有前款规定情形,或者有明显丧失清偿能力可能的,可以依照本法规定进行重整。”

时，这也是企业进入破产程序的原因，也就是法院可以宣告企业破产所依据的特定事实状态。据此，我们将企业具有以下三种表现形式之一的，确定为困境企业。

第一种形式：企业不能清偿到期债务，且资不抵债；

第二种形式：企业不能清偿到期债务，且明显缺乏清偿能力的；

第三种形式：企业不能清偿到期债务，且有明显丧失清偿能力可能的。

“资不抵债”应该很好理解，也比较容易找到证明的依据，如企业资产负债表或者审计报告、资产评估报告等，显示其总资产不足以偿付总负债的，就可以认定为资不抵债。

对“不能清偿到期债务”和“明显缺乏清偿能力的”的理解，在实践中易于产生分歧和争议，最高人民法院作出了进一步的解释。①

“不能清偿到期债务”是指债权债务关系依法成立，债务履行期限已经届满，债务人未完全清偿债务。对此，可以通过体现债权债务关系的协议、催款函等来证明债务人存在“不能清偿到期债务”的行为。

“明显缺乏清偿能力的”是指债务人账面资产虽大于负债，但存在下列情形之一的，人民法院应当认定其明显缺乏清偿能力：

(1)因资金严重不足或者财产不能变现等原因，无法清偿债务；

(2)法定代表人下落不明且无其他人员负责管理财产，无法清偿债务；

(3)经人民法院强制执行，无法清偿债务；

(4)长期亏损且经营扭亏困难，无法清偿债务；

(5)导致债务人丧失清偿能力的其他情形。

对“有明显丧失清偿能力可能的”如何理解，最高人民法院并没有对其作出相关司法解释。对此，本书认为，“有明显丧失清偿能力可能的”是指企业的债

---

① 《最高人民法院关于适用〈中华人民共和国企业破产法〉若干问题的规定(一)》第 2 条规定：“下列情形同时存在的，人民法院应当认定债务人不能清偿到期债务：(一)债权债务关系依法成立；(二)债务履行期限已经届满；(三)债务人未完全清偿债务。”第 3 条规定：“债务人的资产负债表，或者审计报告、资产评估报告等显示其全部资产不足以偿付全部负债的，人民法院应当认定债务人资产不足以清偿全部债务，但有相反证据足以证明债务人资产能够偿付全部负债的除外。”第 4 条规定：“债务人账面资产虽大于负债，但存在下列情形之一的，人民法院应当认定其明显缺乏清偿能力：(一)因资金严重不足或者财产不能变现等原因，无法清偿债务；(二)法定代表人下落不明且无其他人员负责管理财产，无法清偿债务；(三)经人民法院强制执行，无法清偿债务；(四)长期亏损且经营扭亏困难，无法清偿债务；(五)导致债务人丧失清偿能力的其他情形。”

务即便是没有到期,但是,根据其经营状况、财务状况以及诉讼信息,可以明确地作出判断,预知其已无力履行未来到期的债务,即可认定为“有明显丧失清偿能力可能的”企业。

困境企业如同病人一样,会有困境的外在表现。对法院来说,企业因为有了困境的外在表现,这是其进入破产程序进行拯救(或清退)的原因;对企业来说,因为有了困境的外在表现,这是其成为困境企业的原因。其中有个因果关系的逻辑问题需要澄清:常识告诉我们,病人会表现出一定的症状。对医院来说,病人有了症状,是医院治病救人的原因;对病人来说,因为有了症状,这是其成为病人的原因(见图1-1)。

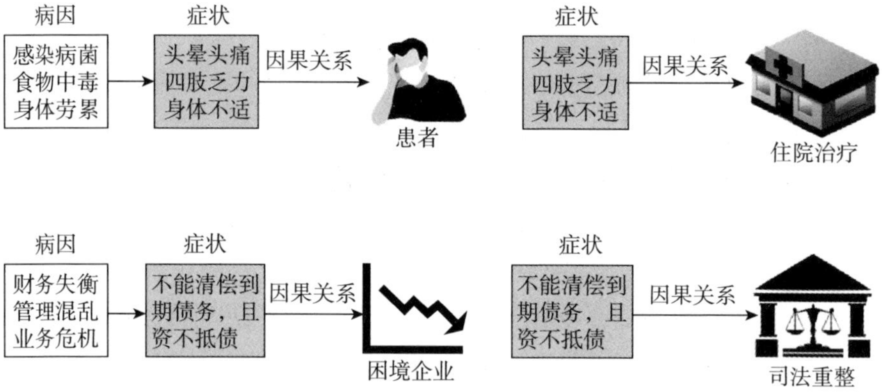


**图1-1 困境企业与患者的逻辑问题**

## 第二节 企业困境成因分析

对企业困境形成过程的原因,国内外的学者从经济层面、制度层面、管理层面,通过不同的视角进行了大量的研究分析。对此,仁者见仁,智者见智;不同的视角对困境企业的成因会有不同的认识和解释。

武汉科技大学的李秉成教授在其《企业财务困境形成过程研究》一文中,从微观的视角详细介绍并阐述了企业困境形成的原因、征兆和特征。[①] 企业困境

① 参见李秉成:《企业财务困境形成过程研究》,载《当代财经》2004年第1期。

形成的主要原因可以划分为三个层级。

企业困境形成的第一层次原因是企业的经营管理能力欠缺，而且是主要原因、根本原因。

企业困境形成的第二层次原因是企业的财务结构恶化、不良债务增多、经营严重亏损、市场销量减少、产品库存增加等。

企业困境形成的第三层次原因是失去支付能力、资产负债率激增。

企业困境的形成过程，从逻辑上可以这样讲，由于“企业经营管理能力的欠缺、经营管理不善”（第一层次原因），引起“财务结构恶化、不良债务增多、经营严重亏损、市场销量减少、产品库存增加等”（第二层次原因），最终导致“失去支付能力、资本负债率激增”（第三层次原因），企业陷入财务困境。

企业在陷入困境之前的征兆和特征往往表现在某些财务项目、财务比率不同于非困境企业。实证分析的研究结果表明，困境企业的资产负债率、净资产收益率、总资产收益率、流动比率 4 个指标的平均值与非困境企业存在较大的差异，也就是说，如果企业的资产负债率、净资产收益率、总资产收益率、流动比率 4 个指标的平均值出现异常，就表明企业处于困境状态了。

如果监管机构给予上市公司 ST 或 * ST 的标签，表明该上市公司已陷入困境，以提示风险。李曙光教授从以下五个角度对 54 家上市公司重整的原因进行分析。①

1. 财务报表失衡。上市公司陷入债务危机时，主要体现在财务报表失衡，即“三大表”（资产负债表、利润表和现金流量表）失衡。财务报表失衡，直观地体现了上市公司陷入困境的状态：财务负担沉重、盈利能力严重不足、融资渠道几乎断绝。

2. 业务危机。业务危机是上市公司产生债务危机和经营危机的原因，实际也是财务报表失衡的原因。业务危机的主要症状体现为市场份额大幅下滑、市场持续低迷、资金链断裂。

3. 公司治理结构混乱。公司治理结构混乱是间接导致上市公司债务危机和经营危机的因素之一。公司治理结构混乱的主要症状表现为“一股独大”、董事

---

① 参见李曙光、郑志斌主编：《公司重整法律评论：上市公司重整专辑》（第 5 卷），法律出版社 2019 年版，第 51 页。

会独立地位不强、监事会的监督机能缺位、激励机制扭曲、信息披露失范等。

4. 违法违规。上市公司违法违规的主要表现是违规担保和财务造假。违法违规不是上市公司重整的直接原因，但是，由于违法违规的丑闻，使上市公司潜在的债务危机和经营危机曝光，从而加剧了危机。

5. 退市危机。按照证券交易所的股票上市规则，如果存在退市与风险警示的情形，基于“保壳”的需要，进入重整程序是资本市场常用的手法之一。

上述五种情形，几乎是困境企业的“通病”。到底是因为企业得了“通病”而成为困境企业呢，还是因为是困境企业而得了这些“通病”呢？对其中的因果关系逻辑，本书就不去细究“何谓因”“何谓果”了。

## 第三节　困境企业拯救之渊源①

陷入困境的企业摆脱危机、获得拯救的方式，经历了从消极清算到积极拯救的历史演变。19 世纪后期，经济萧条，大量企业倒闭，单一的破产清算制度带来很多社会现实问题，如工人失业冲击社会稳定、生产力资源浪费、市场秩序遭到破坏等。如何避免企业破产清算就成为当时破产制度亟待解决的问题。作为补充，破产和解制度应运而生。通过破产和解制度，困境企业可以缓解债务清偿的压力，避免进入破产清算程序而倒闭；债权人通过放弃部分权益或者延期受偿的代价，如果困境企业能够恢复经营，债权人及其他相关利益主体可以实现比破产清算更为划算的清偿。破产和解制度产生的出发点不是以挽救困境企业为目的，而是以债务能够获得清偿为动机，如此才能给予困境企业一个复苏的机会。

历史发展到 20 世纪 60 年代，《企业破产法》的价值取向发生了重大改变，不仅关注债权人的利益，也开始关注困境企业（债务人）的利益和社会利益。为了调整债权人、困境企业（债务人）和社会各方的利益关系，以美国为代表的一些国家纷纷确立了重整制度，以积极拯救困境企业（债务人）为目标，既要保证债权人利益公平受偿，也要给予困境企业（债务人）继续参与市场竞争的机会，有

① 参见胡利玲：《困境企业拯救的法律机制研究——制度改进的视角》，中国政法大学出版社 2009 年版，第 30 页。

效保护竞争秩序和生产力资源,维护社会生活的稳定。因此,重整制度是一种积极的困境企业司法拯救机制。

但是,重整程序作为一项司法拯救制度,存在程序复杂、司法干预、耗时较长等问题,在重整制度发展的同时,为了减少司法程序的负担,一种更为灵活的拯救困境企业的方式产生了——庭外重组。20 世纪 70 年代中期,由英格兰银行创立的法庭外债务重组“伦敦模式”被广泛地运用于拯救困境企业(债务人),并获得很大的成功。在法庭以外,由债权人与债务人(困境企业)按照意思自治原则,就债务重组等事宜进行了一系列的合同安排,避免因司法程序产生消极影响,作为另外一种困境企业拯救方式而被广泛采用。

至此,困境企业的拯救机制发展为以破产重整为核心的司法拯救机制和以庭外重组为核心的非司法拯救机制二元化机制。

到了 20 世纪 80 年代末 90 年代初期,预重整程序作为破产法发展变化的副产品在美国出现。庭外重组并非执行司法程序规则,而是依据私法领域的民法原则、契约规则进行债务重组,因此,难以避免遭遇“钳制”问题、“搭便车”问题的困扰,使庭外重组的成效受到影响。为了克服其不足,将庭外重组的优势和司法重整程序上的优势相结合,用于拯救困境企业,“预重整程序”被美国破产立法所确认。预重整程序的出现和发展为困境企业拯救提供了更多的选项,已被广泛运用。从此,困境企业的拯救机制从二元机制向多元化发展。

困境企业拯救机制从单一的司法拯救机制,经过不断改进和发展,演变为司法拯救和非司法拯救以及预重整多元化的拯救机制,并且还在发展中。困境企业拯救机制的每一次发展,都是在克服原有拯救机制的某种不足或缺陷基础上的前进,也是缘于原有拯救制度已不能满足客观实际需要情况下的拓展,是拯救制度创新的内在需求使然。困境企业拯救制度的创新,可以为困境企业提供更多的可供选择的拯救方案。

## 第四节 困境企业拯救之目的

为什么要去拯救困境企业呢?说明困境企业一定具有“拯救”的价值。那么,如何衡量困境企业的拯救价值?

从经济学的角度来看，通常情况下，企业财产的营运价值高于清算价值，这是因为，附加于企业财产的无形价值只有继续运营时才可以实现，但当进行清算变卖时，企业财产的无形价值就会丧失殆尽。对那些具有拯救价值的企业，只有在维持经营的情况下，企业财产的无形价值才有机会得到实现，同时，债权人的利益也会得到更大程度的保护。

从维护社会利益的角度来看，现代企业是人、财、物的集合体，企业通过交易关系，与其他企业或社会组织产生千丝万缕的联系，并且还会担负部分社会职能。一旦企业因经营失败而“倒闭”，必将对社会产生消极影响，包括员工失业对社会稳定造成的冲击，企业生产资料、生产力等资源的浪费，对市场竞争秩序的破坏等。因此，困境企业的拯救也是维护社会利益的需要。

困境企业拯救机制的核心价值是利益平衡。对困境企业的拯救，涉及的利益是多方面的，牵涉众多的利益主体。相关利益主体在参与拯救的过程中，必须合理分担拯救的成本，承担拯救中的风险，避免困境企业走向破产清算的境地，通过利益平衡，帮助困境企业渡过危机，重新恢复经营。

## 第五节　困境企业拯救之选择

按照世界银行及国际通行的惯例，以司法手段介入与否为标准，困境企业的拯救机制可划分为两类：司法拯救机制和非司法拯救机制。

司法拯救机制是指根据《企业破产法》的相关规定，进入司法程序，在法院的监督下，运用和解或重整手段，通过制定和解协议或重整计划，帮助困境企业度过财务危机，重新恢复生产经营。司法拯救也有称为司法重整、庭内重整。

非司法拯救机制是指在司法程序以外，根据民法的意思自治原则，由困境企业的相关利益主体自行协商，对债务、资产及业务进行重组，形成各方均认可的拯救方案。非司法拯救也有称为庭外重组。

司法重整具有司法保护、程序规范以及具有普遍约束力等制度上的优势，但也存在一定的局限性，包括较高的制度成本、负面信息的公开、转为破产清算的风险等。庭外重组具有较少的司法干预，以意思自治为原则，不受程序的约束和时间的限制，经济成本较低，对企业信誉和商业秘密的影响较小等优势，但也存在“拒不合作”“漫天要价”的“钳制”问题以及“搭便车”等问题。

实务中,困境企业在司法拯救和非司法拯救之间如何选择,需要考虑的因素很多,包括拯救机制的成本和效率、制度的有效性、债务的结构、信息对称以及复杂的动机等。这些因素将影响困境企业选择拯救机制的途径,即选择程序外签订重组协议,还是选择正式的破产重整程序。

在司法拯救机制中,相较于破产和解,破产重整是困境企业拯救的高级形式。破产重整不仅对企业的债务进行重组,还要对企业的股权结构、高管人员、资产业务等要素进行重组,并形成新的权益结构。而破产和解仅局限于债务重组的范畴,不涉及控制权结构或其他要素的重组。

非司法拯救机制,也被称为庭外债务重组,不受破产程序的约束,具有更大的灵活性。庭外债务重组更多的是按照民事合同的规则进行自愿协商谈判,并最终达成合意。如果遇到缺乏契约精神的相关主体,庭外债务重组可能会功亏一篑。

无论是司法拯救还是非司法拯救,其核心思想都是通过对困境企业的债务、资产及业务进行重组,实现比破产清算更高的价值。

## 第六节 困境企业拯救之依据

对于困境企业的拯救,我国已经建立了相对完善的操作规则和制度体系,尤其是司法重整,以《企业破产法》为核心、配套的司法解释以及相关的政策法规,构成了相对完善的司法拯救机制,在后续篇章中将予以详细介绍。

对于庭外重组,我国目前尚未形成具体的制度体系,严格意义上讲,称为“拯救机制”,似有不妥。所谓的“机制”,必须是已经形成了制度体系;没有形成制度体系的,可以称为手段或方式、方法。所以,我们认为,庭外重组拯救机制的说法并不合适,应该称为庭外重组手段或方式、方法比较贴切。

尽管没有形成制度体系,但也不能说庭外重组无规无矩,而是有法可依、有根有据。我们可以按照《民法典》的基本原则以及合同规则、《公司法》等相关法律制度和规则,结合庭外重组案件的具体实际情况,选择适用相关的法律规定,通过协商、谈判等方式,对困境企业的债务、资产(权益)进行一系列的合同安排,并达成重组方案。

作为从事经济活动的民事主体,困境企业当与债权人协商谈判时,应当遵循《民法典》规定的基本原则,包括平等原则、意思自治原则、公平原则、诚实信用原则、公序良俗原则和绿色原则,[①]协商确定重组方案的内容。

通过协商谈判达成的庭外重组方案,实际是由一系列的合同组成的,应当遵循《民法典》第三编有关合同的规则,[②]确定重组协议的内容;依法签订的重组协议受法律保护,具有法律约束力,各方应当严格信守承诺,正确行使自己的合同权利,履行约定的合同义务;对不遵守契约精神、违反合同规则的违约行为要按照重组协议约定的罚则或者法定的罚则接受处罚。

对于涉及资本、股权重组的合同安排,还要按照《公司法》的规定进行操作。《公司法》第71条规定,股东享有分红权、优先认购权以及查阅、复制权等股东权利;股权可以在股东之间相互转让,也可以向股东以外的其他人转让股权;股权发生变更时,应当办理变更登记;公司可以吸收合并或者新设合并,合并前各方的债权债务由合并后的公司承继;等等,相关条款可以成为资产重组、股权调整的执行依据,具有法律效力。[③]

---

① 《民法典》第4条规定:"民事主体在民事活动中的法律地位一律平等。"第5条规定:"民事主体从事民事活动,应当遵循自愿原则,按照自己的意思设立、变更、终止民事法律关系。"第6条规定:"民事主体从事民事活动,应当遵循公平原则,合理确定各方的权利和义务。"第7条规定:"民事主体从事民事活动,应当遵循诚信原则,秉持诚实,恪守承诺。"第8条规定:"民事主体从事民事活动,不得违反法律,不得违背公序良俗。"第9条规定:"民事主体从事民事活动,应当有利于节约资源、保护生态环境。"

② 参见《民法典》第三编合同有关条款。

③ 参见《公司法》(2018修正)第71条规定:"有限责任公司的股东之间可以相互转让其全部或者部分股权。股东向股东以外的人转让股权,应当经其他股东过半数同意。股东应就其股权转让事项书面通知其他股东征求同意,其他股东自接到书面通知之日起满三十日未答复的,视为同意转让。其他股东半数以上不同意转让的,不同意的股东应当购买该转让的股权;不购买的,视为同意转让。经股东同意转让的股权,在同等条件下,其他股东有优先购买权。两个以上股东主张行使优先购买权的,协商确定各自的购买比例;协商不成的,按照转让时各自的出资比例行使优先购买权。公司章程对股权转让另有规定的,从其规定。"第172条规定:"公司合并可以采取吸收合并或者新设合并。一个公司吸收其他公司为吸收合并,被吸收的公司解散。两个以上公司合并设立一个新的公司为新设合并,合并各方解散。"第174条规定:"公司合并时,合并各方的债权、债务,应当由合并后存续的公司或者新设的公司承继。"

# 第二章　困境企业拯救之宏观认识

困境企业拯救包括法律行为和经济行为，涉及法律、税务、资本、金融、行业、政府等方方面面，是一项系统工程，应当具有宏观的视野，以求获得广泛的支持和认可，共同推进困境企业的拯救。本章节从企业的营运价值、资源优化配置、供给侧结构性改革和破产文化四个方面，描述一下对困境企业拯救的宏观认识。

## 第一节　困境企业拯救与营运价值

对于困境企业的拯救，从市场的规则来讲，必须是具有拯救价值的企业。从法律的视角来讲，通过司法途径拯救困境企业，应当具有拯救价值。拯救价值的衡量标准是营运价值大于清算价值。

营运价值是指公司作为营运实体的财产价值，或者说是公司在持续营业状态下的价值。只有营运价值大于清算价值的情况下，才会选择通过拯救机制帮助困境企业摆脱危机。如果营运价值小于清算价值，很显然，企业继续营运下去的价值已经没有了，必然选择清算。

为此，最高人民法院在 2018 年 3 月 4 日印发的《全国法院破产审判工作会议纪要》中强调，破产重整的对象应当是具有挽救价值和可能的困境企业。[①]

多地、多省的法院发布的审理破产重整案件的工作指引或审理规程均以营运价值大于清算价值作为标准，衡量和判断困境企业是否具有重整价值。

---

① 《全国法院破产审判工作会议纪要》第 14 条规定："重整企业的识别审查。破产重整的对象应当是具有挽救价值和可能的困境企业；对于僵尸企业，应通过破产清算，果断实现市场出清。人民法院在审查重整申请时，根据债务人的资产状况、技术工艺、生产销售、行业前景等因素，能够认定债务人明显不具备重整价值以及拯救可能性的，应裁定不予受理。"

2019 年 3 月 25 日,深圳市中级人民法院发布的《审理企业重整案件的工作指引(试行)》第 22 条对债务人具有重整价值的理解作出了比较明确的定义:债务人具有重整价值,是指债务人的继续经营价值大于清算价值。判断债务人的重整价值,应当综合考虑下列因素:

(1)债务人的行业地位和行业前景,包括债务人的市场认可度、产能先进性等;

(2)债务人的经营情况,包括债务人经营模式的成熟程度、经营团队的稳定性和经营管理的运行情况等;

(3)债务人的资质价值,包括债务人的资本价值、特许经营权或者生产资质等;

(4)债务人的品牌价值,包括债务人的营销网络、客户关系、品牌效应及其商誉等;

(5)债务人的社会公共价值,包括债务人对国计民生及公共利益的重大影响等;

(6)能够体现债务人重整价值的其他情形。社会中介机构、预重整管理人出具的报告可以作为判断债务人重整价值的参考。

2019 年 9 月 26 日,山东省高级人民法院发布的《企业破产案件审理规范指引(试行)》第 133 条对债务人具有重整价值的理解和判断是,债务人具有重整价值是指债务人的继续经营价值大于清算价值。判断债务人是否具有重整价值,应综合考虑债务人的行业地位和行业前景、经营情况、资质价值、品牌价值、社会公共价值,以及能够体现债务人重整价值的其他情形。人民法院对重整价值进行判断时,可以根据案件情况,征询市场监管部门、企业主管部门、行业协会以及行业专家的意见。债务人自行重组重整期间由社会中介机构出具的报告可以作为判断债务人重整价值的参考。

另外,将营运价值大于清算价值作为困境企业拯救的依据,在 1977 年美国第 95 届国会关于破产法修订的委员会报告中非常清晰地作出了阐述:企业重整的前提是,被用于其所有设计的工业生产的资产,其价值远远高于同样的资产被零散出售时的价值。重整比清算在经济上更有效率,因为它维持了企业的就业和资产。一般来说,在企业拥有实际资产或者能够由未来营运产生实际利润的情况下,第 7 章的清算并非最可取的选择。即使清算程序确实是唯一的最后选择,大多数有相当规模的企业经由第 11 章,在债务人或者债权人委员会的管理下,通过缓慢而有秩序的债务清偿而得到的利益,将会大于通过第 7 章的迅速清算而得到的利益。那些与企业有利害关系的人们一般都较为了解待出售资产的情况,并且更乐意通过第 11 章提高价值回收率。而且,企业的资产在继续营业的情况下,其价值比迅速变价所得要高得多。此外,无形的利益如商誉、可继续享受的税收减免、主要人员和有利可图的待履行合同,都会由依据第 7 章的强制清算而丧失,而这些无形利益可以通过重整加以保留,这无论对债务人还是对债权人都是有利的。

企业作为市场经济的主体,是资产、权益和交易的集合体,在持续营运状态下,可以创造比资产本身更大的价值,说明企业的营运价值就更高。营运价值大于清算价值的情况下,通过拯救机制帮助困境企业摆脱危机,也有利于债权人获得比清算更为划算的清偿价值,有利于债权人权益的保护。

在多数情况下,困境企业进入破产状态的原因之一是无力清偿到期债务,不是因为其资产的贬值,而是因为财务上的困难,比如,资金链的断裂。这种财务上的困难可能归咎于经营决策上的失误,也可能归因于市场的变化(如原材料价格猛涨、经济萧条造成产品滞销等),或者其他不可预料的外部因素(如本国政府的紧缩政策、外国政府的贸易制裁等)。这种情况下,陷入困境的企业通过拯救机制摆脱危机以后,重新恢复正常经营,可能是一个营利能力比较好的经济实体。

## 第二节　困境企业拯救与资源优化配置

困境企业拯救,实际是一次重新优化配置企业资源的机会和手段。

企业如果陷入了困境,一定说明其资源的配置出现了问题,可以通过拯救的方式,将企业原有的资产、业务、人员等资源以及新引入的业务、技术、管理等资源重新进行优化配置,从而提高企业的生产效率和经济效益,使困境企业可以获得一次“重新开始”的机会。所谓企业资源,是指企业拥有的人、财、物的总和,即企业所能支配和控制的全部财产和权益。通过一定的方式,将企业的资源进行有效利用,以最少的资源代价,获取最佳的经济效益,是企业要实现的经营目标。

一般来说，如果企业的资源能够得到相对合理的配置，经济效益就会显著提高，企业就能充满活力；反之，经济效益就会明显低下，企业的发展就会受到阻碍。市场经济优胜劣汰的竞争机制，必然会淘汰那些生产效率低、经济效益差的劣势企业，也就是资源配置不合理的企业。

## 第三节　困境企业拯救与供给侧结构性改革[①]

困境企业拯救是落实供给侧结构性改革的重要举措。供给侧结构性改革的核心是“三去、一降、一补”（去产能、去杠杆、去库存，降成本，补短板）。针对产能过剩的问题，不是简单地将产能过剩行业企业关闭、停产或限产，而是要将产能过剩行业企业的生产要素（土地、劳动力、资本、技术、管理等）转移到合理需求的供给领域，实际也是重新优化配置资源的一个过程。而破产制度作为困境企业拯救的一种司法手段，在供给侧结构性改革过程中，可以充分发挥市场资源优化配置的重要作用，这是落实供给侧结构性改革的重要举措。

破产制度中的三大程序（清算、重整、和解）都是市场资源优化配置的法律工具，具有相同的进行资源优化配置功能，只是在完成资源配置的途径和方法不同，效果上存在差异，应“因案施策”。除此之外，破产重整与破产和解制度不仅具有资源优化配置的作用，还可以拯救困境企业，使其获得重生，同时可以降低或减少影响社会经济稳定的风险，因此，在社会层面也具有积极的作用和效果。产能过剩行业中的企业还面临职工安置、维护社会稳定、政府绩效考核等外在的压力，所以，落实供给侧结构性改革为破产制度的应用创造了“场景条件”。

## 第四节　困境企业拯救与破产文化

在传统的观念中，“破产”一词意味着企业“死亡”、竞争失败，是一种耻辱文

---

① 参见邹海林：《供给侧结构性改革与破产重整制度的适用》，载《法律适用》2017 年第 3 期。

化,从来不会有“再生”的思想观念。回顾历史,从1986年中国第一家公有制企业——沈阳市防爆器械厂宣布破产引起的“超过八级的改革地震”,以及催生《企业破产法(试行)》期间引起的争论,可见人们对企业破产的观念普遍是“无地自容”“倒闭”“失败”等耻辱情感。《企业破产法》于2006年正式发布时,借鉴欧美国家的立法经验,引入了重整制度;但是,困境企业可以通过重整制度获得“再生”的思想观念还未在人们的脑海里形成。

重整制度作为引入的法律制度,必须要有与之相适应的法律文化的支持,才能体现出法律制度的生命力。这是因为,法律文化反映了社会群体化的思想观念、行为趋势、情感倾向、理想人格、行为模式。只有当人们的思想观念、情感倾向符合其价值判断时,人们才会依照自己的行为模式自觉地选择、适用和遵守该项法律制度,才能体现出该项法律制度的价值和生命力。

果树种上了,如果土壤不合适,结出的果实也不会好。重整制度有了,但是,与重整制度相适应的破产文化没有得到建设,就会出现“水土不服”的症状。破产法专家中国政法大学李曙光教授在2016年6月28日做客腾讯思享会夏季论坛时作了题为《中国应构建破产文化,让失败企业有效退出》的主旨发言,李曙光教授认为,最重要的市场竞争秩序要构建一个破产文化机制,让一些市场失败者能够比较好地退出市场,这种文化在中国是没有的。在实行工商年检制度的情况下,中国每年大概有80万家企业退出市场,但是,这些退出市场的企业都没有经过破产法程序,而是通过行政手段退出市场。中国每年有接近300万家企业不参加年报,处于“僵尸企业”状态,有一部分属于不讲市场规则的失败企业。产能过剩的大环境下,有一些企业不讲市场退出规则,这种情况下,怎么会有健康、公平的市场竞争?所以,中国应该建立一个良好的破产文化,让市场竞争失败者能够按照规则退出市场。①

因此,无论是困境企业或实际控制人,还是债权人以及社会环境等,对困境企业拯救的价值还存在认识上的不足,参与拯救的专业人员缺失,操作拯救的技术水准欠佳。面对困境企业,犹如烂尾工程,一筹莫展,无从下手,这就是困境企业拯救的现状。很多遭遇困境的企业不懂得或不愿意选择破产重整方式获得“再生”,与中国的破产文化构建环境有着极为密切的关系。

---

① 参见搜狐财经,https://business.sohu.com/20160701/n457231888.shtml。

# 第三章　困境企业拯救

——司法拯救

困境企业的司法拯救,主要是指运用《企业破产法》构建的重整制度与和解制度,在法院的主导下,对困境企业(债务人)的债务进行重组,并形成重整计划或和解方案,给予困境企业(债务人)复苏的机会。司法拯救以《企业破产法》构建的重整制度为核心。由于清算制度是以债权人获得一次性清偿为出发点,并消灭困境企业(债务人)主体,退出市场,因此,清算制度不是本书关注的课题,本书重点讨论破产重整制度,并将破产重整等义于司法重整。

## 第一节　破产重整

破产重整制度源于欧美国家,是现代企业破产制度中的一个组成部分,与"破产保护"具有相同的含义。破产重整,从英文翻译过来,也有"重组""司法康复"等不同的说法。我们认为,在中国的破产文化语言环境中,使用"司法康复"这个词语,更易于理解其含义,可以更形象地描绘困境企业拯救的过程,也可以更好地被社会公众所接受。

我国在2006年制定《企业破产法》引入了破产重整制度。为避免对"破产"一词存在理解上的偏差,我们有时将破产重整称为司法重整,有时去掉"破产"二字,简称为"重整"。

已失效的《企业破产法(试行)》是在1986年12月颁布的。[①] 彼时,我国的公司法制度尚未建立,《企业破产法(试行)》的适用范围仅局限于全民所有制企业。对陷入困境的国有企业,按照当时的法律规定(《全民所有制工业企业法》《全民所有制工业企业转换经营机制条例》等),只能由该企业的上级主管部门提出整顿申请,债务人是不能主动要求整顿的。

在计划经济的体制下,国有企业作为国民经济的支柱,即便是在亏损的情况下,仍然可以依靠政府的补贴继续运营,企业缺乏自负盈亏的概念。

经济发展进入新的历史阶段。为了寻找国有企业改革的突破口,迫切需要建立现代企业制度。于是,1993年12月29日,第八届全国人大常委会第五次会议审议通过了《公司法》,1994年7月1日起正式施行。

按照《公司法》的规定,国有企业通过改制的方式转变为公司制的组织形式。在此背景下,公司的法律属性决定了其天生就没有上级主管部门,公司的权力机关是股东会。当"公司"成为市场经济条件下的主角时,陷入困境的公司如何进行整顿,成为《企业破产法(试行)》迫切需要进一步完善的课题之一。在"试行"了20年之后,我国对《企业破产法(试行)》进行了重大修改,增加了许多新的制度,包括引入管理人制度、重整制度、扩大适用范围等。2006年8月27日,经第十届全国人大常委会第二十三次会议审议通过,《企业破产法》于2007年6月1日起正式施行至今。

重整制度是《企业破产法》构建的三大程序之一。当陷入困境的企业具备《企业破产法》第2条规定的条件时,债务人或债权人均可以直接向人民法院提

---

① 《企业破产法(试行)》的颁布具有重要及深远的意义。当时的媒体见证了《企业破产法(草案)》展开真切而激烈争论的全过程。制定《企业破产法》的动因是中国技术进步的需要,通过破产,淘汰低效率和技术落后的企业,是中国技术进步的唯一途径。1984年5月,一些全国人大代表联名提出制定《企业破产法》的提案。1984年12月29日,国务院批准组建《企业破产法》起草工作小组。1985年年初,《企业破产法》起草工作小组开始走访,广泛征求意见。同时,在老企业云集的工业化城市进行试点,处理企业破产和倒闭的问题。1986年6月,全国人大常委会表达了对《企业破产法(草案)》的反对意见。1986年8月3日,沈阳防爆器材厂正式宣告破产,共和国历史上第一个破产案被国内外新闻媒体竞相关注。1986年10月,全国人大常委会委员们和《企业破产法》调查组展开调查,继续征求意见。1986年11月,经过两周激烈的辩论和反复修改,全国人大常委会于1986年12月2日通过了《企业破产法(试行)》,自《全民所有制工业企业法》实施满3个月之日起试行。

出破产重整申请。[①] 如果是债权人对债务人提出破产清算申请的情况下，在人民法院宣告债务人破产前，债务人或出资额占债务人注册资本 1/10 以上的出资人（股东），可以向人民法院提出破产重整申请。[②]

《企业破产法》第 8 章对重整制度作出专章规定，由重整申请和重整期间、重整计划的制订和批准、重整计划的执行由 3 个章节、24 个条款构成。

破产重整是在人民法院的主持下，不对债务人的财产进行立即清算，而是对作为债务人的困境企业重新进行整顿、调整，制订重整计划，由债务人和债权人达成调整方案，规定在一定期限内按一定方式清偿全部或部分债务，同时，债务人可以继续经营其业务。

在重整期间，管理人可以接管债务人的财产和营业事业；经人民法院批准，也可以在管理人的监督下由债务人自行管理企业。

重整程序终止以后，已接管债务人财产和营业事业的管理人应依法移交其职权，由债务人完全行使企业的各项权利。

重整制度的核心主题是拯救。破产重整是针对陷入困境的企业已经具备破产的条件，但又具有重整价值和再生希望，经由利害关系人的申请，在法院的主持和利害关系人的参与下，对债务人的债务、资产和业务进行重组和调整，以帮助债务人摆脱财务困境、恢复营业能力的法律制度。

破产重整制度已为多数市场经济国家采用。随着我国供给侧结构性改革的深入，破产重整作为困境企业救治的一种法律手段，既是供给侧结构性改革的客观需要，也是提升市场主体竞争力的客观需要。破产重整制度对优化资源配置、规范市场秩序具有重要的意义。对符合破产受理条件但仍可能适应市场需要的

---

① 《企业破产法》第 2 条规定："企业法人不能清偿到期债务，并且资产不足以清偿全部债务或者明显缺乏清偿能力的，依照本法规定清理债务。企业法人有前款规定情形，或者有明显丧失清偿能力可能的，可以依照本法规定进行重整。"

② 《企业破产法》第 70 条规定："债务人或者债权人可以依照本法规定，直接向人民法院申请对债务人进行重整。债权人申请对债务人进行破产清算的，在人民法院受理破产申请后、宣告债务人破产前，债务人或者出资额占债务人注册资本十分之一以上的出资人，可以向人民法院申请重整。"

企业，要运用破产和解和破产重整的方式进行救治，使其能够通过救治重返市场。[①]

《经济日报》记者魏永刚、李万祥跟随全国人大常委会执法检查组到河北和山东进行执法检查时作了一番调研。调研结果显示，人民法院通过破产重整的方式帮助一大批企业化解了风险、恢复活力。最高人民法院统计，截至 2020 年年底，有近 30 家债务总额在百亿元以上的大型企业完成重整，2020 年，通过重整盘活资产 4708 亿元，让 532 家企业重获新生。[②]

事实证明，重整是一种更为健康的企业纾困方式。通过重整，企业的生产经营得以恢复，现有的劳动力资源得以维持，避免造成失业率的上升，最大限度减少企业破产带来的社会震荡。通过重整，企业重新进行资源的优化和权利的再分配，可以实现提升效益、优化运营、解决短板、重新焕发生机的目标。

另外需要说明的是，《企业破产法》第 2 条第 2 款规定的破产重整仅适用于企业法人。[③] 非法人企业不适用破产重整制度的原因是出资人承担无限连带责任。

破产重整具有制度优势。上市公司通常是行业或地方区域的龙头企业，其规模相对较大，对区域经济的影响较大。上市公司陷入困境后，一旦进入破产清算状态，将会对社会经济、金融系统、社会稳定等方面产生重大的消极影响；与之相关的职工再就业、资金呆坏账、税收等问题随之而发生。破产重整作为一种司法保护的手段，拯救陷入困境中的上市公司，已被更多的有识之士认可和重视，

---

① 《最高人民法院关于依法开展破产案件审理积极稳妥推进破产企业救治和清算工作的通知》第 1 条规定："深刻认识依法开展破产案件审理、积极稳妥推进破产企业救治和清算工作的重要意义。社会主义市场主体救治和退出机制是否建立，是衡量社会主义市场经济体制完善的标志之一。依法开展破产案件审理、积极稳妥推进破产企业救治和清算工作，既是供给侧结构性改革的客观需要，又是提升市场主体竞争力的客观需要，也是建立完善社会主义市场主体救治和退出机制的客观需要。各级人民法院要深刻认识破产案件审理对优化资源配置、规范市场秩序的重要意义，推动破产案件审理工作常态化、规范化、法治化。对符合破产受理条件但仍可能适应市场需要的企业，要运用破产和解和破产重整的方式进行救治，使其能够通过救治重返市场；对救治无效或者根本不能适应市场需要的企业，要进行破产清算，促进及时退出市场。依法开展破产案件审理，是解决执行难的重要途径。对执行中符合《企业破产法》规定的破产条件的企业，要依法启动破产程序，通过破产和解化解一批、破产重整处置一批、破产清算消除一批，使企业破产制度成为解决执行难的配套制度。"

② 参见《破产能成为常态化退出机制吗》，载微信公众号"破产法实务"，2021 年 8 月 4 日。

③ 《企业破产法》第 2 条第 2 款规定："企业法人有前款规定情形，或者有明显丧失清偿能力可能的，可以依照本法规定进行重整。"

并付诸实践。

1. 预防企业破产

陷入困境的上市公司如进行破产清算,上市公司自有的资源将会流失,上市的资格等无形资产将会化为乌有。通过破产重整的方式预防上市公司破产,可以避免公司失去未来获取收益的机会,对上市公司的资源加以优化配置,在继续运营的基础上进行债权清偿,实现利益主体多赢的目的。

2. 保住"壳"资源

上市公司的"壳"是指上市的资格及对应的权利,具有较大的市场价值和利益。依照目前的上市制度来看,等候排队上市的公司依然众多,上市的资格成为一种稀缺资源,具有特殊性。因此,陷入困境的上市公司即便是为了这个"壳"资源,也会"挣扎"一下,努力保住这个"壳"资源。破产重整的拯救功能,具有保住上市公司"壳"资源的优势。那些排队等待上市的公司或战略投资人也非常青睐这个"壳"资源,希望通过破产重整的路径进入这个"壳"里,以此达到"借壳上市"的目的。

3. 维护社会利益

上市公司在地方区域经济的发展中占有举足轻重的地位。当其陷入困境时,资金短缺,无力清偿债务,不仅会对地方政府的财政税收产生不利影响,还会由此引发就业安置、社会稳定及社会救济等问题。出于维护社会整体利益的需要,政府、法院、证券等监管部门对上市公司的破产重整更加重视,积极参与和配合。

上市公司重整完成以后,不仅主体资格继续保留,而且资产负债结构获得改善,营商环境得到优化,职工安置和社会稳定的效果明显。

## 第二节 破产和解

破产和解制度也是司法拯救的一种形式,是为了弥补破产清算制度的不足而出现。如果困境企业(债务人)进入破产清算程序,困境企业(债务人)的财产要变价处理,由此将会产生重大的折扣损失,使债权人从困境企业(债务人)财产中获得清偿的比例随之降低,最终由债权人承受因财产变现而产生的折扣损失。破产和解制度的出现，则给予困境企业（债务人）一个喘息的机会，避免遭遇市场出清的结局，使债权人可以获得比破产清算更为划算的清偿，在不能完全满足其债权利益的情况下，可以获得公平的分配，以维护社会正常的交易秩序。破产和解制度还可以避免因困境企业（债务人）遭遇破产清算而给社会经济生活带来的负面效应，通过维持生产经营促进就业，有利于社会的和谐稳定。

按照《企业破产法》第95条的规定，破产和解程序由困境企业（债务人）提出申请，与债权人协商，希望能够给予“喘息”的机会，以缓解其债务负担，依照和解程序，达成和解协议。①

破产和解程序的参与主体主要是困境企业（债务人）和债权人。困境企业（债务人）提出的和解协议草案须经债权人会议表决通过。② 债权人会议表决通过的和解协议，经法院裁决认可以后，对困境企业（债务人）和全体债权人均有约束力。未获表决通过的，或者困境企业（债务人）不能执行、不执行和解协议的，法院可以裁定宣告破产，转为破产清算程序。③

破产和解与破产重整相似，都是为了避免困境企业遭遇直接破产清算。但是，破产重整的参与主体不限于债权人和困境企业（债务人），还会涉及企业的出资人（债务人的股东）、新的出资人（重整投资人）、职工、税务部门等权益主体以及政府、证券等监管部门，以更为积极的手段，推动和促进各方权益主体达成一个“多边协议”（重整计划），以期实现拯救企业的目的。

破产和解制度也具有拯救困境企业的功能，但在具体运用和社会效果方面，似乎不及于破产重整所产生的影响力。

---

① 《企业破产法》第95条第1款规定：“债务人可以依照本法规定，直接向人民法院申请和解；也可以在人民法院受理破产申请后、宣告债务人破产前，向人民法院申请和解。”

② 《企业破产法》第97条第1款规定：“债权人会议通过和解协议的决议，由出席会议的有表决权的债权人过半数同意，并且其所代表的债权额占无财产担保债权总额的三分之二以上。”

③ 《企业破产法》第99条第1款规定：“和解协议草案经债权人会议表决未获得通过，或者已经债权人会议通过的和解协议未获得人民法院认可的，人民法院应当裁定终止和解程序，并宣告债务人破产。”《企业破产法》第104条第1款规定：“债务人不能执行或者不执行和解协议的，人民法院经和解债权人请求，应当裁定终止和解协议的执行，并宣告债务人破产。”

# 第三节 破产清算与强制清算

传统的企业破产法是以破产清算为目标的程序法,也就是如何分配经营失败企业财产的程序法,进而让失败的企业退出市场竞争。人们通常所理解的“破产”,实际是指“破产清算”,也就是俗称的“企业倒闭”。因此,每当提起“破产”一词时,人们马上想到的是“企业倒闭”,并且这种观念一直在固化人们的思维,殊不知,《企业破产法》还构建了具有拯救功能的破产和解制度和破产重整制度。破产清算制度虽然不是为了拯救困境企业,但是可以最大限度地保障债权人的利益,能够按照公平原则“瓜分”债务人的破产财产。

为了便于理解“破产清算”和“强制清算”之间的区别,本书对相关概念作一个简单介绍。

## 一、破产清算

破产清算是指对那些不能清偿到期债务的债务人宣告“破产”,通过清算程序将其全部财产公平分配给债权人。破产清算的目的是清理和分配企业财产,让企业退出市场。

按照《企业破产法》第 2 条和第 7 条的规定,[①]债务人、债权人均可以提出破产清算申请。法院经过审查以后,认为困境企业(债务人)符合法定条件的,裁定予以受理,宣告破产,并指定破产管理人,发布公告。破产管理人将拟定破产财产变价方案,提交债权人会议讨论。[②] 破产财产应按照规定的清偿顺序进行

① 《企业破产法》第 2 条规定:“企业法人不能清偿到期债务,并且资产不足以清偿全部债务或者明显缺乏清偿能力的,依照本法规定清理债务。企业法人有前款规定情形,或者有明显丧失清偿能力可能的,可以依照本法规定进行重整。”第 7 条规定:“债务人有本法第二条规定的情形,可以向人民法院提出重整、和解或者破产清算申请。债务人不能清偿到期债务,债权人可以向人民法院提出对债务人进行重整或者破产清算的申请。企业法人已解散但未清算或者未清算完毕,资产不足以清偿债务的,依法负有清算责任的人应当向人民法院申请破产清算。”

② 《企业破产法》第 111 条规定:“管理人应当及时拟订破产财产变价方案,提交债权人会议讨论。管理人应当按照债权人会议通过的或者人民法院依照本法第六十五条第一款规定裁定的破产财产变价方案,适时变价出售破产财产。”

清偿。[①]

## 二、强制清算

强制清算不属于《企业破产法》的范畴，而是由《公司法》调整，应当按照《公司法》的规则操作执行。

当企业出现公司法规定的解散事由时，[②]应当在15日内自行组织清算。如果逾期不能自行组织清算时，将由人民法院依法指定清算组强制进行清算。[③]清算组成员可以是公司股东或董事、监事、高级管理人员，也可以是中介机构。

强制清算可以由债权人提出申请；如债权人没有提出申请，也可以由公司股东提出申请。

在强制清算的过程中，如发现企业存在"资不抵债"等破产原因时，可以依照《企业破产法》的规定，转换司法程序，进行破产清算。

通过比较可知，破产清算与强制清算的主要区别在于：一是适用的法律规范不同；二是企业的经营状况不同；三是破产清算的管理人构成及职责和强制清算的清算组构成与职责的不同。

---

① 《企业破产法》第113条规定："破产财产在优先清偿破产费用和共益债务后，依照下列顺序清偿：(一)破产人所欠职工的工资和医疗、伤残补助、抚恤费用，所欠的应当划入职工个人账户的基本养老保险、基本医疗保险费用，以及法律、行政法规规定应当支付给职工的补偿金；(二)破产人欠缴的除前项规定以外的社会保险费用和破产人所欠税款；(三)普通破产债权。破产财产不足以清偿同一顺序的清偿要求的，按照比例分配。破产企业的董事、监事和高级管理人员的工资按照该企业职工的平均工资计算。"

② 《公司法》第180条规定："公司因下列原因解散：(一)公司章程规定的营业期限届满或者公司章程规定的其他解散事由出现；(二)股东会或者股东大会决议解散；(三)因公司合并或者分立需要解散；(四)依法被吊销营业执照、责令关闭或者被撤销；(五)人民法院依照本法第一百八十二条的规定予以解散。"

③ 《最高人民法院关于适用〈中华人民共和国公司法〉若干问题的规定(二)》第7条规定："公司应当依照公司法第一百八十三条的规定，在解散事由出现之日起十五日内成立清算组，开始自行清算。有下列情形之一，债权人申请人民法院指定清算组进行清算的，人民法院应予受理：(一)公司解散逾期不成立清算组进行清算的；(二)虽然成立清算组但故意拖延清算的；(三)违法清算可能严重损害债权人或者股东利益的。"

第二篇

# 指南篇

# 第四章 重整模式选择

破产重整作为困境企业的拯救手段,在司法实践中经过归纳和总结,并升华和提炼出来的核心知识体系,我们称为重整模式。

所谓的模式,是指从生产经验和生活经验中经过抽象和升华提炼出来的核心知识体系,是解决某一类问题的方法论。把解决某类问题的方法总结归纳到理论高度,这就是模式。模式具有指导意义。在一个良好模式的指导下,可以帮助我们作出一个优良的设计方案,得到解决问题的最佳办法,有助于完成任务,同时可以达到事半功倍的效果。

重整模式就是解决在重整过程中遇到各种问题的方法论。重整模式的提炼、升华和完善,源于重整实践的探索和创新。不同的重整模式具有不同的核心知识体系。在法治的框架内,从不同的维度兼顾利益主体的权益,选择适宜的重整模式,有助于指导我们解决重整过程中遇到的问题。

根据重整模式的特征,我们可以将重整模式归纳为存续型重整模式、清算式重整模式、出售式重整模式、反向出售式重整模式四种类型。

## 第一节 存续型重整模式

存续型重整模式是指困境企业经过重整以后,继续保留困境企业原有的法人资格,通过对公司治理结构进行调整以及对债权债务的调整、经营方案的调整等,实现化解公司债务危机、恢复公司正常经营的目的。

存续型重整模式属于传统的、标准型的重整模式,已被《企业破产法》的重整制度所确认。司法实践中,很多困境企业采用了存续型重整模式进行破产重整。

上市公司庞大汽贸集团股份有限公司(以下简称庞大集团)的破产重整案就是采用了存续型重整模式。通过引入深商控股和国民运力作为联合重整投资人,由深商控股提供偿债资源、国民运力提供业务资源,对庞大集团原有的经营方案进行了调整,公司的治理结构进行优化,并制订了债权调整和清偿方案及出资人权益调整方案,庞大集团的上市资格得以保留,企业得以存续经营。重整计划执行完毕之后,庞大集团顺利化解了债务危机,并恢复了正常经营状态。

困境企业能够获得拯救,引入重整投资人是确保重整获得成功的关键所在。重整投资人可以为困境企业提供偿债资源、业务资源、技术资源和管理资源等支持,并参与重整;困境企业的实际控制人要承担一定的对价,包括转让股权、让渡控制权等。因此,制订出资人权益调整方案是重整阶段非常重要的工作。同时,困境企业的债务将通过债权调整和清偿方案予以消化,并辅以经营调整方案、公司治理结构优化等措施,达到企业法人资格继续存在、企业恢复正常经营之目的。

## 一、实证案例

### 上市公司庞大集团破产重整案

庞大集团主营汽车销售和维修养护。2011 年 4 月 28 日,庞大集团股票在上海证券交易所上市,股票代码 601258。

庞大集团 2018 年度出现巨额亏损,且因资金严重不足、财产不能变现等,无法清偿到期债务,有明显丧失清偿能力可能。

2019 年 5 月 13 日,债权人北京冀东丰汽车销售服务有限公司向唐山市中级人民法院提出对庞大集团进行重整申请。唐山市中级人民法院依法作出裁定,受理了庞大集团重整一案,并于同日指定庞大集团清算组担任管理人。

管理人向债权人会议提交的重整计划草案显示,庞大集团本部账面资产总额为 302.08 亿元,其中流动资产 182.74 亿元,非流动资产 119.33 亿元。债务方面,经过法院裁定确认的债权总额为 169.71 亿元,经管理人审查后尚需裁定确认债权 5.06 亿元,职工债权 0.56 亿元,包含暂缓确认及未申报债权在内的预计负债 97.47 亿元,以上合计 272.8 亿元。

虽然从账面上来看，庞大集团资产大于负债，但从资产评估结果来看，公司已严重资不抵债。评估结果显示，公司账面资产按市场法评估值为97.66亿元，按照清算法评估为50.17亿元。

根据评估机构出具的《偿债能力分析报告》，如庞大集团进行破产清算，按照先后顺序清偿相关债务，普通债权人受偿率约为11.20%，实际清偿率或更低。

对债权人和股东来说，破产清算显然不是最好的选择。如何找到各方的利益平衡点，成为这份重整计划的关键。为避免庞大集团破产清算，保障债权人和股东利益最大化，需要各方共同承担重整成本。

庞大集团的控股股东和实际控制人应为公司当前困境承担主要责任，为此庞庆华和其关联自然人无偿让渡其持有的21.06亿股公司股票，重整投资人及其关联方将有条件受让。

重整投资人为深商控股、元维资管及国民运力组成的联合体。重整投资人承诺，2020年至2022年，庞大集团归母净利润分别不低于7亿元、11亿元和17亿元，或3年合计不低于35亿元，未达标准则向公司现金补偿。

管理人对庞大集团制订了“调整优化存量业务”“引进发展增量业务”的经营方案。

债权人会议分组表决重整计划草案。有财产担保债权组和普通债权组均表决通过了重整计划草案，出资人组表决通过了重整计划草案之出资人权益调整方案。

2019年12月9日，根据《企业破产法》的相关规定，管理人向法院提交了裁定批准《庞大汽贸集团股份有限公司重整计划》的申请。唐山市中级人民法院裁定，批准重整计划，并终止庞大集团重整程序。

重整计划实施后，重整投资人引入民生银行为公司提供不超过10亿元共益债务融资，用于补充公司流动资金。同时，公司将提高资金使用效率，通过出租、出售或合作开发等形式，盘活闲置存量资产。对公司目前的汽车销售业务进行调整，裁掉没有发展前景的品牌，聚焦具有盈利能力的核心品牌。面对传统汽车经销业务的实际困难，庞大集团计划依托重整投资人的优势，进入城市公共交通运营、充电服务商业化以及智慧城市建设等业务。

经过重整，庞大集团摆脱债务负担，将负债率降至正常水平，同时获得流动资金,恢复正常经营。

### 二、适用特点

存续型重整模式适合于需要继续保留困境企业的法人资格,债务人及实际控制人、债权人、重整投资人均有通过重整方式拯救困境企业的意愿,不存在不可化解的利害冲突和矛盾。

## 第二节 清算式重整模式

清算式重整的本质依然是重整,而不是清算,应适用重整程序。清算式重整是对企业的部分资产进行剥离,剥离的资产将参照清算程序进行评估、变现和分配,制订清算方案,用以清偿债务。重整投资人提供的投资可作为清算方案的一个组成部分。作为对价,存续企业由重整投资人继续经营。

清算式重整模式在《企业破产法》中并无明文规定;按照“法无禁止皆可为”的私法原则,依据法理分析,在破产重整的司法实践中被归纳总结出来,具有一定的指导意义。

在多起破产重整案例中,对破产财产进行清算式评估、变现与分配,所制订的清算方案作为重整计划的组成部分,故将此种方式归纳为清算式重整模式。清算式重整兼顾了效率原则和拯救功能。清算式重整在一定程度上可以减少重整投资人的负担,免去了债务人与债权人之间“讨价还价”、耗时费力的过程,便于清偿债权人的债权。重整投资人通过清算式重整模式获取了企业的“壳”资源,企业法人资格依然存在,可以达到“腾笼换鸟”的效果。

将清算式重整模式单独作为一种模式存在,在司法实践中可以发挥一定的指导作用,通过不断地探索,归纳总结、提炼升华清算式重整模式的特征,能进一步明晰清算式重整模式的概念和内涵,有助于在探索中完善破产制度,其存在显然具有意义和价值。

清算式重整在美国、日本的立法和实践中被采纳。在我国的司法实践中,对清算式重整模式是否可以单独成为一种模式是有争议的。[①] 破产法专家王欣新认为,清算式重整模式中的清算方案相当于破产财产变价与分配方案,在法律性质上与和解协议类似。就我国的情况而言,单独将其作为一种重整模式尚无必要。

## 一、实证案例[②]

### 宇丰粮食贸易有限公司破产重整案

徐州市铜山区人民法院审理的徐州市宇丰粮食贸易有限公司(以下简称宇丰公司)破产重整一案即采用了清算式重整模式。宇丰公司特许经营的项目为粮食收购销售,一般经营项目为库房租赁、普通货物仓储、装卸服务等。由于经营不善以及牵涉民间借贷,资金链断裂,公司经营陷入困难。2015 年 9 月 8 日,法院裁定受理宇丰公司破产清算案,并指定了管理人。

宇丰公司的经营许可具有独特的优势。粮食收购、销售和仓储属于特许经营权,具有一定的经济价值和市场价值。主要体现在三个方面:一是公司具有行业特许经营许可资质,获得该行政许可需要一定资金及时间成本。二是公司具有一定的行业资源。宇丰公司一直和中央储备粮徐州直属库长期合作,进行粮食仓储和托市粮收购,公司仓库还存有 2 万余吨的国家托市粮。公司还可提供粮食装卸、运输服务机会,可解决当地剩余劳动力就业问题,增加当地农民的收入。三是公司地理位置优越,毗邻徐济高速,南邻 322 省道,交通便利,与丰县、沛县两个产粮大县相邻,农业面积种植广泛,粮源充足,粮食质量优越,经营粮食收购、仓储等业务具有得天独后的优势。在案件审理过程中,债务人及部分债权人向法院提出破产重整申请。为判定重整的可行性,法院于 2015 年 10 月 27 日召开听证会,听取了破产企业、债权人、管理人对企业重整的意见,2015 年 10 月 30 日组织第一次债权人会议,裁定进入重整程序。

进入重整程序后,债务人首先选择的是存续型重整路径。在沟通谈判中,债

---

① 参见李冠颖:《"清算式"破产重整相关问题的思考与探索》,载中国法院网,https://www.chinacourt。

② 参见李冠颖:《"清算式"破产重整相关问题的思考与探索》,载中国法院网,https://www. org。

权人表现出对债权调整、延期清偿有较高要求,与债务人自身实力相去甚远。因非现金清偿、清偿比例过低等原因,提交的重整计划草案在 2016 年 7 月 19 日召开的债权人会议预备会上未获通过。如果转入清算程序,即面临社会资源浪费的问题,单纯的资产变卖并不能获得最大价值,因此,债权人仍倾向于继续给予企业重整机会。在此情形下,宇丰公司破产重整方向又调整为出售式重整模式的思路。法院指导债务人、管理人多方联系投资主体,进行协商洽谈,但因债务人负债过多、债权人清偿期待值高等原因未能最终确定。

在重整过程中,管理人确定了清算式重整模式。通过公开招募重整投资人的方式确定了宇丰公司的重整投资人。重整投资人的出价作为重整投资,取得宇丰公司的房产、土地使用权、经营资质等有形资产和无形资产,并以零对价受让宇丰公司的 100% 股权(因企业资不抵债,股权价值为零)。债务人以重整投资资金和企业的其他破产财产为限,按照清算方式一次性清偿债务;存续企业的未来收益与债权人无关。该重整计划草案最终实现了均衡、公平、共赢的目的,经第三次债权人会议表决通过。目前案件圆满审结,存续公司的经营步入正轨。

### 二、适用特点

具有如下特点的困境企业可以考虑选择清算式重整模式进行重整:

(1)具有某种特许经营权或行业资质。企业获得特许经营权或行业资质通常需要具备特定的条件,需要一定的时间周期,并且特许经营权或行业资质在政策规定上不允许通过转让方式取得,因此具有较高的无形价值。

(2)债权人对以清算方式清偿债权比较认可;对债权调整和延期清偿的条件要求较高,无法达成统一意见。

## 第三节 出售式重整模式

出售式重整模式,就是将有继续经营价值的资产、业务予以剥离,出让给其他主体,使该部分资产、业务得以盘活,保留可以继续经营的事业;出售所得对价及剩余的破产财产用于清偿债权,原经营主体即债务人可注销。

出售式重整模式源于美国的《破产法典》,著名的克莱斯勒破产案和通用公司破产案即采用了出售式重整模式,实现了优质资产和债务的剥离,安然度过了危机。我国在司法实践中有多起案例,如山东淄博钜创破产重整案、渤钢系破产重整案即采用了出售式重整模式,并获得了成功,受到业界的关注。

出售式重整在进入重整程序之后,出售资产、业务的操作路径通常采取直接出售或间接出售两种方式。直接出售是直接将优质资产、业务直接出售给其他主体。间接出售是指原主体新设全资子公司主体,将拟定出售的优质资产、业务转移至新设子公司主体,再将新设子公司的股权出售给其他主体。至于何种方式或路径更为合适,取决于税务成本或重整成本的高低。

## 一、实证案例[①]

通过具体的案例,来更好地理解出售式重整模式。

### 案例1:克莱斯勒破产案

克莱斯勒是美国著名的汽车公司,在2009年4月30日宣布进入破产保护程序。按照美国的法律规定,可以有30~45日的破产保护执行期,即若在2009年6月15日前未能就资产处置形成方案,这家公司只能破产清算。

意大利著名的汽车制造商菲亚特与克莱斯勒于2009年6月12日发表联合声明,设立一家新的克莱斯勒公司,由菲亚特持股35%,全美汽车工人联合会旗下的工会退休员工医疗保健基金持股55%,美国政府和加拿大政府分别持股8%和2%。原克莱斯勒将包括工厂、商标、某些零售商以及营销网络等在内的所有营运资产打包出售给新克莱斯勒公司;新克莱斯勒公司向原克莱斯勒公司支付20亿美元;向汽车工人联合会支付46亿美元且给予其55%的股权,以换取联合会免除对原克莱斯勒100亿美元的债权。交易结束后,菲亚特跻身车企"老六"。克莱斯勒在新的股权架构下得以继续运营。

---

① 参见《出售式重整模式的适用及案例简析(下)》,载搜狐网,https://www.sohu.com/a/330095532_100010904。

## 案例2:山东淄博钜创破产重整案

山东淄博钜创破产重整案是国内较早采用出售式重整模式的司法案例,引起业内的广泛关注。

淄博钜创纺织品有限公司(以下简称钜创公司)是一家生产并销售高档花式弹力牛仔布、服装,从事棉花、棉纱、坯布的进出口和批发业务的外商独资企业。2013年以来,企业流动资金严重匮乏,生产经营出现困难。截至2013年10月,企业债务总额近5.8亿元,资产总额不到3亿元,已严重资不抵债,濒临破产境地。2013年12月30日,淄博市中级人民法院受理了钜创公司破产重整一案。

钜创公司破产重整期间遭遇三大障碍:一是企业严重资不抵债,股权价值为零,战略投资人不同意以购买股权的方式参与重整;二是企业原股东及经营管理层出境以后拒不履行管理职责;三是企业还存在诸多隐形债务,若保留原企业法人资格,重整后的企业面临债务增加的风险。因此,传统的存续型重整模式在该案中面临现实的障碍,淄博市中级人民法院便积极考虑寻找、探索新的重整模式。

在学术界,中国人民大学的破产法专家王欣新教授提出了"出售式重整模式"。[①] 这种模式主要是将债务人有活力的营业事业之全部或主要部分出售让与他人,使之在新的企业中得以继续经营存续;债务人以转让的对价及剩余未转让的资产清偿给债权人;在营业事业转让之后,债务人企业清算注销。其标志性特点是,营业事业重整是以在原企业之外继续经营的方式进行。同时,考察美国历史上的第四大破产案件——通用公司重整一案,其重整计划规定设立一家新的通用汽车公司,老通用公司将其优质资产出售给新的通用公司,所得价款用于还债,老通用公司则进行破产清算。这一重整模式完成以后,新的通用公司发展良好,不到一年半的时间就发行股票,成为上市公司。

基于上述思考,淄博市中级人民法院决定对钜创公司采用出售式重整模式进行重整:战略投资人以评估价全盘承接钜创公司主营业务相关的担保资产及对应的债务、职工,并以溢价收购钜创公司的未担保财产;管理人再以出售所得

---

① 参见王欣新:《重整制度理论与实务新论》,载《法律适用》2012年第11期。

价款清偿债权人，债务人企业则进行破产清算，予以注销。

由于债务人的股东及管理层拒不履行职责，法院指定的破产管理人又不具备纺织行业的经营管理经验，难以对债务人企业的运营事务实施有效管理，无法确保企业资产的维护和保值，决定招募具有主观意愿和行业管理经验的淄博高青如意公司作为战略投资人参与重整，并将公司资产整体托管给淄博高青如意公司。

托管期间，在法院和管理人的监督下，高青如意公司负责生产、销售业务以及资产的维护、保值等具体的经营管理等事务；员工继续上岗，高青如意公司负责发放薪资并缴纳社会保险，化解员工上访的风险，减轻社会稳定的压力，达到了生产不停、队伍不散、市场不丢的预期效果，为重整工作的顺利推进奠定了坚实的基础。

因债务人将主营业务资产设定了抵押担保，金融机构对债务人享有债权约为3.8亿元，而抵押资产评估值约2.6亿元。如该债权不能得到清偿，金融机构的不良贷款剧增，将会形成潜在的地方金融风险。根据法律规定，通过出售方式将资产的所有权变现给战略投资人，必须获得金融机构债权人的同意。

为了解决债务人、战略投资人、抵押担保物权人三方之间债务承担、抵押权设定和抵押物权属变更的难题，经过多次研究、讨论，设计了一个“金融资产不良债权立体承接方案”，该方案的核心内容如下：

(1)金融机构债权人与战略投资人签订承债协议，金融机构向战略投资人提供一笔贷款，补充解决部分偿债资金问题；

(2)战略投资人向债务人支付出售资产对价、承接债务，并代债务人向金融机构债权人清偿债权；

(3)金融机构债权获得清偿之后，相应的抵押权释放，排除资产所有权转移的法律障碍；

(4)抵押权释放之后的主营业务资产所有权转移给战略投资人；

(5)战略投资人再将原抵押物抵押给金融机构，二次获得金融机构信贷支持，并实现债务置换的目的。

该方案作为重整计划的核心内容，获得了债权人会议表决通过，出售式重整模式获得成功，实现了多方共赢的目的：战略投资人获得了金融信贷支持，金融机构化解了不良贷款风险，主营事业得以延续，职工和其他债权人的利益得到保障。实践证明,如果没有对主要债权银行的协议承债,高青如意公司则不能获得主要债权银行的信贷支持;如果没有信贷支持,高青如意公司则不能溢价收购未抵押部分的资产,也不能实现职工债权的保障和普通债权较高比例的清偿。

### 二、适用特点

出售式重整模式本质上依然是重整,适用重整程序,其核心特征是通过剥离优质资产和业务的方式而保留可继续经营的事业。对原有的经营主体是否予以保留,并不特别关注。

出售式重整模式比较适合于因资金链断裂、盲目扩张、成本上升等因素陷入困境而非因资产贬值陷入困境的企业。可继续经营的事业相对比较完整,不仅包含土地、厂房、设备等资产,也包括商标、著作、专利及技术等知识产权,甚至还包括特许经营权以及上下游原材料采购渠道和产品销售市场等具有市场价值的资源。

## 第四节 反向出售式重整模式

与出售式重整模式相反,战略投资人不仅想延续困境企业的营业事业,也想保留企业的主体资格,将优质资产与企业的"壳"资源继续保留,而将其他资产予以剥离,出售、变现资产所得对价用于清偿全部的债务,此种方式被学者称为反向出售式重整。

### 一、实证案例[①]

#### 温州中城建设集团破产重整案

温州中城建设集团是温州市唯一一家建筑施工总承包特级资质企业、中国

---

① 参见肖微:《反向出售式重整或有债务的风险隔离及相关配套制度的思考与立法建议》,载搜狐网,https://www.sohu.com/a/416539553_100015913。

民营企业500强之一。由于盲目追求规模扩张、内部管理和成本管理失控，加上温州民企互保危机爆发的诱因，导致企业的资金链断裂，这家令温州人骄傲的民营企业最终走向了破产重整的命运。

2014年3月8日，温州中城建设集团以资产不足以清偿全部债务为由向温州市中级人民法院提出破产重整申请。2014年3月14日，浙江省高级人民法院批准温州市中级人民法院将该破产重整案交由温州市瓯海区人民法院审理。

温州中城建设集团成立于1997年11月7日，公司注册资本为30,680万元人民币，经营范围为房屋建筑工程施工总承包（特级）等，设有分公司（项目部）共55家，对外长期股权投资公司9家，公司还存在委托他人代持股的情形。至破产重整申请日，其承包的尚处于施工阶段和保修期的建设工程项目共计132个，其中在建工程54个，在建工程量金额100亿元以上。处于保修期的建筑工程项目78个。经法院裁定确认的各类债务（含待定债务）共计约为26亿元。公司账面资产约为22亿元，管理人审计确认资产约为10亿元，可分配资产视债权回收情况而定。

温州中城建设集团破产重整案如果按照传统的模式进行重整，最终可能会因无法解决的问题而被迫转入清算程序。“如果在破产清算情况下，与主体不可分离的无形资产包括股权转让所得将不复存在，处理在建工程等未履行完毕的合同将付出巨大成本，资产还将严重贬损，责任负担还将不断增加，清偿率将是非常低微，普通债权清偿率基本为零，并且还将损害相关方面包括建设业主等各方利益，造成连环性社会影响。”

温州中城建设集团破产重整案在推进过程中遇到的困难主要表现在以下几个方面。

1. 因债务众多，债务人已被列入失信名单，无法正常地参与招投标等生产经营活动，采购原材料市场行为受到限制，特级资质失去了实用价值。

2. 因在建工程金额超百亿元，处于施工阶段和保修期的工程项目多达132个，不仅涉及承包合同关系的认定和处理问题，还事关施工合同是否继续履行或解除、施工管理及款项拨付、材料供应商等问题；如果数万民工工资无法得到保障，将会引发巨大的社会问题。

3. 债务人的不良信用记录严重制约了重整后企业的发展，在征信系统制度不健全的情况下，企业信用修复需要投入大量的精力协调不同的部门和执行。

4. 因债务人的债务规模多达数十亿，战略投资人无法接受温州中城建设集团的全部资产和债权债务。

上述几个问题严重制约了温州中城建设集团破产重整的进行。

《企业破产法》确立了债权人利益至上的基本原则。《企业破产法》第 1 条规定,“公平清理债权债务,保护债权人和债务人的合法权益”。第 61 条规定,债权人会议行使下列职权:通过重整计划;通过和解协议;通过债务人财产的管理方案;通过破产财产的变价方案;通过破产财产的分配方案。债权人利益至上的基本原则主要表现为债权人公平受偿、破产债权保障和债权人意思自治三个方面。

管理人经过再三研究,按照“法无禁止皆可为”的法理原则,遵照《企业破产法》债权人利益至上的基本原则,首次提出采取“清算 + 剥离”式的重整方式,即采用存续式经营与资产债务剥离清算相结合的方式进行重整。

具体做法是,温州中城建设集团是特级资质建筑企业,其品牌和资质是具有很高商业价值的无形资产,保留原公司,主要考虑可利用资源与主体不可分离,避免造成新的损失及债务负担,避免造成其他社会不利影响。

保留原公司,利用债务人原有的优质资源,实现利益最大化,引入战略投资者“救场”。破产管理人及时征选合适意向战略投资人,温州中城建设集团 100% 股权以起拍价 4216 万元向社会公开拍卖。2015 年 1 月 25 日,经过 12 次加价,兰州市第一建设股份有限公司及周某(化名)以 5800 万元联合竞得,高出起拍价 1584 万元。

为了不妨碍后续经营,在不损害各方利益的基础上,实行剥离处理,原有资产、债权、债务进行整体平移。整体平移的具体做法是,温州中城建设集团原有股东权益(含可能应收)、资产(含已确定及未发现之各项应收款)、负债(含已确认及应确认之全部债务),除存留清单列明之外,全部整体性移转至由中城建设集团全资设立,较低注册资本的子公司,由温州中城建设集团委派管理人员,建立治理机构,以清算债权债务为主要任务。新公司的运行,由债权人会议参与决定,债权人委员会、管理人监督。

经债权人会议各表决组均表决通过了重整计划,破产管理人于 2015 年 2 月 25 日向温州市瓯海区人民法院申请批准温州中城建设集团的重整计划。温州市瓯海区人民法院认为,债权人会议表决通过的重整计划符合法院规定且合理可行,依照《企业破产法》第 86 条第 2 款的规定,裁定批准重整计划,终结重整程序。

## 二、适用特点

反向出售式重整模式在建筑企业破产重整案件中被更多地选择。这是因为,建筑企业破产案件的特点是“输不起”,比较契合反向出售式重整模式保留债务人主体资格的价值取向。①

(1)建筑企业的“壳”资源“输不起”

根据《建筑法》(2019 修正)的规定,建筑企业从事建筑活动,必须具有建筑资质。获取建筑资质的前提条件不仅与注册资本、专业技术人员、技术装备有关,而且还与建筑工程的业绩有关。建筑工程的业绩需要更长的时间周期积累,尤其是资质等级越高的建筑企业,需要更多的建筑工程业绩、更高级的专业技术人员。因此,高等级资质的建筑资质,尤其是一级或特级建筑资质,成为比较稀缺的市场资源。这也是建筑企业多采用挂靠承揽项目或内部承包进行施工的原因之一。如果建筑企业采取破产清算方式清理债权债务,在清理完毕之后,主体资格将注销,依附于主体资格的建筑资质也随之灭失。对很多建筑企业来讲,“可望而不及”的“壳”资源灭失以后将是一种资源浪费。

(2)建筑企业的“产品”保修责任“输不起”

建筑企业的“产品”为建设工程。《建筑法》(2019 修正)规定对建筑工程实行质量保修制度。《建设工程质量管理条例》②对施工企业的建设工程实行施工质量保修制度,对建设工程的保修范围、保修期限和保修责任作出明确规定。建设工程在保修范围和保修期限内发生质量问题的,施工单位应当履行保修义务,并对造成的损失承担赔偿责任。2014 年 8 月 15 日,住房和城乡建设部发布了

① 参见李乐敏:《反向出售式重整模式在建筑企业破产程序中的运营》,载搜狐网,https://www.sohu.com/a/347744932_100015913。

② 《建设工程质量管理条例》第 26 条第 1 款规定:“施工单位对建设工程的施工质量负责。”第 39 条规定:“建设工程实行质量保修制度。建设工程承包单位在向建设单位提交工程竣工验收报告时,应当向建设单位出具质量保修书。质量保修书中应当明确建设工程的保修范围、保修期限和保修责任等。”第 40 条规定:“在正常使用条件下,建设工程的最低保修期限为:(一)基础设施工程、房屋建筑的地基基础工程和主体结构工程,为设计文件规定的该工程的合理使用年限;(二)屋面防水工程、有防水要求的卫生间、房间和外墙面的防渗漏,为 5 年;(三)供热与供冷系统,为 2 个采暖期、供冷期;(四)电气管线、给排水管道、设备安装和装修工程,为 2 年。其他项目的保修期限由发包方与承包方约定。建设工程的保修期,自竣工验收合格之日起计算。”第 41 条规定:“建设工程在保修范围和保修期限内发生质量问题的,施工单位应当履行保修义务,并对造成的损失承担赔偿责任。”

《建筑工程五方责任主体项目负责人质量终身责任追究暂行办法》。承担建筑工程项目建设的建设单位项目负责人、勘察单位项目负责人、设计单位项目负责人、施工单位项目经理、监理单位总监理工程师对其参与新建、扩建、改建的建筑工程项目负责人按照国家法律法规和有关规定,在工程设计使用年限内对工程质量承担相应责任。

如果建筑企业进行破产清算,建筑企业的主体资格将不能得到保留,建设工程的产品保修责任则无法得到落实,将会引发涉及公共利益的建设工程产品质量问题。

(3)建筑企业的上下游企业"输不起"

建筑企业属于建筑行业产业链的重要一环,其与上下游企业已经形成利益攸关共同体。当建筑企业陷入困境以后,不仅要着眼于解决其自身的问题,还要考虑其处于上游的业主或发包方的合同权益及处于下游的分包方、供应商的合同权益。如果建筑企业的主体资格在破产清算程序下灭失,那么,其与上下游企业签订的合同将被迫终止,将会产生更大的违约成本,增加建筑企业的债务负担,同时也将会严重损害供应链中的各个主体的权益。

# 第五章　重整程序启动

对困境企业来讲,重整程序的启动可谓是“生”与“死”的决战。重整程序一旦启动,将会产生“牵一发而动全身”的影响,会涉及方方面面的利益。尤其是对大型企业、上市公司重整程序的启动,还会产生一定的社会影响力。因此,在重整程序启动之前,需要深思熟虑,对启动条件、启动主体、启动模式等事宜进行系统设计,为重整程序的顺利进行奠定基础条件。

## 第一节　启动条件

重整程序启动需要具备法律规定的条件。我们将重整程序的启动条件划分为前提条件和附加条件。前提条件也可以理解为逻辑学的必要条件,附加条件也可以理解为逻辑学的充分条件。重整程序启动,需要具备必要且充分的条件。

### 一、重整前提条件

破产重整的前提条件是指困境企业具有破产法规定的破产原因。不具备这个前提条件的,困境企业将无法启动重整程序。

破产重整的前提条件在《企业破产法》第 2 条已经作出规定:企业法人不能清偿到期债务,并且资产不足以清偿全部债务或者明显缺乏清偿能力的,依照《企业破产法》的规定清理债务。企业法人有前款规定情形,或者有明显丧失清偿能力可能的,可以依照《企业破产法》规定进行重整。

在实务中存在一些争议:一是资不抵债是否可以作为困境企业进入破产重整程序的必要条件?二是衡量资不抵债的标准如何确定?三是仅凭清偿能力缺乏或丧失是否可以作为发起重整的条件?

为了澄清认识上的分歧,《最高人民法院关于适用〈中华人民共和国企业破产法〉若干问题的规定(一)》第 1 条、第 2 条、第 3 条、第 4 条对此作出了明确的规定。①

1. 在债务人不能清偿到期债务的情况下,或者是资不抵债,或者是明显缺乏清偿能力的,只要是具有二者之一的,就认定为具备破产原因,符合启动破产重整、清算、和解的前提条件。

2. 债务人不能清偿到期债务的构成要件必须符合三个条件:(1)债权债务关系依法成立;(2)债务履行期限已经届满;(3)债务人未完全清偿债务。

3. 债务人的资产负债表,或者审计报告、资产评估报告等均可以作为证据认定债务人是否构成资不抵债。

4. 即便是债务人的账面资产大于负债,但只要存在资金严重不足、财产不能变现、高管团队下落不明、长期亏损且扭亏无望、已进入强制执行程序等情形之一的,无法清偿债务,即可认定为明显缺乏清偿能力。

## 二、重整附加条件

在困境企业具备破产重整的前提条件下,在进入司法程序前,法院还将履行重整企业识别审查程序,将重整企业识别审查作为破产重整的附加条件。

最高人民法院于 2018 年 3 月 4 日印发的《全国法院破产审判工作会议纪要》规定,破产重整的对象应当是具有拯救价值和可能的困境企业。人民法院

① 《最高人民法院关于适用〈中华人民共和国企业破产法〉若干问题的规定(一)》第 1 条规定:“债务人不能清偿到期债务并且具有下列情形之一的,人民法院应当认定其具备破产原因:(一)资产不足以清偿全部债务;(二)明显缺乏清偿能力。相关当事人以对债务人的债务负有连带责任的人未丧失清偿能力为由,主张债务人不具备破产原因的,人民法院应不予支持。”第 2 条规定:“下列情形同时存在的,人民法院应当认定债务人不能清偿到期债务:(一)债权债务关系依法成立;(二)债务履行期限已经届满;(三)债务人未完全清偿债务。”第 3 条规定:“债务人的资产负债表,或者审计报告、资产评估报告等显示其全部资产不足以偿付全部负债的,人民法院应当认定债务人资产不足以清偿全部债务,但有相反证据足以证明债务人资产能够偿付全部负债的除外。”第 4 条规定:“债务人账面资产虽大于负债,但存在下列情形之一的,人民法院应当认定其明显缺乏清偿能力:(一)因资金严重不足或者财产不能变现等原因,无法清偿债务;(二)法定代表人下落不明且无其他人员负责管理财产,无法清偿债务;(三)经人民法院强制执行,无法清偿债务;(四)长期亏损且经营扭亏困难,无法清偿债务;(五)导致债务人丧失清偿能力的其他情形。”

当审查重整申请时,应进行重整企业的识别审查。①

《深圳市中级人民法院审理企业重整案件的工作指引(试行)》规定,立案部门负责重整申请的形式审查;合议庭应当对重整申请进行听证调查,对债务人是否具备重整原因、重整价值、重整可行性和是否存在重整障碍等相关情况进行询问,逐一进行评议,并就是否受理作出裁定。②

《企业破产法》第2条第2款规定:"……明显丧失清偿能力可能的,可以依照本法规定进行重整。"该条规定说明:困境企业具备失去清偿能力的可能性时,即可以提出破产重整申请。此时说明,困境企业还具有拯救的机会,"尚可救药"。

拟参与重整的战略投资人也需要考察困境企业是否具有重整的价值,其主要目的是要进行投资分析。

在启动重整程序之前,重整启动主体通常要聘请第三方机构制作一份《重整价值与可行性分析报告》,并提交法院进行重整企业识别审查。对重大的重

---

① 《全国法院破产审判工作会议纪要》第14条规定:"重整企业的识别审查。破产重整的对象应当是具有挽救价值和可能的困境企业;对于僵尸企业,应通过破产清算,果断实现市场出清。人民法院在审查重整申请时,根据债务人的资产状况、技术工艺、生产销售、行业前景等因素,能够认定债务人明显不具备重整价值以及拯救可能性的,应裁定不予受理。"第15条规定:"重整案件的听证程序。对于债权债务关系复杂、债务规模较大,或者涉及上市公司重整的案件,人民法院在审查重整申请时,可以组织申请人、被申请人听证。债权人、出资人、重整投资人等利害关系人经人民法院准许,也可以参加听证……"

② 《深圳市中级人民法院审理企业重整案件的工作指引(试行)》第16条规定:"立案部门负责重整申请的形式审查。申请人提交的材料符合本指引规定的,立案部门依照《深圳市中级人民法院破产案件立案规程》的规定以'破申'字号登记立案。"第17条规定:"深圳破产法庭对立案部门移送的重整申请,应当组成合议庭,进行听证调查。组织听证调查的时间不计入重整申请的审查期间。"第19条规定:"合议庭应当在听证调查三日前通知下列人员参加:(一)申请人;(二)债务人的法定代表人、财务人员和职工代表;(三)合议庭认为应当参加听证调查的其他人员。债务人的债权人、出资人、重整投资人等利害关系人经合议庭准许,可以参加听证调查。"第20条规定:"听证调查按照下列顺序进行:(一)申请人陈述申请的事实和理由,并出示相关证据;(二)债务人有关人员针对重整申请发表意见;(三)合议庭对债务人是否具备重整原因、重整价值、重整可行性和是否存在重整障碍等相关情况进行询问;(四)申请人、被申请人发表最后意见。"第21条规定:"合议庭应当根据听证调查的情况,及时对申请人的主体资格、重整原因、重整价值、重整可行性等逐一进行评议,并就是否受理作出裁定。"第22条规定:"债务人具有重整价值是指,债务人的继续经营价值大于清算价值……"第23条规定:"债务人具有重整可行性是指,债务人的现有资源和条件能够保证重整计划的执行。判断债务人的重整可行性,应当综合考虑下列因素:(一)债务人的重整意愿及其配合程度;(二)主要债权人支持重整的情况;(三)重整方案及重整投资人情况;(四)法律与政策障碍情况;(五)重整与清算模式下的清偿率情况。社会中介机构、预重整管理人出具的报告可以作为判断债务人重整可行性的参考。"第24条规定:"审查重整申请时,合议庭可以根据案件情况,征询市场监管部门、企业主管部门、行业协会以及行业专家的意见。"

整案件,法院可组织听证,以判断困境企业(债务人)是否具备重整价值以及拯救可能性,否则,困境企业(债务人)无法进入司法重整程序。

## 第二节 启动主体

对符合重整启动条件的困境企业,需要研究由哪个主体启动重整程序比较合适。按照现行《企业破产法》的规定,可以由债权人作为主体启动重整程序,也可以由债务人作为主体启动重整程序,特定条件下,也可以由股东作为主体提出破产重整申请。实务中,一般由操盘者结合具体情况作出选择。

法院在收到破产重整申请之后,经过审查,将在 15 日之内作出决定是否受理所提出的申请;如果受理,则以裁定书的形式通知并送达给当事人,通常情况下,重整案件会上传至《全国企业破产重整案件信息网》予以公示。

### 一、债务人启动

债务人,也就是困境企业,在具备破产原因、符合重整启动条件的情况下,可以按照《企业破产法》第 7 条第 1 款的规定,①依法提出破产重整申请。

破产重整申请书应当按照《企业破产法》第 8 条的规定,②说明申请的目的以及申请的事实与理由等事项,重点说明企业存在具有破产原因的情形,包括不能清偿到期债务、明显缺乏清偿能力、资不抵债等情形,并提交《重整价值及可行性分析报告》,以说明企业具有重整价值。此外,还应当向人民法院提交财产状况说明、债务清册、债权清册、有关财务会计报告、职工安置预案以及职工工资的支付和社会保险费用的缴纳情况。

---

① 《企业破产法》第 7 条规定:“债务人有本法第二条规定的情形,可以向人民法院提出重整、和解或者破产清算申请。债务人不能清偿到期债务,债权人可以向人民法院提出对债务人进行重整或者破产清算的申请。企业法人已解散但未清算或者未清算完毕,资产不足以清偿债务的,依法负有清算责任的人应当向人民法院申请破产清算。”

② 《企业破产法》第 8 条规定:“向人民法院提出破产申请,应当提交破产申请书和有关证据。破产申请书应当载明下列事项:(一)申请人、被申请人的基本情况;(二)申请目的;(三)申请的事实和理由;(四)人民法院认为应当载明的其他事项。债务人提出申请的,还应当向人民法院提交财产状况说明、债务清册、债权清册、有关财务会计报告、职工安置预案以及职工工资的支付和社会保险费用的缴纳情况。”

## 二、债权人启动

当债务人不能清偿到期债务时，债权人可以依照《企业破产法》第7条第2款的规定提出破产重整申请。破产重整申请书的模式与债务人提出破产重整申请书的模式基本相同。

债权人作为申请人提出破产重整申请时，与被申请人是不同的主体；而债务人作为申请人提出破产重整申请时，与被申请人是同一个主体。这一点似乎有点奇怪。

在实务中，由债权人作为启动主体提出破产重整申请的案例相对较多。当债权人提交破产重整申请书时，法院要求债权人提交的证据资料相对较少，除提交破产重整申请书外，还应提交债权凭据资料及到期未获清偿的证据以及《重整价值及可行性分析报告》，也可以在法院就债务人是否具有重整价值举行听证程序期间提交《重整价值及可行性分析报告》。

## 三、股东启动

债务人的股东（出资人）在一定条件下也可以作为重整程序的启动主体。根据《企业破产法》第70条的规定，[①]当债权人对债务人提出破产清算申请时，在法院决定受理破产清算后、宣告破产前，债务人的股东（出资人），而且必须是出资额占注册资本10%以上的股东（出资人），可以提出重整申请。在这里，有两个问题需要特别说明一下。

一是股东可以提出破产重整申请的时间节点，应该是在债权人提出破产清算申请且已经进入破产清算程序之后，债务人的股东（出资人）可以提出破产重整申请，这一点也是破产清算向破产重整进行程序转换的法律依据。

二是股东可以提出破产重整申请的，必须是出资额占注册资本1/10以上的股东。在这里，出资额占注册资本1/10以上的股东，我们的理解是，无论是一个股东，还是多名股东，只要是合计持股超过注册资本1/10的，就可以提出破产重整申请。

---

① 《企业破产法》第70条规定："债务人或者债权人可以依照本法规定，直接向人民法院申请对债务人进行重整。债权人申请对债务人进行破产清算的，在人民法院受理破产申请后、宣告债务人破产前，债务人或者出资额占债务人注册资本十分之一以上的出资人，可以向人民法院申请重整。"

## 第三节 启动模式

重整程序启动模式，是指启动重整程序的方法论。按照是否附加预重整程序，可以将司法重整划分为两种启动模式：一种是直接启动模式；另一种是“预重整＋司法确认”模式。

### 一、直接启动模式

直接启动模式是破产重整通常采用的模式，也就是当提出破产重整申请时，由债权人或债务人作为启动主体，在具备重整启动条件的情况下，直接向法院提出破产重整申请。在提出破产重整申请之前，无论基于何种原因，或许是没有协商的必要，或许是协商无果，或许因债权人、债务人、股东等主要重整参与者无法协商等缘故，没有提出任何重整预案，或者不能就重整方案的主要内容形成合意时，直接启动破产重整程序，对此，我们称为直接启动模式。

在直接启动模式下，法院收到破产重整申请以后，经过审查，如认为债务人符合破产重整受理条件，将裁定受理破产重整申请，同时指定管理人，发布公告。管理人在法院的指挥和监督下，全面接管债务人破产财产和营业事务，必要时引入重整投资人，制订重整计划草案，提交债权人会议进行讨论、表决。债权人会议对重整计划草案表决通过以后，由管理人向法院提出批准重整计划申请。法院经过审查以后，认为符合条件，裁定批准重整计划，并终止重整程序。重整计划发生法律效力，并进入执行阶段。

### 二、“预重整＋司法确认”模式

“预重整＋司法确认”模式，是指在人民法院正式受理破产重整申请之前，由债务人与债权人等主要权益主体就债务清偿、资产重组等相关事宜自主协商谈判，预先形成重组方案；待人民法院正式受理破产重整申请以后，按照重整程序，对该重组方案进行补充完善，形成重整计划草案，提交债权人会议讨论表决通过，并经人民法院裁定批准之后，重整计划将会产生法律强制约束力。

“预重整＋司法确认”模式实际是将重整程序中制订重整计划的工作前置，

使债务人、股东、债权人等各方在相对自由、平等、客观的状态下对企业资产进行估值,合理定价,制订合理的重组方案,从而缩短破产重整程序周期,减少重整期间的时间成本,保护企业的权益和价值。

直接启动模式与“预重整 + 司法确认”模式相比,并无优劣之分,适合就好。重整参与者各自的情况不同,所拥有的谈判筹码、身处境地以及心态、诉求也不同,究竟哪种启动模式更合适,需要全面评估、衡量,作出取舍和决断。

# 第六章　破产管理人履职

破产管理人,是指为了实现破产程序的目的,履行法定的职责而由法律设定的专门机构。

破产管理人制度在《企业破产法》中居于重要的地位。破产管理人在法院的主导之下,对法院负责,依法公正地履行法定的职责。

破产管理人制度源于古罗马时期。从自力救济的执行方式,到委付财产的执行方式,在财产保管、变价和分配的过程中,由财产管理人的角色,经过逐步的发展和完善,形成了现今的破产管理人制度。

我国在2006年修订《企业破产法》时,引入了破产管理人制度。破产管理人在破产程序中处于独立的地位,不代表任何一方的利益。对涉及破产财产的管理、变价、分配等具体事项,因属于私法领域的范畴,不适于由法院处理,于是,法院便指定破产管理人具体负责处理各项事务。破产管理人当执行具体事务时,其行为会直接影响破产程序的进程。破产程序是否公平、公正和高效,与破产管理人密切相关。破产管理人能否恪尽职守,既是考验,也是风险。

当时立法背景下构建的破产管理人制度,如今已经不能适应时代发展变化的需要。为了弥补破产管理人制度操作性不强的缺陷,有些省、市的法院或者破产管理人协会制定了管理人工作指引规范性文件,以提升破产管理人的操作水平、规范破产管理人的执业行为、指导破产管理人的具体工作。

## 第一节　指定管理人方式

法院在裁定受理破产案件的同时，要指定破产管理人。[①] 依据《企业破产法》第 22 条的规定，[②]指定管理人的权限归于人民法院。法院指定管理人的方式，按照现行规则，是以随机方式为主，辅以竞争选任方式。

2006 年颁布的《企业破产法》自 2007 年 6 月 1 日起施行。为了与引入的破产管理人制度相配套，最高人民法院在 2007 年 4 月 12 日发布了《最高人民法院关于审理企业破产案件指定管理人的规定》，[③]与《企业破产法》同时施行。依据该规定第 20 条、第 21 条之规定，指定管理人的方式通常有三种：轮候、抽签、摇号。这三种方式均是在随机方式的基础上公开指定管理人。为了公平、公正审理企业破产案件，促进管理人制度的完善和发展，2018 年最高人民法院发布的《全国法院破产审判工作会议纪要》进一步强调，要建立竞争选任管理人的工作机制[④]；对具有重大影响、法律关系复杂的破产案件，也可以采取竞争方式指定管理人。

---

① 《企业破产法》第 13 条规定：“人民法院裁定受理破产申请的，应当同时指定管理人。”

② 《企业破产法》第 22 条规定：“管理人由人民法院指定。债权人会议认为管理人不能依法、公正执行职务或者有其他不能胜任职务情形的，可以申请人民法院予以更换……”

③ 《最高人民法院关于审理企业破产案件指定管理人的规定》第 20 条规定：“人民法院一般应当按照管理人名册所列名单采取轮候、抽签、摇号等随机方式公开指定管理人。”第 21 条规定：“对于商业银行、证券公司、保险公司等金融机构或者在全国范围有重大影响、法律关系复杂、债务人财产分散的企业破产案件，人民法院可以采取公告的方式，邀请编入各地人民法院管理人名册中的社会中介机构参与竞争，从参与竞争的社会中介机构中指定管理人。参与竞争的社会中介机构不得少于三家。采取竞争方式指定管理人的，人民法院应当组成专门的评审委员会。评审委员会应当结合案件的特点，综合考量社会中介机构的专业水准、经验、机构规模、初步报价等因素，从参与竞争的社会中介机构中择优指定管理人。被指定为管理人的社会中介机构应经评审委员会成员二分之一以上通过。采取竞争方式指定管理人的，人民法院应当确定一至两名备选社会中介机构，作为需要更换管理人时的接替人选。”

④ 《全国法院破产审判工作会议纪要》第 7 条规定：“建立竞争选定管理人工作机制。破产案件中可以引入竞争机制选任管理人，提升破产管理质量。上市公司破产案件、在本地有重大影响的破产案件或者债权债务关系复杂，涉及债权人、职工以及利害关系人人数较多的破产案件，在指定管理人时，一般应当通过竞争方式依法选定。”

## 第二节 管理人任职资格

对于破产管理人的任职资格，在2006年颁布的《企业破产法》第24条规定了清算组和律师事务所、会计师事务所、破产清算事务所等中介机构可以担任破产管理人。[①] 2007年发布的《最高人民法院关于审理企业破产案件指定管理人的规定》确定了管理人名册制度。[②] 2018年最高人民法院发布的《全国法院破产审判工作会议纪要》提出进一步完善管理人制度，确立了“管理人跨区域执业”和“管理人分级管理”制度。[③]

高级人民法院、中级人民法院可以根据辖区内社会中介机构及专业从业人员的数量和破产案件的数量编制管理人名册，采取司法准入的形式，决定编入管理人名册的社会中介机构和个人名单。

编制管理人名册的高级人民法院或中级人民法院组成专门的评审委员会，结合专业水准、执业业绩等因素制定管理人评定标准，综合评分，确定初审名册，然后进行公示，公示期满，审定管理人名册，报最高人民法院备案。

换个角度可以说，只要是管理人名册中的社会中介机构、个人都具有担任破产管理人的任职资格。编入管理人名册的专业机构多数为律师事务所、会计师事务所、破产清算事务所等社会中介机构，也有部分专业人员，如律师、注册会计

---

① 《企业破产法》第24条规定：“管理人可以由有关部门、机构的人员组成的清算组或者依法设立的律师事务所、会计师事务所、破产清算事务所等社会中介机构担任。人民法院根据债务人的实际情况，可以在征询有关社会中介机构的意见后，指定该机构具备相关专业知识并取得执业资格的人员担任管理人。有下列情形之一的，不得担任管理人：（一）因故意犯罪受过刑事处罚；（二）曾被吊销相关专业执业证书；（三）与本案有利害关系；（四）人民法院认为不宜担任管理人的其他情形。个人担任管理人的，应当参加执业责任保险。”

② 参见《最高人民法院关于审理企业破产案件指定管理人的规定》“一、编制管理人名册”。

③ 《全国法院破产审判工作会议纪要》第5条规定：“探索管理人跨区域执业。除从本地名册选择管理人外，各地法院还可以探索从外省、市管理人名册中选任管理人，确保重大破产案件能够遴选出最佳管理人。两家以上具备资质的中介机构请求联合担任同一破产案件管理人的，人民法院经审查符合自愿协商、优势互补、权责一致要求且确有必要的，可以准许。”第6条规定：“实行管理人分级管理。高级人民法院或者自行编制管理人名册的中级人民法院可以综合考虑管理人的专业水准、工作经验、执业操守、工作绩效、勤勉程度等因素，合理确定管理人等级，对管理人实行分级管理、定期考评。对债务人财产数量不多、债权债务关系简单的破产案件，可以在相应等级的管理人中采取轮候、抽签、摇号等随机方式指定管理人。”

师等,他们以个人名义申请编入管理人名册。

能够编入管理人名册的社会中介机构、个人已经由法院按照入门条件进行了筛选和审查,我们不再对不适合担任管理人的消极条件进行描述。如果企业进入破产程序,法院可以在管理人名册中以轮候、抽签、摇号等随机方式指定管理人,或者通过竞争方式选定管理人。

破产管理人根据《企业破产法》的规定,具有接管企业财产和营业事务、变价处分破产财产等权利,尽管有来自法院、债权人等方面的监督,仍然会面临履职风险、道德风险的挑战。不仅如此,由于破产案件的法律关系错综复杂,涉及企业经营管理、变价处分财产、代表诉讼仲裁以及职工安置等方方面面的事务,对自己的执业能力、专业水准也是一种考验,将会接受债权人、债务人、职工等相关权益人的质疑。如果存在主观上的故意,利用职务之便,帮助债务人"逃废债",可能还会面临刑事责任风险。如有重大过失,造成经济损失的,法院将会给予处罚,破产管理人要承担司法责任。

## 第三节 管理人法定职责

破产管理人作为管理、处分破产财产的独立机构,其职责源于法律的规定,《企业破产法》第25条集中体现了破产管理人的职责,[①]兜底条款的规定,说明了破产管理人的职责并不限于此。在其他条款中,破产管理人还具有编制债权表的职责。在重整程序中,对债务人实施接管的破产管理人还具有制定重整计划草案的职责。本书认为,这两项职责应该是破产管理人非常重要的职责。

### 一、对债务人实施接管

法院受理破产案件申请之后,债务人作为民事主体,其民事权利将受到限

① 《企业破产法》第25条规定:"管理人履行下列职责:(一)接管债务人的财产、印章和账簿、文书等资料;(二)调查债务人财产状况,制作财产状况报告;(三)决定债务人的内部管理事务;(四)决定债务人的日常开支和其他必要开支;(五)在第一次债权人会议召开之前,决定继续或者停止债务人的营业;(六)管理和处分债务人的财产;(七)代表债务人参加诉讼、仲裁或者其他法律程序;(八)提议召开债权人会议;(九)人民法院认为管理人应当履行的其他职责。本法对管理人的职责另有规定的,适用其规定。"

制;债务人的法定代表人应将本企业的财产状况说明书、债权债务清册及全部财务账册、文书、资料、印章、营业执照等企业资料移交给破产管理人占有、管理和支配;债务人对外应当履行的债务移交给破产管理人进行处理;债务人的营业事务和诉讼或仲裁事务也应由破产管理人接管。债务人的全部财产,包括有形和无形财产、动产和不动产、知识产权、对外的债权、持有的股份和债券等作为被概括执行的客体应全部移交给破产管理人进行管理和处分。

在重整程序中,债务人可以向法院提出申请,请求自行管理财产和营业事务,经法院批准后,在破产管理人的监督下,由债务人自行管理财产和营业事务。对已经接管财产和营业事务的,破产管理人应向债务人移交财产和营业事务。①

## 二、管理财产和营业事务

破产管理人在接管破产财产后,应当妥善保护和管理,防止破产财产遭受意外或人为损失。破产管理人应对破产财产进行登记造册,详细说明财产种类、性质、原值、现值、保存地点等,对债权债务进行核对,对营业状况予以了解掌握;追回被他人占有的财产,收回债务人未收回债权和要求未激纳或未足额缴纳出资的出资人补足出资额,从而为更好地保全破产财产,为随时顺利地处理和分配破产财产作准备。在破产清算程序中,破产管理人还应当及时拟定破产财产变价方案、破产财产分配方案,提交债权人会议讨论。

破产管理人负责营业事务时,可以聘请债务人原有的经营管理人员继续负责营业事务。②

## 三、从事民事活动

破产管理人接管债务人的资产和营业事务以后,债务人不能以自己的名义从事民事活动,破产管理人取得了以破产财产为标的的民事活动的权利,并以破产管理人的名义,聘任必要的人员、继续营业以及参加诉讼、和解或仲裁,决定解

---

① 《企业破产法》第 73 条规定:“在重整期间,经债务人申请,人民法院批准,债务人可以在管理人的监督下自行管理财产和营业事务。有前款规定情形的,依照本法规定已接管债务人财产和营业事务的管理人应当向债务人移交财产和营业事务,本法规定的管理人的职权由债务人行使。”

② 《企业破产法》第 74 条规定:“管理人负责管理财产和营业事务的,可以聘任债务人的经营管理人员负责营业事务。”

除或继续履行破产宣告时尚未履行的合同，询问债务人等。

## 四、编制债权表

编制债权表应该是破产管理人一项非常重要的工作，直接涉及债权人的切身利益；同时，也能体现破产管理人的专业水准、业务能力。所以，我们认为，应该将编制债权表作为破产管理人的一项重要职责。《企业破产法》第 48 条、第 57 条、第 58 条明确规定，[①]债权人应当向管理人申报债权。管理人在接收到债权申报材料之后，登记造册，进行审查，并编制债权表，提交债权人会议核查。经过核查以后，对债权无异议的，由法院裁定确认债权。经过债权确认以后的债权人才可以参加债权人会议，行使表决权、监督权。

## 五、制订重整计划草案

我们认为，在破产重整程序中，制定重整计划草案应该是破产管理人最为重要的一项职责。

根据《企业破产法》第 80 条的规定，[②]对债务人实施接管的，由破产管理人负责制订重整计划草案。实际上，这是一项决定债务人“生”与“死”的工作。破产管理人应当按照《企业破产法》第 79 条的规定，[③]自法院裁定受理破产重整之日起 6 个月内，完成制订重整计划草案的职责，努力促使重整计划草案获得债权人会议表决通过，并向法院提交重整计划草案。如法院批准了重整计划，则标志着重整程序的成功完成，债务人将“重获”新生。如果重整计划草案不能获得债权人会议表决通过，也不符合法定的强制批准条件，或者破产管理人不能按期提

---

① 《企业破产法》第 48 条第 1 款规定：“债权人应当在人民法院确定的债权申报期限内向管理人申报债权。”第 57 条规定：“管理人收到债权申报材料后，应当登记造册，对申报的债权进行审查，并编制债权表。债权表和债权申报材料由管理人保存，供利害关系人查阅。”第 58 条规定：“依照本法第五十七条规定编制的债权表，应当提交第一次债权人会议核查。债务人、债权人对债权表记载的债权无异议的，由人民法院裁定确认。债务人、债权人对债权表记载的债权有异议的，可以向受理破产申请的人民法院提起诉讼。”

② 《企业破产法》第 80 条规定：“债务人自行管理财产和营业事务的，由债务人制作重整计划草案。管理人负责管理财产和营业事务的，由管理人制作重整计划草案。”

③ 《企业破产法》第 79 条规定：“债务人或者管理人应当自人民法院裁定债务人重整之日起六个月内，同时向人民法院和债权人会议提交重整计划草案。前款规定的期限届满，经债务人或者管理人请求，有正当理由的，人民法院可以裁定延期三个月。债务人或者管理人未按期提出重整计划草案的，人民法院应当裁定终止重整程序，并宣告债务人破产。”

出重整计划草案的,则重整程序将会终止,转为破产清算程序。如此,债务人将“一命呜呼”,退出市场竞争。

## 第四节 管理人工作指引

企业破产法在法学体系中实际上属于冷门学科,也属于交叉学科,既涉及程序法,也涉及实体法。不通过一定的专业学习和训练,就无法系统地掌握和应用破产法理论,难以解决破产案件中遇到的具体问题。破产案件不仅法律关系复杂,而且会横跨经济、金融、资本、管理等多行业领域,破产管理人在履行职责过程中所遇到的棘手问题也比较多。

为了帮助破产管理人提升履职能力,规范执业行为,降低执业风险,在总结实务经验和成果的基础上,一些省、市的法院制定了规范破产管理人执业行为的文件,如北京市破产法庭颁布了《破产案件管理人工作指引》;也有一些省、市的破产管理人协会制定了规范性文件,如上海市破产管理人协会颁布了《破产案件管理人工作指引》。这两个工作指引文件的特点是:一是以破产管理人的职责为主线,从接管调查、财产管理、财产追索、审核债权到债权人会议,制定了全面和详细的操作规范。二是按照企业破产法的三大程序,破产管理人担当不同的职责,分别制定了不同的业务指引。河北省企业破产管理人协会则是按破产管理人不同的业务板块,分别制定了《管理人承办破产重整案件工作指引》、《破产债权申报登记与审查工作指引》、《财产调查与管理工作指引》和《债权人会议工作指引》四个工作指引,并发布执行。另有两个工作指引初稿已经完成,《管理人承办破产清算案件工作指引》和《破产案件资产审计与评估工作指引》尚未最后定稿公布。

有的管理人工作指引文件将破产管理人履职过程中可能遇到的预重整、招募战略投资人、债权人网络会议、信用修复等新业态也加以规范指引,能够对破产管理人的困惑予以点拨、指引。

## 第五节 管理人履职风险

破产管理人具有法定的职责，相应地，就要承担法定的义务。《企业破产法》第27条规定了“管理人应当勤勉尽责，忠实执行职务”。对未尽到“勤勉、尽责、忠实”义务的管理人，在执行职务期间如给债权人、债务人或者第三人造成损失的，将依法承担赔偿责任；法院也可以依法罚款。[①] 如果破产管理人尽到了义务，当然就不会产生风险了。所以，我们认为，破产管理人的履职风险源于其在履行法定职责期间应尽的法定义务。

随着供给侧结构性改革的深入，法院受理的破产案件数量不断上升，对破产管理人来讲，业务量也随之增多，而且，案涉债权的规模也巨大。在一些具有重大影响的破产重整案件中，破产管理人获得的高额报酬，成为业内人士讨论的话题，以竞标等方式参选破产管理人，成为社会中介机构或个人承揽业务的一个热门业务领域。须知，当破产管理人的机遇来临时，履职风险也会与之并存。必须抱着如履薄冰的心态，才可以心安理得地获取管理人报酬。

破产案件具有法律关系复杂、疑难问题众多的特点。部分管理人的执业水平和专业技能难以应对所承办的破产案件，破产管理人责任纠纷案日益增多。因此，破产管理人的履职风险必须引起足够的重视。

### 一、风险识别

破产管理人的履职风险伴随执业全程，任何一个环节都有发生履职风险的可能，我们在这里只是以列举方式予以提示，但并不限于此。

（一）接管、管理、处分债务人财产时的履职风险

破产管理人当履行接管、管理债务人财产的职责时，应尽到“勤勉、尽责”的义务，做好清点书面交接工作，注意留取“痕迹”，避免产生衔接环节可能出现的“说不清、道不明”的责任风险。在管理债务人财产期间，不受他人非法干涉，避

---

① 《企业破产法》第130条规定：“管理人未依照本法规定勤勉尽责，忠实执行职务的，人民法院可以依法处以罚款；给债权人、债务人或者第三人造成损失的，依法承担赔偿责任。”

免出现疏忽大意、管理不当而产生财产损失的责任风险。当处分债务人财产时，破产管理人应尽到忠实义务，由第三方专业机构客观、公正地评估债务人的财产价值，履行拍卖程序，避免给自己带来“惹事”的风险。

(二)编制债权表职责时的履职风险

破产管理人履行编制债权表职责时，应当尽到“勤勉、尽责、忠实”的义务；在债权申报、审查、登记环节，应以充足的证据为支撑，编制的债权表要经得起法院的审查或异议债权人的质疑，避免因执业能力或疏忽大意等因素而导致异议债权人对破产管理人的追责。

(三)从事民事活动时的履职风险

破产管理人以自己的名义代表债务人参加民事活动(包括参加民事诉讼或仲裁活动)、履行职责时，应当尽到“勤勉、尽责、忠实”的义务，避免因自己的不当行为而给债务人的财产造成损失，由此可能产生被追责的风险。

(四)制订重整计划时的履职风险

破产管理人制订重整计划草案时，应当尽到“勤勉、尽责、忠实”的义务，避免成为“逃废债”行为的“挡箭牌”；要坚持“三公”原则，充分关注重整计划草案所涉债务人及出资人、债权人、重整投资人等各方的利益焦点，努力协调、平衡各方的利益关系，避免牵涉各方的利益纷争；要特别关注职工的权益，避免产生社会不安定因素；要在程序规定的时限之内，完成提交重整计划草案的职责，避免因自己的延误导致债务人进入破产清算程序。

## 二、防范措施

债务人之所以进入破产程序，一定是存在“疑难杂症”，普通的“药方”已经难以起到“疗效”，因此，很多破产案件的处理会相当棘手，破产管理人履职风险的概率大增，必须做好风险防范的准备。对此，业内人士见仁见智，提出了很多值得借鉴的观点，我们仅从以下几个方面提出风险防范的建议。

(一)提升专业知识素养

破产管理人必须具有良好的专业知识结构，提高自己的执业技能水平，以应对破产案件中存在的各种“疑难杂症”。不但要具有法律领域的知识储备，与之相关的财务、金融、资本、经济、管理等领域的基本知识、商业常识、市场逻辑也要略通。提升自己的专业知识素养，练就一双“慧眼”，可以有效地识别履职风险。

（二）提高个人职业素养

破产管理人在履职期间，将会与各路“神仙”打交道，包括债务人、实际控制人、职工代表、债权人、重整投资人、税务部门、政府主管和监管部门以及法院等，良好的个人职业素养，能够获取权益主体的信任和尊重，也是协调、沟通各路“神仙”的“敲门砖”。提高个人职业素养，塑造“金刚之身”，则是抵御履职风险的又一个“法宝”。

（三）完善风控体系制度

破产管理人多数为社会中介机构，作为组织机构，应当建立完善的操作规范、工作指引等规章制度，让风控体系发挥应有的监督作用，使具体的经办人员能够在制度边界范围内从事执业活动，避免或减少履职风险的发生。

（四）购买执业责任保险

破产管理人履职过程中存在的风险，可以通过购买执业责任保险的方式进行转移，由保险公司分担风险责任。但是，保险公司所提供的风险保障，仅能解决民事责任的经济赔偿问题。我们知道，破产管理人履职风险的责任形式有三种：民事责任、司法责任和刑事责任。对涉及司法责任、刑事责任的风险，则无法通过购买保险的方式进行转移，不会也不允许有保险公司分担司法责任或刑事责任这样的好事。一旦涉及司法责任或刑事责任，只能由具体的责任人独自承受。

# 第七章　遴选重整投资人

在重整程序中,遴选重整投资人参与重整,已经成为困境企业拯救的“标配”,也有将重整投资人称为战略投资人。按照投资偏好,可以将重整投资人分为财务投资人和产业投资人两大类。

## 第一节　重整投资人作用

重整投资人参与重整是确保困境企业获得重整成功的关键所在。此时,困境企业已经失去了“造血”的功能,显然,仅凭其自身的努力可能会无力摆脱困境,必须借助外部的力量,才能使企业恢复正常的运营。重整投资人通常在资金、业务、技术、品牌和管理等方面具有显著的优势。重整投资人参与重整,不仅可以带来资金资源,用以清偿困境企业的债务,还可以匹配适合的业务、技术资源,使困境企业能够尽快恢复生产经营;赋予品牌资源,进一步扩大市场的影响力;同时,通过查找和分析企业陷入困境的根源,对企业的管理进行优化,避免重蹈覆辙,实现企业可持续稳定发展的目标。

## 第二节　重整投资人遴选

重整投资人遴选具有商业属性,只要不违反法律禁止性的规定,可以通过协商谈判的方式予以确定。在私法领域里,法律尊重民事主体的意思自治。因债务人、债权人、重整投资人等主体在各自的商业背景、诉求、动机等方面存在差异,甚至是很大的差异,也只有通过协商谈判的方式,才可以摸清各自的“底牌”,作出各自利益方面的让渡,并逐步达成共识。如各方无法达成共识时,可采取公开招募的方式遴选重整投资人。

## 一、遴选时机

关于遴选重整投资人的时机,并无法律之约束。既可以在启动重整程序之前,即预重整阶段,也可以在启动重整之后,经过评估、审计,摸清困境企业的资产、债务等基本信息之后。

## 二、遴选主体

在预重整阶段,可以由临时管理人负责遴选重整投资人。如没有指定临时管理人,债务人、债权人均可协商、推荐、选任重整投资人。

在进入重整司法程序之后,此时,法院已经指定了管理人,通常由管理人作为遴选重整投资人的主体,按照一定的遴选标准、程序选任重整投资人,经债权人会议表决同意后,报法院确认。

## 三、遴选原则

第一,重整投资人必须拥有雄厚的资金实力,具有较强的投融资能力;

第二,重整投资人必须具有核心的技术或者先进的管理能力,可以促进企业的产品结构、业务结构的调整,增强企业的市场竞争力和创新能力;

第三,致力于长期投资合作,谋求长远利益回报,有利于区域经济的发展。

## 四、遴选方式

实务中,对重整投资人的遴选方式通常有两种:一种是定向邀请,另一种是公开招募。

定向邀请,一般是在预重整阶段,采用定向邀请方式,邀请具有意向的重整投资人参与重整。

困境企业通常在启动重整程序之前,都会与具有意向的重整投资人进行若干轮的协商谈判。具有意向的重整投资人对困境企业的资产情况、债务状况、业务情况、员工情况、欠税情况、运营和管理等背景情况已经有所了解,甚至可能提供了一定的资金帮助,试图缓解困境企业的财务危机、改善其经营状况,且具有参与重整的愿望。定向邀请选任重整投资人,不仅符合市场的规则和商业的逻辑,也不违反法律的禁止性规定。

公开招募,通常发生在重整程序启动之后。债务人、债权人及具有意向的重整投资人无法就相关事项达成一致时,可通过公开招募方式确定重整投资人。

破产管理人可以通过媒体发布招募信息,陪同现场考察答疑,对接政府招商平台。具有参与重整愿望的投资人将会对企业的基本信息,包括资产情况、债务状况、重整价值、预期收益以及地方政府的优惠政策进行全面的了解,制作尽职调查报告。

公开招募选任重整投资人,应当将提供的资金清偿债权的数额、方式以及实际偿债能力(信用)作为首要标准。经债权人会议或者债权人委员会表决决定后,通过破产管理人报法院最终确认。重整投资人选定之后,债务人或破产管理人应当根据重整投资人提交的方案制定重整计划草案。

## 五、遴选程序

公开招募重整投资人的程序并无定式。在实务中,可参考以下操作流程。

### (一)设定重整投资人准入条件

根据困境企业的行业情况,对重整投资人参与重整要设定一个具体的准入条件,包括行业资质、企业规模、资产规模等条件。

### (二)重整投资人提交重整投资意向书

对重整投资人的基本情况及拟参与重整的方式、重整资金来源、投资计划安排、未来经营方案、未来盈利模式、员工安置方案、管理团队方案等有关重整方案的主要内容加以说明。

### (三)破产管理人与重整投资人签订保密协议

对重整投资人可能会接触到的案件信息、商业秘密等内容,由破产管理人与其签署保密协议,明确重整投资人的保密义务及违反保密义务的法律责任。

### (四)履行尽职调查程序

重整投资人对困境企业的资产、债务、财务、业务、产品、运营、管理等方面履行尽职调查程序,破产管理人也可围绕重整的相关问题,对重整投资人的背景、商誉、信用等进行调查和审核。

(五)破产管理人初步筛选拟定重整投资人

破产管理人应当综合考察和评价重整投资人的资产、负债、品牌、信用、事业方向、专业程度、经营团队,以及重整成功后对企业的规划设想、运营思路、资源整合等来初步筛选拟定。

(六)破产管理人与重整投资人签订重整投资协议

当初步筛选拟定合适的重整投资人后,破产管理人应与拟定的重整投资人签订重整投资意向协议,明确双方权利和义务、谈判步骤、谈判成功后的工作安排、谈判失败后的工作安排、投资意向金的缴纳和退还等。

(七)重整投资人缴纳重整投资保证金

通常情况下,破产管理人会要求拟定重整投资人缴纳一定金额的重整投资保证金,具体金额或比例,与重整投资的规模有一定关联。当谈判失败后,应当如数无息退还。在某种程度上,重整投资保证金能够起到强化重整投资人的责任心、证明重整投资人的投资决心以及证明重整投资人资金实力的作用。

(八)最终通过谈判拟定重整投资人

最后进入谈判阶段,拟定重整投资人后,报债权人会议表决通过。谈判是重要一环,关系重整投资人参与重整能否成功。通常情况下,如果有几家重整投资人报名,则破产管理人会确定几个意向投资人同时分开谈判,既可以从中择优选择,又可以让意向投资人产生相互竞争的局面,有利于重整成功,也是为债权人争取最大的利益。

## 第三节 重整投资人权益保护

重整投资人的权益保护,非常现实地摆在我们的面前:一旦重整失败了,前期的投入资金能收回来吗?

由于重整涉及的利益主体较多,不确定的因素较为复杂,重整的周期也比较漫长,重整投资人面临巨大的投资风险,会严重影响其参与重整投资的积极性。建立完善的重整投资人保护制度,有利于提高重整投资人的投资积极性,是促进困境企业获得重整成功的关键所在。

## 一、风险因素

重整投资人的投资风险主要体现在隐形负债、重整失败和政策风险三个方面,在此分述如下。

### (一)隐形负债

无法控制的隐形负债必然会对重整投资人的投资成本和未来投资收益的测算产生重大影响。

### (二)重整失败

重整计划草案若未能获得通过、批准,即标志着重整的失败,由重整程序转向清算程序,将会产生重整投资人前期投资无法回收的风险。

### (三)政策风险

地方政府行业审批监管部门、税收优惠政策、信用修复政策等因素对重整计划的执行产生影响,从而会直接对重整投资人的投资产生影响。

## 二、保护措施

重整投资人因其投资偏好、投资目的不同,可以产业投资人或者财务投资人的方式参与重整。因参与重整的方式不同,采取权益保护的措施也不同。

### (一)共益债权

《企业破产法》第 42 条规定了共益债务的概念。[①] 就债务人而言,叫共益债务;就投资人而言,叫共益债权。重整投资人可以充分利用法定条款作为投资权益的保护措施。

共益债务是指进入破产程序后,为了债权人、债务人的共同利益所负担的债务,包括以下 6 种情形。

1. 因管理人或者债务人请求对方当事人履行双方均未履行完毕的合同所产

---

① 《企业破产法》第 42 条规定:"人民法院受理破产申请后发生的下列债务,为共益债务:(一)因管理人或者债务人请求对方当事人履行双方均未履行完毕的合同所产生的债务;(二)债务人财产受无因管理所产生的债务;(三)因债务人不当得利所产生的债务;(四)为债务人继续营业而应支付的劳动报酬和社会保险费用以及由此产生的其他债务;(五)管理人或者相关人员执行职务致人损害所产生的债务;(六)债务人财产致人损害所产生的债务。"

生的债务;

2. 债务人财产受无因管理所产生的债务;

3. 因债务人不当得利所产生的债务;

4. 为债务人继续营业而应支付的劳动报酬和社会保险费用以及由此产生的其他债务;

5. 管理人或者相关人员执行职务致人损害所产生的债务;

6. 债务人财产致人损害所产生的债务。

共益债权具有优先受偿的权利,可以随时由债务人财产进行清偿。① 重整投资人的前期投资如是为了债权人、债务人的共同利益所发生的费用,可以定性为共益债权,具有优先受偿权。

重整投资人的前期投资用途对确认其为共益债权的性质很关键,必须经重整投资人申报后,由破产管理人予以确认,才可受到法律的保护。

(二)协议约定

重整投资人多见于通过《重整投资协议》的方式约定其权益保护措施,以避免未来可能发生的投资风险,包括退出通道设计、退出方式等保护措施。

(三)审慎选择

重整投资人应当谨慎选择目标企业,在进行充分尽职调查、科学评估的基础上参与重整。在充分了解目标公司债务规模、财务数据、员工、税务、诉讼、合同、既往经营、资产瑕疵等相关信息的情况下,科学评估目标公司价值,避免信息不对称导致的风险误判,根据自身能力及需求理性投资。

根据重整投资人的投资偏好、投资目的,充分利用既有法律条款、制度,尽可能完善投资人参与重整的进入方式、退出渠道及保护措施,这是重整过程中平衡各方当事人权益的必然条件,也是充分调动重整投资人积极性,进一步激发市场活力,优化市场资源配置的主要途径。

---

① 《企业破产法》第43条规定:"破产费用和共益债务由债务人财产随时清偿。债务人财产不足以清偿所有破产费用和共益债务的,先行清偿破产费用。债务人财产不足以清偿所有破产费用或者共益债务的,按照比例清偿。债务人财产不足以清偿破产费用的,管理人应当提请人民法院终结破产程序。人民法院应当自收到请求之日起十五日内裁定终结破产程序,并予以公告。"

# 第八章　制订重整计划

重整计划，是指由重整参与者，包括债务人及出资人、债权人、重整投资人、职工、税务部门等相关权益主体，以债务清偿和企业拯救为目标的协议安排。

重整计划是重整程序中最为重要的一个法律文件；虽然名曰“计划”，实际上就是由多方权益主体共同签署的一份“多边协议”。

制订重整计划，需要很好的协调、平衡能力，要充分听取利益相关方的意见，关注各方的利益焦点，这是困境企业能否获得重生最为关键的工作。

## 第一节　制订主体

谁负有责任制订重整计划呢？根据《企业破产法》第80条的规定，[①]在重整期间，谁是负责管理债务人财产和营业事务的主体，就由谁负责制作重整计划草案，据此可以明确，制订重整计划的责任主体或者是管理人，或者是债务人。

---

① 《企业破产法》第80条规定：“债务人自行管理财产和营业事务的，由债务人制作重整计划草案。管理人负责管理财产和营业事务的，由管理人制作重整计划草案。”

按照《企业破产法》第17条、第20条、第25条的规定,[①]在法院指定管理人之后,原则上应该由管理人接管债务人的财产和营业事务。但是,按照《企业破产法》第73条的规定,[②]也可以由债务人自行管理财产和营业事务。因此,债务人也可以成为制定重整计划草案的主体,但多数情况下,都是由破产管理人负责制作重整计划草案。

根据《企业破产法》第81条的规定,[③]结合司法实践案例,重整计划草案的主要内容通常由以下几个部分构成:

(1)出资人权益调整方案;

(2)债权分类;

(3)债权调整方案;

(4)债权受偿方案;

(5)经营方案;

(6)重整计划执行期限。

破产管理人在制订重整计划期间,将会重点听取债务人、债权人、重整投资人的意见,尤其是涉及偿债方案、投资计划、经营方案等方面的内容。

---

① 《企业破产法》第17条规定:"人民法院受理破产申请后,债务人的债务人或者财产持有人应当向管理人清偿债务或者交付财产。债务人的债务人或者财产持有人故意违反前款规定向债务人清偿债务或者交付财产,使债权人受到损失的,不免除其清偿债务或者交付财产的义务。"第20条规定:"人民法院受理破产申请后,已经开始而尚未终结的有关债务人的民事诉讼或者仲裁应当中止;在管理人接管债务人的财产后,该诉讼或者仲裁继续进行。"第25条规定:"管理人履行下列职责:(一)接管债务人的财产、印章和账簿、文书等资料;(二)调查债务人财产状况,制作财产状况报告;(三)决定债务人的内部管理事务;(四)决定债务人的日常开支和其他必要开支;(五)在第一次债权人会议召开之前,决定继续或者停止债务人的营业;(六)管理和处分债务人的财产;(七)代表债务人参加诉讼、仲裁或者其他法律程序;(八)提议召开债权人会议;(九)人民法院认为管理人应当履行的其他职责。本法对管理人的职责另有规定的,适用其规定。"

② 《企业破产法》第73条规定:"在重整期间,经债务人申请,人民法院批准,债务人可以在管理人的监督下自行管理财产和营业事务。有前款规定情形的,依照本法规定已接管债务人财产和营业事务的管理人应当向债务人移交财产和营业事务,本法规定的管理人的职权由债务人行使。"

③ 《企业破产法》第81条规定:"重整计划草案应当包括下列内容:(一)债务人的经营方案;(二)债权分类;(三)债权调整方案;(四)债权受偿方案;(五)重整计划的执行期限;(六)重整计划执行的监督期限;(七)有利于债务人重整的其他方案。"

## 第二节 制订期限

重整计划草案的制订期限由《企业破产法》第79条作出明确规定:[①]重整计划草案的制作主体应当在法院受理重整之日起6个月内,同时向法院和债权人会议提交重整计划草案。期限届满时,如未能完成重整计划草案的制作,具有正当理由的,重整计划草案的制作主体可以提出申请,延长3个月。

## 第三节 出资人权益调整方案

出资人权益调整方案,是指在破产重整程序中,通过对困境企业股权结构的调整,按照一定的对价,引入重整投资人参与重整,使困境企业可以获得重生,避免遭遇破产清算的措施。

### 一、出资人权益调整必要性

《企业破产法》未对出资人权益调整及适用作出明确要求,只是在《企业破产法》第85条第2款规定"重整计划草案涉及出资人权益调整事项的,应当设出资人组进行表决"。[②] 出资人权益是否需要调整以及如何调整,由出资人作出决定,这是一种商业行为。出资人权益调整不仅属于商业行为,在重整程序中也属于非常重要的股权调整法律措施,关系是否可以引入重整投资人,是否可以使困境企业获得重生、避免遭遇清算退场的处境。因此,重整程序中对困境企业的股权结构进行调整具有必要性。

---

① 《企业破产法》第79条规定:"债务人或者管理人应当自人民法院裁定债务人重整之日起六个月内,同时向人民法院和债权人会议提交重整计划草案。前款规定的期限届满,经债务人或者管理人请求,有正当理由的,人民法院可以裁定延期三个月。债务人或者管理人未按期提出重整计划草案的,人民法院应当裁定终止重整程序,并宣告债务人破产。"

② 《企业破产法》第85条规定:"债务人的出资人代表可以列席讨论重整计划草案的债权人会议。重整计划草案涉及出资人权益调整事项的,应当设出资人组,对该事项进行表决。"

## 二、出资人权益调整原则

债务人、出资人、债权人、重整投资人等各方重整参与者应当坚持利益平衡、共担风险、共享收益的原则。

困境企业如重整失败，按照《企业破产法》第79条第3款的规定将进入破产清算程序，[①]出资人的股权价值将大幅减少甚至归零；如通过出资人权益调整方案，出资人作出适度让步，将权益调整给重整投资人，出资人将会获得大于清算状态下的权益保障。就重整投资人而言，将会获得估值较低、市值较高的资产控制权；对债权人来讲，可以从获得新生的企业未来经营收益中获得更高比例的清偿。为了实现利益平衡的状态，各重整参与者应当本着"帮别人也是帮自己"的心态，对自己的权益作出让步，共担风险，共享收益。

## 三、出资人权益调整方式

出资人权益调整，通常包括出资人权益调减和出资人权益结构调整两种情况。对出资人权益进行调减时，通常选择无偿让渡、低价转让两种方式。对出资人权益结构进行调整时，通常选择增资扩股、缩股两种方式。

当困境企业进入重整程序时，说明其股权价值已大幅贬值。根据出资人对公司经营失败所存在的过错程度、应承担的责任大小，确定出资人权益调减的幅度。结合股权项下的资产权益，评估其股权价值，按照权利义务对等原则，可以选择确定无偿让渡、低价转让两种出资人权益调整方式。

## 四、出资人权益调整方案表决规则

根据《企业破产法》第85条的规定，[②]在重整计划草案中涉及出资人权益调整事项的，单设出资人组。出资人应当以公司在市场监督管理部门注册登记的股东人数、占股比例为准。

出资人组以会议的形式表达其股权被削减的意愿，对出资人权益调整方案

---

① 《企业破产法》第79条第3款规定："债务人或者管理人未按期提出重整计划草案的，人民法院应当裁定终止重整程序，并宣告债务人破产。"

② 《企业破产法》第85条规定："债务人的出资人代表可以列席讨论重整计划草案的债权人会议。重整计划草案涉及出资人权益调整事项的，应当设出资人组，对该事项进行表决。"

进行投票表决。出资人组的表决规则设定通过标准,不仅要求股东人数过半,同时还应当要求股权额过半;也可参照《企业破产法》第84条关于债权人组的表决规则执行,[①]不仅出资人数过半,所代表的出资额占全部出资额的2/3以上,作为出资人权益调整方案的通过标准。当出资人组表决未通过出资人权益调整方案时,法院可以强制批准重整计划,前提条件是出资人权益的调整公平、公正,且其他权益组已表决通过重整计划草案。

## 五、出资人权益调整与股权质押

多数困境企业(债务人)的出资人存在股权质押的情况。当进行出资人权益调整时,势必出现质押股权调整与质权人权益冲突的问题。造成权益冲突的根源,涉及破产法与担保法深层次冲突,有待于今后立法机关解决。

根据担保的规则,出质人的股东在处置股权时应征得质权人的同意。根据《企业破产法》的规定,作为出质人的股东在对出资人权益调整方案进行表决时,其表决权应当受到质权人限制。即便当个别出资人表决反对时,出资人权益调整方案仍然可以多数决的方式或者强裁机制通过生效执行。

《企业破产法》没有对质权人的身份和法律地位作出任何规定。质权人在破产重整程序中的参与权、表决权等权利受到限制,质权人对股权是否应当被调整、如何进行调整、如何获得补偿等涉及自身权益的重大问题上没有发言权。当出资人权益调整方案作为重整计划的重要内容被法院批准后,当重整计划进入执行程序时,法院通过出具《协助执行函》,可以强制的方式要求质权人协助解除质押权,此时,质权人处于非常不利的位置。

在现有的法律框架内,如何解决出资人权益调整与质权权益之间的冲突,是重整程序中非常棘手的问题。

### (一)协商解决

通过协商的方式解除股权质押是一种比较理性的行为。设定质押的股权在进入破产程序以后,其股权价值多数情况下归于零,同时,其质权利益也归于零。

---

① 《企业破产法》第84条规定:"人民法院应当自收到重整计划草案之日起三十日内召开债权人会议,对重整计划草案进行表决。出席会议的同一表决组的债权人过半数同意重整计划草案,并且其所代表的债权额占该组债权总额的三分之二以上的,即为该组通过重整计划草案。债务人或者管理人应当向债权人会议就重整计划草案作出说明,并回答询问。"

当债务人或设定质押的股东不能提供其他财产清偿债务时,债权人或质权人对设定质权的股权利益成为最后的保障。如果质权人不同意解除股权质押,其实现质权利益的希望也是渺茫的。如果强制解除股权质押,将股权调整给重整投资人,对质权人也是不公平的。通过协商的方式,给予质权人一定的补偿,质权人同意配合解除股权质押,减少重整计划执行的阻碍和重整成本,有利于推动企业尽快恢复经营,期待企业经营状况早日好转。

(二)听证方式

在通过协商的方式不能解除股权质押的情况下,法院可以组织听证会,召集质权人、出资人(设定股权质押的股东)、债务人、债权人等参加听证,对出资人权益调整及解除股权质押等事项听取各方的意见,为将来可能存在的强制解除股权质押的法律行为提供事实依据和法律根据。

(三)债权人会议表决

多数情况下,质权人与债权人为同一主体。在债权人会议上,可以将协助解除股权质押作为债权人同时也是质权人的一项义务,列为重整计划草案的一项内容提交债权人会议进行表决。债权人会议对重整计划进行讨论表决通过以后,经法院批准后进入执行程序时,重整计划具有强制执行的法律效力。

## 第四节　债权调整和受偿方案

债权调整和受偿方案是制订重整计划草案非常重要的环节,通过对债务人、债权人等各方利益关系的协调、平衡,使大多数人能够认可和接受债权调整和受偿方案,使企业能够尽快摆脱困境,重新恢复生产经营。

### 一、债权调整原则

(一)合法性原则

债权调整的出发点必须是善意的,各方利益主体均作出适度的让步,以期待经营状况好转以后通过未来的收益获得债权的清偿。以“逃废债”“避税”为动机的债权调整可能会产生新的法律风险。

(二)"三公"原则

公开、公平、公正是民商事法律行为必须遵守的基本原则,同样也是债权调整应当坚持的原则。在债权进行调整协商、谈判期间,必须坚持"三公"原则,有助于各方利益主体达成债权调整方案。

## 二、债权调整范围

纳入债权调整范围的债权从性质来看多数属于普通债权。

有特定财产担保的债权虽然具有优先权,按照规定应当获得全额清偿,但是,由于受企业的资产情况、债权情况等因素的影响,可能会出现抵押担保物的实现价值有所变化,与此对应的具有优先权的债权额度也会相应调整,对超出抵押担保物实现价值的部分债权将列入普通债权进行调整。

具有优先受偿权的债权通常情况下不进行调整,如职工债权、税款债,一般为全额清偿。

## 三、债权调整方式

债权调整方式一般有债权比例调整方式、债权条件调整方式或其组合。

(一)比例调整

在对债权(指普通债权)进行调整之前,首先需要由专业的评估机构提交偿债能力分析报告,对企业的破产清偿率进行测算。

破产清偿率的计算过程是:假设企业的资产能够按评估值即时变现,即清算状态下的资产评估值,减去优先债权,包括有财产担保债权优先受偿部分、职工债权、税款债权,剩余的可供向普通债权人进行分配的财产与清算状态下的普通债权总额之比例,即为破产清算率。

为了使债权人获得比清算状态下更为划算的债权清偿,必须适当提高清偿比率,避免进入清算程序。普通债权按照调整后的同一比例进行债权清偿。

(二)条件调整

债权实现的条件,包括期限、利息等约定均属于条件调整的范畴,可以进行展期、免息调整。

## 四、债权受偿方案

(一)受偿顺序

按照《企业破产法》的规定，在支付破产费用和共益债务之后，按照如下顺序进行清偿：

(1)破产人所欠职工的工资和医疗、伤残补助、抚恤费用，所欠的应当划入职工个人账户的基本养老保险、基本医疗保险费用，以及法律、行政法规规定应当支付给职工的补偿金。

(2)破产人欠缴的除前项规定以外的社会保险费用和破产人所欠税款。

(3)普通破产债权。破产财产不足以清偿同一顺序的清偿要求的，按照比例分配。[①]

实务中，重整企业的破产费用(管理人报酬、案件受理费)和共益债务属于第一顺位，随时可以由企业的破产财产优先支付。

对法律没有明确规定清偿顺序的债权，人民法院可以按照人身损害赔偿债权优先于财产性债权、私法债权优先于公法债权、补偿性债权优先于惩罚性债权的原则合理确定清偿顺序。[②]

上海破产法庭的刘新建法官将消费者购房人的债权列为超级优先权，第二清偿顺位的债权是建设工程款优先权，第三清偿顺位的清偿债权是有财产担保的债权，第四清偿顺位的债权是破产费用和共益债务，第五清偿顺位的是职工债权，第六清偿顺位的债权是税款债权，第七清偿顺位的债权是普通债权，第八清

---

① 《企业破产法》第113条规定："在支付破产费用和共益债务之后，按照如下顺序进行清偿：(一)破产人所欠职工的工资和医疗、伤残补助、抚恤费用，所欠的应当划入职工个人账户的基本养老保险、基本医疗保险费用，以及法律、行政法规规定应当支付给职工的补偿金；(二)破产人欠缴的除前项规定以外的社会保险费用和破产人所欠税款；(三)普通破产债权。破产财产不足以清偿同一顺序的清偿要求的，按照比例分配……"

② 《全国法院破产审判工作会议纪要》第28条规定："破产债权的清偿原则和顺序。对于法律没有明确规定清偿顺序的债权，人民法院可以按照人身损害赔偿债权优先于财产性债权、私法债权优先于公法债权、补偿性债权优先于惩罚性债权的原则合理确定清偿顺序。因债务人侵权行为造成的人身损害赔偿，可以参照企业破产法第一百一十三条第一款第一项规定的顺序清偿，但其中涉及的惩罚性赔偿除外。破产财产依照企业破产法第一百一十三条规定的顺序清偿后仍有剩余的，可依次用于清偿破产受理前产生的民事惩罚性赔偿金、行政罚款、刑事罚金等惩罚性债权。"

偿顺位的债权是劣后债权。[①]

（二）受偿方式

债权受偿方式通常有现金清偿、非现金清偿、债权转股权和留债安排等方式。现金清偿通常适合于小额债权。经债权人同意，也可以非现金方式进行清偿，如库存产品、固定资产等。经协商，采取债权转股权的方式进行清偿。留债安排既适用于普通债权，也适用于优先权，签订《留债协议》。

在这里，我们顺便介绍一下这几个小概念：别除权、取回权和劣后债权。

《企业破产法》并没有直接使用这几个概念，但在相关的条款中已经体现了其内涵，在有关破产法的书籍、文章或案例研讨中会见到这几个名词，它们属于破产法理论上的概念。

1. 别除权

在破产法理论中，通常认为，别除权是指债权人因其债权设有物权担保或享有特别优先权，而在破产程序中就债务人特定财产享有的优先受偿权利。《企业破产法》第109条的规定即属于破产法理论上的别除权。[②] 别除权，说的直白一点就是：在破产程序中可以排除他人的权利，自己享有优先受偿的权利。

2. 取回权

在破产程序中，取回权是指财产权利人向管理人主张返还或者交付不属于破产财产而归其支配的财产的权利。《企业破产法》第38条的规定就是关于取回权的原则性规定。[③]

在破产案件中，破产管理人有权接管债务人的全部财产。在这些财产中，可能会有基于仓储、保管、寄存、租赁、代销等法律关系而占有他人的财产，由此将会在破产管理人与财产权利人之间产生利害关系；该财产权利人可依法行使取回权。取回权具有物权的特征，可以不需要通过破产程序行使取回权。

3. 劣后债权

劣后债权是在破产法实务中总结归类的概念。对于那些不能归类为优先债

---

① 参见刘新建：《一文读懂破产债权的清偿顺序》，载微信公众号“破产法实务”，2021年1月13日。

② 《企业破产法》第109条规定：“对破产人的特定财产享有担保权的权利人，对该特定财产享有优先受偿的权利。”

③ 《企业破产法》第38条规定：“人民法院受理破产申请后，债务人占有的不属于债务人的财产，该财产的权利人可以通过管理人取回。但是，本法另有规定的除外。”

权和普通债权的债权，如罚息、民事惩罚性赔偿金、行政罚款等，一般将其归类为劣后债权。在优先债权、普通债权获得清偿之后，如有剩余财产，可用于清偿劣后债权。“劣后”这个词清楚地表达了其清偿顺位是在优先债权和普通债权之后。另需说明一下，劣后债权不能参加债权人会议，不具有表决权。

## 第五节　经营方案

经营方案也是重整计划中的重要内容之一，其目标是帮助困境企业重新恢复经营能力和盈利能力，使债权人或其他权益人能够通过调整以后的经营方案看到可期待的未来利益。

经营方案以切实、可行为原则，结合债务人的基本情况及重整投资人的诉求，由破产管理人制订。经营方案通常从提高公司治理水平、优化管理制度、主营业务定位、近期中期经营计划、经济效益测算等几个方面，阐述重整后的企业发展愿景，并作为重整计划草案的组成部分，提交债权人会议讨论通过。

以庞大集团破产重整为例，说明经营方案进行调整的主要内容。① 以下为庞大集团重整计划中的经营方案。

为使庞大集团恢复持续经营能力和盈利能力，管理人根据重整投资人提交的方案，在深入调查研究庞大集团相关情况的基础上，制订经营方案。

该经营方案由“存量业务的调整与优化”和“增量业务的引进与发展”两部分构成，具体如下：

（一）存量业务经营方案

重整完成后，庞大集团将摆脱沉重的债务负担，资产负债率将恢复到行业正常水平，同时将获得流动性补充，逐渐恢复持续经营和盈利能力。在此基础上，庞大集团自身将根据市场现状及行业发展趋势，对存量业务进行以下调整：

1. 补充公司流动资金

为支持后续经营发展，重整投资人将引入中国民生银行股份有限公司为庞

---

① 参见庞大汽贸集团股份有限公司重整计划经营方案，源自 2019 年 12 月 11 日上市公司庞大集团公告。

大集团提供不超过10亿元的共益债务融资，用于补充公司流动资金。

2.提升资产流动性及资金使用效率

庞大集团将从以强调资产规模，过渡到以提升资金使用效率为中心，根据资产闲置状况，因地制宜地通过出租、出售、合作开发等不同方式盘活闲置资产，提升资产流动性及资金使用效率。

3.优化品牌及经营网络结构

庞大集团将对乘用车、商用车量大板块品牌代理、网络分布、业务结构进行调整，对没有发展前景的品牌进行裁撤，聚焦具备盈利能力和前景的核心品牌。同时，庞大集团将结合品牌特性合理分布网络，包括中低端品牌下沉到四、五线城市，以及后市场维修、保养服务；中高端品牌仍以一、二、三线城市为主，继续争取厂家授权，拓展高端品牌盈利网络。

4.积极推进新能源与新零售业务

庞大集团将积极推进线上线下合作，积极参与新零售业务开展；推进网约车、分时租赁、上门保养、旅游房车等新型业务；大力开展新能源汽车销售及服务；继续做好平行进口汽车的销售业务。

（二）增量业务经营方案

近年来，国内汽车市场正在发生深刻变化，增速下滑，产能过剩、价格下探，轻资产、新能源汽车、电商、“互联网+”等新情况、新模式不断冲击；汽车经销商的经营成本和获客成本日益增加，传统的4S店模式已经逐渐走进微利时代。

为了走出困境，供应商与经销商都在不断探索新的经营模式，汽车4S店模式面临新的变革。为助力庞大集团快速提升业务规模，实现企业良性发展，根据国家相关政策和产业发展趋势，依托重整投资人的资源和优势，拟定如下增量业务经营方案：

1.城市公共交通运营商

庞大集团将依托重整投资人之一的国民运力，与国民运力在城市公共服务领域车辆电动化和智能化市场展开合作，结成全面的、深度的战略合作伙伴关系，计划以城市交通运营商为定位，聚焦城市公共服务领域，推动城市交通电动化和智能化建设。在国民运力的助力下，庞大集团将快速形成增量业务，进入核心城市的商用车服务市场，从交通的电动化装备入手，扩展到交通管控；从单一的售后服务转型到长期运维，从而产生可扩展边际收益的新兴交通信息化产品；

推动庞大集团从客户端的销售服务到城市交通运营商的转变,从传统的汽车贸易转变为交通信息化运营商。

2. 探索充电服务业务商业化

依托“城市公共交通服务商”模式,庞大集团将获得新能源汽车消费全生命周期的收益。下一步将依托公司在所拓展城市建立的充电场站,拓展充电服务的商业化。公司将运用大数据合理规划和建设公交车、出租车、旅游和通勤车的配套充电场站,提升充电场站的充电桩利用率。未来,公司将开发充电管理平台(手机 App),连接全国的自有充电场站,并与城市及第三方平台对接,为纯电动社会车辆提供充电服务;还将拓展 App 的广告收益、场站的充电桩及路牌广告收益、场站的其他消费收益(例如,餐饮、购物等),打造集停车、充电、消费于一体的充电生态体系。

3. 推动智慧城市建设

随着国家大力推动智慧城市建设,智慧交通是智慧城市的重要构成部分。庞大集团将在解决城市公共服务领域车辆电动化的同时,同步推动所拓展城市的交通智能化和信息化建设。公司将运用最新的车联网、物联网、5G 技术,从城市交通规划入手,打造智慧公交、智慧环卫、智慧出租、游运一体化等平台,提升城市交通智能化和信息化水平。通过车辆装备、智能系统及路网规划,公司将成为城市交通运营商,促进智慧交通和智慧城市建设。

## 第六节 强制审批

在特定条件下,重整计划草案没有通过债权人会议的表决时,法院可以行使强制审批权,这就是强制审批制度。

债权人会议按照《企业破产法》第 82 条的规定,[①]对债权进行分类、分组参

---

① 《企业破产法》第 82 条规定:“下列各类债权的债权人参加讨论重整计划草案的债权人会议,依照下列债权分类,分组对重整计划草案进行表决:(一)对债务人的特定财产享有担保权的债权;(二)债务人所欠职工的工资和医疗、伤残补助、抚恤费用,所欠的应当划入职工个人账户的基本养老保险、基本医疗保险费用,以及法律、行政法规规定应当支付给职工的补偿金;(三)债务人所欠税款;(四)普通债权……”

加讨论、表决重整计划草案。如果出现表决组未获全部通过的情况下，则可以依据《企业破产法》第 87 条的规定，[①]由破产管理人或债务人向法院提出强制审批重整计划的申请。

法院行使强制审批权时，应当按照法律规定的六项条件全面予以评价：首先是前四项债权的基本条件必须得到满足，此为第一评价要素；其次是重整计划的公平性和合法性能够得到体现，此为第二评价要素；再次是经营方案具有可行性，此为第三评价要素。[②]

我们首先按照债权分组的情况，衡量一下债权满足的基本条件，这是评价法院可以行使强制审批权的第一要素。

（一）对特定财产享有担保权的债权组

对于该组债权，如对重整计划草案持反对意见，在符合以下条件的情况下，法院可以行使强制审批权：（1）各债权人按其担保物可实现价值确定的有担保债权将获得全部清偿；（2）因重整计划执行而受到的迟延清偿损失可以得到公平补偿；（3）其担保债权并未受到实质性损害。

该组债权人往往具有可以行使别除权的优势地位，更有可能拒绝重整计划草案，会出现“钳制”的问题。如果企业确实具有通过重整获得“复兴”的机会，法院可以在符合上述（1）（2）（3）的条件下，坚持社会利益最大化原则，维护多数人的利益，依法行使强制审批权。

（二）职工债权组、税收债权组

如职工债权组或税收债权组不通过重整计划草案时，只要是职工债权组或

① 《企业破产法》第 87 条规定：“部分表决组未通过重整计划草案的，债务人或者管理人可以同未通过重整计划草案的表决组协商。该表决组可以在协商后再表决一次。双方协商的结果不得损害其他表决组的利益。未通过重整计划草案的表决组拒绝再次表决或者再次表决仍未通过重整计划草案，但重整计划草案符合下列条件的，债务人或者管理人可以申请人民法院批准重整计划草案：（一）按照重整计划草案，本法第八十二条第一款第一项所列债权就该特定财产将获得全额清偿，其因延期清偿所受的损失将得到公平补偿，并且其担保权未受到实质性损害，或者该表决组已经通过重整计划草案；（二）按照重整计划草案，本法第八十二条第一款第二项、第三项所列债权将获得全额清偿，或者相应表决组已经通过重整计划草案；（三）按照重整计划草案，普通债权所获得的清偿比例，不低于其在重整计划草案被提请批准时依照破产清算程序所能获得的清偿比例，或者该表决组已经通过重整计划草案；（四）重整计划草案对出资人权益的调整公平、公正，或者出资人组已经通过重整计划草案；（五）重整计划草案公平对待同一表决组的成员，并且所规定的债权清偿顺序不违反本法第一百一十三条的规定；（六）债务人的经营方案具有可行性……”

② 参见王卫国：《破产法精义》，法律出版社 2020 年版，第 290 页。

税收债权组获得全额清偿,就具备了法院行使强制审批权的条件。

通常情况下,该组债权是全额清偿,一般不会出现反对重整计划草案的情况。

(三)普通债权组

对于该组债权,只要其所获得的清偿比例高于"清算标准",即便没有通过重整计划草案,法院也可以行使强制审批权。

通常情况下,该组债权的清偿比例会很低,债权人的债权损失会较大。在重整程序中,为了使重整计划草案能够获得通过,参与重整的投资人都会在破产清算清偿比例的基础上,适当提高清偿比例。

(四)出资人组

首先,出资人组不通过重整计划草案表决的,法院认为出资人权益的调整是公平、公正的,就可以采取强制审批的行动。至于对"公平、公正"如何理解,可以由法官行使自有裁量权。

其次,重整计划草案具有公平性和合法性,这是评价法院可以行使强制审批权的第二个要素。公平性,是指公平对待同一表决组的成员;合法性,是指债权的清偿顺位不违反《企业破产法》第 113 条的规定。①

最后,重整计划草案的经营方案具有可行性,这是评价强制审批权行使的最后一个要素。

经营方案是否具有可行性,属于商业方面的判断,法院可以征求专家或经营的意见,必要时,法院可以举行听证。

法院行使强制审批权时,应当以审慎为原则。对确实需要强制审批重整计划草案的,债权人分多组的,至少应有一组已经通过重整计划草案,且各表决组

---

① 《企业破产法》第 113 条规定:"破产财产在优先清偿破产费用和共益债务后,依照下列顺序清偿:(一)破产人所欠职工的工资和医疗、伤残补助、抚恤费用,所欠的应当划入职工个人账户的基本养老保险、基本医疗保险费用,以及法律、行政法规规定应当支付给职工的补偿金;(二)破产人欠缴的除前项规定以外的社会保险费用和破产人所欠税款;(三)普通破产债权。破产财产不足以清偿同一顺序的清偿要求的,按照比例分配。破产企业的董事、监事和高级管理人员的工资按照该企业职工的平均工资计算。"

中反对者能够获得的清偿利益不低于依照破产清算程序所能获得的利益。[①] 简言之,“清算检验标准”是法院行使强制审批权的一个具体界定条件。

## 第七节 执行和监督

执行和监督条款也是重整计划的内容之一,需要明确重整计划的执行主体和监督主体及职责。根据《企业破产法》第 89 条、第 90 条、第 91 条的规定,[②]重整计划的执行主体是债务人,监督主体是管理人。执行期限与监督期限相同。监督期限届满时,管理人应提交监督报告。自监督报告提交之日起,管理人的监督职责终止;破产程序终结。

实务中,重整计划的执行期限不等,短期的有 3 个月、6 个月,长期的有 12 个月,甚至有 4 年之久。

## 第八节 重整计划变更

重整计划在执行期间,可能会存在无法继续执行的情形;如果按照《企业破产法》第 93 条第 1 款之规定,[③]就会终止重整计划的执行,宣告债务人破产,进

---

① 《全国法院破产审判工作会议纪要》第 18 条规定:“重整计划草案强制批准的条件。人民法院应当审慎适用企业破产法第八十七条第二款,不得滥用强制批准权。确需强制批准重整计划草案的,重整计划草案除应当符合企业破产法第八十七条第二款规定外,如债权人分多组的,还应当至少有一组已经通过重整计划草案,且各表决组中反对者能够获得的清偿利益不低于依照破产清算程序所能获得的利益。”

② 《企业破产法》第 89 条规定:“重整计划由债务人负责执行。人民法院裁定批准重整计划后,已接管财产和营业事务的管理人应当向债务人移交财产和营业事务。”第 90 条规定:“自人民法院裁定批准重整计划之日起,在重整计划规定的监督期内,由管理人监督重整计划的执行。在监督期内,债务人应当向管理人报告重整计划执行情况和债务人财务状况。”第 91 条规定:“监督期届满时,管理人应当向人民法院提交监督报告。自监督报告提交之日起,管理人的监督职责终止。管理人向人民法院提交的监督报告,重整计划的利害关系人有权查阅。经管理人申请,人民法院可以裁定延长重整计划执行的监督期限。”

③ 《企业破产法》第 93 条第 1 款规定:“债务人不能执行或者不执行重整计划的,人民法院经管理人或者利害关系人请求,应当裁定终止重整计划的执行,并宣告债务人破产。”

入破产清算程序。对具有拯救价值的债务人来讲,这可是不可逆转的程序,显然,这并不符合重整制度拯救困境企业的价值取向。如果允许在特殊情况下对重整计划进行一次变更,是不是更有利于实现价值目标的最大化?为了适应司法实践的需要,在2018年最高人民法院颁布的《全国法院破产审判工作会议纪要》第19条、第20条对重整计划变更的条件和程序作出了指引性的规定①:对出现国家政策调整、法律修改变化等特殊情况,导致原重整计划无法执行的,允许申请变更一次。

由于该项规定过于简略,对于可以重整计划变更的“特殊情况”作何理解,可能会存在不同的认识,在没有最新的司法解释出台之前,只能根据案件的具体情况,由法官行使自由裁量权作出决定。

实务中,因新冠肺炎疫情的影响,需要延长重整计划执行期限,可以成为重整计划变更的“特殊情况”,典型案例是2020年江苏法院破产审判典型案例——江苏磐宇科技有限公司(以下简称磐宇公司)重整案。② 我们可以将新冠肺炎疫情归为“不可抗力因素”,作为“特殊情况”,成为变更重整计划的理由之一。

原重整投资人放弃投资,需要变更重整投资人,也可以作为重整计划变更的一种“特殊情况”,典型案例是四川凉山彝族自治州中级人民法院于2019年发

① 《全国法院破产审判工作会议纪要》第19条规定:“重整计划执行中的变更条件和程序。债务人应严格执行重整计划,但因出现国家政策调整、法律修改变化等特殊情况,导致原重整计划无法执行的,债务人或管理人可以申请变更重整计划一次。债权人会议决议同意变更重整计划的,应自决议通过之日起十日内提请人民法院批准。债权人会议决议不同意或者人民法院不批准变更申请的,人民法院经管理人或者利害关系人请求,应当裁定终止重整计划的执行,并宣告债务人破产。”第20条规定:“重整计划变更后的重新表决与裁定批准。人民法院裁定同意变更重整计划的,债务人或者管理人应当在六个月内提出新的重整计划。变更后的重整计划应提交给因重整计划变更而遭受不利影响的债权人组和出资人组进行表决。表决、申请人民法院批准以及人民法院裁定是否批准的程序与原重整计划的相同。”

② 参见2020年江苏法院破产审判典型案例之江苏磐宇科技有限公司破产重整案。磐宇公司是一家拥有多项高级资质和专利的医疗器械生产企业,由于公司经营不善导致流动性危机,履行破产重整程序,2019年进入重整计划执行期间。2020年年初,新冠肺炎疫情暴发,按期执行重整计划受到重大影响。与此同时,医用口罩防疫物资一度十分紧缺,江苏省药品监督管理局临时紧急许可磐宇公司生产医用防护口罩,使其成为南通市区唯一一家生产N95医用防护口罩的企业。为了保障防疫部门医用口罩的有效供给,同时避免重整计划不能按期执行导致公司被宣告破产,南通市中级人民法院根据管理人的申请作出裁定,延长磐宇公司重整计划执行期限。后经政府相关部门批准后,磐宇公司于2020年2月复工,日生产N95口罩2万至3万只。此后,南通市中级人民法院又与南通市发展改革委、工信局积极协调修复磐宇公司相关信用问题,为磐宇公司取得生产原料提供了保障,并为企业成功重整创造了新的机遇。

布的西昌华财酒店管理服务有限公司破产重整案。[①] 我们可以将重整投资人变更归为“市场因素”，作为“特殊情况”，成为变更重整计划的理由之一。

重整计划中的经营方案、执行期限以及调整出资人权益方案，可以成为重整计划变更的对象。破产法专家王欣新教授认为，债务清偿方案原则上不能作为重整计划变更的对象。[②]

当出现重整计划变更的“特殊情况”事由时，可以由破产管理人或债务人向法院提出申请变更重整计划一次。

变更重整计划是否需要再次履行债权人会议表决程序呢？对此，我们可参考 2019 年发布的《北京破产法庭破产重整案件办理规范（试行）》第 139 条的规定，[③]变更后的重整计划应提交给因重整计划变更而遭受不利影响的债权人组和出资人组进行表决。表决通过以后，由破产管理人或债务人向法院提出申请，经法院裁定批准以后，变更后的重整计划产生法律效力。

---

① 参见凉山彝族自治州中级人民法院官网于 2019 年 4 月 15 日发布的案例。案情简介：西昌华财酒店管理服务有限公司因经营管理不善，进入破产清算程序。之后，债务人提出破产重整申请，经法院批准后转为重整程序，并发布了招募战略投资人的公告。朱某作为战略投资人参与该案重整，破产管理人制订了重整计划，经过债权人会议分组表决后通过，法院批准后进入执行期。执行期间，由于朱某未支付相关款项，导致债务人不能执行重整计划。新的重整投资人谢某向破产管理人提出参与重整申请。为此，破产管理人变更了原重整计划，原投资人变更为新投资人，并重新进行表决；表决通过以后，法院批准了变更后的重整计划，新的重整投资人履行了付款义务，现已执行完毕。

② 参见王欣新：《试论重整制度之立法完善》，载《昆明理工大学学报（社会科学版）》2010 年第 5 期。

③ 《北京破产法庭破产重整案件办理规范（试行）》第 139 条规定：“变更后的重整计划应提交给因重整计划变更而遭受不利影响的债权人组和出资人组进行表决。债权人按照重整计划所受的清偿仍然有效，但债权已受偿部分不享有表决权。表决、申请人民法院批准以及人民法院裁定是否批准的程序与重整期间相同。变更后的重整计划经人民法院裁定批准，加重了为原重整计划的执行提供担保的负担的，担保人对加重的部分不承担担保责任，但当事人另有约定的除外。”

# 第九章　债权人会议

债权人会议是债权人表达意愿、行使表决权和监督权、参与破产程序的临时议事机构。关于债权人会议，在破产法理论上有很多学说，作为实务工作者，我们也没必要去纠结那么多细微的差别，只需要知道：债权人会议的两大职能就是作出决议和进行监督；参与破产程序的主要表现形式就是听取报告。

债权经过申报、登记、审核、确认程序之后，债权人才有权参加债权人会议，行使表决权和监督权，换句话说，债权人会议是由债权获得确认的全体债权人组成的。如果债权人会议规模较大，债权人会议也可以决定设立债权人委员会，也就是我们常说的"债委会"。债委会成员不超过 9 人，由债权人代表和一名债务人的职工代表(或工会代表)组成。①

## 第一节　召集主持

第一次债权人会议召开时，很显然，应该由人民法院负责召集。在第一次债权人会议上，由人民法院在具有表决权的债权人中指定一位债权人会议主席，多数情况下，债权人会议主席都是由金融机构债权人或者是债权规模较大的债权人担任。以后的债权人会议由债权人会议主席负责提议召开。管理人或者债委会以及占债权总额 1/4 以上的债权人也可以向债权人会议主席提议召开。对

---

① 《企业破产法》第 67 条规定："债权人会议可以决定设立债权人委员会。债权人委员会由债权人会议选任的债权人代表和一名债务人的职工代表或者工会代表组成。债权人委员会成员不得超过九人。债权人委员会成员应当经人民法院书面决定认可。"

此,《企业破产法》第 60 条、第 62 条已经作出明确的规定。[①]

第一次债权人会议召开的时间,应该在人民法院裁定受理破产申请之日起的 25 日内通知债权人,并且还要发布公告,说明第一次债权人会议召开的时间和地点;[②]且应该自债权申报期限届满之日起 15 日内召开。

债权人会议主席召集债权人会议时,应在发出通知前 3 日向人民法院报告。债权人会议主席应在开会前 7 日(外地应为 20 日)将会议的时间、地点、内容、目的等事项通知债权人。

自 2020 年新冠肺炎疫情暴发后,债权人会议又有了新的会议形式,那就是网络视频会议。网络视频会议已经是一项很成熟的技术;债权人会议也可以采取线上、线下相结合的方式,鼓励债权人积极参加债权人会议,行使债权人权利。

## 第二节 法定职权

债权人会议的职权属于法定职权,在《企业破产法》第 61 条有明确的规定。[③] 债权人会议的具体职权:核查债权人的债权证明材料,有权提出异议;向法院提出更换管理人申请,监督管理人;审查管理人的费用和报酬;决定债务人继续经营或停止营业;对债权调整和清偿方案进行表决;对重整计划进行表决;等等。

作为债权人,应当重视且正确行使自己的权利,包括发言、询问、表决和监督权等,避免因权利行使不当而给自己造成不利的影响。

---

① 《企业破产法》第 60 条规定:"债权人会议设主席一人,由人民法院从有表决权的债权人中指定。债权人会议主席主持债权人会议。"第 62 条规定:"第一次债权人会议由人民法院召集,自债权申报期限届满之日起十五日内召开。以后的债权人会议,在人民法院认为必要时,或者管理人、债权人委员会、占债权总额四分之一以上的债权人向债权人会议主席提议时召开。"

② 《企业破产法》第 14 条规定:"人民法院应当自裁定受理破产申请之日起二十五日内通知已知债权人,并予以公告。通知和公告应当载明下列事项:……(六)第一次债权人会议召开的时间和地点……"

③ 《企业破产法》第 61 条规定:"债权人会议行使下列职权:(一)核查债权;(二)申请人民法院更换管理人,审查管理人的费用和报酬;(三)监督管理人;(四)选任和更换债权人委员会成员;(五)决定继续或者停止债务人的营业;(六)通过重整计划;(七)通过和解协议;(八)通过债务人财产的管理方案;(九)通过破产财产的变价方案;(十)通过破产财产的分配方案;(十一)人民法院认为应当由债权人会议行使的其他职权……"

债权人既可以亲自出席债权人会议行使自己的权利，也可以委托代理人出席债权人会议行使权利；受托代理人应当向债权人会议主席提交有委托人签名或盖章的授权委托书，在授权范围内行使权利。

## 第三节　表决规则

债权人会议的表决规则，也就是如何行使债权人权利的规则，主要体现在《企业破产法》第 82 条、第 84 条和第 86 条的规定。[①]

对于重整计划草案以外的其他表决事项，债权人会议决议的表决规则要求是“双过半”，即由出席会议的有表决权的债权人过半数通过，并且其所代表的债权额占无财产担保债权总额的 1/2 以上。

对于重整计划草案的表决事项，债权人会议决议的表决规则要求：出席会议的同一表决组的债权人过半数同意重整计划草案，并且其所代表的债权额占该组债权总额的 2/3 以上的，即为该组通过重整计划草案。

债权人会议可以依照债权分类情况，分组参加讨论、表决重整计划草案。实务中，一般划分为职工债权组、税款债权组、有特定财产抵押担保债权组、普通债权组。如涉及出资人权益调整事项时，还应设出资人组。

通常，出资人组、有特定财产抵押担保债权组、普通债权组等会涉及其权益的调整，必须参加重整计划草案的表决。不涉及权益调整的债权组，如职工债权组、税款债权组通常不进行调整，基本上是全额清偿，视为对重整计划草案表示

---

① 《企业破产法》第 82 条规定：“下列各类债权的债权人参加讨论重整计划草案的债权人会议，依照下列债权分类，分组对重整计划草案进行表决：（一）对债务人的特定财产享有担保权的债权；（二）债务人所欠职工的工资和医疗、伤残补助、抚恤费用，所欠的应当划入职工个人账户的基本养老保险、基本医疗保险费用，以及法律、行政法规规定应当支付给职工的补偿金；（三）债务人所欠税款；（四）普通债权……”第 84 条规定：“人民法院应当自收到重整计划草案之日起三十日内召开债权人会议，对重整计划草案进行表决。出席会议的同一表决组的债权人过半数同意重整计划草案，并且其所代表的债权额占该组债权总额的三分之二以上的，即为该组通过重整计划草案。债务人或者管理人应当向债权人会议就重整计划草案作出说明，并回答询问。”第 86 条规定：“各表决组均通过重整计划草案时，重整计划即为通过。自重整计划通过之日起十日内，债务人或者管理人应当向人民法院提出批准重整计划的申请。人民法院经审查认为符合本法规定的，应当自收到申请之日起三十日内裁定批准，终止重整程序，并予以公告。”

同意,无须参加重整计划草案的表决。

债权人会议的表决规则在第一债权人会议召开时,通常由破产管理人将具有可操作性的详细表决规则作为一项债权人会议表决事项提交债权人会议讨论,经过表决通过以后予以公布,并据此遵照执行。

## 第四节 表决和批准

债权人会议对重整计划草案经过表决程序获得通过以后,根据《企业破产法》第 86 条的规定,由重整计划制作主体(管理人或债务人)向法院提出批准重整计划的申请,法院经过审查以后,认为符合法定条件的,裁定批准,经法院批准之后,重整计划开始产生法律效力,对重整参与者具有强制约束力。

如经债权人会议表决,重整计划草案未获得表决通过时,在具备六种法定条件下,制作重整计划草案的主体(管理人或债务人)可以根据《企业破产法》第 87 条的规定提出强制审批的申请。由于重整计划涉及众多的权益主体,通常情况下,法院对强制审批重整计划的申请持审慎的态度。

# 第十章　重整涉税

困境企业重整期间,必然会采取包括债权债务调整、资产重新配置、重整资金注入等一系列的拯救措施,相关的权益将发生变化、转移,必然随之产生诸多涉税问题,无论是减税、免税等税收优惠政策的适用,还是按照法律规定应当缴纳的税款,以及纳税信用修复等问题,都会对重整投资人、债务人的权益产生重大影响。重整涉税问题是重整投资人、债务人等重整参与者非常关注的一个问题。但是,由于现行的法律、法规未对企业破产重整税收事项作出明确的规定,实务中多以个案的形式进行处理,不具有普适性,且权威性也不足。因此,建议在制订权益调整方案时,尽可能参照既有的税收优惠政策,不仅可以享受税收优惠政策,减少重整成本,也可避免给重整投资人、债务人留下涉税风险隐患。

## 第一节　资产重组增值税

破产重整实际是在法院主导下进行的资产重组,可以适用企业资产重组有关增值税的税收政策规定。“混合搭配”接收债务人的资产是享受税收优惠政策的前提条件。

《国家税务总局关于纳税人资产重组有关增值税问题的公告》(国家税务总局公告 2011 年第 13 号)规定,纳税人在资产重组过程中,通过合并、分立、出售、置换等方式,将全部或者部分实物资产以及与其相关联的债权、负债和劳动力一并转让给其他单位和个人,不属于增值税的征税范围,其中涉及的货物转让不征收增值税。

《国家税务总局关于纳税人资产重组有关增值税问题的公告》(国家税务总局公告 2013 年第 66 号)规定,纳税人在资产重组过程中,通过合并、分立、出售、置换等方式,将全部或者部分实物资产以及与其相关联的债权、负债经多次转让后,最终的受让方与劳动力接收方为同一单位和个人的,仍适用《国家税务总局关于纳税人资产重组有关增值税问题的公告》(国家税务总局公告 2011 年第 13 号)的相关规定,其中货物的多次转让行为均不征收增值税。资产的出让方需将资产重组方案等文件资料报其主管税务机关。

2016 年 3 月 23 日,《财政部、国家税务总局关于全面推开营业税改征增值税试点的通知》(财税〔2016〕36 号,部分失效)规定,不征收增值税项目:在资产重组过程中,通过合并、分立、出售、置换等方式,将全部或者部分实物资产以及与其相关联的债权、负债和劳动力一并转让给其他单位和个人,其中涉及的不动产、土地使用权转让行为。

困境企业进行破产重整时,如果选择出售式重整模式,将债务人的资产全部或者部分发生转移,且一并将其相关联的债权、负债和劳动力转让给其他单位或者个人的,符合资产重组的税收优惠政策,不属于增值税的征税范围。如果只是单独接收优质资产,既不解决员工安置问题,也不承接相关联的债权、债务,则不会享受免征增值税的优惠待遇。

重整是企业的(全部或者部分)资产、债务、人力等资源重新组合的过程,是资源优化配置的一种手段,属于国家鼓励的市场行为。重整不仅要解决企业资产盘活的问题,也要解决社会就业问题,以免影响社会稳定。

我们通常提及的"承债式收购"如果含有员工,则不征收增值税。如果只转移企业的优质资产,相关债务、人力没有一并转移,则不符合有关增值税的税收优惠,需要缴纳增值税。

如果困境企业进行破产重整时选择存续型重整模式,则不适合资产重组有关增值税的优惠政策。

## 第二节 债权调整企业所得税

重整计划草案制订债权调整方案时,债权人将按照确定的清偿率获得清偿。作为让步的条件之一,债权人将会放弃一部分债权;作为相对方,债务人企业得到部分债务的豁免。按照《企业所得税法》第 6 条及《企业所得税法实施条例》

第22条的规定，债务豁免属于企业的收入之一，计入企业所得税的征收范围。就困境企业而言，由于重整而得到债务豁免的机会，将不得不承担因债务豁免而产生的企业所得税。换一个角度来看，重整企业的清偿率越低，说明其经营状况越糟糕，债务人得到的债务豁免越多，所计征的企业所得税额也越高。

《财政部、国家税务总局关于企业重组业务企业所得税处理若干问题的通知》（财税〔2009〕59号）对因债务豁免而产生的企业所得税作出规定，符合特殊性税务处理条件的，可以分期5年，均匀缴纳。

对因债务豁免计征的巨额所得税，采用递延纳税的优惠形式并不足以减轻债务企业的负担，且计税本身亦不具有合理性。

对破产重整企业因债务豁免而产生的企业所得税问题，《企业破产中的税收法律问题研究》作者徐战成建议，可以借鉴和参考美国债务豁免税务所得税规则，采取不予计列（相当于永不确认）的方式处理。同时，为了防范避税漏洞，作为将债务豁免所得不计入毛所得的代价，要求债务人对有关税务事项必须减记它们的纳税属性，以实现对债务豁免所得递延纳税的税收政策目标。纳税属性的一般减记次序为净运营损失额、一般性经营抵免额、最低税收抵免额、净投资损失额、计税基础减记、消极活动损失及抵免结转额、境外税收抵免结转额。债务人享有特别选择权，可以选择先减记折旧资产的计税基础，剩余的债务豁免所得额再按照上述次序依次作减记处理。

举例说明：某重整企业拥有资产100万元，债务120万元，资不抵债的限额为20万元。那么，如果债权人在20万元的限额内给予债务豁免，重整企业不用确认所得。但是，这种不予确认并非一笔勾销，债务人可以按照前述次序减记相关纳税属性，也可以特别选择将其折旧资产的计税基础减记20万元。这种做法既减轻了重整企业的负担，又防范了避税漏洞，兼顾了各方的利益。

对债权人来讲，因债权调整而产生的差额可确认为当期损失，相应冲减应纳税所得额。其依据是《企业资产损失所得税税前扣除管理办法》（国家税务总局公告2011年第25号）第5条，即企业发生的资产损失，应按规定的程序和要求向主管税务机关申报后方能在税前扣除。

鉴于我国对破产重整企业债务豁免所得的税收政策尚无明文规定，在实务中这种做法是否得到认可，有待于与税务机关沟通并获得其确认之后，再进行操作，避免产生税务风险。在浙江温州中城建设集团破产重整案中，税务机关将债务豁免额作为申报收入,并以此为依据拟计征巨额所得税。经法院多次协调,采取了搁置处理的方式。①

在实践操作中,就破产重整这一特殊税务领域而言,对应税所得的界定,可以参考会计上确认的所得,即债务人对取得的豁免债务在会计核算上计入资本公积项目,而不计入企业获得的一项收益,以此将破产重整中的债务豁免不计入应税所得计算。

## 第三节 债权转股权税费

债权转股权是破产重整中常见的一种债权受偿方式,可以适用《财政部、国家税务总局关于企业重组业务企业所得税处理若干问题的通知》(财税〔2009〕59 号)的规定。债权转股权,应当分解为债务清偿和股权投资两项业务,确认有关债务清偿所得或损失。其中,债务清偿部分主要是企业所得税,应税税额以清偿部分与接收债权包支出差额;股权投资部分主要涉及增值税和企业所得税。

举例说明:A 企业向银行贷款 140 万元,由于经营不善等,丧失偿还能力。B 企业以 70 万元的价格向银行收购了该债权包。A 企业进行破产重整后,B 企业接受重整方案中原 140 万元债权按照 100 万元价格转为 A 企业股权(见图 10 - 1)。

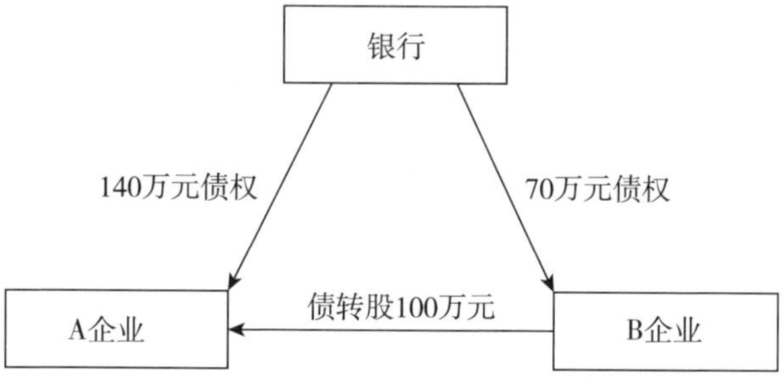


**图 10 - 1 债权转股权示意**

那么,B 企业需要以 30 万元为纳税基数缴纳相应的企业所得税;在接受债

① 参见王嘉骏:《破产法与税法衔接配套制度改革研究》,载微信公众号“破产法实务”,2021 年 3 月 2 日。

转股后,B 企业在持有 A 企业股权期间,应就股息、红利等权益投资收益缴纳企业所得税。

## 第四节 以物抵债税费①

以物抵债是非现金资产代替原定货币给付清偿的债务重组方式,涉及税种较多,包括增值税、企业所得税、城市维护建设税、房产税、印花税、城镇土地使用税、土地增值税、车船税、消费税、契税等。

以物抵债包括以不动产和动产抵偿债务,实务中,不动产主要是房产和土地,动产的范围则较为广泛,一般为债务人生产经营的原材料、机械设备、半成品、成品等,上述不同的抵债物涉及税收不同。

以房产抵偿债务后主要包括增值税、企业所得税、城镇土地使用税、土地增值税、城市维护建设税、房产税、印花税、契税等。债权人接受以房抵债后,如再行转让,需缴纳增值税、土地增值税和企业所得税,权利人销售抵债房产应当缴纳增值税。

根据《土地增值税暂行条例》的规定,转让房产的,应当缴纳土地增值税,可以扣除取得土地使用权所支付的金额、开发土地的成本、费用、新建房及配套设施的成本、费用,或者旧房及建筑物的评估价格、与转让房地产有关的税金、财政部规定的其他扣除项目等费用。但营改增后,在收入确认方面和扣除项目方面影响土地增值税的计算,如《关于营改增后契税、房产税、土地增值税、个人所得税计税依据问题的通知》(财税〔2016〕43 号)明确,土地增值税纳税人转让房地产取得的收入为不含增值税收入;《土地增值税暂行条例》等规定的土地增值税扣除项目涉及的增值税进项税额,允许在销项税额中计算抵扣的,不计入扣除项目,不允许在销项税额中计算抵扣的,可以计入扣除项目。

权利人转让抵债房产所得属于转让财产所得范畴,应缴纳企业所得税,但应扣除该物业抵债成本后作为应纳税所得额。《财政部、国家税务总局关于企业

---

① 参见资产大王:《不良资产投资处置的税负处理》,载微信公众号“不良资产评道”,2021 年 6 月 16 日。

重组业务企业所得税处理若干问题的通知》(财税〔2009〕59 号)规定,以非货币资产清偿债务,应当分解为转让相关非货币性资产、按非货币性资产公允价值清偿债务两项业务,确认相关资产的所得或损失。

权利人接受抵债房产需要缴纳契税、印花税等过户费用。根据《契税暂行条例》(已失效)第 1 条之规定,“在中华人民共和国境内转移土地、房屋权属,承受的单位和个人为契税的纳税人,应当依照本条例的规定缴纳契税”。第 2 条第 3 项规定,房屋买卖属于转移房屋权属行为,以物抵债亦是一种房屋买卖行为,应当缴纳契税,契税税率为 3%~5%。契税的纳税义务发生时间为纳税人签订土地、房屋权属转移合同的当日,或者纳税人取得其他具有土地、房屋权属转移合同性质凭证的当日。

《印花税暂行条例》(已失效)第 2 条规定:“具有合同性质的凭证、产权转移书据等”属于应纳税凭证,以物抵债一般以当事人协议或法院裁定为依据,属于上述产权转移凭证应当缴纳印花税。此外,债权人接受以房屋抵债还要征收房产税、城市维护建设税、教育费等。

根据《财政部、国家税务总局关于房产税若干具体问题的解释和暂行法规》(财税地字〔1986〕8 号,部分失效)的规定,经有关部门鉴定,对毁损不堪居住的房屋和危险房屋,在停止使用后,可免征房产税。以土地抵债涉及税收,除房产税外,基本与以房产抵债一致。

以动产抵债涉及税收主要包括增值税、企业所得税、城市维护建设税、车船税、消费税等。以应税消费品类产品抵偿债务的,如酒、化妆品、烟、小汽车等,若要销售,涉及增值税、企业所得税、消费税以及城市维护建设税、教育费等附加税。销售应税消费品属于“销售货物”情形,应当缴纳增值税,税率为 16%。销售消费品所得属于销售货物所得,但应以销售所得扣除该物业抵债成本为应纳税所得额。

据国家税务总局印发的《消费税若干具体问题的规定》(国税发〔1993〕156 号,部分失效)规定,纳税人用于换取生产资料和消费资料,投资入股和抵偿债务等方面的应税消费品,应当以纳税人同类应税消费品的最高销售价格作为计税依据计算消费税,即债权人将抵债消费品进行销售的,应当缴纳消费税,具体征收标准适用《消费税暂行条例》附件“消费税税目税率表”。

此外,销售抵债消费品还需要缴纳城市维护建设税、教育费等附加税。以车船等动产抵偿债务的，涉及增值税、企业所得税、车船税、消费税以及城市维护建设税、教育费等附加税，其中，增值税、企业所得税、消费税以及城市维护建设税、教育费等附加税与其他动产无异。凡是符合《车船税税目税额表》规定且依法应当在车船登记管理部门登记的机动车辆和船舶的所有人或者管理人均应当缴纳车船税，债权人以车船抵偿债务后，若由自身保有，应当缴纳车船税。

## 第五节　重整纳税信用修复

困境企业在进入重整程序之前，通常其纳税信用等级评价都是很糟糕的，很多企业已经进入“黑名单”。对纳税信用等级最差的企业，税务机关会采取惩戒措施，使企业在贷款融资、招标投标、资质审核等方面受到限制或禁止。

企业通过重整程序恢复正常生产经营以后，首先要对企业的纳税信用评价进行修复，这是一项很重要的工作目标。重整之前的纳税主体与通过重整方式获得复生以后的纳税主体为同一个纳税主体，即还是那个“壳”；如果重整后的企业仍然带有纳税信用等级很差的标签，纳税信用评价无法获得修复，那么，重整制度的优势将会大打折扣。对此，《全国法院破产审判工作会议纪要》提出要求，人民法院要通过加强与政府的沟通和协调，帮助重整企业修复信用记录，依法获取税收优惠，以利于重整企业恢复正常生产经营。①

浙江省温州市对破产案件的处置走在全国的前列，被誉为“温州经验”。2016 年 3 月 8 日，温州市有关部门召开专题会议，印发了《企业破产处置工作联席会议纪要二》（温中法〔2016〕9 号），对重整后企业恢复经营所面临的 10 个问题——其中有重整企业税务登记证变更问题——作出明确规定，准予办理

---

① 《全国法院破产审判工作会议纪要》第 21 条规定：“重整后企业正常生产经营的保障。企业重整后，投资主体、股权结构、公司治理模式、经营方式等与原企业相比，往往发生了根本变化，人民法院要通过加强与政府的沟通协调，帮助重整企业修复信用记录，依法获取税收优惠，以利于重整企业恢复正常生产经营。”

变更。[①]

2016 年 11 月 15 日，浙江省经济和信息化委员会代管的浙江省促进企业兼并重组工作部门联席会议办公室发布的《推进企业破产审判重点工作及任务分工方案》作出规定，对债权依法受偿后仍欠缴税款、滞纳金、罚款的，可凭法院裁定书予以核销；对破产重整中符合条件的，可适用特殊性税务处理；企业重整之后，可向人民银行申请信用修复。[②]

2021 年 11 月 15 日，《国家税务总局关于纳税信用评价与修复有关事项的公告》（国家税务总局公告 2021 年第 31 号）发布，就纳税信用评价与修复的有关事项作出明确规定：通过重整或和解程序的企业，可以提出纳税信用评价修复申请，企业或破产管理人要填写《纳税信用修复申请表》，并同步提供重整计划或和解协议，按照《纳税信用修复范围及标准》，调整相应纳税信用评价指标状态，根据纳税信用评价相关规定，重新评价纳税人的纳税信用级别。[③]

---

① 《企业破产处置工作联席会议纪要二》（温中法〔2016〕9 号）规定，企业在重整过程中因引进战略投资人而需要办理税务登记证变更手续的，税务部门应凭法院出具的函件予以办理变更手续，不得以税收债权（包括滞纳金）未得全额受偿等缺乏法律依据的理由拒绝办理。原债务人企业法定代表人因犯罪等原因被列入税务“黑名单”，导致重整企业无法换证的，税务机关依法院出具的函件对重整企业税务登记证予以办理变更手续。

② 浙江省经济和信息化委员会代管的浙江省促进企业兼并重组工作部门联席会议办公室发布的《推进企业破产审判重点工作及任务分工方案》第 3 条规定，完善企业破产审判税收政策。税务部门按税收征管法、企业破产法规定申报、受偿税收债权，对债权依法受偿后仍然欠缴的税款、滞纳金、罚款可凭人民法院裁定书予以核销。破产重整程序中，债务重组如符合相关条件，可以适用特殊性税务处理。企业债务重组确认的应纳税所得额占该企业当年应纳税所得额 50% 以上，可以在 5 个纳税年度的期间内，均匀计入各年度的应纳税所得额。发生债权转股业务的，对债务清偿和股权投资两项业务暂不确认有关债务清偿所得或损失。破产重整企业在引进战略投资人需要办理税务变更的，可凭人民法院裁定或有关文书予以变更（责任单位：省国税局、省地税局）。第 4 条规定，完善企业破产审判信用修复。企业破产重整后可向人民银行申请信用修复，由人民银行采用“大事记”或“信息主体声明”的方式在征信系统内进行记载或说明，对确经法院判决的债务偿还，可在征信系统内予以标注。同时积极向人民银行总行争取支持，出台更合理、更具操作性的信用修复政策（责任单位：人行杭州中心支行、省国税局）。

③ 《国家税务总局关于纳税信用评价与修复有关事项的公告》（国家税务总局公告 2021 年第 31 号）第 1 条规定：“符合下列条件之一的纳税人，可向主管税务机关申请纳税信用修复：（一）破产企业或其管理人在重整或和解程序中，已依法缴纳税款、滞纳金、罚款，并纠正相关纳税信用失信行为的……”第 3 条规定：“符合本公告所列条件的纳税人，可填写《纳税信用修复申请表》（附件 1），对当前的纳税信用评价结果向主管税务机关申请纳税信用修复。税务机关核实纳税人纳税信用状况，按照《纳税信用修复范围及标准》（附件 2）调整相应纳税信用评价指标状态，根据纳税信用评价相关规定，重新评价纳税人的纳税信用级别。申请破产重整企业纳税信用修复的，应同步提供人民法院批准的重整计划或认可的和解协议，其破产重整前发生的相关失信行为，可按照《纳税信用修复范围及标准》中破产重整企业适用的修复标准开展修复。”

企业重整以后的信用修复,不仅需要在纳税信用评价方面进行修复,也需要在征信系统的信用评价、司法系统的不良记录以及市场监管系统的经营异常、行政处罚、违法失信等方面进行全面的信用修复。由于各地区在理解、执行政策方面的差异,重整后的企业或者破产管理人,可凭法院出具的法律文书,与法院、政府及有关部门加强沟通和协调,在税务体系、金融体系、司法体系以及市场监管体系等方面进行全面的企业信用修复。

从效率、成本等方面考察,困境企业通过司法重整的方式,也可以全面实现企业信用修复的目标,这是目前最为有效的"通行证"。

# 第十一章　重整成本和收益[①]

陷入困境的企业,无论采取何种方式进行处置,都会产生相应的成本。如果对困境企业以破产重整方式进行拯救,将会产生重整直接成本。即便不对困境企业进行重整,也会产生失去潜在收益的机会成本,即困境间接成本。

## 第一节　重整直接成本

重整直接成本,是指进入破产重整程序之后而产生的各项支出。按照《企业破产法》第41条[②]的规定,各项支出包括法院收取的诉讼费用;律师事务所、会计师事务所等中介机构收取的服务费;管理、变价和分配债务人财产的费用;管理人执行职务的费用、报酬和聘用工作人员的费用以及其他行政开支。

对重整直接成本的认识,站在不同的视角,或许会有不同的理解或测算方法,存在很大的差异。对债务人来讲,会有自己的"一本账";对重整投资人来讲,也有自己的"一本经"。我们抛开那些"小九九",只研究重整期间可能发生的费用,将这个环节产生的费用定义为重整直接成本,实际上就是破产费用,据此,就可以比较容易量化重整直接成本。

如果从学术理论层面去认识,北京工商大学商学院胡燕教授对重整直接成本定义为整个重整期间的重整费用占公司重整前第一年度的总资产的比率。胡燕教授获取了22个有效样本,根据重整计划披露的重整费用,上市公司重整前

---

① 参见胡燕:《上市公司破产重整财务与会计问题研究》,经济科学出版社2015年版,第115页。

② 《企业破产法》第41条规定:"人民法院受理破产申请后发生的下列费用,为破产费用:(一)破产案件的诉讼费用;(二)管理、变价和分配债务人财产的费用;(三)管理人执行职务的费用、报酬和聘用工作人员的费用。"

一年度的总资产，定量研究重整直接成本。研究结果表明，重整直接成本的极小值是0.33%，极大值是48.43%，均值是7.91%。与国外4.6%的数据相比，我国的破产重整直接成本相对较高。

## 第二节 困境间接成本

困境间接成本，是指企业因陷入困境而失去的潜在收益，包括由于获取外部融资难度的加大而增加的筹资成本或失去的投资机会；供应商为规避困境企业的信用风险而减少的信用额度或者供货价格的提高；顾客流失造成的销售下降和利润减少以及经理人出于自保的动机而采取的短期化行为所造成的公司总价值的降低；等等。机会成本实际上属于困境间接成本。

为了能够阐明机会成本对困境企业的影响，北京工商大学商学院胡燕教授将重整前的预期业绩与实际业绩的差异作为依据，用以计量企业陷入困境的间接成本，并分别使用息税前利润和净利润两个指标用以衡量企业的业绩。

息税前利润（EBIT）主要反映主营业务额盈利能力，对破产重整企业来说，破产重整前主营业务盈利能力的下降是企业陷入困境的间接成本的主要表现。同样，净利润的非预期变化也能体现企业陷入困境的间接成本。

使用息税前利润和净利润与企业的总资产的比值，更加直观地反映企业陷入困境的间接成本占企业总资产的比重。

无论是以息税前利润还是净利润作为业绩指标，破产重整前三年非预期业绩损失均显著大于零，表明企业陷入困境的间接成本显著为正；在破产重整发生前三年内，累计间接成本约占企业资产总额的58%。长期来看，样本公司陷入困境的间接成本约占企业资产总额的14.4%。

通过国内外的研究结果对比，我国上市公司陷入困境的间接成本也比较高。由此说明一个问题：如果不能及时对陷入困境的企业采取拯救措施，困境企业的机会成本将会越来越高，长此以往，困境企业不可避免地会处于“倒闭”状态。

## 第三节 重整收益

关于重整收益的问题,是债务人、债权人、重整投资人非常关注的话题,是重整参与各方关注的焦点之一。用事实和数据说话,才具有说服力。

北京工商大学商学院胡燕教授在研究重整成本的同时,也注意到,困境企业经过破产重整以后,企业的息税前利润和净利润比重呈现上升趋势,表明破产重整效益开始反映出来。在重整发生年度后四年,累计的间接破产重整收益大约为 43.6%。上市公司经过重整以后的效果,可以体现在股票价格有巨大的涨幅,其财务指标也大幅改善,归属于股东的净资产大大提升,经营状况得到了显著好转。[①]

由此可见,困境企业通过破产重整以后,企业的各项业绩指标会明显改善。困境企业的实际控制人或决策层必须痛下决心,即便会产生重整直接成本,也要通过破产重整方式拯救企业。

困境企业"涅槃重生",不是梦。

① 参见李曙光、郑志斌主编:《公司重整法律评论》(第 5 卷),法律出版社 2019 年版,第 366 页。

# 第十二章　关联企业重整

关联企业进入破产程序的案件越来越多,司法案例产生了良好的法律效果和社会效果,引起理论界和实务界的广泛关注。

关联企业是现实经济生活中比较常见的一种经济现象,多数以企业集团的形式出现在公众面前。关联企业是由具有独立法人人格的企业之间基于股权、资金、管理、协议等纽带关系而形成的联合体。其实,对关联企业的认定,并没有一个明确的标准。在法律层面上,可以理解为具有控股和从属关系的集团公司。

具有支配权的控股公司往往会利用其优势地位,对从属公司在资金往来、经营管理、人力资源等方面实施统一的支配和控制。尽管从属公司在法律形式上是独立的主体,但在控股公司的支配下,从属公司的经营行为已经不是为了自身的利益,而是服从于控股公司的统一调度和安排。在某种极端的情形下,从属公司甚至会成为控股公司逃避债务、转移资产的工具。这种情况下,不仅会损害从属公司债权人的利益,也会损害从属公司小股东的利益。

困境企业进行重整时,是否应当将与其有关联关系的企业合并处理?对此,《全国法院破产审判工作会议纪要》指出,[①]要立足于破产关联企业之间的具体

---

① 参见《全国法院破产审判工作会议纪要》规定:"六……人民法院审理关联企业破产案件时,要立足于破产关联企业之间的具体关系模式,采取不同方式予以处理。既要通过实质合并审理方式处理法人人格高度混同的关联关系,确保全体债权人公平清偿,也要避免不当采用实质合并审理方式损害相关利益主体的合法权益。32. 关联企业实质合并破产的审慎适用。人民法院在审理企业破产案件时,应当尊重企业法人人格的独立性,以对关联企业成员的破产原因进行单独判断并适用单个破产程序为基本原则。当关联企业成员之间存在法人人格高度混同、区分各关联企业成员财产的成本过高、严重损害债权人公平清偿利益时,可例外适用关联企业实质合并破产方式进行审理。"第 38 条规定:"关联企业破产案件的协调审理与管辖原则。多个关联企业成员均存在破产原因但不符合实质合并条件的,人民法院可根据相关主体的申请对多个破产程序进行协调审理,并可根据程序协调的需要,综合考虑破产案件审理的效率、破产申请的先后顺序、成员负债规模大小、核心控制企业住所地等因素,由共同的上级法院确定一家法院集中管辖。"

关系模式，采取不同方式予以处理。既要通过实质合并审理方式处理法人人格高度混同的关联关系，确保全体债权人公平清偿，也要避免不当采用实质合并审理方式损害相关利益主体的合法权益。

对于关联企业的破产重整，在符合规定的条件下，可以采取实质合并重整和协调审理重整两种处理方式。

## 第一节　实质合并重整

关联企业的实质合并重整，首先，关联企业成员主体均符合破产重整的受理条件。法院审理关联企业实质合并重整案件时还是比较慎重的，通常是在尊重企业法人人格独立的前提下，对关联企业成员的破产原因进行单独判断，并适用单个破产程序。对于符合破产重整受理条件的关联企业成员主体，才能谈是否可以进行实质合并重整的问题。

其次，认定关联企业是否存在法人人格高度混同。当关联企业成员之间存在法人人格高度混同、区分各关联企业成员财产的成本过高、严重损害债权人公平清偿利益时，可适用关联企业实质合并破产方式进行审理。

法院审查关联企业实质合并重整的申请时，要组织听证，听取利害关系人的陈述意见，从人、财、物等方面认定关联企业是否存在法人人格高度混同，综合考虑关联企业之间资产的混同程度及其持续时间、各企业之间的利益关系、债权人整体清偿利益、增加企业重整的可能性等因素，决定是否对关联企业进行实质合并重整。

关联企业实质合并重整以后，各关联企业成员之间的债权债务归于消灭。各成员的财产作为合并后统一的破产财产，由各成员的债权人在同一程序中按照法定顺序公平受偿。采用实质合并方式进行重整的，重整计划草案中应当制订统一的债权分类、债权调整和债权受偿方案。

实质合并重整以后，各关联企业成员的主体不是必然地合为一个主体，而是根据需要，可以保持个别企业独立。

中国人民大学王欣新教授认为，实质合并破产中的“合并”，并不是公司法、企业法上的组织合并。当实质合并破产时，各企业的法人人格仅在破产程序中不再独立，也就是说，这是一种以对资产与负债统一公平处理为目的的法人人格模拟合并,解决的是以资产与负债混同为关键特征的法人人格混同问题。但在重整程序结束,经过实质合并重整处置消除了各企业法人人格混同的不当后果,即修复独立法人人格后,各企业应恢复原正常的独立状态。

以最高人民法院于2018年3月6日发布的十大破产重整经典案例之一来说明实质合并重整在实务中的应用。

## 江苏省纺织工业(集团)进出口有限公司等六家公司破产重整案

(一)基本案情

江苏省纺织工业(集团)进出口有限公司(以下简称省纺织进出口公司)及其下属的五家控股子公司——江苏省纺织工业(集团)轻纺进出口有限公司、江苏省纺织工业(集团)服装进出口有限公司、江苏省纺织工业(集团)机电进出口有限公司、江苏省纺织工业(集团)针织进出口有限公司、无锡新苏纺国际贸易有限公司,是江苏省纺织及外贸行业内有较高影响力的企业,经营范围主要为自营和代理各种进出口业务及国内贸易。在国际油价大幅下跌的背景下,因代理进口化工业务的委托方涉嫌违法及自身经营管理等原因,省纺织进出口公司及其五家子公司出现总额高达20余亿元的巨额负债,其中80%以上为金融债务,而六家公司经审计总资产仅为6000余万元,资产已不足以清偿全部债务。

(二)审理情况

根据债权人的申请,江苏省南京市中级人民法院(以下简称南京中院)分别于2017年1月24日、2017年6月14日裁定受理省纺织进出口公司及其五家子公司(其中无锡新苏纺国际贸易有限公司经请示江苏省高级人民法院指定南京中院管辖)重整案,并指定同一管理人接管六家公司。管理人对六家公司审查后认为,六家公司存在人员、财务、业务、资产等人格高度混同的情形,据此申请对六家公司进行合并重整。南京中院在全面听证、审查后于2017年9月29日裁定省纺织进出口公司与五家子公司合并重整。基于六家公司在纺织及外贸行业的影响力及经营前景,管理人通过谈判,分别引入江苏省纺织集团有限公司及其母公司等作为战略投资人，投入股权等优质资产增资近12亿元，对债务人进行重整并进行资产重组，同时整合省纺织进出口公司与子公司的业务资源，采用“现金清偿+以股抵债”的方式清偿债权。2017年11月22日，合并重整债权人会议及出资人组会议经过分组表决，各组均高票或全票通过管理人提交的合并重整计划草案。经管理人申请，南京中院审查后于2017年12月8日裁定批准省纺织进出口公司及其五家子公司的合并重整计划；终止省纺织进出口公司及其五家子公司的合并重整程序。

(三)典型意义

该案是探索关联企业实质合并重整、实现企业集团整体脱困重生的典型案例。对分别进入重整程序的母子公司，首先在程序上进行合并审理，在确认关联企业人格高度混同、资产和负债无法区分或区分成本过高以致严重损害债权人利益，并全面听取各方意见后，将关联企业进行实质合并重整。合并重整中，通过合并清理债权债务、整合关联企业优质资源，同时综合运用“现金清偿+以股抵债”、重整的同时进行资产重组等方式对危困企业进行“综合诊治”，不仅使案件审理效率大为提升，债权人的整体清偿利益得到有效维护，还化解了20余亿元的债务危机，有效防范了金融风险，实现了六家企业整体脱困重生，凸显了破产审判的制度功能与社会价值，为国有企业深化改革提供有益经验。

## 第二节 协调审理重整

当关联企业成员主体均符合破产重整条件但不符合实质合并重整要件时，可以进行协调审理重整。根据《全国法院破产审判工作会议纪要》的规定，[①]综

---

① 参见《全国法院破产审判工作会议纪要》第38条规定：“关联企业破产案件的协调审理与管辖原则。多个关联企业成员均存在破产原因但不符合实质合并条件的，人民法院可根据相关主体的申请对多个破产程序进行协调审理，并可根据程序协调的需要，综合考虑破产案件审理的效率、破产申请的先后顺序、成员负债规模大小、核心控制企业住所地等因素，由共同的上级法院确定一家法院集中管辖。”第39条规定：“协调审理的法律后果。协调审理不消灭关联企业成员之间的债权债务关系，不对关联企业成员的财产进行合并，各关联企业成员的债权人仍以该企业成员财产为限依法获得清偿。但关联企业成员之间不当利用关联关系形成的债权，应当劣后于其他普通债权顺序清偿，且该劣后债权人不得就其他关联企业成员提供的特定财产优先受偿。”

合考虑破产案件审理的效率、破产申请的先后顺序、关联企业成员负债规模的大小、核心控制企业住所地等因素，由共同的上级法院确定一家法院集中管辖协调审理。

协调审理的法律后果是，不消灭关联企业成员之间的债权债务关系，不对关联企业成员的财产进行合并，各关联企业成员的债权人仍以该企业成员财产为限依法获得清偿。但关联企业成员之间不当利用关联关系形成的债权，应当劣后于其他普通债权顺序清偿，且该劣后债权人不得就其他关联企业成员提供的特定财产优先受偿。

沈阳市中级人民法院于 2017 年 12 月 4 日至 2018 年 5 月 10 日先后受理了辽宁辉山乳业集团等 108 家关联企业破产重整案，并裁定辉山乳业（中国）有限公司等 83 家企业适用实质合并重整方式进行审理，沈阳富裕牧业有限公司等 25 家企业受理破产重整但未进行实质合并审理。同时，法院指定了两家中介机构联合担任辽宁辉山乳业集团有限公司等 108 家企业的管理人。[①]

2018 年 6 月 7 日，管理人提出申请，请求将已受理的沈阳富裕牧业有限公司等 25 家企业和辉山乳业（中国）有限公司等 83 家企业重整案统一协调审理，并统一确定第一次债权人会议的召开时间。

沈阳市中级人民法院经过审查认为，沈阳富裕牧业有限公司等 25 家企业和辉山乳业（中国）有限公司等 83 家企业在经营管理、债权债务、组织结构、人员安排等方面具有较高程度的关联关系，均属关联企业成员。为充分保护债权人和债务人的合法权益，综合考虑重整案件的效率，根据管理人的申请，决定对 108 家企业协调审理，并于 2018 年 6 月 8 日发布了公告。

---

① 参见全国企业破产重整案件信息网于 2018 年 6 月 14 日记载的沈阳市中级人民法院发布的案件公告［（2018）辽 01 破 29 号协调审理公告］。

# 第十三章　困境企业拯救

——庭外重组

庭外重组，是指在司法程序以外，对陷入困境的企业，通过与债权人协商谈判，对企业的债务、资产、业务等进行重构，实现企业复生的拯救手段。

庭外重组是与庭内重整所对应的非司法拯救机制；由于其具有经济成本低、自主性强、机制灵活等优势，不需要进入破产程序也可以实现企业复生的目标，因而成为拯救困境企业的一种手段，具有独立存在的价值。

庭外重组源于 20 世纪 70 年代中期，由英格兰银行创立的法庭外债务重组，被称为"伦敦模式"，广泛应用于拯救困境企业，并获得很大的成功。因而，以"伦敦模式"为基础的法庭外重组模式被视为是更有利的困境企业拯救的替代方案。

我国的庭外重组兴起于 20 世纪 90 年代。针对国企改革的需要，对濒临破产的企业，通过改组企业管理层、资产经营形式、企业组织架构等手段，对企业债务进行重组。在政府主导或推动下，运用行政手段，使用财政资源，重新调整财政、银行与国有企业的债权债务关系，妥善安置国企职工，清理企业不良资产和债务，降低企业资产负债率，期望国企能够符合市场经济的要求，实行自负盈亏、自主经营。事实上，这一时期的庭外重组多数并不符合市场化运作的要求；而且，庭外重组还存在制度体系缺失的问题，使庭外重组能够作为拯救困境企业的有效手段被广泛运用还面临很多实际困难。

## 第一节　基本原则

鉴于我国庭外重组制度体系缺失的实际情况，庭外重组还没有建立具有约束力的、统一的程序规则,使庭外重组在具体操作层面上还存在局限性。因此,在实务操作中,首先要确立庭外重组应当遵循的基本原则,以基本原则作为庭外重组的边界,指导具体工作。

借鉴破产管理从业人员国际协会(INSOL)发布的《关于多方债权人庭外债务解决的全球经验原则说明》中确立的法庭外债务重组八项原则,①结合我国庭外重组的有益探索和实践经验,经过总结和概括,提出以下几项建议,作为庭外重组的基本原则。

1. 债务暂停期原则

采用庭外重组方式拯救困境企业,所有债权人应合作设立债务暂停期,并采取相应的措施。债务暂停期内,所有债权人停止回收或减免债权,全面了解债务人信息,对债务人问题进行评估,制订解决方案。债务暂停期内,债务人不得采取可能影响债权人预期回报的行为。

在司法拯救机制内,不需要由债权人合作设立债务暂停期,采取措施,而是由《企业破产法》在相关条款中作出规定:在法院受理破产申请以后,债务人对个别债权人的债务清偿无效;有关债务人财产的保全措施应当解除,执行程序应

---

① 参见胡利玲:《困境企业拯救的法律机制研究——制度改进的视角》,中国政法大学出版社 2009 年版,第 178 页。破产管理从业人员国际协会贷款人小组制定并于 2000 年 10 月发表了《关于多方债权人庭外债务解决的全球经验原则说明》(Statement of Principles for a Global Approach to Multi-Creditor Workout,以下简称 INSOL 贷款人小组原则),总结了企业法庭外债务重组的各国实践,并提出了八项原则。原则一:如果发现债务人陷入财务困境,所有相关债权人均应准备相互合作,给予债务人充分的(但是有限的)时间(暂停期),以便获得和评价关于债务人的信息,并制定和评估解决债务人财务困境的建议,除非这种做法在特定案件中不适宜。原则二:在暂停期内,所有相关债权人均应同意避免采取任何步骤执行其对债务人的债权,或者(除了将债务让与第三人外)同意减少与债务人的接触,但有权要求其对其他债权人的地位以及相互之间的地位在暂停期间不受损害。原则三:暂停期内债务人不得采取任何相对于暂停期起始之日的情况而言会对有关的债权人(集体或个人)的预期回报产生不利影响的行动。原则四:相关债权人彼此协调他们对陷入财务困境的债务人的对策,对他们自身的利益最为有利。促进这种协调的办法是选出一个或几个有代表性的协调委员会并委任专业顾问,由他们向该委员会并酌情向参与程序的全体有关债权人提供咨询和协助。原则五:暂停期内债务人应提供关于其资产、债务、经营和前景的一切有关信息,并允许相关债权人和/或其专业顾问合理而及时地利用这类信息,以便能够对债务人的财产状况以及任何向有关债权人提供的建议作出适当的评价。原则六:解决债务人财务困境的建议以及相关债权人就任何暂停达成的切实可行的安排,均应反映可适用的法律以及相关债权人在暂停期开始时的相对地位。原则七:为这一过程而获得的关于债务人资产、负债和经营的信息以及任何解决债务人困境的建议,均应提供给所有相关债权人,除已公开发表的外,均应加以保密。原则八:如果在暂停期内或根据任何拯救或重组建议提供增量融资(额外资金),则应尽可能地对此种增量融资的偿还给予优先于其他负债或相关债权人请求权的地位。

当中止;有关债务人的民事诉讼或者仲裁应当中止,在管理人接管债务人的财产后,该诉讼或者仲裁继续进行;有关债务人的民事诉讼,只能向受理破产申请的人民法院提起,附利息的债权停止计息;等等。①

2. 协调一致原则

所有债权人应当建立统一协调机制,以相同口径与债务人协商谈判,实现债权人利益最大化的诉求。

3. 债务人配合义务原则

债务暂停期内,债务人具有配合义务,须及时向债权人提供财务和经营方面的信息,确保债权人有效掌握债务人实际状况。

4. 信息共享和保密原则

关于债务重组方案以及债务人资产负债和经营方面的信息,为全体债权人共同所有,对非关系人不得公开。

5. 重组成本分担原则

为促进债务重组,债权人须依据法律及暂停期起始日债权余额的比率,确定面临损失时债权人之间的负担比例。

6. 确定优先受偿原则

对债务人追加融资时,追加融资部分可优先受偿。

7. 禁止反言原则

庭外重组期应当设立禁止反言原则,有利于巩固权益主体通过协商谈判方式所取得的成果文件,可以有效约束权益主体可能出现出尔反尔的行为。

权益主体应当尊重契约精神,对自己作出的承诺和表决,不能轻易反悔,否则,不仅会损害其他人的利益,也会对庭外重组的进行带来不利影响。对违反禁止反言原则的行为人,将赔偿其他人因此遭受的损失。

禁止反言原则并不是我国法律体系的专业术语,也不是一个使用很广泛的词汇,但其蕴含的主题思想已经体现在我国的民法领域。在此简单地介绍一下

---

① 《企业破产法》第16条规定:“人民法院受理破产申请后,债务人对个别债权人的债务清偿无效。”第19条规定:“人民法院受理破产申请后,有关债务人财产的保全措施应当解除,执行程序应当中止。”第20条规定:“人民法院受理破产申请后,已经开始而尚未终结的有关债务人的民事诉讼或者仲裁应当中止;在管理人接管债务人的财产后,该诉讼或者仲裁继续进行。”第21条规定:“人民法院受理破产申请后,有关债务人的民事诉讼,只能向受理破产申请的人民法院提起。”第46条规定:“未到期的债权,在破产申请受理时视为到期。附利息的债权自破产申请受理时停止计息。”

禁止反言原则的内容。

禁止反言原则源于英国，是普通法的一项重要原则。禁止反言，是指人们在进行民事活动、民事诉讼行为时，应对自己以言辞做出的各种表示负责，不得随意做出否定在先言辞的言论或行为。

禁止反言原则，简而概括之：言行一致，不得出尔反尔。用通俗点的语言来描述：如果协议的甲方因乙方的陈述而产生依赖，则乙方不得否定其先前的陈述，即"反悔无效"。

尽管我国没有使用"禁止反言"的专业术语，但在《民法典》第 7 条确立的"遵循诚实信用原则，秉持诚实，恪守承诺"条款[①]以及在民事诉讼证据规则确立的"当事人自认的事实、证据，不得随意撤销"规则[②]等法律规定和司法解释中，实际上都体现了禁止反言原则的主题思想；在最高人民法院的裁判文书中也多次引用禁止反言原则，对案件作出裁判。[③]

因此，坚持禁止反言原则在庭外重组期间的应用，不仅有法可依、有据可查，也有利于庭外重组的顺利进行。试想，如果权益主体前后作出承诺的意思表示一致，就不会给他人的行为造成困惑，协商谈判的效率就会提高，信任成本就会降低，达成重组协议的进展就会顺利，并促进庭外重组获得成功。

## 第二节　操作流程

庭外重组的操作流程并没有确定的程序规则予以引导。我们可以借鉴有关

---

① 《民法典》第 7 条规定："民事主体从事民事活动，应当遵循诚信原则，秉持诚实，恪守承诺。"

② 《最高人民法院关于民事诉讼证据的若干规定》(法释〔2019〕19 号)第 3 条规定："在诉讼过程中，一方当事人陈述的于己不利的事实，或者对于己不利的事实明确表示承认的，另一方当事人无需举证证明。在证据交换、询问、调查过程中，或者在起诉状、答辩状、代理词等书面材料中，当事人明确承认于己不利的事实的，适用前款规定。"

③ 参见最高人民法院行政裁定书，(2016)最高法行申 3509 号："本院认为……李新民在二审及再审申请中提出作出被诉强拆行为时未出具书面材料、未告知诉权及起诉期限，其不知涉案房屋系何人、何部门所拆，但该主张与起诉状内容明显矛盾，且未能提供证据推翻起诉状及此前的陈述。根据禁止反言原则，人民法院采信其之前陈述认定其已经知道或者应当知道被诉行政行为，并无不当。"本案的裁判要旨：当庭的陈述与诉状中所主张的内容明显矛盾，法院应用禁止反言原则，直接采信在前的陈述，也即采信诉状中对事实的陈述而否定当庭所作的相反的陈述。

债务重组案例和实践经验，参照《企业破产法》的有关规定，归纳并形成了可供借鉴的范式，基本操作流程见图 13－1。

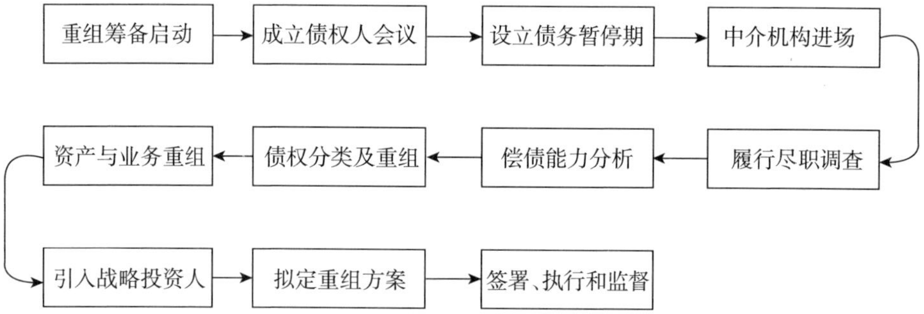


**图 13－1　庭外重组的操作流程**

## 一、重组筹备启动

可以由主要债权人、政府主管部门或债务人发起，成立工作组。工作组的主要职责：与政府建立沟通协调机制，取得政府的支持，评估债务重组的价值和可能，确定债务重组的原则和范围、债务重组的整体思路和工作设想，成立债权人会议等事项，为债务重组启动做好准备。

## 二、成立债权人会议

通常，主债权人，比如，金融机构，可以作为发起者，成立债权人会议。债权人会议是债权人维护自身利益、统一协调、表达意愿的协商性组织。债权人会议原则上由全体债权人组成，但以自愿参加为原则。参加债权人会议的债权人应当签署《债权人协议》，并以协议的方式明确自己的权利和义务。《债权人协议》是庭外重组的基础性法律文件，凡是参与庭外重组的债权人必须接受其约束。

## 三、设立债务暂停期

债权人合作设立债务暂停期，就庭外重组事项达成共识，在行动上形成一致，为庭外重组成功创造必要的条件和环境。债务暂停期内，债务人应当向债权人作出承诺事项，包括接受对生产、经营、财务等方面的监管，保证整个企业平稳运行，积极配合，保障庭外重组的顺利进行。

实务中,也有庭外重组的案例将重组筹备启动到重组方案签署期间设定为过渡期安排。鉴于过渡期安排与债务暂停期所做的工作内容大致相同,结合设定债务暂停期的原则,我们将过渡期安排设定为债务暂停期。

## 四、中介机构进场

债权人、债务人、战略投资人均可以委托中介机构进场参与庭外重组。中介机构(财务顾问、法律顾问等专业机构)的介入,对庭外重组的整个交易结构具有极大帮助。庭外重组具有复杂性和综合性的特点,涉及财务、法律、经济、金融、资本等多个领域,聘请专业团队参与庭外重组,可以提供更严谨、更权威、更专业的意见,为庭外重组的顺利开展发挥协调和推动作用。

## 五、履行尽职调查

履行尽职调查,可以全面、真实、完整地获取债务人信息,包括历史发展、股权结构、资产状况、债务状况、经营管理等企业各方面的情况。由债权人或战略投资人委托的中介机构完成尽职调查,并将工作成果进行总结,提交尽职调查报告,以评估庭外重组的价值和可能,提高委托人的决策质量。

## 六、偿债能力分析

偿债能力分析,实质上就是利用现金流预测模型①测算企业未来若干年中能够承受的最大债务水平。偿债能力分析是制订庭外重组方案的基础性报告,也是战略投资人参与庭外重组的重要评估指标。无论是哪一方委托的中介机构(主要是财务顾问、会计师),必须站在公平公正的立场上,以客观的态度处理。

## 七、债权分类及重组

债权分类是债务重组的基础,可以参照《企业破产法》关于债权分类的规定,按照债权的性质、特点进行划分,明确债务重组的对象和范围。对债务进行重组,要综合考虑债权的抵押、质押、保证及受偿顺位等因素,结合相关的法律规

---

① 现金流量预测是对未来几个月或未来几个季度内企业资金的流出与流入进行预测。其目的是合理规划企业现金收支,协调现金收支与经营、投资、融资活动的关系,保持现金收支平衡和偿债能力,同时也为现金控制提供依据。

定，提出不同的债务解决方案。

## 八、资产与业务重组

在进行债务重组的同时，也有必要对企业的资产和业务进行全面调整和组合，剔除低效、无效资产，聚焦具有核心竞争力的主营业务，并结合企业的战略发展规划，拟定资产和业务重组方案。

资产和业务的重组，实际上也是企业资源重新优化配置的重要组成部分。

## 九、引入战略投资人

引入战略投资人，可以为庭外重组提供更多的解决方案。战略投资人不仅可以带来庭外重组所必需的资金资源，还可以植入管理、技术、市场、品牌等优质资源或稀缺资源，是庭外重组顺利成功的有力保障。

战略投资人参与庭外重组，也是其实施投资并购的一种途径或方式。

## 十、拟定重组方案

拟定重组方案，从债务、资产、业务三个方面入手，将基础工作成果汇总，形成一整套完整的综合性解决方案。

我们知道，参与重组的债权人、债务人、战略投资人等各方权益主体均有自己的“算盘”，如果要达到利益均衡的状态，各方利益主体必须作出妥协和让步，通过多轮的协商谈判，最终形成可被各方所接受的重组方案。

## 十一、签署、执行和监督

重组方案实际由具有内在逻辑关系的系列重组协议构成，必须以书面形式落实，经由各方签署以后产生法律效力。重组协议仅对签约主体具有约束力，不及于对重组方案持有异议的权益主体。

重组协议签署生效之后，进入执行期；执行期限可在重组协议中设定。各方在设定的执行期内，按照重组协议的约定，履行承诺，享有权益。如存在不能履行重组协议的情况，可能会导致庭外重组失败，或许会进入司法破产程序。

执行期间，可在重组协议中设定监督主体、监管方式，对重组协议各方主体的履约行为进行监督，以促进重组协议执行完毕。

## 第三节　案例分析

庭外重组的案例相对较少,其个中原因是不强制公开。为了能更好地理解庭外重组拯救困境企业的手段,笔者引用了河北大学杨元乐2016年的硕士学位论文《上市公司债务重组问题研究——以东盛科技为例》的案例分析;[①]该论文的案例分析没有显示存在司法干预的痕迹。因此,我们将其作为庭外重组的典型案例,经过简约、修饰和小幅调整以后,介绍如下。

1. 公司简介

东盛科技股份有限公司(以下简称东盛科技)于1996年11月5日在上海证券交易所正式上市,股票代码为600771。主营业务是医药生产、销售、研究等。

2. 发展战略

制作出经典的养生药品、既传统又经典的中药产品和高端客户的养生酒,经过大家不懈的努力,把公司打造成中药制造销售和中医药文化传承领域的中国一流企业。

3. 核心竞争力

第一,品牌优势。公司的核心企业是广誉远国药,该品牌是国内目前存在的历史最长的中药企业品牌,有深厚的价值和文化积淀,是国家商务部最先批准的中华老字号企业之一。

第二,产品优势。该公司拥有龟龄集、定坤丹、安宫牛黄丸、牛黄清心丸等上百个产品,均是传统经典国药批准文号。其中,龟龄集是中国在世上保存的最好的复方提炼技术的活标本,被外国媒体称为"中医药的活化石",它和定坤丹是国家保密产品。并且,定坤丹、龟龄集和安宫牛黄丸这三种药还属于国家级非物质文化遗产。

4. 案例背景介绍

东盛科技从2007年陆续发生大股东占用资金现象,与其他公司存在相互保

---

① 参见杨元乐:《上市公司债务重组问题研究——以东盛科技为例》,河北大学2016年硕士学位论文。

贷的关系,因受其他公司破产重整的牵连而陷入财务困境状态。为了解决东盛科技债务危机问题,2008 年 6 月,原银监会把中国银行作为解决东盛科技债务问题的牵头行,成立债权人会议。2008 年6 月16 日,原银监会宣布,召开债权人会议,设立债委会;债委会聘请了建银国际投资咨询有限公司和工银国际金融有限公司作为财务顾问,按照债权人公平、公开、公正、统一行动的原则,对东盛科技债务重组问题进行了充分论证,最终,就落实债务偿还及重组方案前过渡期的安排达成协议,并签订了法律文件。

5. 东盛科技债务重组整体思路

当企业进行债务重组时,会影响投资方、借款方、地方政府和社会公众等众多主体。利益相关者得到的有关信息差别很大,考虑的角度也不一样,因此,在重组过程中,常常以自己的利益作为出发点,这就造成债权单位之间存在互相排斥、阻碍的现象。因此,如果要顺利进行债务重组,首要就是消除债务重组信息不对称造成的影响,协调、统一维权行动。

中国银行作为东盛科技债务重组的牵头行,立即开始准备各项事宜。首先成立了债委会,并且组织各个债权人一同签署了《债权人协议》,此协议记载了债委会的议事原则,并约定各个债权单位必须按照约定统一行动,不允许采取擅自对债务人的资产进行查封、冻结、扣押等强制性措施,或者对公司进行诉讼,并且约定各债权单位的维权行为必须由债委会统一进行监督管理。也正是因为债委会确立的统一行动原则,有效避免了债权人对东盛科技资产的单独处置,并且有效地消除了同业恶性竞争的现象,使东盛科技得以生存,没有走向破产境地。作为债委会的牵头行,中国银行分析了东盛科技的资金状况和债务状况,确定了债务重组拯救东盛科技的总体思路。

从公司的内部资产情况分析,东盛科技拥有股权、房产等价值较高的非现金资产,能够用以清偿债务。债权银行如果为了快速获得清偿,对资产进行快速变现,那么公司的高价值资产不可避免地会大打折扣,而且,债权银行也只能收回一小部分债权,将会产生债权损失。若按照市场价格有条不紊地出售上述资产,那么债权银行能够收回大部分债权的可能性非常高,可更大限度地保障自身的利益。

从公司的债务规模分析,东盛科技的债务结构复杂,债务规模巨大,与工行、农行、中行、建行、交行、中信、浦发等 24 家银行和非金融机构有负债关系,各债权单位对该公司的债务比例也不相同,债权人之间的利益关系也错综复杂。除此之外,还存在证监会对企业实际控制人的公开处罚、民间借贷等问题,这些问题随时都有可能让东盛科技陷入破产的境地。

在综合考虑东盛科技的资产情况和负债规模的情况下,经债委会所有成员和财务顾问的共同商议,制定了进行债务重组的详细步骤和具体的进度安排,即确定非核心资产处置变现的收入分配原则;用东盛科技的非核心资金进行快速的变现,用来偿还风险高的或有负债;引入有实力的战略投资人,一次性买断东盛科技的所有债务。债委会多次召开债权人全体会议,通过向各个债权方发布协调函、逐家拜访各债权单位等方式,取得了各债权机构的大力支持。不仅如此,债委会还积极同当地的司法部门和有实力的战略投资人进行沟通和谈判,从而为东盛科技顺利完成债务重组奠定了坚实的基础。

6. 东盛科技债务重组方式及具体措施

东盛科技采用资产偿还和修改债务条件两种混合的方法进行债务重组。2010 年 10 月底,债委会组织了债权人会议,会议内容是拟定用 20% 的清偿比率解决高风险或有负债的草案,经过各个债权人正式同意并发函告知债委会以后,根据债委会表决机制,于 2010 年 12 月 31 日通过了该草案。

从 2009 年至 2011 年,仅仅只用两年的时间,债委会就实现了把多个股份和固定资产等非核心高价值资产变成现金,并且把变现所得的现金全部放入债委会监管账户。2011 年上半年,债委会遵照约定的比例分别偿还了各个债权人,大体上还清了东盛科技风险较高的或有负债,消除了东盛科技发生债务危机最主要的原因,把公司从破产清算的境地中解救出来。

在东盛科技的高风险或有负债问题解决之后,债委会的工作重心又转向彻底解决东盛科技的债务问题。经过各个债权人的共同协商,于 2012 年,债委会引入具有实力的长城公司作为债务重组的战略投资人,一次性买断东盛科技所有的债权本息,彻底解决了债务问题。债委会协调各个债权单位,与长城公司达成协议并着手进行债权转让等多个事宜,2013 年 9 月,所有的债权全部转到长城公司名下。

7. 债务重组对东盛科技财务状况影响

(1)盈利能力分析

2010 年至 2015 年的盈利能力指标统计表显示,由于东盛科技通过债务重组，采取了加强专业化管理，深化渠道建设等一系列措施，营业收入出现了大规模的上升。因此，在债务重组完成后，公司的整体盈利能力有了提高。

（2）营运能力分析

2010年至2015年的营运能力指标统计表显示，由于东盛科技通过债务重组，资产流动性增强，并且存货周转率也有小幅度的增加，流动资产速度有所增加，总资产周转率上升。综合以上指标的分析，东盛科技在重组完成以后，每一个指标都比上一年提高了，也就是说，企业的营运能力跟债务重组以前相比，有了进一步上升。

（3）偿债能力分析

东盛科技的流动比率和速动比率逐年变高，尤其是2012年各个指标有了明显的好转，因此，能够看出东盛科技的短期偿债能力在逐渐好转。东盛科技在债务重组期间，资产负债率远远大于100%，长期偿债能力严重不足，但在2012年与长城公司签署《债务减让协议》之后，东盛科技的资产负债率大规模地减小。根据上面的分析，东盛科技在完成债务重组以后，还债能力在渐渐好转。

（4）成长能力分析

东盛科技在2010年至2013年的债务重组期间，总资产扩张率、净资产增长率为负值，说明该公司的成长能力较差。而在债务重组完成后，因为减免了负债，使公司的总资产、净资产大幅提升，从而总资产扩张率和净资产增长率也由负到正，发生了明显的变化。主营业务增长率没有太大的变动，主要是因为在债务重组期间，该公司的主营业务收入并没有很大的改变。总体来说，在债务重组完成后，公司的成长能力有了提高。

8.东盛科技债务重组的研究结论和启示

（1）东盛科技债务重组的研究结论

通过对东盛科技债务重组情况的研究，希望得出的结论能够对其他有同样问题的企业具有借鉴作用。我们把东盛科技企业重组以前和之后的资金情况、盈利情况进行比较，得到以下结论。

①债务重组是解决企业财务困难的有效途径

当处于巨额债务的困境、面临破产清算的风险时，如果让债务人宣布破产，就没有了回旋的余地，可能再也无法翻身。而对债权单位来说，就算债务人开始了破产清算，但是中间的相关过程会很长，特别是对那种面临严重债务危机的债务人，债权人能够获得清偿的债权肯定是少之又少。在这种情况下，人们认为当公司出现缺乏资金而周转不灵，不能按照约定还债的时候，可以采取债务重组的手段，使企业从财务困难的境地走出来，这是一种有效的方法。只有使用债务重组的手段，才能最快地消除企业生存的威胁，再次获得发展的可能，这对债务人和债权单位两方来讲都是有好处的，能够把二者的损失减小到最低，增加债权单位拿回多数债权的可能性，就其他有同样问题的企业而言，有借鉴作用。

②采取"债权分层受偿退出"机制

从债权人角度来看，如果各家债权机构只重视自己的利益，就可能会出现多家债权机构同时竞争的现象，而且会产生不良影响。从债权方拿回欠款的角度来看，最开始采取措施的债权单位能够避免较多的损失，而这可能会使债权单位为了能更快地获得债款而快速地把企业的资产变成现金，这样不但可能使资产价值大大减小，而且也会对别的债权单位利益造成不良影响。

从债务人的角度来看，因其已经陷入债务危机，很大程度上会减小其企业生存的本领，特别是那种拥有资源较少且实力差的小公司，假如遭遇了财务困难，很有可能步入破产的境地。因此，使用"债权分层受偿退出"的方法，首先把高风险的或有负债偿还完，再重组剩下的债务；其次再用债务企业经营所得的资金逐步偿还，或者通过引入有实力的战略投资人提供偿债资金。实施这种机制，为日后银行和上市公司实现互帮互助的局面奠定了基础。

③引入战略投资者

东盛科技公司债务重组的成功，其中一个重要的措施就是引入了实力雄厚的战略投资人长城公司。东盛科技 2012 年年报显示，14 家债权金融机构把所有权益转让给长城公司。2012 年 12 月、2013 年 6 月，东盛科技和长城公司达成了减免债务的约定，并按照约定向长城公司清偿了全部的债务。

④获得当地政府支持

东盛科技之所以能够顺利进行债务重组，与地方政府的支持密不可分。作为一家上市企业，当遇到资金缺乏时，遭遇破产倒闭危险的可能性非常大，并且会产生一连串的消极反应。因此，地方政府需要承担阻止当地经济下滑以及保障财政收入、员工收入等责任，从大局出发，帮助上市公司保持正常经营。同时，东盛科技也应该积极配合政府采取的各种政策、税收制度和保障等措施，和牵头银行沟通交流，促进债务重组顺利进行。这样既可以使债务单位走出困境，又可以避免当地经济出现波动。

东盛科技通过债务重组以后，企业的债务规模下降，改善了公司财务情况，并且资本和债务的比例也渐渐变好，经济效益得到了大幅提高。公司凭借债务重组的机会，进一步完善了规章制度和公司治理结构。债务重组使公司摆脱了财务危机，避免陷入破产的境地，步入了正轨。

(2)研究启示

①完善公司监管体制，做好信息沟通

东盛科技陷入财务困境的主要原因是：有互相担保关系的兰宝科技、沧化股份、宝硕股份等企业基本上是在同一时间发生了破产重整。之所以发生这种情况，主要是因为外部监督管理没有到位，使东盛科技遭受牵连，引发债务危机。因此，需要把监督管理机构和银行等金融机构联系起来，增强信息交流和合作，实时监测，及时发现漏洞，提前实施计划，阻止发生风险。因此，把企业部门、监督单位、金融机构这三家联系起来，是降低风险发生可能性的一种有效方法。

②完善公司治理，防止发生财务危机

东盛科技发生财务困难的另一个重要原因，主要是在 2007 年和 2008 年企业的股东占用了上市公司资金。虽然在 2009 年 8 月，东盛科技的股东用现金把以前占用的所有资金全都还清了，但是因资金严重缺乏的影响，公司营销计划不能有效实施，再加上银行债务利息十分沉重，公司财务状况非常糟糕，出现了较大的亏损。公司内控不完善也是导致东盛科技出现债务危机的重要原因。为了避免资金被私自占用，公司需要把完善内控制度作为公司治理的重点，加大对关联企业间事项的监督，加强对信息披露制度的改善。

完善公司治理周期很长，不可能一步到位，必须根据实际情况进行分析，严格按照相关政策规定和法律条文，逐步完善企业内部有关监督管理的制度，满足公司在不同发展阶段的不同需求，找出适合的公司治理机制，确保公司稳定发展。

③关注行业发展趋势，防范政策风险

该公司属于医药这个行业，常常会受到国家相关规定和政策等外部环境的影响，企业的未来走势很难把握。企业必须持续跟踪相关政策的发展和动向，加强对市场信息的了解，掌握市场的实时变动，同时监控风险，努力发挥自己的品牌优势，保持可持续发展的态势。

④积极争取政府支持,保证债务重组顺利实施

地方政府为了保持当地经济的发展、税收、就业,为了维护社会的稳定,有责任帮助处于退市边缘的上市公司。所以,债务重组企业努力争取地方政府的支持,获得税收政策等优惠条件,能够在一个宽松的条件下进行债务重组,加大债务重组成功的机会。

⑤实施债务重组,促使公司实现转型

债务重组也是战略转型的机遇,有利于实现企业的可持续发展。东盛科技在债务重组完成后,重新确定发展战略,与资本相连接,使具有优势的产品能够在全国市场上展示。公司重新制订生产计划,各个数据进一步加以细化,对生产过程严格控制,对生产和现场进行监管,保证产品质量,提高产品质量的同时也加快了生产的效率,促进了公司持久稳定的发展。

## 第四节　问题、困境与解决方案

我国的庭外重组实践起步于 20 世纪 90 年代的国企改革,基本上是在政府的控制、主导或干预下进行的。债权人如果拒不配合,不借助政府的协调或干预,困境企业采取庭外重组的手段很难奏效。因为庭外重组的本质是建立在民法自愿原则基础上形成的系列合同安排,如果没有破产清算制度这个"大棒"在那里摆着,庭外重组这个"胡萝卜"就更难吃掉了。尽管庭外重组的成功实践起到了一定的示范效应,但是,其在困境企业拯救机制中的作用还有局限,存在的问题还有待于通过完善制度的方式解决为好。

### 一、"钳制"问题[①]

"钳制"问题,是指在某些交易情况下,法律关系的一方当事人实质上享有类似垄断的优势地位,因而可能采取各种策略行为使协商无法进行的现象。

由于庭外重组的本质是在民法框架下达成的重组协议,是债权人自愿参加的缔约程序,决定了它必然带有先天的缺陷,即重组协议只能约束协议的签订

① 参见胡利玲:《法庭外债务重组的优势与困境》,载《科技资讯》2016 年第 14 期。

者,而无法约束其他不参加的债权人或者异议债权人。因此,在庭外重组中经常不得不面临诸多难题,其中,最突出的也最难解决的就是“钳制”问题。

庭外重组过程中,困境企业必须面对多数债权人,分别进行谈判。在一项需要全体债权人同意的决定中,只要有其中一个(或少数)债权人有异议,就会使整个重组方案不能通过,即便该重组方案可能最符合大多数债权人利益,也无法执行。“拒不合作者”通常的目的是,利用其优势地位,以其他债权人的利益为代价为自己争取更好的条件。如果出现这种“拒不合作者”,只有采取修改其合同权利的办法,才能贯彻执行该重组协议。为此,同意的债权人就不得不以提高异议债权人的待遇为代价使其同意。如果众多的债权人参加法庭外的协商谈判,就会使每一个债权人都为了在重组中取得有利待遇而坚持不让步。而债权人越多,“钳制”问题就越严重,会消磨掉债权人参与庭外重组的积极性和信心,同时也会使庭外重组难以获得成效。因而,“钳制”问题已经成为制约庭外重组应用的主要“瓶颈”。

## 二、制度困境[①]

我国的庭外重组尚缺乏统一的和具有强制约束力的程序制度。对少数不赞成重组方案的债权人没有程序制度进行约束,困境企业在与众多债权人分别谈判的交易成本过高。如果实现程序公平而牺牲效率,其最终结果是各方利益均蒙受损失。如以公平为代价换取短期的效率,必然会对市场发展的长远效率造成损害。如何化解公平和效率的矛盾,需要通过完善制度体系建设解决。由于制度体系的缺失,导致庭外重组实践处于两难境地。

## 三、解决方案

重整计划的多数决制度和强制审批制度有效解决了“钳制”问题,那么,法庭外的重组方案是否可以借鉴多数决制度呢?庭外重组的民法属性决定了多数决制度实施的难度,但也不是“无药可治”。通过完善债权人会议议事规则,设

① 参见胡利玲:《困境企业拯救法律机制研究——制度改进的视角》,中国政法大学出版社 2009 年版,第 248 页。

立禁止反言规则，坚持统一协调原则，签署债权人公约，强化缔约过失责任[①]等民事属性的措施，可以有效地约束"拒不合作者"，成为解决"钳制"问题的手段。同时，通过有益的探索和实践，形成具有指导意义的规则，有助于推动庭外重组的制度体系建设，化解庭外重组的制度困局。

## 第五节　重整与重组之区别

重整与重组是两个经常混同使用的名词。对非专业人士来讲，很难将"重整"与"重组"这两个名词作出准确的区分。重整与重组在定义、模式、程序及司法保护程度等方面存在本质上的重大区别。

### 一、定义不同

重整，是一个法律术语，源于其在《企业破产法》的明文规定，其内涵、程序、效率、后果均由法律明确规定。

重组，属于经济学的范畴，但不是法律术语；法律从未针对重组作出任何规定。重组一般是指"债务重组"或"资产重组"，即对企业的债务或资产重新组合、调整而实施的行为。

### 二、适用范围不同

重整仅适用于企业法人，比如，公司这种企业组织形式。当企业法人陷入困境时，只要符合破产法规定的条件，均可采取重整的方式拯救企业。

重组则适用于所有的企业组织形式，也就是说，除企业法人外，独资企业或者合伙企业发生财务困难时，也可以采取重组的方式渡过难关。

---

① 缔约过失责任，也称先契约责任或者缔约过失中的损害赔偿责任，是指在合同订立过程中，一方违背其依据诚实信用原则和法律规定所承担的义务致另一方的信赖利益遭受损失时，应承担损害赔偿责任。在缔约阶段，当事人因接触而进入可以彼此影响的范围，依诚实信用原则，当事人应尽交易上的必要注意义务，以维护他人的财产和人身利益，因此，缔约阶段也应受到法律的调整。当事人应当遵循诚实信用原则，认真履行其所负有的义务，不得因无合同约束而滥用订约自由或实施其他致人损害的不正当行为，否则，不仅严重妨碍合同的依法成立和生效，影响交易安全，也影响人与人之间正常关系的建立。

## 三、自主性不同

重整属于法庭内的行为，由法院主导，受到法律框架的约束。比如，债权人的清偿顺序、重整期限等必须按照法律的规定执行。

重组属于法庭外的行为，遵照意思自治原则，由股东、债权人进行协商，没有任何强制行为，比如，谈判的时间、债权人的清偿率等，均是自由确定的，没有法定约束。

## 四、司法保护程度不同

法律为重整提供了一定的司法保护，比如，阻止司法冻结和法院执行、阻止担保权人行使担保权、限制取回权人行使取回权、限制企业股东行使股权等。

重组没有法律程序规制，不存在司法保护的情形，比如，无法有效阻止司法冻结和法院执行。

## 五、成本不同

破产重整程序属于重整法律程序的一种，必然存在一定的法律成本。

重组无须履行法律程序，不存在法律成本，但有时间成本或其他成本。

## 六、对企业经营现状的影响不同

重整是由破产管理人按照《企业破产法》赋予的职责对企业的经营管理、财务账册、印章证照等行使职权。

重组完全属于自愿，即使没有达成一致意见，对各方当事人的权利和义务也没有任何影响。

## 七、计划或方案的通过条件不同

重整计划并不需要所有的权益人同意，根据《企业破产法》的规定，只需要“由出席会议的有表决权的债权人过半数同意，并且其所代表的债权额占无财产担保债权总额的三分之二以上”即可。在符合法定的条件下，即使重整计划未能取得 2/3 以上债权人同意的情况下，法院仍可以强行批准重整计划。

重组方案完全属于自愿行为，必须取得所有债权人的同意，否则重组方案对不同意的债权人无效。

## 八、时间效率不同

针对重整的期限,《企业破产法》第 79 条明确规定,法院裁定重整之日起 6 个月内提交重整计划草案,否则终止重整程序,并宣告债务人破产。未获债权人通过或法院批准的重整计划,就面临破产清算的后果。所以,各方当事人均会认真对待,加大谈判诚意,减少不必要的“扯皮”,从而提高效率。

重组的期限由当事人的自由意志决定,没有实质的限制。

综上所述,重整与重组的区别简而概括之:重整属于司法程序的范畴,也有称为“庭内重整”“司法重整”,拯救遭遇困境的企业,主要是在司法程序场景内使用这个名词。重组属于非司法程序的范畴,也有称为“庭外重组”,拯救遭遇困境的企业,主要是在司法程序场景外使用这个名词。

# 第十四章　困境企业拯救

## ——预重整模式

预重整模式作为重组公司债务的工具最早出现于美国的20世纪80年代末90年代初。[①] 当时的很多企业因背负了沉重的公众债务，采用传统的破产重整程序或者庭外重组协商模式已经无法满足解决债务危机的需要，因此，预重整模式作为调整、重组公众债务的一种有效手段被纷纷采用，对此，美国破产法典在立法上承认了这种在申请破产之前形成的重整方案效力。之后，经过不断补充和完善，有更多的债权人、债务人选择将预重整模式作为破产重整程序的替代方案，解决债务危机问题。

预重整模式的出现也引起了国际社会的普遍关注。联合国国际贸易法委员会建议各国将其作为困境企业的拯救机制予以采用。

我国破产法制度并没有规定预重整制度。经过实务有益的探索，预重整模式在2018年被最高人民法院以司法解释的方式所确认。[②]

预重整模式作为拯救困境企业的一种新的机制，既吸收了庭外重组与庭内

---

① 参见胡利玲：《困境企业拯救法律机制研究——制度改进的视角》，中国政法大学出版社2009年版，第192页。

② 《全国法院破产审判工作会议纪要》第22条规定："探索推行庭外重组与庭内重整制度的衔接。在企业进入重整程序之前，可以先由债权人与债务人、出资人等利害关系人通过庭外商业谈判，拟定重组方案。重整程序启动后，可以重组方案为依据拟定重整计划草案提交人民法院依法审查批准。"《全国法院民商事审判工作会议纪要》第115条规定："【庭外重组协议效力在重整程序中的延伸】继续完善庭外重组与庭内重整的衔接机制，降低制度性成本，提高破产制度效率。人民法院受理重整申请前，债务人和部分债权人已经达成的有关协议与重整程序中制作的重整计划草案内容一致的，有关债权人对该协议的同意视为对该重整计划草案表决的同意。但重整计划草案对协议内容进行了修改并对有关债权人有不利影响，或者与有关债权人重大利益相关的，受到影响的债权人有权按照企业破产法的规定对重整计划草案重新进行表决。"

重整各自的优势,又避免了各自的不足,属于庭外重组与司法重整的混合产物。预重整模式是庭外重组向重整程序过渡的“桥梁”;预重整模式是重整程序的前置延伸,是重整程序的补充。

## 第一节　预重整之预先

在预重整模式获得最高人民法院司法解释确认之前,多地法院实际上已经进行了有益的探索和总结。浙江省高级人民法院于 2013 年 7 月 5 日发布的《关于企业破产案件简易审若干问题的纪要》[①]最早提出了“企业破产申请预登记”制度,即法院经合理评估后,可以参照《浙江省高级人民法院关于试行诉前登记制度的通知》的要求,进行企业破产申请的预登记。企业破产申请预登记制度实际上是为预重整制度开辟了具体运作的空间。2015 年 2 月,《深圳市中级人民法院破产案件立案规程》[②]提到了在受理破产申请前,债权人和债务人可以自行协商和解或提前准备重整方案,该立案规程鼓励债权人、债务人在受理破产申请之前自行协商和解协议或预备重整方案。

2018 年《全国法院破产审判工作会议纪要》提出,“探索推行庭外重组与庭内重整制度的衔接。在企业进入重整程序之前,可以先由债权人与债务人、出资人等利害关系人通过庭外商业谈判,拟定重组方案。重整程序启动后,可以重组

---

① 浙江省高级人民法院《关于企业破产案件简易审若干问题的纪要》第 8 条规定:“企业破产申请的预登记,由立案庭接收材料后交商事审判庭在五个工作日内完成,编立‘(××××)×破(预登)字第×号’案号。企业破产申请预登记期间,由占已知债权(含担保债权)总额二分之一以上主要债权人召集,可以比照企业破产法的相关规定建立债权人联络、协商机制并开展相关工作。企业破产申请的预登记和预登记期间的相关工作,应单独装订案卷,录入审判流程管理系统。”第 9 条规定:“预登记期间,法院应向债权人、债务人和相关利害关系人特别提示预登记期间的债务清偿行为不得违反企业破产法第三十一条、第三十二条和第三十三条等规定,必要时引导债权人、债务人和其他利害关系人制定债务人进入企业破产程序的预案。债权人在预登记期间对债务清偿方案所做的不可翻悔的承诺,在债务人进入企业破产和解或重整程序后,相关承诺对承诺方仍然具有拘束力。法院受理企业和解或重整申请后,可以以预登记期间(含集中管辖期间)形成的债务清偿方案或资产重组方案为基础,由债务人或管理人制定和解协议草案或重整计划草案,通过债权人会议予以确认。”

② 《深圳市中级人民法院破产案件立案规程》第 25 条规定:“本院受理破产申请前,申请人可以请求撤回申请。申请人撤回破产申请的,本院将申请材料及相关证据退回申请人。本院受理破产申请前,债权人和债务人可以自行协商和解或提前准备重整方案,协商和解和准备重整方案的期间不计入本院破产案件立案审查期间。”

方案为依据拟定重整计划草案提交人民法院依法审查批准”，首次以司法解释的方式确认了预重整制度。随后，在《全国法院民商事审判工作会议纪要》中强调，要继续完善庭外重组与庭内重整的衔接机制，降低制度性成本，提高破产制度效率。

预重整的“预”，就是指在法院正式受理破产重整申请之前的阶段，据此可以分为以下两种预重整模式。

第一种预重整模式被视为广义上的预重整模式，是指有提出破产重整的意图，但未向法院提出破产重整申请，完全处于司法程序以外的状态。在此种模式下，由债权人和债务人、股东等利害关系人自行协商谈判并形成重整方案，之后，携重整方案再向法院正式提起破产重整申请。在法院受理破产重整申请后，由破产管理人在重整方案的基础上制订重整计划，经债权人会议表决通过后，报法院批准，进入执行程序并终止破产程序。

典型案例为2016年中国第二重型机械集团（以下简称二重集团）与二重集团（德阳）重型装备股份有限公司（以下简称二重重装）重整案。[①] 该案是在法庭外通过协商谈判的方式达成了框架性的重组方案，但最终还是履行了司法程序，属于广义上的预重整模式。因此，我们将该案作为预重整模式的案例。我们理解的庭外重组拯救机制是指重组方案不需要经司法程序的确认。

二重集团为中央直接管理的国有重要骨干企业，是国家重大技术装备制造基地。二重重装为二重集团的控股子公司。自2011年起，二重集团与二重重装连续多年亏损，单就金融负债规模就超过200亿元，已经处于严重资不抵债的情形。

在国资委等有关部门的支持下，以农业银行、中国银行、光大银行为主席行，组织涉及二重集团、二重重装的近30家金融债权人成立了中国二重金融债权人委员会，与二重集团、二重重装及其股东展开了庭外重组谈判。2015年9月11日，在原银监会的组织下，各方达成了框架性的重组方案。同日，债权人机械工业第一设计研究院等向四川省德阳市中级人民法院（以下简称德阳中院）提起了针对二重集团、二重重装的破产重整申请。9月21日，德阳中院裁定受理二重集团、二重重装重整一案，并指定管理人接管了二重集团和二重重装。

---

① 参见最高人民法院2016年公布的推进供给侧结构性改革十大典型案例。

2015 年 11 月 27 日，债权人会议和出资人会议召开，各表决组均通过了《重整计划(草案)》。11 月 30 日，德阳中院作出民事裁定，批准重整计划并终止了二重集团和二重重装重整程序。进入重整后，法院在司法框架范围内，尽可能推动维持了重组方案确定的原则，依法合规纳入重整计划，得到了金融债权人的认可。二重集团和二重重装重整成功，为这两家资产总额达 210 亿元的国有企业卸下了沉重的债务负担，优化了金融债务结构。该案从受理重整到终止重整程序仅用了 70 天。

第二种预重整模式属于狭义上的预重整模式，是指已经提出破产重整申请，尚未获得法院正式受理的通知之前，处于司法程序"一脚门里、一脚门外"的状态。此种模式下，法院收到重整申请后，履行预立案程序；经听证程序作出初步判断，认为债务人有重整价值，投资人具有重整意愿，则在受理重整申请前先行指定临时管理人，而不同时裁定受理重整。临时管理人在接受指定后进行初步的债权、债务清理，把程序内应进行的第一次债权人会议之前的工作全部提前至预重整阶段，由法院主导预重整程序，临时管理人负责具体事务。

第二种预重整模式的典型案例是 2017 年的深圳市福昌电子技术有限公司(以下简称福昌电子)重整案。

2015 年 10 月，福昌电子因管理不善、资金链断裂，突然宣布停产停业。2015 年 11 月 12 日，福昌电子的债权人正式向深圳市中级人民法院申请福昌电子破产重整。在该案中，深圳市中级人民法院决定以预重整方式审理该案，即在法院正式立案受理前选定管理人进入企业清理债权、债务，协助展开谈判，研究恢复生产。随后该院确定一级管理人深圳市正源清算事务有限公司担任福昌电子管理人。管理人进场后，摸清了财务底数，协调劳动和经济主管部门完成了 3510 名员工和 500 余家供货商的核实和安抚工作，积极协助潜在重组方了解企业情况。2016 年 6 月 29 日深圳市中级人民法院裁定受理福昌电子重整案，并批准福昌电子在重整期间继续营业。2016 年 12 月 26 日，福昌电子向法院和债权人会议提交重整计划草案；2017 年 3 月 21 日，福昌电子债权组经二次表决通过了《重整计划草案》；4 月 18 日，深圳市中级人民法院裁定批准福昌电子重整计划。

两种预重整模式，距离进入庭内重整的门槛，一个是"两脚还站在门外"；一个是"一脚门里、一脚门外"。

另有一种观点,在法院受理破产清算申请后、宣告债务人破产前,由债权人、债务人及股东进行协商谈判并达成重整方案,然后另行提出破产重整申请,将受理破产清算后、宣告破产前的协商谈判并达成重整方案的情况称为第三种预重整模式。我们认为,此种情况应属于破产清算程序向破产重整程序转换,不属于预重整的一种模式。理由是,从时间节点来看,此时已经进入了司法程序,不符合通常我们对"预"的认识和理解。《企业破产法》第70条第2款对受理破产清算后、宣告破产前可以提出重整申请,其立法本意是,对由出资人作为申请主体提出重整的条件和时间节点作出了规定,同时也是对程序转换的规定(见图14-1)。①

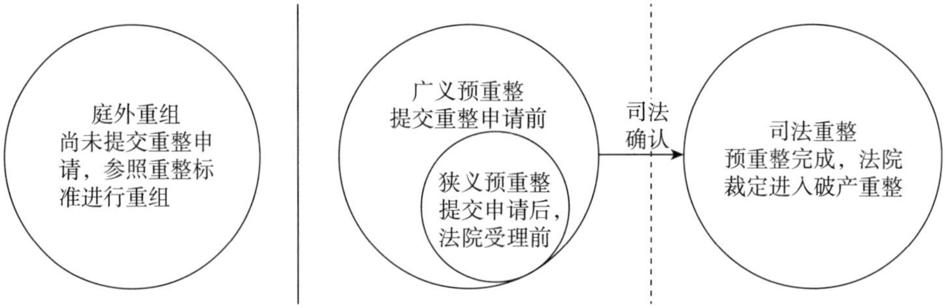


**图14-1 庭外重组、广义预重整与司法重整的关系**

## 第二节 预重整之特点

预重整模式的最大特点是结合了庭外重组的协商机制和庭内重整的司法制度两者的优势。中国政法大学胡利玲博士通过对庭外重组、庭内重整拯救机制的比较分析和研究,归纳了预重整模式特有的优势。②

一是预重整模式吸收了庭外重组的协商机制优势,可以降低庭内重整的制度成本,不仅减少了时间成本和资金成本,而且节约了司法资源,给予困境企业

---

① 《企业破产法》第70条规定:"债务人或者债权人可以依照本法规定,直接向人民法院申请对债务人进行重整。债权人申请对债务人进行破产清算的,在人民法院受理破产申请后、宣告债务人破产前,债务人或者出资额占债务人注册资本十分之一以上的出资人,可以向人民法院申请重整。"

② 参见胡利玲:《困境企业拯救的法律机制研究——制度改进的视角》,中国政法大学出版社2009年版,第213页。

相关主体更多的自主空间，也体现了意思自治原则下各方拯救困境企业的努力，维护和巩固通过协商谈判取得的成果。

二是预重整模式吸收了庭内重整的制度优势，有效解决了庭外重组存在的“无法约束反对者”及伴生的“钳制”问题。制订庭外重组方案，必须建立在全体债权人一致同意的基础上。只要存在一个反对者，就无法形成重组方案。即便是已经形成了重组方案，如果存在一个不尊重契约精神的债权人，也会遭遇前功尽弃的结局。预重整模式吸收了司法程序中的多数决规则，可以使重整计划产生法律效力，具有强制约束力，约束全部的重整权益参与者，包括少数持有异议的权益主体。

预重整模式是多元化拯救机制选择的结果，已经被我国的司法实践所认可。有些地区的法院以规范性文件的形式，为预重整案件的操作提出了具有指导性的实施意见，[①]为困境企业拯救提供了新的解决方案。

## 第三节　基本操作流程

预重整模式的核心目标是拟定预重整方案，并且能够获得主要权益主体的认同。为了实现这个目标，预重整主要权益主体就应该围绕重整计划草案的主要内容进行协商谈判，最终形成一个可被接受的预重整方案。

### 一、基本流程

预重整模式可按照工作指引或参照重整程序进行，具体如下：

(1)在法院正式受理破产重整之前，债权人、债务人可向法院提出申请，请求指定临时管理人，或者协商选择临时管理人。

(2)临时管理人就已知债权人进行登记、审查，并编制债权表。

(3)临时管理人委托中介机构进行资产评估、审计，提交偿债能力分析报告，论证重整价值和可能。

---

① 郑州市中级人民法院针对预重整案件的审理，颁布了《郑州市中级人民法院审理预重整案件工作规程(试行)》。

(4)临时管理人引入重整投资人,签订重整投资协议。

(5)临时管理人拟定预重整方案,征求债权人、债务人、重整投资人意见,对预重整方案进行修改和完善。

(6)临时管理人召开临时债权人会议,对预重整方案进行表决;表决通过以后,向法院提交预重整方案和预重整工作报告。

(7)法院认为预重整方案合法且具有可操作性,确定适格主体,正式提出破产重整申请;法院受理后,以该预重整方案为基础制订重整计划。

## 二、关键环节

在预重整操作流程中,需要把握以下几个关键环节,具体阐述如下:

### (一)临时管理人的选任

让陷入困境的债务人与债权人通过自主协商、谈判方式形成预重整方案的目标,有时是很难实现的,必须借助第三方的专业、信任或权威,如专业机构或者政府主管部门。既然来到法院选择预重整模式拯救困境企业,那就由法院指定临时管理人,以推动预重整程序的顺利进行。法院选任临时管理人,可以按照随机方式指定,也可以由债务人、主要债权人、重整投资人协商一致,共同推荐一个临时管理人,然后报法院指定其为临时管理人。①

临时管理人的主要职责可以参照《企业破产法》关于管理人职责的规定执行。由于尚未进入司法程序,临时管理人还不能履行接管债务人等部分职责,但其应当明确重整工作的整体方向,调查了解债务人的资产负债情况,论证债务人是否具有重整价值和可能,指导和辅助债务人引入重整投资人,组织债务人和实际控制人与主要债权人、重整投资人等权益主体进行协商谈判,拟定预重整方案。从预重整程序进入重整程序之后,临时管理人可以直接转为正式管理人。

### (二)资产负债评估审计

预重整期间还不能发布债权申报登记的公告。试图通过查阅财务报表的方

① 《北京破产法庭破产重整案件办理规范(试行)》第35条规定:“在人民法院通过随机方式或竞争方式指定临时管理人前,债务人、主要债权人和重整投资人协商一致,推荐北京市企业破产案件管理人名册中的中介机构担任临时管理人,不违反企业破产法第二十四条的规定的,人民法院可以指定被推荐的中介机构担任临时管理人。企业破产法第一百三十四条第一款规定的金融机构重整案件中,国务院金融监督管理机构推荐临时管理人的,可以参照前款规定处理。”

式全面、准确地了解债务人的财务信息状况，显然是不现实的。为了全面、准确地掌握债务人的资产负债情况，有必要聘请第三方专业机构对债务人进行评估审计，提交偿债能力分析报告，为拟定预重整方案提供具有说服力的依据，同时也为进入重整程序奠定基础。

预重整期间聘请的资产评估、财务审计等中介机构在进入重整程序之后，一般不予更换，可以继续沿用。

(三)设立禁止反言原则

在预重整期间应当设立禁止反言原则。禁止反言原则的基本内涵，不仅体现在《民法典》诚实信用原则、民事诉讼证据规则中，也体现在《全国法院民商事审判工作会议纪要》第115条确立的庭外“债权人达成的协议视为对重整计划草案表决同意”规则中。

在预重整期间设立禁止反言原则，有利于巩固权益主体通过协商谈判取得的阶段性成果文件，可以有效约束权益主体出尔反尔的行为。也有法院在其制定的预重整案件操作指引中明确规定了禁止反言原则，[①]以确保程序有序进行，提高司法效率。

预重整方案是各方权益主体通过协商谈判取得的阶段性成果性文件；权益主体对自己作出的承诺和表决不能轻易反悔，否则不仅会损害其他人的利益，也会对重整程序带来不利影响，更有可能导致整个程序无法进行，浪费司法资源。试想：在《预重整方案》中表示同意，而后在《重整计划草案》中却反悔了，假设允许，那就可能出现《预重整方案》通过了但《重整计划草案》无法通过的情况，导致重整程序失败。所以，有必要在预重整程序中引入禁止反言原则，对相关权益主体的行为进行约束；对违反禁止反言原则的行为人，将赔偿其他人因此遭受的损失。

(四)临时债权人会议

预重整阶段的重要议题是债务人能够与主要债权人达成重整共识，并通过主要债权人的引导、示范效应，以便获得更多中小债权人的支持。为此，可以由

---

① 《苏州市吴中区人民法院关于审理预重整案件的实施意见(试行)》第18条规定：“谈判和预表决时设立禁止反言条款。在信息披露充分的情况下，债权人、出资人已经同意重整方案或方案核心内容的，在重整阶段正式表决时仍然有效。”

主要债权人发起成立临时债权人会议，形成约束机制，阻止个别清偿行为。临时债权人会议可以依照债权分类，分组对拟定的预重整方案进行讨论，听取各方意见，形成可以被多数债权人接受的预重整方案。

预重整方案如涉及出资人权益调整事项的，应当设出资人组，就出资人权益调整事项进行协商讨论，形成表决意见。

（五）拟定预重整方案

预重整方案，是指在预重整程序中，债务人与债权人、出资人、重整投资人等利害关系人通过自愿平等商业谈判拟定的有关债权分类、债权调整和清偿、出资人权益调整、公司治理和经营方案以及其他有利于债务人重整内容的协议。

《全国法院破产审判工作会议纪要》将进入重整程序之前由债务人、出资人、主要债权人等权益主体通过协商谈判取得的成果性文件称为"重组方案"；[①]北京破产法庭《破产重整案件办理规范（试行）》使用了"预重整方案"[②]这个词语；我们引用了"预重整方案"这个名词，目的是想强调这是在预重整期间取得的成果性文件，以区别于在庭外重组期间形成的"重组方案"。

在预重整期间拟定预重整方案，并使其能够获得临时债权人会议的认可，是临时管理人最为重要的职责。预重整方案的主要内容应当与重整计划的内容相匹配，主要有债权调整和受偿方案、经营方案、执行期限、执行监督或者是有利于重整的其他方案，如引入重整投资人，还应当有出资人权益调整方案。

在重整程序启动以后，以拟定的预重整方案为基础制定的重整计划草案将提交债权人会议讨论，在获得表决通过以后，再由破产管理人提交法院依法审查批准。对于预重整期间已经达成的有关协议与重整计划草案内容一致的，视为

---

① 《全国法院破产审判工作会议纪要》第22条规定："探索推行庭外重组与庭内重整制度的衔接。在企业进入重整程序之前，可以先由债权人与债务人、出资人等利害关系人通过庭外商业谈判，拟定重组方案。重整程序启动后，可以重组方案为依据拟定重整计划草案提交人民法院依法审查批准。"

② 《北京破产法庭破产重整案件办理规范（试行）》第28条规定："本规范所称'预重整方案'，系指在预重整程序中，债务人与债权人、出资人、重整投资人等利害关系人通过自愿平等商业谈判拟定的有关债权分类、债权调整和清偿、出资人权益调整、债务人治理和经营以及其他有利于债务人重整内容的协议。预重整方案应当参照本规范第九十七条第一款、第二款的规定制定。"

对该重整计划草案表决同意,[①]无须再进行表决。重整计划草案对有关协议进行修改并对债权人产生不利影响的,或者预重整方案未涉及的内容,应该由与之相关的债权人按照规定进行投票表决。

---

① 《全国法院民商事审判工作会议纪要》第115条规定:"【庭外重组协议效力在重整程序中的延伸】继续完善庭外重组与庭内重整的衔接机制,降低制度性成本,提高破产制度效率。人民法院受理重整申请前,债务人和部分债权人已经达成的有关协议与重整程序中制作的重整计划草案内容一致的,有关债权人对该协议的同意视为对该重整计划草案表决的同意。但重整计划草案对协议内容进行了修改并对有关债权人有不利影响,或者与有关债权人重大利益相关的,受到影响的债权人有权按照企业破产法的规定对重整计划草案重新进行表决。"

# 第十五章　企业纾困

——公司治理

"前车之辙，尤为可鉴。"通过拯救走出困境的企业更需要思考，如何才能"活"得更久，完善公司治理结构，应该成为企业纾困后的工作重心。

"公司治理"可以是一个很大的话题，对此，仁者见仁，智者见智。在这里，我们只是提供一孔之见，从财务管理、控制权配置、合规经营、纳税管理四个方面，阐述观点，希望企业能够在实际经营过程中及时发现问题，并采取纠正措施，避免陷入困境、重蹈覆辙。

## 第一节　公司控制权配置

公司控制权配置属于公司治理的重要内容，是企业按照章程、制度、合同等规则进行权力安排的一门学问。公司控制权配置主要表现为股权结构的配置，通常是指控制权在股东、董事会、经营管理层之间的分配状况。按照现有的法律规定，超过67%比例的股权，公司控制权可以不受限制（并非指可以任意所为）；也可以换个角度说，超过34%比例的股权具有一票否决权。我们可以通过公司章程、协议约定、议事规则等方式对公司控制权进行扩张或限缩。

如果公司控制权配置出现了问题，不仅会制约公司的发展，甚至会直接危及公司的生存。公司控制权配置如果缺乏有效约束，实际控制人会利用其优势地位进行违规操作、恣意掠夺，中小股东的利益遭受侵害。公司控制权配置如果出现缺陷，经营管理层可能会出现隐瞒经营情况、资产状况以及必要的信息和资料，通过关联交易、转移公司财产等违法违规行为。

初创公司一般规模比较小,往往集所有权及控制权、经营管理权于一体,不存在“两权”分离的说法。随着公司规模的扩大,具有专业技能或管理才能的人员受到重用,企业就需要将权力分配给他们,以完成企业的某项活动,于是就出现了职业经理人群体,公司的所有权与经营管理权开始分离。由此,新的利益纷争和矛盾冲突又发生了,公司控制权配置就成为经济学、公司法领域研究的一个课题。2010 年 8 月出现的国美控制权之争热点事件,[①]一度引起人们对公司控制权配置问题的广泛关注和思考。

公司控制权并不是一个清晰的概念,对此,人们有不同的理解和认识。《公司法》并没有对公司控制权作出定义,但对控股股东、实际控制人的含义作出了明确规定。[②] 据此,我们有理由说,公司控制权是从股东权利派生出来的。

公司控制权的主要内容包括对公司全部财产享有的处置权、对董事会的构成和董事的任命具有决定权、对公司重大事务具有决策权、对公司重大事项和经营政策具有不同寻常的影响力。

公司控制权不同于公司所有权、股东股权、经营管理权,是一种独立存在的权能,是通过特定的形式(如股东会、董事会、监事会、议事规则、协议约定等)或制度安排对公司的经营管理决策等公司行为施加影响、进行干预的能力。

公司控制权具有三种权能:决策性权力、执行性权力、监督性权力。决策性权力可分为资金决策权、人事决策权、行动决策权。执行性权力可分为信息权、合约权、组织权。信息权是指公司的经营状况、投资决策、财务报告等方面的知情权;合约权是指代表本公司或本部门对外签订某种合同的权力;组织权是指现场指挥权,动员、命令下属完成特定任务的权力。监督性权力可分为考核权、督

---

① 根据国美控制权之争的相关报道,我们简单概括之:国美大股东黄某裕反对贝恩资本提名的三位董事进入董事局。如贝恩资本提名的三位董事进入董事局之后,将会实施债权股,此举会提高贝恩资本的股权比例,从而稀释黄某裕的股份。董事局主席陈某积极支持贝恩资本提名董事进入董事局,此举将会优化国美公司的资本结构,减少财务开支,提升公司整体业绩。如果贝恩资本提名的董事不能进入董事局,公司将会对贝恩资本承担 24 亿元的违约责任。由此引发的股东与董事局之间的控制权之争,引发了国美危机,受到广泛的关注。

② 《公司法》第 216 条第 2 项规定:“控股股东,是指其出资额占有限责任公司资本总额百分之五十以上或者其持有的股份占股份有限公司股本总额百分之五十以上的股东;出资额或者持有股份的比例虽然不足百分之五十,但依其出资额或者持有的股份所享有的表决权已足以对股东会、股东大会的决议产生重大影响的股东。”第 3 项规定:“实际控制人,是指虽不是公司的股东,但通过投资关系、协议或者其他安排,能够实际支配公司行为的人。”

察权、奖惩权。[①] 可见,公司控制权是由隶属于不同主体的权力集合而成。公司控制权可大可小,具有可变性。

公司控制权的正当行使对公司的发展发挥关键的推动作用,有利于建立股东之间的信任基础,有利于提高公司运行的效率。公司控制权真正的价值就是平衡地维护各方相关主体的现实利益和合理的期望利益。

公司控制权配置要解决的核心问题有两个:一是如何提高公司效率和业绩;二是如何有效降低制度成本。公司控制权如果能够得到合理配置,一方面,可以对改善公司的管理、提高公司的绩效发挥关键的推动作用,有利于建立股东之间的信任基础,也有利于提高公司运行的效率;另一方面,可以对经营管理层可能存在的徇私舞弊行为起到有效的约束作用,降低制度成本。

公司控制权属于经济性权利,具有支配企业资源、获取企业利益的优越性,因此,在相关权利主体之间(股东之间、股东与管理层之间或者混合身份之间)就会出现争夺或滥用控制权的行为。

公司控制权合理配置,是企业获取竞争优势的基础,是企业可持续发展的需要。尽管相关法律制度存在不完善的方面,但可以通过公司制度安排的层面进行补救。我们可以充分利用公司法条款[②]赋予相关主体权利和义务,强化实际控制人的诚信义务,按照全体股东或公司最大利益原则行事,充分落实中小股东

---

① 参见刘冬龙:《私营企业控制权配置及其影响因素研究》,华南农业大学硕士学位论文。

② 《公司法》第 16 条规定:"公司向其他企业投资或者为他人提供担保,依照公司章程的规定,由董事会或者股东会、股东大会决议;公司章程对投资或者担保的总额及单项投资或者担保的数额有限额规定的,不得超过规定的限额。公司为公司股东或者实际控制人提供担保的,必须经股东会或者股东大会决议。前款规定的股东或者受前款规定的实际控制人支配的股东,不得参加前款规定事项的表决。该项表决由出席会议的其他股东所持表决权的过半数通过。"第 20 条规定:"公司股东应当遵守法律、行政法规和公司章程,依法行使股东权利,不得滥用股东权利损害公司或者其他股东的利益;不得滥用公司法人独立地位和股东有限责任损害公司债权人的利益。公司股东滥用股东权利给公司或者其他股东造成损失的,应当依法承担赔偿责任。公司股东滥用公司法人独立地位和股东有限责任,逃避债务,严重损害公司债权人利益的,应当对公司债务承担连带责任。"第 21 条规定:"公司的控股股东、实际控制人、董事、监事、高级管理人员不得利用其关联关系损害公司利益。违反前款规定,给公司造成损失的,应当承担赔偿责任。"第 115 条规定:"公司不得直接或者通过子公司向董事、监事、高级管理人员提供借款。"第 116 条规定:"公司应当定期向股东披露董事、监事、高级管理人员从公司获得报酬的情况。"第 124 条规定:"上市公司董事与董事会会议决议事项所涉及的企业有关联关系的,不得对该项决议行使表决权,也不得代理其他董事行使表决权。该董事会会议由过半数的无关联关系董事出席即可举行,董事会会议所作决议须经无关联关系董事过半数通过。出席董事会的无关联关系董事人数不足三人的,应将该事项提交上市公司股东大会审议。"

的知情权和监督权,通过公司章程条款、议事规则以及协议约定等形式,在股东会、董事会、监事会、经营管理层范围内进行合理的权力分配,平衡地维护各方相关主体的现实利益和合理的期望利益。

## 第二节 财务杠杆管理

企业纾困以后,加强财务杠杆管理,是企业完善治理结构、实现可持续发展的重要举措。

财务杠杆是一个应用很广的概念。企业如果完全用自有资本运营,也就是用自己的"钱"去"赚钱",就不存在财务杠杆的问题。企业除了使用自有资本运营外,还可以通过向他人举债的方式,用别人的"钱"扩大经营规模,于是就产生了财务杠杆的问题。我们在这里不谈财务杠杆系数、息税前利润等一大堆的专业名词,只是对财务杠杆的基本道理作简单的描述。

查看一下公司的资本结构,也就是资本负债率,那么,股东自有的投资资本和公司负债之间的占比即可一目了然,就会知道企业的财务杠杆有多大。资本负债率越高,说明其财务杠杆越高。

公司运用财务杠杆,既有好处,也有风险。

公司财务杠杆会有什么好处呢？如果在公司能够盈利的情况下,也就是公司利润率较高的条件下,用别人的钱去挣钱,比单纯用自己的钱去挣钱,会赚更多的钱,用专业的话来说,就是股东的权益资本净利润率会更高。这是驱使控股股东追求高杠杆的原动力。然而,此时举债的不是股东,而是公司;在债主和股东之间,还有一层"面纱",那就是公司。

公司财务杠杆会有什么风险呢？如果在公司处于亏损的情况下,财务杠杆越高,股东的权益资本净利润率下降的幅度(也就是物理学中"加速度"的含义)也就越大,股东的风险也就越高,股东的投资可能会"打水漂"。但是,此时,挡在股东前面的"面纱"——公司首先要承担直接的债务风险;"面纱"背后的股东承担投资失败的间接风险。这也就是为什么有股东要采取"跑路"行动的原因之一。只不过要借用一句话,"出来混,总会要还的"。

公司财务杠杆的好处和坏处的"分水岭"在哪里？关于财务杠杆的基本原

理描述完之后，为了有效地防范财务风险，必须要弄清楚公司的“盈亏点”在哪里，“盈亏点”是公司财务杠杆的好处和坏处的“分水岭”。在保持盈利的情况下，采用适度的财务杠杆，股东既可以获取合理的利润率，公司还可以保持稳定的发展状态。

预防公司的财务风险，是公司治理结构完善、实现可持续发展的必要条件。通过观察公司的几个财务指标，不难发现公司的财务风险预警信息。当公司处于“盈亏点”之下时，就要及时采取必要的经营管理措施和财务手段，合理调整资本结构，降低财务杠杆，使公司的经营状况能够处于“盈亏点”之上，这样才能够保证公司始终处于可持续发展的轨道。

## 第三节　合规经营管理

企业依法合规经营，是企业实现可持续发展的硬道理。强调企业要依法合规经营，和强调公民要遵纪守法是一个道理。明明知道法律的“红线”规则划在那里，可还是有人偏要触碰。企业违法违规经营的现象几乎是困境企业的通病。

企业的目的就是追求利润，本无可厚非。但在追求利益的过程中，人可能会“膨胀”，“膨胀”可能就会“越界”。套用一段经典的、耳熟能详的话：“资本逃避动乱和纷争，它的本性是胆怯的。这是真的，但还不是全部真理。资本害怕没有利润或利润太少，就像自然界害怕真空一样。一旦有适当的利润，资本就胆大起来。如果有 10% 的利润，它就保证到处被使用；有 20% 的利润，它就活跃起来；有 50% 的利润，它就铤而走险；为了 100% 的利润，它就敢践踏一切人间法律；有 300% 的利润，它就敢犯任何罪行，甚至冒绞首的危险。如果动乱和纷争能带来利润，它就会鼓励动乱和纷争。走私和贩卖奴隶就是证明。”[①]说到这里，也许你就会更明白，即使知道有“红线”划在那里，为什么还会有企业存在“跨线”违规经营的行为；人性使然，不足为奇。但是，我们必须要强调，企业要依法合规经营。依法合规经营，是企业实现可持续发展的基石，也是企业规避风险的需要。

---

① 马克思的这句名言出自《资本论》第 1 卷“第二十四章所谓原始积累”第 6 节末尾，参见马克思：《资本论》（第 1 卷），人民出版社 1975 年版，第 829 页。这一名言的脚注（250）写的是《评论家季刊》说的这段话。

企业在实现可持续发展的过程中,依法经营,合规管理,是企业实际控制人必须面对和重视的一个课题,也是降低决策失误率的重要手段。

第一,企业要加强依法合规经营的制度建设。

从风险防范的角度来说,需要企业管理者及时识别与预测风险,针对相关的风险制订防控方案,减少风险带来的损失,从而提高资金利用率,使企业效益与风险之间达到一定的平衡。同时,还需要进一步加强企业合规审计力度,建立具有制度化、规范化的合规审计体系,优化审计效果,从而便于企业合规管理工作的展开,为企业合规管理工作提供有效的制度保障,促进企业合规管理制度的健全与完善。此外,还需要企业内部有计划地推进经济责任审计工作,使员工在掌握工作流程的动态岗位调动中培养一定的风险防范意识,从而有效采取防范措施。

从责任追究机制的落实方面来说,首先,需要在企业内部定期开展考核活动,及时对企业员工以及领导的合规操作行为进行仔细考核,从而使企业员工深入了解合规操作的合法性。从管理者的合规行为考核角度来说,管理的行为是直接影响企业经营效果的关键,也是关系合规管理机制创新性的重要角色以及执行角色,因而在考核中,身为管理者就需要起到一定的带头作用,为员工树立积极榜样。其次,要严格制定合规责任追究制度,只要发现违规行为出现就要及时依照合规制度条例进行惩处,达到一定的警示作用,避免同类失当行为再次出现。在这一过程中,企业合规的管理人员也需要强化自身的岗位职责以及敬业精神,严格约束自身的工作行为。最后,企业监管部门要加大查处力度,尤其是针对管理中的敏感环节,更需要进行严格的监督与审查,并在审查后及时跟进后续整改情况,依据整改意见进行处理。①

第二,要从主观认识上形成依法合规的理念,加强企业合规文化建设。

通过企业合规文化建设,可以将合规文化的价值观念潜移默化地灌输到员工(尤其是管理人员)的思维中,并产生习惯性的思维模式,认同和遵守依法合规经营和管理企业的理念,从而自觉地依法合规经营和管理企业。要知道,合规文化建设需要较长的培育周期,日积月累,不可中断。

企业要实现可持续的稳定发展,就必须加强企业合规管理,完善公司治理,

---

① 参见张璐:《谈企业合规的重要性》,载《法制博览》2020 年第 5 期。

进而树立危机意识与风险意识，并结合企业在市场发展中的形势，合理建构有效的合规管理体系，应对企业发展中遇到的风险及问题；同时，也要遵守法律、法规，进一步建立良好的企业合规文化氛围，从而推动企业的可持续发展。

## 第四节　企业纳税管理

"金税四期"，是指在金税三期税务系统业务流程全面监控的基础上，纳入了"非税"业务，搭建了各部委、人民银行以及商业银行等机构之间的信息共享和核查的通道，实现企业相关人员手机号码、企业纳税状态、企业登记注册信息核查三大功能，对企业业务更全面的监控，纳税漏洞几乎补齐。今后，企业的非正常经营、吊销、注销等异常情况，在第一时间就会被发现。冒名开户、虚假开户的路子已被彻底堵死；利用私人账户偷逃税款的行为将会立即被识别、查处。对企业的收入、成本、利润、库存、银行账户和应纳税额等每个维度，"金税四期"都能强有力地识别出来。金税四期理论上可以做到：直接一人一税，个人账户里出现任何大额款项，都需要提供完税证明。无论企业端如何进行税务筹划，钱总归是要进个人账户的；只要进入个人账户，无论是蚂蚁搬家，还是化整为零，在大数据下都无所遁形。这就是金税四期的厉害之处。不久的将来，一定是税务全面合规的开始。

"金税四期"开通以后，对企业纳税的监管可以说是"天衣无缝""无税可逃"。企业作为纳税主体应该充分认识到：企业的可持续发展不是靠节税、避税，更不是靠偷税或逃税。企业在追求利益的同时，不要在纳税环节做文章。在纳税环节"弄巧"，可能反而"成拙"，企业还能走得远吗？

纳税，是企业的法定义务；不缴税，那是万万不可能的。有些企业为了自己利益的最大化，在纳税环节可谓费尽心机，试图少缴点税；手法可谓五花八门，结局则是"一地鸡毛"。

税负政策存在差异，是由于国家、区域、行业、主体等因素而造成的这种差异性税负。利用这种差异性税负政策，达到少缴税的目的，对有些企业来讲是可以利用的；但这可不是随便用一个会计就能做到的，需要比较高深的专业技巧和特别"老道"的经验。如果在纳税环节"翻了车"，为了一点税而失去自由，是划不来的。这样的案例在现实生活中不在少数。

我们先弄清楚与纳税环节有关的几个专业名词,便于对自己的行为是否跨越税法"红线"作出基本的判断。

节税,是指通过税务筹划的方式,在合法的边界内,采用会计处理方法,减少纳税义务。——合理利用。

避税,是指利用税法的漏洞,处于法律的"灰色地带",打着税法的"擦边球",减少纳税义务。——小心出界!

逃税和偷税一定是违法行为,采取伪造账册票据或记账凭证等手法,虚报、多报费用和成本,少报或不报应纳税所得额或收入额,隐匿财产或采用不正当手段骗回已纳税款等。——小心坐牢!

在这里提示大家,为了实现企业的可持续发展,完善公司治理,不要在纳税环节枉费心机了。

第三篇

# 案例篇

# 第十六章　困境企业拯救典型案例

## 第一节　最高人民法院推进供给侧结构性改革十个典型破产案例(2016)

### 一、长航凤凰股份有限公司破产重整案

(一)基本案情

长航凤凰股份有限公司(以下简称长航凤凰)系上市公司,是长江及沿海干散货航运主要企业之一。自2008年全球金融危机以来,受财务费用负担沉重、航运运价长期低迷等因素影响,长航凤凰经营逐步陷入困境。截至2013年6月30日,长航凤凰合并报表项下的负债总额合计达58.6亿元,净资产为-9.2亿元,已严重资不抵债。经债权人申请,湖北省武汉市中级人民法院(以下简称武汉中院)于2013年11月26日依法裁定受理长航凤凰重整一案,并指定破产管理人。因连续三年亏损,长航凤凰股票于2014年5月16日起暂停上市。

(二)审理情况

在武汉中院的监督指导下,管理人以市场化的重组方式为基础,制定了重整计划草案,获得了债权人会议及出资人会议表决通过。由于无外部重组方参与长航凤凰破产重整,如何通过长航凤凰自身筹集足够资产以提高普通债权清偿比例,以促使普通债权人支持重整是重整工作有序推进的重点。为解决偿债资金筹集的问题,经过武汉中院与管理人多番论证,最终制订了以公司账面的货币资金、处置剥离亏损资产的变现资金以及追收的应收款项、出资人权益调整方案以及股票公开竞价处置等多种渠道的资金筹集方案。实践证明,上述资金筹集方案具有可行性。通过资产公开处置、出资人权益调整以及股票公开竞价处置,长航凤凰不但清偿了重整中的全部债务,同时,由于股票公开竞价处置产生溢

价,公司在重整程序中依法获得了约7000万元的资金用于补充公司现金流。

2014年3月18日,武汉中院裁定批准了重整计划并终止重整程序。通过成功实施重整计划,在无国有资产注入及外部重组方资金支持的情况下,长航凤凰2014年年底实现净资产约1.2亿元、营业利润约2.24亿元,成功实现扭亏,股票于2015年12月18日恢复上市。

(三)典型意义

长航凤凰重整案是以市场化方式化解债务危机的典型案例。借助于破产重整程序,长航凤凰摆脱了以往依赖国有股东财务资助、以"堵窟窿"的方式挽救困境企业的传统做法,以市场化方式成功剥离亏损资产、调整了自身资产和业务结构、优化了商业模式,全面实施了以去杠杆为目标的债务重组,最终从根本上改善了公司的资产及负债结构,增强了持续经营及盈利能力,彻底摆脱了经营及债务困境。

## 二、深圳中华自行车(集团)股份有限公司破产重整案

(一)基本案情

深圳中华自行车(集团)股份有限公司(以下简称深中华)系上市的中外合资股份有限公司,成立于1984年8月24日,注册资本及实收资本均为人民币5.5亿余元。深中华生产的自行车曾远销欧美,市场占有度和知名度较高,但市场环境发生变化后,企业深陷亏损境地。曾经亚洲最先进的全自动化自行车生产线被迫下马停产,企业靠代工生产业务和物业出租养活187名员工。深中华原有的厂区经过多轮查封、冻结,无法变现和更改用途,且被出租给各个小企业用于生产,厂区存在严重的环保、安全、交通和监管隐患。因长期亏损,深中华连续多年被深交所退市风险警示,如其不能在2013年会计年度内通过重整计划,其股票将被终止上市。2012年10月12日,广东省深圳市中级人民法院(以下简称深圳中院)根据债权人申请,裁定受理深中华破产重整案。

(二)审理情况

2012年10月29日,深中华向深圳中院申请自行管理财产和营业事务,深圳中院审查后于2012年10月31日依据《企业破产法》第73条第1款之规定,批准深中华在管理人的监督下自行管理财产和营业事务。

2013年8月22日,债权人会议表决重整计划,普通债权组未能表决通过,税款组、出资人组均表决通过。深圳中院在综合考察深中华的现状后,指导管理人积极作为,针对仍存疑虑的债权人进行沟通和释法,充分阐释通过重整企业原本无法变现资产的清偿率可以获得大幅提升,通过获取股权可以分享重组收益等有利因素,取得了债权人的支持。在2013年10月15日的第二次表决中,高比率通过重整计划。同日,深圳中院裁定批准重整计划。2013年12月27日,执行重整计划完毕。

(三)典型意义

本案是人民法院充分尊重当事人的意思自治,慎重行使强制批准权,确保市场主体充分进行博弈后,帮助企业恢复生机的典型案例。强制批准重整计划草案,主要适用于需要打破利益壁垒、平衡保护当事人利益的情形,应当慎重适用。深中华的重整计划草案经历了两次表决,法院在面临可能需要强制批准的情况下,没有简单化处理问题,而是指导管理人积极作为,以利益导向、发展导向促成债权人的态度转化,避免了司法权对市场的干预。通过重整,实现在职职工安置187人,解决积欠社保问题400余人,债权人获得了70%的清偿,盘活了企业存量资产,为深圳的城市发展释放土地资源12.73万平方米。深中华通过重整解决了“历史包袱”,实现了产业转型,保留了上市公司地位,通过重整迎来了新的产业注入,保留了股权价值。

## 三、浙江安吉同泰皮革有限公司执行转破产清算案

(一)基本案情

浙江省安吉县人民法院(以下简称安吉法院)执行局在执行浙江安吉同泰皮革有限公司(以下简称同泰皮革公司)作为被执行人的系列案件中,将被执行人的厂房、土地依法拍卖,所得价款2484万元。但经审查发现,截至2015年2月27日,同泰皮革公司作为被执行人的案件全省共有29件,标的额为2200万元;作为被告的案件全省共达94件,标的额为3327万元,同泰皮革公司已不能清偿到期债务,而且资产不足以清偿全部债务。安吉法院执行局根据《最高人民法院关于适用〈中华人民共和国民事诉讼法〉的解释》(法释〔2015〕5号,已被修改)第513条的规定,向部分申请执行人征询意见,并得到其中一位申请执行

人的书面同意,将本案移送破产审查。3 月 17 日,安吉法院根据申请人安吉县博康担保有限公司的申请,裁定受理债务人同泰皮革公司破产清算案。

(二)审理情况

受理破产申请后,安吉法院立即通知相关法院中止诉讼、执行程序,解除财产保全措施,由管理人接管了同泰皮革公司的全部资产。为公平保障全部债权人的利益,对全省范围内涉同泰皮革公司执行案件进行检索,执行人员提醒外地债权人申报债权 224.3 万元。2015 年 6 月 4 日,同泰皮革公司破产案召开第一次债权人会议,会议高票通过了《财产管理、变价和分配方案》等两项议案。6 月 26 日,安吉法院裁定确认上述财产管理、变价和分配方案。目前,财产分配方案已执行完毕。同泰皮革公司作为被执行人的案件共 53 件,债权金额累计 4213.1 万元,个案执行时间最长达 1 年半。启动执行转破产程序后,3 个月即审结完成,并实现职工债权和税收债权全额清偿,普通债权清偿比例达到 22.5%。

(三)典型意义

符合《企业破产法》规定条件的企业法人应该通过破产程序来清理债务,以实现对全体债权人的公平清偿。安吉法院在执行同泰皮革公司系列案件的过程中,发现被执行人已经符合《企业破产法》第 7 条规定的破产案件受理条件,即根据民诉法相关司法解释的有关规定,在征得债权人同意后,将执行案件及时移送破产审查,经审查符合破产案件受理条件,即裁定受理,进入破产程序。执行人员还提醒其他执行案件的申请人及时申报债权,实现了案件执行程序和破产程序的有序衔接。案件由执行程序转入破产审查,不仅可以迅速启动破产程序,还有助于执行案件的及时结案,化解执行难问题。

## 四、中国第二重型机械集团公司与二重集团(德阳)重型装备股份有限公司破产重整案

(一)基本案情

中国第二重型机械集团公司(以下简称二重集团)为中央直接管理的国有重要骨干企业,是国家重大技术装备制造基地。二重集团(德阳)重型装备股份有限公司(以下简称二重重装)为二重集团的控股子公司。自 2011 年起,二重集团、二重重装多年连续亏损,生产经营以及员工工资、社保基本靠向银行举债

和股东提供的资金勉强维持。截至 2014 年年底,二重集团、二重重装金融负债总规模已经超过 200 亿元。二重重装已经严重资不抵债。

在国资委等有关部门的支持下,以农业银行、中国银行、光大银行为主席行,组织涉及二重集团、二重重装的近 30 家金融债权人成立了中国二重金融债权人委员会,与二重集团、二重重装及其股东展开了庭外重组谈判。2015 年 9 月 11 日,在原银监会的组织下,各方达成了框架性的重组方案,其核心内容为在 2015 年内以“现金 + 留债 + 股票”清偿全部计息金融负债。同日,债权人机械工业第一设计研究院等向四川省德阳市中级人民法院(以下简称德阳中院)提起了针对二重集团、二重重装的破产重整申请。9 月 21 日,德阳中院裁定受理二重集团、二重重装重整一案,并指定管理人接管了二重集团和二重重装。

(二)审理情况

2015 年 11 月 27 日,债权人会议和出资人会议召开,各表决组均通过了《重整计划(草案)》。11 月 30 日,德阳中院作出民事裁定,批准重整计划并终止了二重集团和二重重装重整程序。重整计划执行中,120 亿元金融债权通过现金清偿和债转股,已得到 100% 清偿;对于非金融债权,按照重整计划已向各家债权人分别支付 25 万元,其余在 2~5 年内付清。当年,重整计划整体完成 90%。

(三)典型意义

庭外重组是陷入困境但有价值的企业与其债权人之间以协议的方式,对企业进行债务调整和资产重构,以实现企业复兴和债务清偿的一种庭外拯救手段。本案中,在有关部门的推动、指导下,二重集团、二重重装与主要债权人金融机构进行了庭外重组谈判,并达成了框架性金融债务重组方案。进入重整后,法院在司法框架范围内,尽可能推动维持了重组方案确定的原则,依法合规纳入重整计划,得到了金融债权人的认可。二重集团和二重重装重整成功,为这两家资产总额达 210 亿元的国有企业卸下了沉重的债务负担,优化了金融债务结构。本案积极探索实践庭外重组向司法重整转换,为陷入困境但有再生可能的大型国有企业司法重整提供了可复制的范例。

## 五、浙江玻璃股份有限公司及其关联公司合并破产案

(一)基本案情

浙江玻璃股份有限公司(以下简称浙江玻璃)成立于 1994 年 5 月,2001 年

12月10日在香港联合交易所上市。2003年至2005年，浙江玻璃先后投资成立浙江工程玻璃有限公司、浙江长兴玻璃有限公司、浙江平湖玻璃有限公司、浙江绍兴陶堰玻璃有限公司，上述企业均从事玻璃生产、加工和销售，职工共计4350人，日熔化总量达5150吨。由于经营不善，盲目投资、高成本融资等原因，浙江玻璃及其四家关联公司生产经营遭遇巨大困难，陷入债务危机。2010年5月3日，浙江玻璃因未能如期公布2009年度财务报告被香港联合交易所处以暂停交易。鉴于浙江玻璃已具备破产原因，且作为一家尚具生产能力的境外上市股份公司，具有一定的重整价值，2012年6月28日，浙江省绍兴市中级人民法院（以下简称绍兴中院）裁定受理债权人对浙江玻璃的重整申请并指定管理人，启动破产重整程序。

（二）审理情况

2012年7月4日，管理人以浙江玻璃与其四家关联公司存在人格混同情形、合并重整有利于公平清偿债权为由，申请浙江玻璃与其四家关联公司合并重整，并提交了相关证据。其中，审计报告结论显示，浙江玻璃与其四家关联公司系作为一个整体进行运作，四家子公司虽然均为法人主体，但都在浙江玻璃的实际控制下运营，资金收支均由浙江玻璃掌控，已丧失其法人实体应当具备的财务独立性。2012年7月23日，绍兴中院组织召开合并重整听证会，听取各方对合并重整的意见。经听证，大部分债权人代表及浙江玻璃及其关联公司支持合并重整。经审查，绍兴中院依照《企业破产法》第1条、第2条的规定，裁定浙江玻璃前述四家关联公司并入浙江玻璃重整。

2013年3月10日，在前期继续经营、成功招募重整投资人的基础上，浙江玻璃及其四家关联公司破产案召开第三次债权人会议，分组表决重整计划草案。受多种客观因素影响，普通债权组未通过重整计划草案，导致重整计划草案未能获得债权人会议通过。3月25日，绍兴中院依照《企业破产法》第88条的规定，裁定终止重整程序，转入破产清算。

转入破产清算后，继续维持生产的压力更加突出。玻璃生产具有特殊性，一旦生产线停产，将涉及停火冷窑、危化品处置等安全问题，并将导致资产大幅贬值和维护费用大幅增加。为此，经管理人在债权人会议中广泛征求意见，采取"托管经营"的方式，委托第三方公司继续生产经营，实现了破产清算条件下的正常生产。4月13日，第四次债权人会议表决通过《破产财产变价方案》。经公开拍卖或变卖,公司的资产变价金额合计约23.02亿元。9月22日,第五次债权人会议表决通过了《破产财产分配方案》。10月10日,绍兴中院裁定认可破产财产分配方案。12月12日,经管理人申请,绍兴中院裁定终结破产程序。

(三)典型意义

浙江玻璃及其关联公司合并破产案系在充分尊重当事人意思自治基础上,在重整计划草案经表决未获通过的情况下,及时由重整转入清算的案件。本案在审理过程中,充分尊重市场规律,所有重大事项均在充分考虑破产企业的行业状况、商业风险等市场因素的基础上,经由债权人会议依法表决。对债权人会议否决的事项,法院尊重当事人的意思自治,均未采取强制批准措施。此外,浙江玻璃及其关联公司在破产中维持正常生产,使大部分职工保持了稳定的工作和经济收入,维护了社会的和谐稳定。

## 六、山东海龙股份有限公司破产重整案

(一)基本案情

山东海龙股份有限公司(以下简称山东海龙)系在深圳证券交易所挂牌的上市公司。主导产品在国内外享有较高的知名度和良好的信誉度。因受整体市场环境及经营问题的影响,公司自2010年连续两年亏损,出现经营危机及债务危机。2012年3月1日,中国建设银行股份有限公司潍坊寒亭支行向山东省潍坊市中级人民法院(以下简称潍坊中院)提出申请,要求依法对山东海龙进行重整。4月23日,被深圳证券交易所实施退市风险警示,面临退市的严重风险。5月18日,潍坊中院裁定予以受理。

(二)审理情况

根据山东海龙的资产评估情况、偿债能力分析结论、债权审查和确认情况,结合上市公司重整案件的经验,管理人制定了适合山东海龙实际情况的重整计划草案。该重整计划将保留上市公司全部有效经营性资产,通过保障债权人获得不少于破产清算的清偿率,来清理上市公司全部债务,使上市公司以自有业务重获持续经营和盈利能力,节约社会资源,维护了企业、职工、股东、债权人、上下游经营者多方的利益。2012年10月,山东海龙重整案出资人组会议及第二次债权人会议均表决通过了重整计划。11月2日,潍坊中院裁定批准重整计划,

重整计划进入执行阶段。12 月 26 日,重整计划执行完毕,重整程序终结。自 2013 年 7 月 3 日起,深圳证券交易所撤销山东海龙股票交易的退市风险警示及其他风险警示。通过重整,该公司扭亏为盈。

(三)典型意义

山东海龙重整案维持了上市公司的主业不变、产品不变、没有进行资产置换、没有停产半停产,实现了企业就地重生,保障了社会和谐稳定。如果以我国目前的上市公司重整案中普遍采用的将上市公司全部资产进行处置,重新注入新的经营性资产的方式重整,则可能一方面债权人的债权清偿比例会很低,另一方面山东海龙的主业和优质资源无法得以保留,影响近万名公司职工就业以及债权人和中小股民的利益。山东海龙重整案中采取了保留公司的全部有效经营性资产,通过保障债权人获得不少于破产清算的清偿,清理其全部债务。该模式使该公司的主业和优质资源得以保留,且公司职工就业基本未受影响,债权人和中小股民利益得到了最大限度的保护,企业、股东、职工、债权人、重整投资人、政府等实现多方共赢,取得了法律效果和社会效果的有机统一。

## 七、中核华原钛白股份有限公司破产重整案

(一)基本案情

中核华原钛白股份有限公司(以下简称中核钛白)股票在深圳证券交易所挂牌交易,在钛白粉市场竞争加剧的情况下,中核钛白经营陷入困境。特别是 2008 年发生世界性金融危机后,钛白粉产成品价格暴跌,当年钛白粉行业全面亏损。中核钛白连续亏损,面临退市及破产风险。2009 年、2010 年重大资产重组和托管均未成功。2011 年 4 月 22 日,债权人向甘肃省嘉峪关市中级人民法院(以下简称嘉峪关中院)申请对中核钛白进行破产重整。7 月 29 日,为维持职工队伍稳定和企业继续经营,中核钛白公司股东经在全国范围内公开遴选,决定由安徽金星钛白(集团)有限公司(以下简称金星钛白)对中核钛白进行托管经营。11 月 30 日,嘉峪关中院裁定受理重整申请。

(二)审理情况

嘉峪关中院受理本案重整申请后,中核钛白继续营业,继续履行与金星钛白的托管协议,并继续履行中核钛白与对方均未履行完毕的 42 份合同,保证了重

整工作的有序推进。截至2012年1月6日,共有146家债权人申报债权147笔,申报债权总额3.3亿余元,管理人初步确认128笔,确认的债权额约3亿元。嘉峪关中院要求管理人制定重整计划草案时一并考虑后续的资产重组,并在提交重整计划草案的同时提交重组框架方案,避免了重整、重组分开运作实施可能带来的弊端。

嘉峪关中院针对小额债权人人数众多、清偿率低、利益受损大、对立情绪严重的特点,为了最大限度地保护他们的利益,决定设立小额债权组,将债权额在600万元以下的债权人都纳入该组,并动员大股东额外拿出2000万元补偿小额债权人的损失,将其清偿率由41.69%提高至70%,有效保障了出资人和债权人的利益平衡。2012年7月27日,债权人会议四个债权人组表决通过了重整计划草案,出资人组表决通过了出资人权益调整方案。7月31日,嘉峪关中院裁定批准《中核华原钛白股份有限公司重整计划》。经各方努力,11月15日,重整计划执行完毕,比原计划提前一个半月。12月17日,法院裁定终结中核钛白重整程序。12月19日,经中国证监会审核,中核钛白发行股份购买资产并募集配套资金事项获有条件通过。至此,中核钛白破产重整程序与资产重组程序对接,中核钛白破产重整获得圆满成功。该案普通债权的清偿率为41.69%,小额普通债权的清偿率达到了70%,远远高于模拟清算条件下的清偿率。

(三)典型意义

中核钛白破产重整案通过将托管、重整与重组并行考虑,实现了托管、重整、重组的紧密衔接,做到了同行业并购和业务整合紧密衔接,持续经营与技术改造同步进行。既实现了企业经营的连续性,摆脱了清算退市的命运,实现了较高的清偿率,又实现了1200名职工全员就业,稳定了职工队伍。

## 八、北京利达海洋生物馆有限公司破产清算案

(一)基本案情

北京利达海洋生物馆有限公司(以下简称利达公司)是1993年经批准成立的中外合作经营企业,其投资经营的北京海洋馆于1999年正式开业。北京海洋馆集观赏、旅游、科普、教育和休闲娱乐于一体,是北京旅游行业的名片工程。由于利达公司在成立和建设过程中的大量贷款导致企业财务成本负担过重,同时,

公司内部管理混乱,各类有效资产也被法院采取了司法保全措施,客观上已经直接危及北京海洋馆的正常经营,当时300多名职工情绪也严重不稳,导致公司难以维持正常经营。截至2003年7月,利达公司的资产总额为人民币6.55亿元,负债总额为人民币21亿元,资产负债率高达320%,属严重资不抵债。7月,经债权人北京国际信托投资有限公司申请,北京市高级人民法院(以下简称北京高院)依法受理了利达公司破产清算一案。

(二)审理情况

北京高院受理后,依据《最高人民法院关于审理企业破产案件若干问题的规定》第18条的规定,决定成立利达公司监管组,主要负责清点、保管公司财产,核查公司债权债务,为公司利益而进行必要的经营活动等工作。监管组监管期间,北京海洋馆得以维持运营,避免了因停业可能带来的混乱和影响,同时也有效防范了各债权人对企业财产的争相哄抢,稳定了职工情绪,解决了社会稳定问题。

2007年6月1日开始实施的《企业破产法》规定了重整制度,基于对北京海洋馆仍具有良好的持续运营和持续盈利能力的价值分析,北京高院与监管组多次与债权人协商沟通,力争通过重整程序对利达公司进行拯救。利达公司的多数债权人系金融机构债权人,没有通过利达公司进行的相关重整安排。加之利达公司管理混乱,存在一系列历史遗留问题,导致重整投资人疑虑重重而陆续放弃。

2013年10月30日,北京高院裁定宣告利达公司破产。基于对利达公司下属的北京海洋馆经营事业进行拯救的目的,北京高院指导管理人采取在企业持续经营的状态下,将利达公司的全部财产、业务、正在履行的合同等整体打包,通过公开拍卖的方式变价处置。该变价方案在债权人会议表决中获全票通过。经过公开拍卖,北京信沃达海洋科技有限公司整体承接了利达公司的全部资产。承接后,北京海洋馆名称不变。拍卖价款用于清偿全体债权人,职工债权、税收债权100%清偿,普通债权清偿率为37.60%,307名企业职工全部得到了安置。在破产财产分配工作全部完结后,2014年12月19日,北京高院依法裁定终结破产程序。利达公司在破产清算程序终结后予以注销。

(三)典型意义

本案是人民法院充分发挥司法能动作用,指导管理人依法提升资产处置效益,实现困境企业营业拯救的典型案例。在未能通过重整程序拯救利达公司的情形下,法院依法指导管理人通过在持续经营条件下整体打包处置破产财产的变价方式,依法保护了职工、税务部门以及其他债权人的权益,同时拯救了利达公司的经营事业即北京海洋馆,取得了良好的法律效果、经济效果和社会效果。

## 九、上海超日太阳能科技股份有限公司破产重整案

(一)基本案情

上海超日太阳能科技股份有限公司(以下简称超日公司)是国内较早从事太阳能光伏生产的民营企业,注册资本为1.976亿元。2010年11月,超日公司股票在深圳证券交易所中小企业板挂牌交易。2012年3月7日,超日公司发行了存续期限为5年的"11超日债"。此后公司整体业绩持续亏损,生产经营管理陷于停滞,无力偿付供应商货款,银行账户和主要资产处于被冻结、抵押或查封状态,应付债券不能按期付息,"11超日债"也因此成为我国债券市场上的首个公司债违约案例。受制于财务负担沉重以及光伏产业整体处于低谷时期等因素的影响,超日公司已经很难在短期内通过主营业务的经营恢复持续盈利能力。2014年4月3日,债权人上海毅华金属材料有限公司以超日公司不能清偿到期债务为由,向上海市第一中级人民法院(以下简称上海一中院)申请对该公司进行破产重整。该院经审查,于6月26日裁定受理。因连续3年亏损,超日公司被暂停上市。

(二)审理情况

上海一中院指定一家律师事务所和一家会计师事务所组成联合管理人。管理人通过公开招标,确定由九家公司作为联合投资人。2014年10月8日,管理人公告发布《超日公司重整计划草案》《关于确定投资人相关情况的公告》等文件。管理人结合超日公司的实际情况以及对意向投资人综合考察,确定由江苏协鑫能源有限公司等九家单位组成联合体作为超日公司重整案的投资人。九家联合投资人将出资19.6亿元用于超日公司重整,其中18亿元用于支付重整费用和清偿债务,剩余1.6亿元作为超日公司后续经营的流动资金。

《超日公司重整计划草案》于2014年10月23日向第二次债权人会议提交。经分组表决,各表决组均通过了重整计划草案。依管理人申请,上海一中院于

10 月 28 日裁定批准超日公司重整计划并终止重整程序。根据重整计划,超日公司职工债权和税款债权全额受偿;有财产担保债权按照担保物评估价值优先受偿,未能就担保物评估价值受偿的部分作为普通债权受偿;普通债权 20 万元以下(含本数)部分全额受偿,超过 20 万元部分按照 20% 的比例受偿。此外,长城资产管理公司和久阳投资管理中心承担相应的保证责任,"11 超日债"本息全额受偿。超日公司更名为协鑫科技股份有限公司,并于 2014 年实现盈利。2015 年 8 月 12 日, * ST 超日更名后在深交所恢复上市。至此,超日公司重整成功。

(三)典型意义

本案是全国首例公司债违约的上市公司破产重整案件,选择同行业企业作为重整方是本案迅速重整成功的关键。超日公司若要恢复上市,避免破产清算,必须在 2014 年内重整成功,扭亏为盈,这意味着重整工作的有效时间至多半年。而超日公司负债规模大、资产情况复杂,还涉及 6 万多股民及大量海外资产,重整难度较大,因此引入同行业有实力的重组方是较优选择,经过公开征集投资人,最终确定由同行业的江苏协鑫能源有限公司等作为重整方。引入同行业投资人可以加快推进重整进程,还可以解决企业现有员工的就业问题,有利于保障社会稳定。基于此,超日公司迅速恢复生产并具备持续经营能力,实现了较好法律效果和社会效果。

## 十、无锡尚德太阳能电力有限公司破产重整案

(一)基本案情

无锡尚德太阳能电力有限公司(以下简称无锡尚德)成立于 2001 年 1 月 22 日,主要经营业务为研究、开发、生产、加工太阳能电池及发电产品系统等。尚德电力控股有限公司(以下简称尚德电力)是 2005 年在美国纽约证券交易所上市的民营企业。无锡尚德则是尚德电力旗下资产规模最大的生产基地,集中了 95% 以上的产能,10 年间成长为全球最大的光伏组件生产商之一。2012 年,由于行业恶性价格战、全球产能过剩以及自身决策频繁失误和内部管理等问题,无锡尚德运行陷入极端困境,并导致尚德电力股价一度跌至 0.6 美元以下,三次收到纽约证券交易所停牌警告,并一度被强制进入退市程序。2013 年 3 月 18 日,中国银行股份有限公司无锡高新技术产业开发区支行等 8 家银行以无锡尚德不

能清偿到期债务为由，向江苏省无锡市中级人民法院（以下简称无锡中院）申请对无锡尚德进行破产重整。3 月 20 日，无锡中院裁定批准无锡尚德进入破产重整程序。

（二）审理情况

无锡中院受理后，指定由地方政府职能部门组成清算组担任管理人，同时建议清算组通过市场化运作遴选审计、评估、法律、财务等中介机构，充实清算组团队，发挥中介机构在市场价值判断、营业管理咨询等方面的专业优势。

由于无锡尚德是一家高科技型生产企业，营业事务涉及面广、专业要求高，需要熟悉公司业务和企业管理的专业人员参与，在无锡中院指导下，管理人聘请了在资产重组领域及企业管理等方面具备人才优势和丰富经验的公司负责管理无锡尚德重整期间的营业事务，实现了无锡尚德的复工。为了彻底恢复无锡尚德的持续经营能力，从 2013 年 6 月下旬开始，在无锡中院的指导下，管理人从全球范围内上百家光伏行业及上下游企业中，筛选潜在战略投资者，通过报名、资格审查、尽职调查、提交投标文件、工作小组专业评议等严格的招募程序，江苏顺风光电科技有限公司（以下简称顺风光电）获得无锡尚德战略投资者资格。

2013 年 10 月底管理人提交了重整计划草案，重整计划中明确顺风光电作为战略投资者支付 30 亿元现金，用于解决无锡尚德相关费用与债务的清偿。出资人持有的无锡尚德 100% 股权全部无偿让渡。职工债权、税收债权、担保债权均按照 100% 比例以现金方式一次性受偿。为提高普通债权的清偿比例，每家债权人 10 万元以下部分的债权全额受偿；10 万元以上部分在“现金”及“现金 + 应收款”两种方式中择一受偿。以“现金”方式受偿，受偿比例为 31.55%。以“现金 + 应收款”方式受偿，即每家债权人除按照 30.85% 的清偿比例获得现金受偿外，还可以无锡尚德账面 9 笔应收款受偿。11 月 12 日召开的第二次债权人大会上，职工债权组、税收债权组、担保债权组均全票表决通过上述重整计划草案，人数最多的普通债权组也高票通过。出资人组表示弃权。11 月 15 日，无锡中院依法裁定批准《重整计划草案》，并终止重整程序。12 月底偿债资金 30 亿元全部到位并分配完毕。

（三）典型意义

无锡中院在审理过程中，依法保护金融债权，有效化解金融风险。本案中，金融债权占债权总额的75.45%，为依法保护金融债权，有效化解金融风险，一方面加大资产清收力度，根据应收款的具体情况采取发催收函催收、直接接洽、论证后起诉等多种方式，共追回应收款7.08亿元，增加了破产财产总额；另一方面制订重整计划时引入“现金+应收款”与“现金”两种清偿方式供债权人选择。从结果来看，有多家金融债权人选择了“现金+应收款”的清偿方式，该部分债权额达40.95亿元。这也为其他困境企业重整提供了有益的借鉴。无锡尚德重整案充分发挥破产程序在清理金融债权方面的集中优势、效率优势和经济优势，切实维护了经济秩序稳定和金融安全。

## 第二节　最高人民法院发布全国法院十个破产典型案例（2018）

### 一、浙江南方石化工业有限公司等三家公司破产清算案

（一）基本案情

浙江南方石化工业有限公司（以下简称南方石化）、浙江南方控股集团有限公司、浙江中波实业股份有限公司系绍兴地区最早一批集化纤、纺织、经贸为一体的民营企业，三家公司受同一实际控制人控制。其中南方石化年产值20亿余元，纳税近2亿元，曾入选中国民营企业500强。由于受行业周期性低谷及互保等影响，2016年上述三家公司出现债务危机。2016年11月1日，浙江省绍兴市柯桥区人民法院（以下简称柯桥法院）裁定分别受理上述三家公司的破产清算申请，并通过竞争方式指定联合管理人。

（二）审理情况

由于南方石化等三公司单体规模大、债务规模大，难以通过重整方式招募投资人，但具有完整的生产产能、较高的技术能力，具备产业转型和招商引资的基础。据此，本案采取“破产不停产、招商引资”的方案，在破产清算的制度框架内，有效清理企业的债务负担，阻却担保链蔓延；后由政府根据地方产业转型升级需要，以招商引资的方式，引入战略性买家，实现“产能重整”。

三家企业共接受债权申报54.96亿元，裁定确认30.55亿元，临时确认

24.41亿元。其中南方石化接受债权申报 18.58 亿元,裁定确认 9.24 亿元,临时确认 9.34 亿元。鉴于三家企业存在关联关系、主要债权人高度重合、资产独立、分散以及南方石化“破产不停产”等实际情况,柯桥法院指导管理人在充分尊重债权人权利的基础上,积极扩展债权人会议职能,并确定三家企业“合并开会、分别表决”的方案。2017 年 1 月 14 日,柯桥法院召开南方石化等三家企业第一次债权人会议,高票通过了各项方案。2017 年 2 月 23 日,柯桥法院宣告南方石化等三家企业破产。

2017 年 3 月 10 日,破产财产进行网络司法拍卖,三家企业 550 亩土地、26 万平方米厂房及相关石化设备等破产财产以 6.88 亿余元一次拍卖成交。根据通过的《破产财产分配方案》,职工债权获全额清偿,普通债权的清偿率达 14.74%。破产财产买受人以不低于原工作待遇的方式接受员工,1310 余名员工中 1100 余人留任,一线员工全部安置。本案从宣告破产到拍卖成交,仅用时 54 天;从立案受理到完成财产分配仅用时 10 个半月。

(三)典型意义

本案是在清算程序中保留有效生产力,维持职工就业,实现区域产业整合和转型升级的典型案例。审理中,通过运用政府的产业和招商政策,利用闲置土地 70 余亩,增加数亿投入上马年产 50 万吨 FDY 差别化纤维项目,并通过托管和委托加工方式,确保“破产不停产”,维持职工就业;资产处置中,通过债权人会议授权管理人将三家企业资产可单独或合并打包,实现资产快速市场化处置和实质性的重整效果。此外,本案也是通过程序集约,以非实质合并方式审理的关联企业系列破产清算案件。对于尚未达到法人格高度混同的关联企业破产案件,采取联合管理人履职模式,探索对重大程序性事项尤其是债权人会议进行合并,提高审理效率。

## 二、松晖实业(深圳)有限公司执行转破产清算案

(一)基本案情

松晖实业(深圳)有限公司(以下简称松晖公司)成立于 2002 年 12 月 10 日,主要经营工程塑料、塑胶模具等生产、批发业务。2015 年 5 月,松晖公司因经营不善、资金链断裂等问题被迫停业,继而引发 1384 宗案件经诉讼或仲裁后

相继进入强制执行程序。在执行过程中,深圳市宝安区人民法院(以下简称宝安法院)查明,松晖公司名下的财产除银行存款3483.13元和机器设备拍卖款1,620,000元外,无其他可供执行的财产,459名员工债权因查封顺序在后,拍卖款受偿无望,执行程序陷入僵局。2017年2月23日,宝安法院征得申请执行人深圳市宝安区人力资源局同意后,将其所涉松晖公司执行案移送破产审查。2017年4月5日,广东省深圳市中级人民法院(以下简称深圳中院)裁定受理松晖公司破产清算案,松晖公司其他执行案件相应中止,所涉债权债务关系统一纳入破产清算程序中处理。

(二)审理情况

深圳中院受理松晖公司破产清算申请后,立即在报纸上刊登受理公告并依法指定管理人开展工作。经管理人对松晖公司的资产、负债及经营情况进行全面调查、审核后发现,松晖公司因欠薪倒闭停业多年,除银行存款3483.13元和机器设备拍卖款1,620,000元外,已无可变现资产,而负债规模高达1205.93万元,严重资不抵债。2017年6月28日,深圳中院依法宣告松晖公司破产。按照通过的破产财产分配方案,可供分配的破产财产1,623,645.48元,优先支付破产费用685,012.59元后,剩余938,632.89元全部用于清偿职工债权11,347,789.79元。2017年12月29日,深圳中院依法裁定终结松晖公司破产清算程序。

(三)典型意义

本案是通过执行不能案件移送破产审查,从而有效化解执行积案、公平保护相关利益方的合法权益、精准解决“执行难”问题的典型案例。由于松晖公司财产不足以清偿全部债权,债权人之间的利益冲突激烈,尤其是涉及的459名员工权益,在执行程序中很难平衡。通过充分发挥执行转破产工作机制,一是及时移送、快速审查、依法审结,直接消化执行积案1384宗,及时让459名员工的劳动力资源重新回归市场,让闲置的一批机器设备重新投入使用,有效地利用破产程序打通解决了执行难问题的“最后一公里”,实现对所有债权的公平清偿,其中职工债权依法得到优先受偿;二是通过积极疏导和化解劳资矛盾,避免了职工集体闹访、上访情况的发生,切实有效地保障了职工的权益,维护了社会秩序,充分彰显了破产制度价值和破产审判的社会责任;三是通过执行与破产的有序衔接,对“生病企业”进行分类甄别、“精准救治”、及时清理,梳理出了盘错结节的社会资源,释放了经济活力,使执行和破产两种制度的价值得到最充分、最有效地发挥。

## 三、重庆钢铁股份有限公司破产重整案

(一)基本案情

重庆钢铁股份有限公司(以下简称重庆钢铁)于 1997 年 8 月 11 日登记注册,主要从事钢铁生产、加工和销售,其股票分别在香港联合交易所(以下简称联交所)和上海证券交易所(以下简称上交所)挂牌交易。截至 2016 年 12 月 31 日,重庆钢铁合并报表资产总额为 364.38 亿元,负债总额为 365.45 亿元,净资产为 -1.07 亿元。因连续两年亏损,重庆钢铁股票于 2017 年 4 月 5 日被上交所实施退市风险警示。经债权人申请,重庆市第一中级人民法院(以下简称重庆一中法院)于 2017 年 7 月 3 日依法裁定受理重庆钢铁重整一案。

(二)审理情况

在法院的监督指导下,管理人以市场化为手段,立足于依托主营业务,优化企业内涵,化解债务危机,提升盈利能力的思路制定了重整计划草案。该重整计划通过控股股东全部让渡所持股份用于引入我国第一支钢铁产业结构调整基金作为重组方;针对企业"病因"制订从根本上重塑其产业竞争力的经营方案;处置无效低效资产所得收益用于债务清偿、资本公积金转增股份抵偿债务等措施,维护重庆钢铁 1 万余名职工、2700 余户债权人(其中申报债权人 1400 余户)、17 万余户中小股东,以及企业自身等多方利益。重整计划草案最终获得各表决组的高票通过。

2017 年 11 月 20 日,重庆一中法院裁定批准重整计划并终止重整程序;12 月 29 日,裁定确认重整计划执行完毕。重庆钢铁发布的 2017 年度报告显示,通过成功实施重整计划,其 2017 年度获得归属于上市公司股东的净利润为 3.2 亿元,已实现扭亏为盈。

(三)典型意义

重庆钢铁重整案是以市场化、法治化方式化解企业债务危机,从根本上实现企业提质增效的典型案例。该案因系目前全国涉及资产及债务规模最大的国有控股上市公司重整、首例股票同时在上交所和联交所挂牌交易的"A + H"股上

市公司重整、首家钢铁行业上市公司重整，而被认为属于“特别重大且无先例”。该案中，人民法院发挥重整程序的拯救作用，找准企业“病因”并“对症下药”，以市场化方式成功剥离企业低效、无效资产，引入产业结构调整基金，利用资本市场配合企业重组，实现了企业治理结构、资产结构、产品结构、工艺流程、管理制度等的全面优化。另外，人民法院在准确把握破产法精神实质的基础上积极作为，协同创新，促成了重整程序中上交所首次调整资本公积金转增除权参考价格计算公式、联交所首次对召开类别股东大会进行豁免、第三方担保问题成功并案解决，既维护了社会和谐稳定，又实现了各方利益共赢，为上市公司重整提供了可复制的范例。

## 四、江苏省纺织工业（集团）进出口有限公司等六家公司破产重整案

### （一）基本案情

江苏省纺织工业（集团）进出口有限公司（以下简称省纺织进出口公司）及其下属的五家控股子公司江苏省纺织工业（集团）轻纺进出口有限公司、江苏省纺织工业（集团）服装进出口有限公司、江苏省纺织工业（集团）机电进出口有限公司、江苏省纺织工业（集团）针织进出口有限公司、无锡新苏纺国际贸易有限公司，是江苏省纺织及外贸行业内有较高影响力的企业，经营范围主要为自营和代理各种进出口业务及国内贸易。在国际油价大幅下跌的背景下，因代理进口化工业务的委托方涉嫌违法及自身经营管理等，省纺织进出口公司及其五家子公司出现总额高达 20 余亿元的巨额负债，其中 80% 以上为金融债务，而六家公司经审计总资产仅为 6000 余万元，资产已不足以清偿全部债务。

### （二）审理情况

根据债权人的申请，江苏省南京市中级人民法院（以下简称南京中院）分别于 2017 年 1 月 24 日、2017 年 6 月 14 日裁定受理省纺织进出口公司及五家子公司（其中，无锡新苏纺国际贸易有限公司经请示江苏省高级人民法院指定南京中院管辖）重整案，并指定同一管理人接管六家公司。管理人对六家公司清理后认为，六家公司存在人员、财务、业务、资产等人格高度混同的情形，据此申请对六家公司进行合并重整。南京中院在全面听证、审查后于 2017 年 9 月 29 日裁定省纺织进出口公司与五家子公司合并重整。基于六家公司在纺织及外贸行

业的影响力及经营前景,管理人通过谈判,分别引入江苏省纺织集团有限公司及其母公司等作为战略投资人,投入股权等优质资产增资近12亿元,对债务人进行重整并进行资产重组,同时整合省纺织进出口公司与子公司的业务资源,采用"现金清偿+以股抵债"的方式清偿债权。2017年11月22日,合并重整债权人会议及出资人组会议经过分组表决,各组均高票或全票通过管理人提交的合并重整计划草案。经管理人申请,南京中院审查后于2017年12月8日裁定批准省纺织进出口公司及五家子公司的合并重整计划;终止省纺织进出口公司及五家子公司的合并重整程序。

(三)典型意义

该案是探索关联企业实质合并重整、实现企业集团整体脱困重生的典型案例。对分别进入重整程序的母子公司,首先在程序上进行合并审理,在确认关联企业人格高度混同、资产和负债无法区分或区分成本过高以致严重损害债权人利益,并全面听取各方意见后,将关联企业进行实质合并重整。合并重整中,通过合并清理债权债务、整合关联企业优质资源,同时综合运用"现金清偿+以股抵债"、重整的同时进行资产重组等方式对危困企业进行"综合诊治",不仅使案件审理效率大为提升,债权人的整体清偿利益得到有效维护,还化解了20余亿元的债务危机,有效防范了金融风险,实现了六家企业整体脱困重生,凸显了破产审判的制度功能与社会价值,为国有企业深化改革提供有益经验。

## 五、云南煤化工集团有限公司等五家公司破产重整案

(一)基本案情

云南煤化工集团有限公司(以下简称煤化工集团)系云南省国资委于2005年8月组建成立的省属大型集团企业,下辖近百家企事业单位,并系上市公司云南云维股份有限公司(以下简称云维股份)的控股股东。2012年至2015年煤化工集团经营性亏损合计超过100亿元,涉及经营性债权人1000余家,整个集团公司债务约650亿元,云维股份则面临终止上市的紧迫情形。如债权人维权行为集中爆发,煤化工集团进入破产清算,集团旗下4.3万名职工中大多数将被迫离开工作岗位,72亿元债券面临违约,数百亿金融债权将损失惨重。

(二)审理情况

2016年,债权人先后分别申请煤化工集团及下属四家企业(云维集团、云维

股份、云南大为、曲靖大为)重整。基于五公司的内部关联关系和不符合实质性合并条件等客观情况,云南省高级人民法院决定分别受理上述系列案件,并指定云南省昆明市中级人民法院(以下简称昆明中院)集中管辖。2016 年 8 月 23 日,昆明中院裁定受理了上述五家企业破产案件,确保了该系列案的统一协调、系统处理和整体推进,提升了破产案件的处理效率,减少了破产费用。

由于煤化工集团五家公司之间存在四级股权关系,债权结构复杂,偿债资源分布不均匀,呈现"自下而上,债务总额越来越大,偿债资源越来越少"的趋势。为了最大化实现债权人在煤化工集团多家重整主体的整体利益,该系列重整案确定了"自下而上"的重整顺序,由子公司先完成重整,保证了下层公司通过偿还上层公司内部借款,向上输送偿债资源,解决了债务和偿债资源不匹配的问题,奠定了成功实现重整整体目标的基础。云维股份及其子公司率先完成重整,确保云维股份保壳成功,同时通过资本公积金转增股票向云维集团和煤化工集团提供股票,并通过债务关系、担保关系实现偿债资源的有序输送,使两家公司能够制订最为合理的重整计划,绝大部分金融债权能够获得 100% 兜底清偿。该系列重整案前后历时 10 个月,五公司重整方案均获得债权人会议表决通过,重整计划付诸实际执行,系列重整案件基本圆满终结。

(三)典型意义

本案是在供给侧结构性改革及"去产能、调结构"背景下,人民法院切实发挥破产审判功能,积极化解产能过剩,保障地方就业稳定,并最终实现困境企业涅槃重生的典型案例。通过重整程序,集团旗下关闭煤矿 18 家,清理过剩煤炭产能 357 万吨/年,分流安置职工 14,552 人,化解债务危机的同时为企业后续持续健康发展奠定基础,得到了债权人、债务人、股东、职工的高度肯定和支持。

## 六、北京理工中兴科技股份有限公司破产重整案

(一)基本案情

北京理工中兴科技股份有限公司(以下简称京中兴公司)现系在全国中小企业股转系统代办股份转让的非上市公众公司,成立于 1992 年 12 月 1 日,注册资本为 2.5 亿余元。1993 年 4 月,经海南省证券管理办公室批准,公司定向募集 1.2 亿股在中国证券交易系统(NET 系统)上市交易,流通股 17,090 万股,股东

达1.4万余名。截至2017年,公司资产总额979.66万元,负债总额近亿元,已严重资不抵债。债权人以不能清偿到期债务为由,向北京市第一中级人民法院(以下简称北京一中院)申请京中兴公司破产重整,该院于2017年9月15日裁定受理。

（二）审理情况

为提高重整成功率,北京一中院采用预重整模式,以听证形式多次组织相关主体开展谈判协商,并在对公司是否具有重整价值和挽救可能进行有效识别的基础上,引导主要债权人与债务人、投资方签署“预重整工作备忘录”等文件,就债权调整、经营方案以及重整路径等主要问题达成初步意向。同时,还通过预先摇号方式选定管理人提前开展工作。

通过有效对接预重整工作成果,加快审理节奏,本案在受理80余天便召开债权人会议表决重整计划草案,债权人组100%表决通过(申报债权均为普通债权),出资人组经现场和网络投票,通过率亦超87%。2017年12月21日,北京一中院裁定批准破产重整计划,终止重整程序。根据重整计划,投资人承诺在受让京中兴公司1万股后,注入不低于8亿元的优质旅游资产并转增股份用于偿还公司债务,预计债权清偿率达69.25%(不含复牌后可能溢价的部分)。

截至2018年2月,投资人已实际受让1万股,并完成对注入资产的审计评估工作,重大资产重组的相关工作也进展顺利。

（三）典型意义

本案系全国首例在全国证券交易自动报价系统(STAQ系统)和NET系统(以下简称“两网”系统)流通转让股票的股份公司破产重整案。1999年9月,上述“两网”系统停止运行后,“两网”公司普遍存在经营困难、股份流动性差等问题,但由于存在可能申请公开发行的政策优势,因而仍具有一定的重整价值。本案中,京中兴公司通过重整引入优质旅游资产,实现社会资源的重新整合配置,培育了发展新动能,并为公司在符合法律规定条件时申请公开发行奠定了基础,也为其他“两网”公司通过重整重返资本市场提供了借鉴。同时,对拓宽企业投融资渠道,落实北京金融工作会议关于“促进首都多层次金融市场体系建设,把企业上市作为一个重要增长点来抓”的要求,对营造稳定公平透明、可预期的首都营商环境亦具有积极意义。

此外,本案中北京一中院采用预重整方式,通过对识别机制、重整听证程序、沟通协调机制的综合运用,大大提高重整的效率和成功率,充分发挥了预重整的成本优势和效率优势,实现了多方利益的共赢。

## 七、庄吉集团有限公司等四家公司破产重整案

(一)基本案情

庄吉服装是温州地区知名服装品牌,庄吉集团有限公司(以下简称庄吉集团)、温州庄吉集团工业园区有限公司(以下简称园区公司)、温州庄吉服装销售有限公司(以下简称销售公司)、温州庄吉服装有限公司服装公司(以下简称服装公司)四企业长期经营服装业务,且服装业务一直经营良好。但因盲目扩张,投资了并不熟悉的造船行业,2014 年受整体经济下行影响,不但导致投入造船业的巨额资金血本无归,更引发了债务人的银行信用危机。2014 年 10 月 9 日,除服装公司外,其余三家公司向浙江省温州市中级人民法院(以下简称温州中院)申请破产重整。

(二)审理情况

2015 年 2 月 27 日,温州中院裁定受理庄吉集团、园区公司、销售公司三企业的重整申请,并根据企业关联程度较高的情况,指定同一管理人。本案中债权人共有 41 人,申报债权约 20 亿元,确认约 18 亿元。2015 年 8 月 20 日,管理人请求温州中院将重整计划草案提交期限延长 3 个月。2016 年 1 月 27 日,服装公司也进入重整程序。由于四企业存在人格高度混同的情形,符合合并重整的基础条件,且合并重整有利于公平清偿债务,符合《企业破产法》的立法宗旨。温州中院在经债权人会议决议通过四企业合并重整的基础上,经过该院审委会讨论决定,对管理人提出的实质合并重整申请予以准许。随后管理人制定整体性的重整计划草案,并在债权人会议表决的过程中获得了绝大部分债权人的认可,仅出资人组部分股东不同意。经与持反对意见的股东沟通,其之所以反对主要是对大股东经营决策失误有怨言,对重整计划本身并无多大意见。2016 年 3 月 17 日,温州中院强制裁定批准该重整计划草案。在重整计划草案通过后,温州中院及时根据《中共温州市委专题会议纪要》(〔2016〕9 号文件)对重整企业进行信

用修复，使重整企业隔断历史不良征信记录、恢复正常使用包括基本户在内的银行账户、正常开展税务活动、解除法院执行部门的相关执行措施，为重整企业营造了良好的经营环境。

（三）典型意义

本案是法院依法审慎适用重整计划草案强制批准权、积极协调保障企业重整后正常经营的典型案例。实践中，一些企业在重整计划通过后，因相关配套制度的缺失又重新陷入困境。因此，重整是否成功，并不仅体现在重整计划的通过上，虽然重整司法程序在法院裁定批准后终止，但重整后的企业能否迅速恢复生机，还需要在信用修复、适当的税收优惠等方面予以支持，使其顺利恢复生产经营活动，才是完整发挥重整制度价值的关键。本案中，在庄吉服装系列公司重整计划通过后，温州中院积极协调，为重整后的庄吉服装系列公司赢得良好经营环境。此外，法院依法审慎适用强制批准权，维护了各方主体利益平衡以及整体利益最大化，庄吉服装系列公司在重整成功后的第一个年度即成为当地第一纳税大户。

## 八、福建安溪铁观音集团股份有限公司及其关联企业破产重整案

（一）基本案情

福建省安溪茶厂有限公司（以下简称安溪茶厂）成立于1952年，是我国历史最为悠久的三大国营茶厂之一，系福建安溪铁观音集团股份有限公司（以下简称铁观音集团）全资子公司。铁观音集团成立后，投入大量资金用启动上市计划并于2012年6月进行IPO预披露，由于国家政策及市场变动等因素，2013年铁观音集团终止上市计划。之后随着国家宏观经济下行、消费环境变化和市场调整等不利因素的影响，尤其是担保链断裂等因素，铁观音集团和安溪茶厂陷入资金和经营困境。2016年1月，债权人分别申请铁观音集团和安溪茶厂重整，泉州市中级人民法院（以下简称泉州中院）、安溪县人民法院（以下简称安溪法院）分别受理两个案件。安溪法院受理后以案件疑难复杂为由将案件移送泉州中院审理。

（二）审理情况

泉州中院受理后，共裁定确认铁观音集团债权41家合计约4.78亿元、安溪

茶厂债权 137 家合计约 3.32 亿元(其中茶农债权人 83 名,债权金额合计约 776 万元)。管理人采用公开遴选的方式,引入投资人向铁观音集团增资 2.2 亿元,持有铁观音集团股权 76.2%,原股东的股权稀释为 23.8%;铁观音集团普通债权清偿率 7.54%(其中 10 万元以下部分清偿率 30%),比清算条件下的清偿率提高 3 倍;安溪茶厂普通债权清偿率 16%(其中 10 万元以下部分清偿率 40%),两案重整计划草案均获得高票通过。2016 月 11 月 3 日,泉州中院裁定批准重整计划,终止重整程序。2017 年 8 月 31 日重组方投资全部到位,2017 年 10 月 31 日,泉州中院裁定确认两案的重整计划执行完毕。

(三)典型意义

本案是通过破产重整制度促进传统农业企业转型升级的典型案例。安溪茶厂、铁观音集团等企业共同形成了茶叶种植、生产、研发、销售的产、供、销一体化涉农企业。重整成功使"安溪铁观音集团"这一著名商号得以保留,带动茶农、茶配套生产商、茶叶营销加盟商相关产业发展;且投资方"互联网+"思维模式、合伙制商业模式、"制茶大师工作室"等创新模式的引入,对传统农业企业从营销模式、产品定位、科研创新等方面进行升级转型,同时化解了金融债权约 5.8 亿元,有效防控金融风险。此外,本案中,经审计机构和管理人调查,两家企业在主要财产、交易渠道、账册等方面不存在高度混同情形,故未采用实质性合并重整的方式,而是采取分中有合、合中有分的审理模式对安溪茶厂和铁观音集团两家关联企业进行重整。基于两家企业母子公司的关系,招募同一个投资人作为重整案件的重组方,最大限度整合两家企业的资源,提高重整的价值,实现债务人和债权人利益最大化。

## 九、中顺汽车控股有限公司破产重整案

(一)基本案情

中顺汽车控股有限公司(以下简称中顺汽车)成立于 2002 年,主要业务为轻型客车的制造、销售。受 2008 年全球金融危机和市场竞争加剧等因素影响,企业陷入困境。2009 年开始停产,诉讼集中爆发,职工大规模上访。截至 2017 年 1 月,累计负债 27 亿元,其中拖欠职工工资、社保 1440 人,普通债权人 130 余家,相关执行案件 130 余件,严重资不抵债。2017 年 1 月 13 日,辽宁省沈阳市中

级人民法院(以下简称沈阳中院)根据债权人申请,裁定受理中顺汽车破产重整案件。

(二)审理情况

法院裁定受理后,基于该企业停产时间长、社会稳定压力突出、协调审批事项复杂等现实情况,法院通过“沈阳工业企业依法破产(重整)工作小组”会商后决定指定清算组担任管理人。在重整工作中,法院牵头抓总,主导重整程序推进;清算组除管理人基本职责外,侧重解决职工安置、维护稳定,协调、审批,产业政策把握等事务。

针对企业的困境成因,在重整计划草案制定中,一方面立足于化解债务问题,保证公平清偿;另一方面着眼于促进企业提质增效,增强盈利能力。在重整投资人引入过程中,采用市场化招募方式,将引入新能源产业作为目标,指导管理人利用全国企业破产重整案件信息网发布招募公告,将符合国家政策支持导向并具有技术创新能力作为核心要件,通过严格的招募遴选程序,从报名的主体中择优选定威马汽车制造温州有限公司(以下简称威马汽车)及其子公司沈阳思博智能汽车技术有限公司作为重整投资人。威马汽车作为致力于新能源汽车研发、生产的企业,给中顺汽车注入活力,构建绿色出行,智慧出行,实现了中顺汽车由传统汽车制造企业向新能源汽车产业基地的转型升级。2017 年 6 月 30 日,债权人会议各组均表决通过重整计划草案。2017 年 7 月 6 日,沈阳中院裁定批准重整计划。2018 年 1 月,中顺汽车管理人提交重整计划执行完毕报告。

(三)典型意义

中顺汽车重整案是充分发挥政府与法院协调机制的优势,以常态化工作平台有针对性指导个案,同步化解困境企业债务和经营问题,促进实体经济转型升级、实现振兴的典型案例。中顺汽车案件审理中,充分利用“沈阳工业企业依法破产(重整)工作小组”平台优势,判断企业的救治价值和可能性,把握重整产业发展方向,搭建引资平台,促进项目落地,并在重整计划执行阶段,督促、协调有关部门快速完成变更、审批事项,在法院依法完成程序推进工作的基础上,共同实现成功重整,助力老工业基地产业结构调整。

## 十、桂林广维文华旅游文化产业有限公司破产重整案

（一）基本案情

桂林广维文华旅游文化产业有限公司（以下简称广维公司）拥有全球第一部山水实景演出、广西旅游活名片、阳朔旅游“晴雨表”的《印象·刘三姐》剧目。该公司为股东及其关联控制人代偿或担保债务涉及总额超过15亿元，导致不能清偿到期债务且资不抵债，据此提出破产重整申请。

（二）审理情况

2017年8月15日，广西壮族自治区高级人民法院（以下简称广西高院）裁定受理本案并指定管理人。管理人采取邀请招标方式并经公开开标，从交纳投标保证金、具体重整方案的细化可行性情况确定北京天创文投演艺有限公司（以下简称文投公司）以7.5亿元出资额成为重整投资方。2017年11月8日，第一次债权人会议召开，重整计划草案确定相关债权数额并将出资人权益调整为零，明确文投公司义务。享有担保权的债权组，代表债权金额275,892,800.36元，表决通过该草案；普通债权组过半数同意，代表债权金额761,128,974.33元，占该组债权总额的77.30%，超过2/3以上；出资人组表决未通过该草案。2017年12月4日，广西高院裁定批准重整计划草案，终止重整程序。2018年1月，文投公司出资资金到位；1月26日，广西高院裁定确认柳州银行股份有限公司等15位债权人债权共计1,469,526,673.18元，其受偿金额分配共计589,207,646.36元；2月中旬，文投公司完成股权过户。

（三）典型意义

本案系全国首个直接由高级法院受理的破产重整案件。考虑到公司经营项目为国际知名大型实景《印象·刘三姐》剧目，对广西旅游业、地方经济影响较大，且公司所有资产被国内、区内数十家法院查封、涉及职工人数众多且成分复杂等情况，广西高院依据我国《企业破产法》第4条、《民事诉讼法》第38条第1款之规定，将本案作为全区重大有影响案件裁定立案受理。为确保《印象·刘三姐》剧目演出不受破产重整影响，本案实行演出相关业务自行经营、管理人监督、法院总协调的模式，确保重整期间公司正常经营，各项收入不减反增。该案历经3个月21天顺利终结并进入重整计划执行阶段，广维公司摆脱债务困境重

焕活力，确保800多名演职人员就业机会也解决了关联公司548名职工安置问题，相关产业通过《印象·刘三姐》项目实现升级改造，推动了地方经济发展。

## 第三节　重庆破产法庭两个典型破产重整案例（2020）

### 一、力帆系企业破产重整案

（一）基本案情

2020年6月至8月，重庆嘉利建桥灯具有限公司等债权人分别以力帆实业（集团）股份有限公司（以下简称力帆股份）及其10家全资子公司不能清偿到期债务，并且资产不足以清偿全部债务或者明显缺乏清偿能力为由，申请对力帆股份及其10家全资子公司破产重整。重庆力帆控股有限公司（以下简称力帆控股）等11家公司分别以不能清偿到期债务，并且资产不足以清偿全部债务或者明显缺乏清偿能力为由，申请破产重整，并申请实质合并重整。

（二）审理情况

法院受理申请后，及时组织申请人、被申请人、利害关系人等对力帆系22家企业破产重整申请案进行听证审查，依法于2020年8月11日、21日分别裁定受理力帆系企业重整案，8月28日裁定力帆控股等11家公司实质合并重整，并决定对力帆股份及其10家子公司重整案进行协调审理。10月13日、15日，力帆股份及其10家全资子公司、力帆控股等11家公司召开第一次债权人会议，表决通过了《财产管理方案》。11月25日、27日，力帆股份及其10家全资子公司、力帆控股等11家公司召开第二次债权人会议，表决通过了《重整计划草案》，11月25日，力帆股份出资人组会议表决通过《出资人权益调整方案》。11月30日，法院分别裁定批准力帆股份及其10家全资子公司、力帆控股等11家公司重整计划，并终止重整程序。力帆系22家企业破产重整案，从裁定受理重整申请到终止重整程序，审理时长仅102天。

（三）典型意义

在审理力帆系企业重整案件中，重庆破产法庭以法治化为原则，运用法治思维办理案件。因企施策,针对不符合实质合并重整的力帆股份及其10家全资子公司,依法采用协调审理方式进行审理;针对法人人格高度混同的力帆控股等11家公司,依法进行实质合并重整。坚持有效市场和有为政府相结合,依托"府院联动"机制,高效解决重大复杂问题。指导管理人面向市场公开招募重整投资人,创新采用"产业投资人+财务投资人"联合参与重整的形式,为企业注入大量资金,通过引入具有行业领军地位的战略投资人,构建智能换电新能源汽车产业新生态,全面优化企业经营方案,充分体现"创新、协调、绿色、开放、共享"的新发展理念,充分运用市场化手段实现对企业的拯救。为维护金融债权人的合法权益,妥善解决金融债权人的不同诉求,本案创新采用上市公司出资人让渡股权为10家子公司偿债的清偿方式,有效实现了区域性、系统性金融风险"软着陆"。力帆系企业重整期间继续营业,安置职工5700余人,真正做到"破产不停产",维护了企业营运价值,保留了重庆传统知名的"力帆"品牌,保护了上下游产业链千余家企业利益,有效避免了力帆股份退市的可能,保障了6万余户中小投资者权益。

## 二、重庆九七九置业有限公司破产重整案

### (一)基本案情

重庆九七九置业有限公司(以下简称九七九公司)是2016年成立的涉房地产开发的民营企业。公司现有的江津区德感滨江新时代楼盘,是集住宅、商业于一体的优质江景房项目,项目总建设面积10万多平方米,可建住宅7万多平方米,可建商业近2万平方米,地下超市7000平方米,地下车位600余个。在项目开发过程中,公司因治理结构混乱导致资金短缺,无法清偿到期债务并无法按期完工交房,向法院申请破产重整。

### (二)审理情况

法院以公司建设项目具有未来预期价值,如得到资金支持尽早完成开发项目,能够实现挽救公司、提高债权人清偿率的目标为由,裁定受理九七九公司重整一案,并于2020年5月11日选任管理人。审理中,法院联同管理人与当地政府相关部门召开府院联动会,获得当地政府部门对项目复产复建的大力支持。同时,管理人在法院指导下核查公司债权债务,通过审计、评估等方式审查公司

状况，对外发布招募意向投资人公告。在全面了解公司状况后，管理人多次与债权人、债务人及意向投资人沟通交流，听取各方意见，制作重整计划草案。2020年8月11日，法院主持召开债权人会议，会上重整计划草案获各组债权人高票通过。2020年8月17日，法院裁定九七九公司重整计划通过，同时终止重整程序。

（三）典型意义

本案系重庆破产法庭成立后审结的首例破产重整案件。破产重整是对具备破产原因而又存再生希望的债务人企业，保护其继续经营并挽救其生存的制度。房地产企业重整过程中普遍存在债权人利益平衡难，相关配套政策落地难，意向投资人引进难等困难，民营企业在面对上述困难时问题尤为突出。本案在指定管理人到重整计划通过的98天时间内，通过加强与债权人沟通交流、引进优质投资人及经营团队、积极运用府院联动机制等多手段并行的方式，在妥善处置公司债务问题的同时实现改善公司治理结构、经营模式，重塑公司竞争力的目标，最终使公司得以存续并逐步走向良性发展。九七九公司破产重整案是发挥重整制度挽救功能，救治困境企业的典型案例，公司的成功救治对营造稳定公平透明、可预期的营商环境也具有积极意义。

## 第四节　宁波法院五个典型破产重整案例（2021）

### 一、华丰建设股份有限公司破产重整案

（一）基本案情

华丰建设股份有限公司（以下简称华丰建设）作为曾经的"全国建筑综合实力百强企业""浙江省百强企业"，拥有着国家建设部核准的"房屋建筑工程施工总承包特级资质"，先后承建了上百项省市级重大工程建设，其中包括宁波市政府办公大楼（获"鲁班奖"）、黄龙体育中心主体育场、萧山开元名都大酒店（浙江省第一高楼）、上海F1国际赛车场主看台、兰溪发电厂、宁波栎社机场新航站楼（获浙江省首个公建项目"鲁班奖"）等。

但因企业在扩张过程中过于依赖固定资产投资、管理粗放不规范、片面追求规模效益,长期以来存在流动资金匮乏的问题,2011 年“利比亚危机”更使华丰建设遭受重大损失,导致其融资渠道被切断。当年华丰系企业 30 多个项目被迫停工或缓建。此后,华丰建设经历了公司自救、债务重组、政府工作小组帮扶等众多救济后,最终积重难返。

2015 年 11 月,华丰建设以不能清偿到期债务且资产不足以清偿全部债务为由,向宁波市中级人民法院申请破产重整。2015 年 11 月 16 日,宁波市中级人民法院裁定受理破产重整申请并指定宁波威远会计师事务所有限公司、浙江天册律师事务所为华丰建设联合破产管理人。

(二)审理情况

管理人在履行职责过程中发现,华丰建设资产与负债情况异常复杂、资不抵债情况远比其申请破产时披露的情况严重,如转为破产清算,普通债权人的清偿率基本为零。基于此,华丰建设第一次债权人会议通过了《关于提请债权人会议决议华丰建设继续营业事宜的议案》,并在此后通过公开招募方式确定了正式重整投资人。经第二次债权人会议审议通过了《重整计划草案》,根据最终重整方案,保留华丰建设壳资源及相关无形资产、部分在建工程项目、留岗人员三项内容作为重整内容,其余资产和债务由管理人另行处理,资产处置所得纳入破产财产。此外,由华丰建设成立全资子公司,将华丰建设资质、业绩平移到该公司,并由重整投资人受让该公司 100% 股权,完成重整。

2016 年 11 月 28 日,宁波市中级人民法院裁定批准华丰建设股份有限公司重整计划,重整程序终止。2019 年 6 月,重整计划执行完毕。

(三)典型意义

通过“信誉修复”“资质平移”等一系列措施,创造性地实现了“反向剥离出售式重整”,从根本上解决了建筑企业壳资源重整难以恢复正常经营的难题。由于建筑企业在进入破产程序前,往往已被列入失信被执行人名单,同时存在大量金融不良征信记录,在受理破产重整后,却缺乏删除失信信息和金融不良征信的程序,同时各地法院由于并不知悉债务人已经重整,仍然会不断地提起对债务人此前债务的执行程序,将债务人纳入失信被执行人名单。这导致在以往案例中建筑企业即便通过了重整计划,实际上仍然难以恢复正常经营,造成了建筑企业客观上难以实现真正重整的难题。本案中，通过上级法院协调，全国各法院暂时性地删除对华丰建设的失信信息（根据住建部规定，存在失信信息的企业不能进行资质平移）。华丰建设获得住建部同意，将其名下建筑装修装饰工程专业承包壹级、建筑机电安装工程专业承包壹级、地基基础工程专业承包壹级和钢结构工程专业承包贰级资质转移至新设立的华丰建设全资子公司“中和华丰建设有限责任公司”，再由重整方以重整对价完成对“中和华丰”100%股权的收购。通过以上操作，最终实现了华丰建设壳资源的完整保留，同时确保重整后的壳资源公司无论在司法征信还是金融征信上都是“清洁”的，从实质上实现了建筑企业的重整经营。

## 二、华鑫化纤科技集团有限公司、余姚市新华鑫纤维销售有限公司合并破产重整案

### （一）基本案情

华鑫化纤科技集团有限公司（以下简称华鑫集团）成立于2003年6月，注册资本为8350万美元，曾是余姚市的“一号工程”。余姚市新华鑫纤维销售有限公司（以下简称新华鑫公司）成立于2014年4月，注册资本为100万元，是华鑫集团的关联公司。华鑫集团主要从事化纤类原料的制造，其自身经营状况尚可。由于管理混乱，华鑫集团的大量资金被随意用于对外投资，主要投向为房地产及钢厂。由于对外投资失败，且华鑫集团为关联企业担保，华鑫集团资金链断裂，陷入巨大债务危机，诉讼频发，严重影响其正常经营。因此，华鑫集团自2016年1月起停业。华鑫集团停业后，新华鑫公司整体承租了华鑫集团厂区内的固定资产（包括厂房、生产设备等）继续经营，后又由案外人整体承租了华鑫集团厂区内的固定资产。经温州银行股份有限公司宁波余姚支行申请，余姚市人民法院于2017年6月12日裁定受理华鑫集团破产清算一案并指定管理人。

### （二）审理情况

2017年8月30日，第一次债权人会议召开。2018年5月21日，因华鑫集团、新华鑫公司在实际控制人、资产划分、资金往来、企业职工、主营业务方面均存在高度混同，余姚市人民法院裁定受理新华鑫公司破产清算一案。因华鑫集团、新华鑫公司主营的化纤类业务盈利能力较强，具有重整价值，余姚市人民法院于2018年6月14日裁定对华鑫集团、新华鑫公司进行合并重整。华鑫集团、

新华鑫公司合并破产重整第一次债权人会议于2018年7月13日召开,对《关于华鑫化纤科技集团有限公司与余姚市新华鑫纤维销售有限公司之合并重整计划草案》进行了表决,未获得通过。后破产管理人对重整计划草案进行了调整,确认采用“拍卖重整投资权”的方式,以4亿元为起拍价,公开拍卖华鑫集团、新华鑫公司的重整投资权,出价最高的竞买人将成为华鑫集团、新华鑫公司的重整投资人。调整后的重整计划草案经全体债权人再次表决获得通过,该院裁定批准《关于华鑫化纤科技集团有限公司与余姚市新华鑫纤维销售有限公司之合并重整计划草案》。2019年11月4日至5日,华鑫集团、新华鑫公司的重整投资权以4亿元为起拍价在阿里拍卖破产强清频道公开竞拍,最终,宁波大沃化纤科技有限公司(以下简称大沃公司)以8.26亿元的成交价竞得该重整投资权。截至2020年6月29日,大沃公司已经将8.26亿元款项全额支付。余姚市人民法院于2020年10月26日裁定确认大沃公司以8.26亿元注资成为华鑫集团、新华鑫公司的重整投资人。2020年11月23日,破产管理人与大沃公司进行了华鑫集团、新华鑫公司重整案件的资产移交仪式。

(三)典型意义

传统的破产重整方式通常遵循破产管理人在报纸上刊登重整投资人招募公告、意向重整投资人报名、管理人筛选后确定一个意向重整投资人进行定向重整的流程。但是随着技术越来越进步、信息越来越发达,破产案件的债权人往往不能满足于封闭式的定向重整方式,定向重整的方案也很难获得通过。本案在定向重整方案未能获得通过的情况下,创新性地提出通过在网络平台上“拍卖重整投资权”的方式进行开放性的不定向重整,将重整金额从定向重整的4亿元提高到了8.26亿元,这种通过广为人知的拍卖平台向不特定对象招募重整投资人的方式,公开、公平,最大限度实现了债务人的价值,最大限度维护了债权人的利益。从企业本身来讲,破产重整既能使民营企业继续按原有产业类型继续生产,又能保留企业的环评资质等隐性资产,还保证了企业职工的稳定,实现了民营企业就地重生,保障了社会和谐稳定。

## 三、宁波大成新材料股份有限公司破产重整案

(一)基本案情

宁波大成新材料股份有限公司(以下简称大成公司)位处浙江省慈溪市,成

立于1994年,从事高分子新材料及高性能防弹复合材料系列研发研制和生产,拥有多项发明专利权以及军工装备资质证书等资质认证,是首批“国家级重点高新技术企业和国家级重点创新型企业”。2014年,大成公司为两家关联公司的债务提供连带责任保证。两年后,大成公司经营不善、资金链断裂,无力清偿担保款项。

2019年3月20日,宁波市中级人民法院裁定受理大成公司破产清算一案,并指定宁波科信会计师事务所有限公司为管理人。另于2019年5月10日,将本案交慈溪市人民法院(以下简称慈溪法院)审理。

(二)审理情况

2019年8月9日,慈溪法院主持召开第一次债权人会议。经核查,债权人对13笔共计2.4亿余元债权无异议,并表决通过《财产管理、变价和分配方案》《投资者招募方案》等多项议案。

在资产处置过程中发现,2016年至2017年,大成公司与浙江某体育公司(以下简称体育公司)先后签订两份租赁合同,将面积共计9000多平方米的厂房等租赁给体育公司使用。租赁期限未满,大成公司就进入破产程序。按照规定,管理人应收回全部租赁厂房,并要求租户腾房搬离。但体育公司表示,原本动工装修已投入上千万资金,而其主要业务为健身服务,各类会员数量高达3000多人,尤其是近期面临体育中考,游泳场地是关键的培训场所,一旦腾退,他们的经营和考生培训都将受到冲击。为了稳妥推进此项工作,慈溪法院在市委市政府的牵头协调下,由“网格法官”、破产管理人、属地街道负责同志一同开展协调工作,经多次沟通,最终双方达成调解,租赁合同解除,体育公司于2020年2月29日前腾退所有厂房。

另外,大成公司名下一处不动产已列入慈溪市政府2019年土地收储计划。按照通常做法,该土地将由法院拍卖。但拍卖产生税费较高,实际所得款项少,若可以实现土地收储,不仅能提高资产处置效率,也能更好地保障债权人利益。但同时,这一想法又面临预缴保证金缺口、抵押权人不愿在未得到清偿前释放抵押物等困难,为此,管理人提出了共益债务融资的解决方案。法院会同国土、税务、审计等单位,多次组织召开专题协调会议,反复沟通、探讨,确保做好土地收储工作。经过多次沟通,商议方案的可行性、风险性,最终得以完成抵押物的释放,并与慈溪市土地储备中心正式签订房地产收购合同,启动土地收储程序。

2019 年 12 月 30 日，管理人向债权人会议提交了《关于宁波大成新材料股份有限公司不动产处置方案表决议案》，后受新冠肺炎疫情影响，管理人在法院的指导与监督下积极与全体债权人保持必要联系与沟通，另于 2020 年 5 月 13 日提交《不动产处置方案表决事项修正案》供债权人会议表决。经表决，债权人会议同意以政府土地收储方式处置大成公司名下房地产。

2020 年 6 月 11 日，大成公司第二次债权人会议对重整计划（草案）进行了分组表决，各表决组以 83%～89% 的表决通过率高票通过表决议案。普通债权人组受偿率由 10% 提升至 41%，优先债权人组全额受偿。

2020 年 6 月 20 日，管理人向慈溪法院申请将清算程序转为重整程序，慈溪法院批准大成公司重整计划，并终止大成公司重整程序。

（三）典型意义

在市委、市政府的牵头协调下，由“网格法官”、破产管理人及属地街道负责同志一同开展协调工作，充分发挥府院联动性，秉持以法律法规为底线，又综合考量承租户的难处，妥善解决租赁权与抵押权之间的冲突，减缓租户带来的群体性维稳压力。

在破产案件审理过程中，采用多元化形式优选方案，提高不动产处置效率，创新引用“共益债融资”以达到释放抵押权，既维护抵押权利人权益保障，又平稳衔接国有土地收储完成。同时，法院、管理人互相配合，积极寻求潜在重整投资者，深挖破产企业深潜力，由此促成尽快寻找到重整投资者，推动大成公司破产清算短时间转为重整程序。

## 四、浙江造船有限公司破产重整案

（一）基本案情

浙江造船有限公司（以下简称浙船公司）成立于 1987 年 6 月 23 日，注册资本为 32,000 万元，公司登记机关为宁波市市场监督管理局，住所地为宁波市奉化区松岙镇湖头渡村，截至 2015 年 12 月 31 日，账面资产金额为 4,728,176,738.41 元，账面负债金额为 4,080,301,728.06 元，账面净资产金额为 647,875,010.35 元，此外，为春和集团关联企业担保 474,400,000 元。因受到控股公司春和集团债务危机影响，致使浙船公司无法得到交付订单需要的配套融资，导致资金链濒临断裂,无法清偿到期债务,且明显缺乏清偿能力。奉化区人民法院(以下简称奉化法院)根据浙船公司的申请,于 2016 年 4 月 14 日依法裁定受理浙船公司破产重整一案,并于同日指定浙江造船有限公司清算工作组为破产管理人。

(二)审理情况

浙船公司破产资产体量大,债权人数众多、金额巨大、类型复杂,破产管理人除了核定债权、处置资产以外,还需要引入资金、组织生产、遣散安置职工,各种法律问题、社会问题、政策问题相互交织,困难重重。本案受理后,管理人便接管浙船公司财产和印章,并在法院的依法审查、监督下,制定相关工作制度,着手启动浙船公司的清产核资、债权申报、登记和审查等工作。2016 年 7 月 8 日,召开浙船公司破产重整第一次债权人会议,通过了包括债务人浙船公司继续营业等议案。后又分别于 2017 年 2 月 10 日、2018 年 9 月 15 日召开了第二、三次债权人会议,在此期间管理人先后接触多家战略投资者,经过政府与法院协调、利益衡平,并结合浙船公司的实际情况,制作了重整计划草案,在第三次债权人会议上依照债权分类对重整计划草案进行了分组表决,有财产担保债权组、税款债权组、普通债权组、出资人组均表决通过了《浙江造船有限公司重整计划草案》。2018 年 10 月 8 日,管理人向法院提交了《关于提请人民法院裁定批准重整计划的报告》和《关于提请人民法院确定并收取管理人报酬的报告》。2018 年 11 月 6 日,奉化法院裁定批准浙船公司重整计划,并终止浙船公司重整程序。

(三)典型意义

浙船公司破产重整案是强化府院联动机制作用,充分发挥政府在破产重整中资源整合优势,推动多方问题一体解决,确保企业和社会稳定的典型案例。一是府院联动机制作用充分发挥,整体推进,为破产重整提供根本保障。为预防和妥善处置可能引起的突发性群体事件,区委、区政府成立了政策指导组、维稳督导组、企业清算组和综合保障组,各工作小组明确了相应的成员单位和职责分工,建立了工作推进机制,确保各项工作措施落实,工作顺利推进。二是协调多部门共同参与,提供工资垫付和包括土地、税务筹划等在内的招商引资政策协调的政府公共服务,从职工矛盾化解到债权人会议召集,从招商平台共享到投资人招募,从争取债权人支持到股权强制变更,府院协调联动机制作用在各环节得到有效发挥。浙船公司破产重整案先后有近十家单位与管理人接触,但均不符合重整投资人条件，最后区政府出面协调，通过土地变性和财政奖励等相关优惠政策，最终成功吸引投资人参与重整。三是法院依法开展破产审判，推动多方问题一体解决。一方面根据重整计划，协调质押人、查封人对出资人权益进行调整，为引入重整方扫除最大障碍；另一方面依法妥善处理职工劳动关系，妥善安置破产企业职工。围绕“职工（含本工及劳务派遣员工）安置”和“劳务外包企业工程款处置”两个关键点，创造性地采取“除特殊劳动者外，全部解除职工，再根据生产经营所需定岗定编制定薪，双向选择录用”，双向录用的员工，在期满时可终止，同时管理人员薪资和重整是否成功直接挂钩。该方案大大减少了企业运营成本，调动了员工的工作积极性，为重整方的引入创造了良好的条件。

## 五、宁波华毅水产食品有限公司等华毅系三公司合并破产重整案

### （一）基本案情

2016 年 7 月 7 日，宁波华毅水产食品有限公司、宁波富毅华进出口有限公司、宁波健洋食品有限公司（以下简称华毅系公司）三家公司因深陷担保链泥潭，对外担保过多，负担过重，最终导致自身资产不足以清偿全部债务，于 2016 年 7 月 8 日向象山县人民法院（以下简称象山法院）提出破产重整申请。象山法院裁定受理后，发现上述三家公司虽名义上是三个独立的法人，但在资产、业务和人事等方面存在高度混同的关联关系，实际控制人为同一人，且三家企业之间还存在大量关联债务和担保，遂于 2016 年 11 月 15 日依法裁定三家企业合并破产重整。

### （二）审理情况

债权申报期限内共有 25 户债权人向管理人申报了 77 笔债权，债权申报金额为 248, 037, 483. 77 元，管理人经过审核后认定了 72 笔债权，审定债权金额为 244, 447, 264. 57 元，管理人主动调查职工债权 251 笔，最终审定债权 323 笔。

经查发现，华毅系公司虽债务量较大，但并非“僵尸企业”，具备较高的重整价值。为保障各方利害关系人权益和实现利益最大化，象山法院采取关联企业合并重整，以提升重整案件的司法效率。同时，象山法院对案情进行深刻剖析、主动与涉案方沟通磋商、多次召开专题讨论会议，最终确定在不影响债务人资产处置变现和全体债权人利益的情况下，对债务人进行清算式重整。随后，通过公

开招募方式选定重整投资人，由投资人提供资金，保护企业现有生产力和无形资产。经过公开竞价、对投资人的能力核实以及债权人会议商讨通过后，宁波一家食品公司出资8300万元成为新的投资人。2017年9月8日，象山法院裁定批准重整计划。2019年9月5日，重整计划执行完毕。

在象山法院的努力和各方配合下，华毅系公司积极开展生产、销售工作，恢复营业后已创收232万元，共安置职工246人，提高债权人清偿率1.136%，成效日益显现。

（三）典型意义

本案是象山法院依法精准服务企业，创新破产审判方式，采用对债务人进行存续经营与资产剥离清算相结合的清算式重整方式的典型案例。一是合并破产重整，重整时间加快，最大限度维护债权人利益。因华毅系三家公司是分别申请破产重整的，但是三家公司又是高度关联的公司，三家公司之间往来款项异常之多，互负债务的情况较为复杂，若逐笔区分对待，势必增加大量审核、区分的工作，投入大，耗时长，而且对债权人来说，一贯将三家公司作为一个整体对待，若执意区分，可能会损害部分债权人的合法利益。故，象山法院积极推动三家公司的合并重整方案，在加快推进破产重整进程的同时，维护广大债权人的合法权益，也为本案最终重整成功奠定坚实的基础。二是引入外商投资，外商整体接盘华毅系三家企业，保持了企业的完整性，职工得到全部安置。在华毅系三家公司的投资人招募工作上，引导管理人通过自媒体、报纸、广告等多种渠道进行，最终确定Castel Spaceinet and Intertrade（泰国）Company Limited成为三家公司的投资人，并由该公司在象山县当地注册成立宁波中泰华毅食品有限公司出资8300万元，对三家公司进行整体收购，并全盘接收三家公司的全部职工。最终保持了三家公司的完整性，职工得到安置后，也解决了社会的稳定问题。三是债权清偿时间短，抵押债权实现债权成本低，保障了债权人的利益。本案重整计划规定，有财产担保债权人的债权在重整计划草案经法院批准后1个月内全额支付，职工债权、税收债权、普通债权均是在重整计划草案经批准后3个月内支付。短时间的债权清偿，保障了债权人的合法权益。国际上，一般对有不动产抵押权的债权实现成本通常是1.6%～2.2%，但是本案中，不动产抵押权的债权实现成本仅为0.8333%左右，远低于国际标准。

## 第五节　重整计划草案范例

重整计划草案的主体框架基本相同。管理人起草重整计划草案时,应结合重整案的实际情况进行适当调整和补充。以下范例系根据承办案件整理而成,可供参考。

### ×××有限公司重整计划(草案)

×××有限公司管理人

××××年××月

### 目　　录

# 前　言

×××有限公司以普通住宅、写字楼、商业设施、酒店等开发建设及经营和物业管理为主营业务。

近年来受市场融资环境影响，×××公司采取以自身为债务主体、其他项目公司提供担保的方式，通过融资解决资金问题。从2018年开始，×××公司已发生大量债务违约事件，2019年因职工欠薪集中爆发职工类债权诉讼和仲裁，名下不动产均存在抵押、查封情形，资金链断裂导致×××公司运营全面陷入困境，深陷重大债务危机，导致资不抵债的情况发生。

因×××公司均不能清偿到期债务，且资产不足以清偿全部债务，债权人北京××有限公司以×××公司作为被申请人，向××市中级人民法院（以下简称法院）申请破产重整。法院根据申请于2020年××月××日依法作出裁定分别受理×××公司破产重整案。

在法院的主持下，×××公司重整案第一次债权人会议于2020年××月××日召开。债权人向法院申请对×××公司实质合并重整，法院在第一次债权人会议上组织听证。2020年××月××日，法院作出对×××公司进行实质合并重整的裁定。

×××公司的重整工作受到了当地政府、法院的高度重视和大力支持。为确保重整成功，×××公司在法院、管理人的监督和指导下，严格按照《企业破产法》的规定履行相关职责，全力以赴做好与重整程序相关的各项工作，包括协助管理人完成债务人财产接管及调查、债权申报及审查、评估机构的聘请、继续履行合同梳理与审查、与债权人沟通协商、债权人会议的召开等各个环节。在法院监督下，管理人管理×××公司财产，并根据×××公司的实际情况制作重整计划草案。本案从案件受理阶段的形式审查、实质审查，到指定管理人后各个工作环节，法院均严格把关和监督，并在重大事项上给予直接指导，确保重整程序依法合规地开展，切实保障各方主体的合法权益。

本案以定向邀请的方式，选定×××集团有限公司作为重整投资人，并于2020年××月××日向全体债权人报告。

依据《企业破产法》第80条之规定，管理人负责管理财产和营业事务的，由管理人制作重整计划草案。目前，×××公司已不具备管理财产和营业事务的能力，管理人在接受法院指定后，忠实履行职务，在听取和吸收法院、债权人、投资人意见和建议的基础上，在充分尊重中介机构出具的专业结论的前提下，在充分进行法律上的风险评估和论证、可行性预判和分析的条件下，结合×××公司实际情况制作本重整计划，供债权人会议审议和表决，并由出资人组会议对本重整计划中涉及的出资人权益调整事项进行表决。

## 摘　要

根据本重整计划，×××公司本次重整完成以后：

(1)×××公司股权作价1元人民币让渡予重整投资人×××集团有限公司将由原有限责任公司均变更为有限责任公司(法人独资)。

(2)在法院作出×××公司实质合并重整裁定后，×××公司之间的债权债务归于消灭，×××公司财产作为实质合并后统一债务人财产，重整计划将制订统一的债权分类、债权调整和债权受偿方案。

(3)×××公司债权人及其具体债权额以管理人核实并经法院裁定认可的为准。建设工程价款优先受偿，债权全额受偿。有财产担保债权在担保财产清算价值评估值范围内优先受偿，超出担保财产清算价值评估值范围的部分作为普通债权受偿。职工债权以现金全额受偿。税款债权将现金全额受偿。普通债权以债权人为单位，每户债权人10万元以下(含10万元)的债权部分以现金全额受偿；超过10万元部分按10%比例受偿。剩余未受偿部分，×××公司不再清偿。

关于破产费用和共益债务，×××公司将自法院作出批准重整计划裁定之日起6个月内全额清偿。

自重整计划执行完毕之日起，×××公司均以各自的法人资格继续独立存续，×××公司分别成为独立的法人。×××公司名下各自的财产仍按重整前的登记状态确定，各自独立做账，分别完善公司制度。×××公司债务按重整计划清偿完毕，未受偿部分×××公司不再清偿。

# 正　文

## 一、公司基本情况

略。

（一）公司设立和基本情况

略。

（二）股权情况

略。

（三）重整概况

1. 重整案件受理情况

法院于××××年××月××日作出××号民事裁定书，分别受理×××公司提出的破产重整申请，并指定××××律师事务所担任×××公司管理人（以下简称管理人）。

2. 召开债权人会议情况

××××年××月××日，法院发布公告，确定×××公司重整案第一次债权人会议于××××年××月××日上午10时在法院第××审判庭召开，以现场和网络线上方式同步进行。相关情况已通过全国企业破产重整案件信息网、《人民法院报》发布公告。

3. 实质合并重整裁定情况

××××年××月××日，经债权人××××公司申请，法院裁定对×××公司进行实质合并重整，并于××××年××月××日于《人民法院报》第×版公告。

（四）资产情况

1. 账面资产构成情况

截至评估基准日××××年××月××日，×××公司总资产账面价值为×××××万元，主要由预付款项、存货、固定资产等构成。

2. 资产评估情况

根据评估机构出具的《资产评估报告》，以××××年××月××日为基准日，×××公司总资产清算价值评估值为×××××万元。

（五）负债情况

1. 债权申报情况

债权申报情况截至2020年××月××日，共有××户债权人向管理人申报债权，申报数额共计××××××元，其中申报建设工程价款优先受偿债权××户，申报数额××××××元；申报有财产担保债权××户，申报数额××××元；申报普通债权××户，申报数额××××元。

2. 债权审查情况

（1）已确认债权

上述已申报债权中，已确认债权××户，确认数额××××元，其中普通债权××户，确认数额××××元。

（2）待确认债权

上述已申报债权中，已经向管理人申报，但因债权人仍需补充证据或该债权仍在涉及诉讼中等原因而尚未由管理人出具最终审查意见确认的债权××户，涉及申报数额××××元，均申报普通债权。

（3）不予确认债权

上述已申报债权中，管理人审查不予确认的债权××户，涉及申报数额××××××元。

3. 账面记载未申报债权

经×××公司梳理统计及管理人调查，尚有账面记载未申报债权××××××元。

4. 职工债权调查情况

经管理人调查，×××公司存在欠付工资的情形，职工债权共×××户，总额为××××××元。

综上，×××公司负债情况如下表所示：

略。

（六）偿债能力分析

1. 偿债能力分析结果

因×××公司的全部资产及债权情况纷繁复杂，为给债权人表决重整计划提供必要参考，管理人委托评估机构对×××公司实质合并重整后在假定破产清算条件下的偿债能力进行了分析。根据评估机构出具的《偿债能力分析报告》,截至评估基准日××××年××月××日,如×××公司实施破产清算,假定全部有效资产能够按清算价值评估值变现,可用于偿债的财产总额为×××××元。按照《企业破产法》规定的清偿顺序,建设工程价款优先受偿债权全额受偿,担保财产变现所得优先用于偿还有财产担保债权,剩余其他财产的变现所得在支付破产费用、共益债务、职工债权、税款债权后,用于向普通债权人分配,剩余可供向普通债权人进行分配的财产总额为×××××元。假定按照普通债权总额×××××元(包括待确认债权、账面记载未申报债权、有财产担保债权转入普通债权)进行分配,×××公司在破产清算状态下普通债权的受偿率约为×%。

2. 偿债能力分析见下表

**偿债能力分析计算表**

金额单位:人民币元

| 序号 | 项目名称 | ×××公司合并 |
| --- | --- | --- |
| 1 | 审计后总资产账面值 | |
| 2 | 总资产变现价值 | |
| 3 | 申报建设工程款优先权的金额 | |
| 4 | 申报有财产担保的债权金额 | |
| 5 | 设定财产担保物变现价值 | |
| 6 | 设定财产担保的资产可受偿的优先受偿金额 | |
| 7 | 重整费用及共益债务 | |
| 7.1 | 破产费用(共益债务) | |
| 7.2 | 法院诉讼费(预估) | |
| 7.3 | 管理人报酬(预估) | |
| 7.4 | 评估、审计费用(未付) | |
| 8 | 职工债权总额(已公示的公司职工债权金额) | |
| 9 | 申报税款债权的金额 | |
| 10 | 账面记载税金 | |
| 11 | 优先于普通债权清偿的款项总计 =3 +6 +7 +8 +10 | |

续表

| 序号 | 项目名称 | ×××公司合并 |
|---|---|---|
| 12 | 可用于偿还普通债权资产总额=2-11 | |
| 13.1 | 申报的普通债权总金额 | |
| 13.2 | 账面记载未申报债权的普通债权金额 | |
| 13.3 | 转为普通债权的财产担保债权 | |
| 14 | 账面预计负债总额 | |
| 15 | 账面记载未申报债权的预计负债金额 | |
| 16 | 普通债权债务总额 | |
| 17 | 普通债权清偿率=12/16 | ×% |

3.特别说明

根据《偿债能力分析报告》,在假设×××公司合并重整后破产清算状态下的普通债权受偿比例为×%。但这一比例仍存在很大的不确定性,根据×××公司的实际情况,×××公司实际破产清算状态下的普通债权受偿率较上述预估并不乐观。原因一:×××公司存在大量在建工程,需整体处置,变现难度极大。原因二:变现关键资产应缴纳税费,×××公司名下土地权益若拍卖变现,税务部门要求按"自行申报"或"核定征收"征收税款,出让方应缴交的税款差别巨大。这些因素都会导致可用于普通债权受偿的财产价值进一步降低。加之司法实践中破产清算程序耗时极为漫长,可能会产生超过预期的费用。基于以上因素,×××公司在破产清算状态下普通债权实际受偿率将远低于偿债能力分析测算的预计受偿率。

**二、出资人权益调整方案**

(一)出资人权益调整的必要性

×××公司已无法清偿到期债务,且明显缺乏清偿能力,生产经营和财务状况均已陷入困境。如果对×××公司进行破产清算,现有资产在清偿各类债权后已无剩余财产向出资人分配,出资人权益为零。为挽救×××公司,避免其破产清算,出资人和债权人需共同做出努力,共同分担实现公司重生的成本。因此,本重整计划将对×××公司出资人的权益进行调整。

(二)出资人权益调整的范围

根据《企业破产法》第85条第2款之规定,重整计划涉及出资人权益调整事项的，应当设出资人组，对该事项进行表决。出资人组由登记在册×××公司股东组成。

（三）出资人权益调整内容

×××公司出资人均以1元人民币的价格向重整投资人让渡其全部股权，转让后原出资人不再持有×××公司股权，由重整投资人持有×××公司的100%股权，具体如下：

略。

**三、经营方案**

在重整计划获得法院批准之后，×××公司将以重整为契机，借助重整投资人的优势，在化解公司危机、彻底消除公司债务负担后，适时、分阶段调整建筑规划与产品定位后复工复产，优化公司项目结构、提升开发质量、改善项目开发环境、标准化项目管理，在产品品质及成本控制两方面不断提升，以有利于巩固并强化重整成果。经营方案具体如下。

（一）转让股权引入重整投资人

法院裁定批准该重整计划后，重整投资人以1元人民币受让×××公司的100%股权，有效解决×××公司的债务危机，减少债权人损失，并由重整投资人落实债务清偿方案的实施。关于×××公司未实缴部分的注册资本，由重整后的×××公司分别向原股东追收。

（二）提高公司治理水平，优化主营业务经营

重整投资人××××有限公司作为重整后×××公司的唯一股东，支持×××公司重整后的经营和管理。×××公司在对本行业现状及未来发展进行分析后，基于对广东省房地产市场的预测，结合自身优势，维持×××公司房地产开发主营业务不变的前提下，形成重整后的开发经营计划如下。

1. 项目定位调整

略。

2. 开发经营计划

略。

3. 项目收益测算

（三）优化管理制度，提高经营效益

略。

（四）整合各方资源，实现项目效益最大化

略。

**四、债权分类方案**

根据《企业破产法》的相关规定和债权审查确认情况，×××公司重整案债权人分为建设工程价款优先受偿债权组、有财产担保债权组、职工债权组、税款债权组、普通债权组。其中，职工债权组、税款债权组在本重整计划经债权人会议表决通过且法院裁定批准后即行全额清偿，根据《最高人民法院关于适用〈中华人民共和国企业破产法〉若干问题的规定（三）》第11条之规定，鉴于该两组所涉权益未受到调整或者影响，相应债权人将不参加重整计划草案的表决。

（一）建设工程价款优先受偿债权组

×××公司重整案建设工程价款优先受偿债权总额×××××元。其中：

(1)已确认的债权××户；

(2)待确认的债权××户，涉及申报数额××××××元。

（二）有财产担保债权组

×××公司重整案有财产担保债权总额××××××元，担保财产为房产、土地使用权等。其中：

(1)已确认的债权××户，确认数额××××元；

(2)待确认的债权××户。

（三）职工债权组

(1)已确认的债权××户，确认数额××××××元；

(2)待确认的债权××户。

（四）税款债权组

(1)已确认的债权××户，确认数额××××××元；

(2)待确认的债权××户。

（五）普通债权组

×××公司重整案普通债权总额××××××元。其中：

(1)已确认的债权××户，确认数额××××××元；

(2)待确认的债权××户，涉及申报数额××××××元。债权人会议由建设工程价款优先受偿债权组、有财产担保债权组、普通债权组对重整计划进行分组表决。

**五、债权调整与受偿方案**

(一)债权调整方案

1. 建设工程价款优先受偿债权

建设工程价款优先受偿债权在本重整计划经债权人会议表决通过且法院裁定批准后即行全额受偿。

2. 有财产担保债权

有财产担保债权在担保财产清算价值评估值范围内优先受偿;超出担保财产清算价值评估值范围的部分作为普通债权受偿。

3. 职工债权组

职工债权组在本重整计划经债权人会议表决通过且法院裁定批准后即行全额清偿。

4. 税款债权组

税款债权组在本重整计划经债权人会议表决通过且法院裁定批准后即行全额清偿。

5. 普通债权

根据《偿债能力分析报告》,×××公司在破产清算状态下的普通债权受偿比例约为×%。为提高普通债权受偿水平,保护债权人的合法权益,根据×××公司的实际情况,本重整计划将普通债权的受偿比例作大幅提升,以债权人为单位,每户债权人其中10万元以下(含10万元)部分全额受偿,超过10万元的部分按10%的比例受偿,剩余未受偿部分,×××公司不再清偿。

特别说明:债权表记载的劣后债权不作清偿。

(二)债权受偿方案

1. 受偿方式

(1)建设工程价款优先受偿债权在本重整计划经债权人会议表决通过且法院裁定批准后即行全额现金受偿。

(2)有财产担保债权在担保财产清算价值评估值范围内优先现金受偿;超出担保财产清算价值评估值范围的部分作为普通债权受偿。

(3)职工债权组在本重整计划经债权人会议表决通过且法院裁定批准后即行全额现金清偿。

(4)税款债权组在本重整计划经债权人会议表决通过且法院裁定批准后即

行全额现金清偿。

(5)普通债权以债权人为单位,每户债权人其中10万元以下(含10万元)部分全额现金受偿,超过10万元的部分按10%的比例现金受偿,剩余未受偿部分,×××公司不再清偿。

2. 受偿期限

(1)已确认债权

已确认债权在重整计划执行期限内受偿完毕。

(2)待确认债权

对待确认债权,管理人将根据上述受偿比例预留相应受偿资金,其债权获确认后按同类债权的清偿条件受偿。

(3)账面记载未申报债权

根据《企业破产法》第92条第2款的规定,债权人未申报债权的,在重整计划执行期间不得行使权利;在重整计划执行完毕后,可以按照重整计划规定的同类债权的清偿条件行使权利。因此,账面记载未申报债权的债权人在本重整计划执行期间不得行使权利,由×××公司自行根据本重整计划的受偿比例预留相应偿债资金,其债权获确认后按同类债权的清偿条件受偿。

自重整计划执行完毕之日起3年内,账面记载未申报债权之债权人主张债权且经审查依法成立的,按照上述同类债权的清偿条件受偿。超过3年未主张或虽主张但经审查不成立的,不再清偿,相应预留偿债资金作为×××公司经营资金使用。

公司的普通债权按照上述方案受偿后未获受偿的部分,根据《企业破产法》第94条的规定,×××公司不再承担清偿责任。

债权表记载的劣后债权,×××公司无须清偿。

(三)偿债资产来源

公司重整偿债资产为现金,为重整投资人支付投资款。

**六、重整计划的生效**

(一)生效条件

根据《企业破产法》第84条至第87条之相关规定,本重整计划在满足下述条件之一后生效:

(1)各表决组(建设工程价款优先受偿债权组、有财产担保债权组、普通债

权组、出资人组)均通过本重整计划并经法院依据《企业破产法》第 86 条裁定批准;

(2)部分表决组(建设工程价款优先受偿债权组、有财产担保债权组、普通债权组、出资人组)未通过本重整计划,经管理人申请,法院依据《企业破产法》第 87 条裁定批准。

(二)重整计划的效力

本重整计划获得法院裁定批准后,对×××公司及全体股东、×××公司的全体债权人、重整投资人等均有约束力,且本重整计划对相关方权利和义务的规定效力及于该项权利义务的受让方和承继方。

(1)依据《企业破产法》第 94 条的规定,按照重整计划减免的债务,自重整计划执行完毕时起,债务人不再承担清偿责任。×××公司按照重整计划清偿债务后,未获受偿部分债权,×××公司不再承担清偿责任。

(2)债权人未按规定申报债权的,在重整计划执行期间不得行使权利,在重整计划执行完毕后,该债权人可以按照重整计划规定的同类债权的清偿条件从预留的偿债资金中受偿。虽然本重整计划执行完毕后,×××公司成为独立法人。但该债权人仅能根据实质合并重整裁定及本重整计划同类债权清偿条件主张权利。

(三)重整计划未获批准的后果

若本重整计划未获得债权人会议及出资人组会议表决通过,且亦未依照《企业破产法》第 87 条之规定获得法院批准,或者已通过的重整计划未获得法院批准的,法院将依法裁定终止重整程序,并宣告×××公司破产。

**七、重整计划的执行**

(一)执行主体

根据《企业破产法》第 89 条的规定,经法院裁定批准的重整计划由债务人负责执行,即×××公司是重整计划的执行主体。

(二)执行期限

本重整计划的执行期限自重整计划获得法院裁定批准之日起 6 个月。在此期间,××××公司应当严格依照本重整计划的规定清偿债务,并随时支付重整费用及共益债务。重整计划提前执行完毕的,执行期限自执行完毕之日起届满。

(三)执行期限的延长

因客观原因,致使本重整计划无法在上述期限内执行完毕,×××公司应于执行期限届满3日前向法院提交延长重整计划执行期限的申请,并根据法院批准的执行期限继续执行。

(四)执行完毕的标准

完成以下事项则重整计划执行完毕。

1. 全部债权人的受偿款项已经清偿完毕

下列情形均属于债权人的受偿款项已经获得清偿:

(1)按照本重整计划的规定向债权人分配受偿款项;

(2)按照本重整计划的规定将债权人的受偿款项提存至管理人指定的银行账户;

(3)债权人与×××公司自行就执行本重整计划的债权受偿方案另外达成不损害其他债权人利益的协议,且债权人书面确认该协议中建立的债权债务关系为本重整程序外的新的债权债务关系,债权人在本重整计划应受偿款项已获得清偿,债权人不再通过本重整程序实现任何权利。

2. ×××公司资产按现状已移交给×××公司

(五)协助执行事项

本重整计划执行过程中,涉及需要有关单位协助执行的,×××公司及管理人将向法院提出申请,请求法院向有关单位出具要求其协助执行的司法文书。

(六)不能执行的后果

根据《企业破产法》第93条的规定,若×××公司不执行重整计划、不能执行重整计划或在本重整计划执行期届满未执行完毕,且×××公司所提交之关于延长重整计划执行期限的申请未能获得法院批准,法院有权应管理人或者其他利害关系人的请求裁定终止重整计划的执行,并宣告×××公司破产。

(七)执行期间禁止事项

本重整计划执行完毕前,×××公司不得开展任何实质经营活动。

**八、重整计划执行的监督**

(一)监督主体

根据《企业破产法》第90条的规定,自法院裁定批准重整计划之日起,在重整计划规定的监督期内,由管理人监督重整计划的执行。

(二)监督期限

本重整计划执行的监督期限与执行期限一致。重整计划提前执行完毕的,监督期限亦自重整计划执行完毕之日起届满。

(三)监督期限的延长

根据重整计划执行的实际情况,需要延长重整计划执行的监督期限的,由管理人向法院提交延长重整计划执行监督期限的申请,并根据法院批准的期限继续履行监督职责。

(四)监督期限内管理人及五公司的职责

重整计划监督期届满时,管理人将向法院提交监督报告,自监督报告提交之日起,管理人的监督职责终止。

本重整计划监督期限内,×××公司应接受管理人的监督,及时向管理人报告重整计划执行情况、公司财务状况以及重大经营决策、财产处置等事项。

**九、其他事宜**

(一)关于连带债务人

根据《企业破产法》第92条第3款的规定,债权人对债务人的保证人和其他连带债务人所享有的权利,不受重整计划的影响。债权人按照重整计划受偿后,对债权未受偿部分可以要求保证人和其他连带债务人继续清偿。债务人的保证人和其他连带债务人向债权人承担清偿责任后,不得再向×××公司主张包括追偿权在内的任何权利。

(二)偿债资金的分配

每户债权人以现金方式受偿的债权部分,偿债资金原则上以银行转账方式向债权人进行分配,债权人应自法院裁定批准重整计划之日起3个工作日内书面提供接受偿债资金的账户信息。

因债权人自身和/或其关联方的原因,导致偿债资金不能到账,或账户被冻结、扣划,产生的法律后果和风险由相关债权人自行承担。债权人可以书面指令将偿债资金支付至债权人指定的、由该债权人所有或控制的账户或其他主体所有或控制的账户内。债权人指令将偿债资金支付至其他主体的账户的,因该指令导致偿债资金不能到账,以及该指令导致的法律纠纷和风险由相关债权人自行承担。

(三)偿债资金的提存及处理

1. 债权经法院裁定确认的债权人未按照本重整计划的规定领受分配的偿债

资金，根据本重整计划应向其分配的资金将提存至管理人指定的银行账户，提存的偿债资金自重整计划执行完毕之日起满3年，因债权人自身原因仍不领取的，视为放弃受领受偿款项的权利，相应提存资金将用于补充×××公司流动资金。

2. 已获管理人审查确认但尚未经法院裁定确认的债权，债权数额以法院最终裁定确认的为准，债权人按照本重整计划规定的同类债权的清偿条件受领偿债资金。已按照本重整计划预留的偿债资金在清偿上述债权后仍有剩余的，剩余的偿债资金和变现价款将用于补充×××公司流动资金。

3. 待确认债权最终未获法院裁定确认的，根据本重整计划为其预留的资金将用于×××公司补充流动资金。最终获法院裁定确认的债权数额与债权申报数额有差异的，以法院最终确认的债权数额为准，按照本重整计划规定的同类债权的清偿条件受领偿债资金。已按照本重整计划预留的偿债资金在清偿上述债权后仍有剩余的，剩余的偿债资金变现价款将用于补充×××公司流动资金。

4. 对于账面记载未申报债权，自重整计划执行完毕之日起3年未主张或者虽主张但经审查不成立或者有证据证明债权不成立的，不再清偿，相应预留偿债资金或变现价款将用于补充×××公司流动资金。

（四）重整费用的支付

依据《最高人民法院关于审理企业破产案件确定管理人报酬的规定》及法院确定的管理人报酬方案计算的管理人报酬共计×××××元，按照管理人报酬方案支付。在重整期间及重整计划执行期间，法院案件受理费、管理人聘请其他中介机构的费用（包括聘请审计机构费用×××万元、评估机构的费用×××万元）、管理人执行职务等发生的各项破产费用，根据实际发生数额作为重整费用以债务人财产按照本重整计划规定或合同约定支付或清偿。

此外，×××公司财产变价税费、股权过户税费、管理人执行职务的费用等其他重整费用根据重整计划执行实际情况随时支付。

债权人对重整费用有异议的，可以依法提出。债权人对重整费用的异议不影响本重整计划的表决结果及表决效力。

（五）共益债务的清偿

×××公司重整期间的共益债务，包括但不限于因继续履行合同所产生的债务、继续营业而应支付的劳动报酬和社会保险费用以及由此产生的其他债务，由×××公司按照相关合同约定随时清偿。

债权人对共益债务有异议的，可以依法提出。债权人对共益债务的异议不影响本重整计划的表决结果及表决效力。

（六）重整投资人的变更

因客观原因导致需要变更重整投资人的，在不变更出资人权益调整方案、债权分类、债权调整和受偿方案的前提下，由管理人报告债权人会议，并请示法院批准后变更。

（七）对债务人财产限制措施的解除

根据《企业破产法》第19条的规定，法院受理破产申请后，有关债务人财产的保全措施应当解除。尚未解除对五公司财产保全措施的债权人，应当在本重整计划获得法院裁定批准后协助办理完毕解除财产保全措施的手续。管理人有权根据债权人配合解除财产保全措施的情况向该债权人支付偿债资金，因相关债权人不配合导致无法按期受领偿债资金的，不视为重整计划未能执行完毕。因债权人的原因未能及时解除对×××公司财产的保全措施而对公司生产经营造成影响和损失，以及影响公司重整计划执行的，由相关债权人向公司及相关方承担赔偿责任。

（八）×××公司股东欠缴出资及对外应收的处理

重整计划通过后，若×××公司能追回原股东欠缴的出资或者能追回对外应收债权的，则追回的权益归×××公司所有，由此产生的×××公司财产增值等相关权益由投资人按持股权益享有，与债权人无关。×××公司或重整投资人不会因此对债权人的清偿率及清偿数据进行调整，也不会对债权人提供任何补偿。同样，重整计划通过后，若×××公司不能追回原股东欠缴的出资或者不能追回对外应收债权的，相关风险由×××公司承担，由此产生的×××公司财产贬值的风险由重整投资人承担，与债权人无关。债权人不需承担风险，也不因此调整债权人的清偿率及清偿数额。

（九）×××公司企业信用修复

重整计划执行完毕后，债务人或管理人可向法院申请，帮助×××公司修复信用记录、恢复营业执照。

（十）×××公司资产风险提示

×××公司资产若涉及民商事纠纷以外的查封、扣押（例如，××市公安局查封×××公司财产），该资产因此存在的风险（包括但不限于最终不能成为破产财产)由×××公司自行承担,与债权人无关。管理人按届时资产现状移交给×××公司。

## 结　语

自法院裁定×××公司进入重整程序,并裁定准许×××公司实质合并重整以来,×××公司结合公司资产负债等客观情况,全面开展重整计划的设计、论证和制作工作。在法院、管理人的监督和指导下,经与各利益相关方进行充分的沟通和协商,结合各利益相关方的合理诉求,公司依据法律、法规、司法解释的规定制订本重整计划。根据《企业破产法》的规定,本重整计划只有在各表决组表决通过,并经法院裁定批准方能生效,×××公司才能避免因破产清算而给债权人和股东带来更大损失。

本重整计划关系到每一户债权人能否顺利受偿,关系到×××公司未来各自的生存与发展。只有在重整计划获得表决通过和裁定批准后,×××公司才能通过后续的持续经营发展,恢复持续经营能力与盈利能力,才能使所有利益主体切实分享×××公司重整成功带来的效益。为实现这一目标,公司真诚希望各位债权人和出资人鼎力支持×××公司的重整,在债权人会议和出资人组会议上表决通过本重整计划及出资人权益调整方案。

谨呈

××省××市中级人民法院

×××××××有限公司

×××公司实质合并重整案债权人会议

×××有限公司管理人

第四篇

# 法规篇

# 第十七章　相关法律、法规以及政策文件

## 第一节　法律文件

### 中华人民共和国企业破产法

（2006年8月27日第十届全国人民代表大会常务委员会
第二十三次会议通过）

#### 第一章　总　　则

**第一条**　为规范企业破产程序，公平清理债权债务，保护债权人和债务人的合法权益，维护社会主义市场经济秩序，制定本法。

**第二条**　企业法人不能清偿到期债务，并且资产不足以清偿全部债务或者明显缺乏清偿能力的，依照本法规定清理债务。

企业法人有前款规定情形，或者有明显丧失清偿能力可能的，可以依照本法规定进行重整。

**第三条**　破产案件由债务人住所地人民法院管辖。

**第四条**　破产案件审理程序，本法没有规定的，适用民事诉讼法的有关规定。

**第五条**　依照本法开始的破产程序，对债务人在中华人民共和国领域外的财产发生效力。

对外国法院作出的发生法律效力的破产案件的判决、裁定，涉及债务人在中华人民共和国领域内的财产，申请或者请求人民法院承认和执行的，人民法院依照中华人民共和国缔结或者参加的国际条约，或者按照互惠原则进行审查，认为不违反中华人民共和国法律的基本原则，不损害国家主权、安全和社会公共利

益，不损害中华人民共和国领域内债权人的合法权益的，裁定承认和执行。

**第六条** 人民法院审理破产案件，应当依法保障企业职工的合法权益，依法追究破产企业经营管理人员的法律责任。

## 第二章 申请和受理

### 第一节 申 请

**第七条** 债务人有本法第二条规定的情形，可以向人民法院提出重整、和解或者破产清算申请。

债务人不能清偿到期债务，债权人可以向人民法院提出对债务人进行重整或者破产清算的申请。

企业法人已解散但未清算或者未清算完毕，资产不足以清偿债务的，依法负有清算责任的人应当向人民法院申请破产清算。

**第八条** 向人民法院提出破产申请，应当提交破产申请书和有关证据。

破产申请书应当载明下列事项：

（一）申请人、被申请人的基本情况；

（二）申请目的；

（三）申请的事实和理由；

（四）人民法院认为应当载明的其他事项。

债务人提出申请的，还应当向人民法院提交财产状况说明、债务清册、债权清册、有关财务会计报告、职工安置预案以及职工工资的支付和社会保险费用的缴纳情况。

**第九条** 人民法院受理破产申请前，申请人可以请求撤回申请。

### 第二节 受 理

**第十条** 债权人提出破产申请的，人民法院应当自收到申请之日起五日内通知债务人。

债务人对申请有异议的，应当自收到人民法院的通知之日起七日内向人民法院提出。人民法院应当自异议期满之日起十日内裁定是否受理。

除前款规定的情形外，人民法院应当自收到破产申请之日起十五日内裁定是否受理。

有特殊情况需要延长前两款规定的裁定受理期限的,经上一级人民法院批准,可以延长十五日。

**第十一条** 人民法院受理破产申请的,应当自裁定作出之日起五日内送达申请人。

债权人提出申请的,人民法院应当自裁定作出之日起五日内送达债务人。债务人应当自裁定送达之日起十五日内,向人民法院提交财产状况说明、债务清册、债权清册、有关财务会计报告以及职工工资的支付和社会保险费用的缴纳情况。

**第十二条** 人民法院裁定不受理破产申请的,应当自裁定作出之日起五日内送达申请人并说明理由。申请人对裁定不服的,可以自裁定送达之日起十日内向上一级人民法院提起上诉。

人民法院受理破产申请后至破产宣告前,经审查发现债务人不符合本法第二条规定情形的,可以裁定驳回申请。申请人对裁定不服的,可以自裁定送达之日起十日内向上一级人民法院提起上诉。

**第十三条** 人民法院裁定受理破产申请的,应当同时指定管理人。

**第十四条** 人民法院应当自裁定受理破产申请之日起二十五日内通知已知债权人,并予以公告。

通知和公告应当载明下列事项:

(一)申请人、被申请人的名称或者姓名;

(二)人民法院受理破产申请的时间;

(三)申报债权的期限、地点和注意事项;

(四)管理人的名称或者姓名及其处理事务的地址;

(五)债务人的债务人或者财产持有人应当向管理人清偿债务或者交付财产的要求;

(六)第一次债权人会议召开的时间和地点;

(七)人民法院认为应当通知和公告的其他事项。

**第十五条** 自人民法院受理破产申请的裁定送达债务人之日起至破产程序终结之日,债务人的有关人员承担下列义务:

(一)妥善保管其占有和管理的财产、印章和账簿、文书等资料;

（二）根据人民法院、管理人的要求进行工作，并如实回答询问；

（三）列席债权人会议并如实回答债权人的询问；

（四）未经人民法院许可，不得离开住所地；

（五）不得新任其他企业的董事、监事、高级管理人员。

前款所称有关人员，是指企业的法定代表人；经人民法院决定，可以包括企业的财务管理人员和其他经营管理人员。

**第十六条** 人民法院受理破产申请后，债务人对个别债权人的债务清偿无效。

**第十七条** 人民法院受理破产申请后，债务人的债务人或者财产持有人应当向管理人清偿债务或者交付财产。

债务人的债务人或者财产持有人故意违反前款规定向债务人清偿债务或者交付财产，使债权人受到损失的，不免除其清偿债务或者交付财产的义务。

**第十八条** 人民法院受理破产申请后，管理人对破产申请受理前成立而债务人和对方当事人均未履行完毕的合同有权决定解除或者继续履行，并通知对方当事人。管理人自破产申请受理之日起二个月内未通知对方当事人，或者自收到对方当事人催告之日起三十日内未答复的，视为解除合同。

管理人决定继续履行合同的，对方当事人应当履行；但是，对方当事人有权要求管理人提供担保。管理人不提供担保的，视为解除合同。

**第十九条** 人民法院受理破产申请后，有关债务人财产的保全措施应当解除，执行程序应当中止。

**第二十条** 人民法院受理破产申请后，已经开始而尚未终结的有关债务人的民事诉讼或者仲裁应当中止；在管理人接管债务人的财产后，该诉讼或者仲裁继续进行。

**第二十一条** 人民法院受理破产申请后，有关债务人的民事诉讼，只能向受理破产申请的人民法院提起。

## 第三章 管 理 人

**第二十二条** 管理人由人民法院指定。

债权人会议认为管理人不能依法、公正执行职务或者有其他不能胜任职务情形的，可以申请人民法院予以更换。

指定管理人和确定管理人报酬的办法，由最高人民法院规定。

**第二十三条**　管理人依照本法规定执行职务，向人民法院报告工作，并接受债权人会议和债权人委员会的监督。

管理人应当列席债权人会议，向债权人会议报告职务执行情况，并回答询问。

**第二十四条**　管理人可以由有关部门、机构的人员组成的清算组或者依法设立的律师事务所、会计师事务所、破产清算事务所等社会中介机构担任。

人民法院根据债务人的实际情况，可以在征询有关社会中介机构的意见后，指定该机构具备相关专业知识并取得执业资格的人员担任管理人。

有下列情形之一的，不得担任管理人：

（一）因故意犯罪受过刑事处罚；

（二）曾被吊销相关专业执业证书；

（三）与本案有利害关系；

（四）人民法院认为不宜担任管理人的其他情形。

个人担任管理人的，应当参加执业责任保险。

**第二十五条**　管理人履行下列职责：

（一）接管债务人的财产、印章和账簿、文书等资料；

（二）调查债务人财产状况，制作财产状况报告；

（三）决定债务人的内部管理事务；

（四）决定债务人的日常开支和其他必要开支；

（五）在第一次债权人会议召开之前，决定继续或者停止债务人的营业；

（六）管理和处分债务人的财产；

（七）代表债务人参加诉讼、仲裁或者其他法律程序；

（八）提议召开债权人会议；

（九）人民法院认为管理人应当履行的其他职责。

本法对管理人的职责另有规定的，适用其规定。

**第二十六条**　在第一次债权人会议召开之前，管理人决定继续或者停止债务人的营业或者有本法第六十九条规定行为之一的，应当经人民法院许可。

**第二十七条**　管理人应当勤勉尽责，忠实执行职务。

**第二十八条**　管理人经人民法院许可，可以聘用必要的工作人员。

管理人的报酬由人民法院确定。债权人会议对管理人的报酬有异议的,有权向人民法院提出。

**第二十九条** 管理人没有正当理由不得辞去职务。管理人辞去职务应当经人民法院许可。

## 第四章 债务人财产

**第三十条** 破产申请受理时属于债务人的全部财产,以及破产申请受理后至破产程序终结前债务人取得的财产,为债务人财产。

**第三十一条** 人民法院受理破产申请前一年内,涉及债务人财产的下列行为,管理人有权请求人民法院予以撤销:

(一)无偿转让财产的;

(二)以明显不合理的价格进行交易的;

(三)对没有财产担保的债务提供财产担保的;

(四)对未到期的债务提前清偿的;

(五)放弃债权的。

**第三十二条** 人民法院受理破产申请前六个月内,债务人有本法第二条第一款规定的情形,仍对个别债权人进行清偿的,管理人有权请求人民法院予以撤销。但是,个别清偿使债务人财产受益的除外。

**第三十三条** 涉及债务人财产的下列行为无效:

(一)为逃避债务而隐匿、转移财产的;

(二)虚构债务或者承认不真实的债务的。

**第三十四条** 因本法第三十一条、第三十二条或者第三十三条规定的行为而取得的债务人的财产,管理人有权追回。

**第三十五条** 人民法院受理破产申请后,债务人的出资人尚未完全履行出资义务的,管理人应当要求该出资人缴纳所认缴的出资,而不受出资期限的限制。

**第三十六条** 债务人的董事、监事和高级管理人员利用职权从企业获取的非正常收入和侵占的企业财产,管理人应当追回。

**第三十七条** 人民法院受理破产申请后,管理人可以通过清偿债务或者提供为债权人接受的担保,取回质物、留置物。

前款规定的债务清偿或者替代担保,在质物或者留置物的价值低于被担保的债权额时,以该质物或者留置物当时的市场价值为限。

**第三十八条** 人民法院受理破产申请后,债务人占有的不属于债务人的财产,该财产的权利人可以通过管理人取回。但是,本法另有规定的除外。

**第三十九条** 人民法院受理破产申请时,出卖人已将买卖标的物向作为买受人的债务人发运,债务人尚未收到且未付清全部价款的,出卖人可以取回在运途中的标的物。但是,管理人可以支付全部价款,请求出卖人交付标的物。

**第四十条** 债权人在破产申请受理前对债务人负有债务的,可以向管理人主张抵销。但是,有下列情形之一的,不得抵销:

(一)债务人的债务人在破产申请受理后取得他人对债务人的债权的;

(二)债权人已知债务人有不能清偿到期债务或者破产申请的事实,对债务人负担债务的;但是,债权人因为法律规定或者有破产申请一年前所发生的原因而负担债务的除外;

(三)债务人的债务人已知债务人有不能清偿到期债务或者破产申请的事实,对债务人取得债权的;但是,债务人的债务人因为法律规定或者有破产申请一年前所发生的原因而取得债权的除外。

## 第五章 破产费用和共益债务

**第四十一条** 人民法院受理破产申请后发生的下列费用,为破产费用:

(一)破产案件的诉讼费用;

(二)管理、变价和分配债务人财产的费用;

(三)管理人执行职务的费用、报酬和聘用工作人员的费用。

**第四十二条** 人民法院受理破产申请后发生的下列债务,为共益债务:

(一)因管理人或者债务人请求对方当事人履行双方均未履行完毕的合同所产生的债务;

(二)债务人财产受无因管理所产生的债务;

(三)因债务人不当得利所产生的债务;

(四)为债务人继续营业而应支付的劳动报酬和社会保险费用以及由此产生的其他债务;

(五)管理人或者相关人员执行职务致人损害所产生的债务;

(六)债务人财产致人损害所产生的债务。

**第四十三条** 破产费用和共益债务由债务人财产随时清偿。

债务人财产不足以清偿所有破产费用和共益债务的,先行清偿破产费用。

债务人财产不足以清偿所有破产费用或者共益债务的,按照比例清偿。

债务人财产不足以清偿破产费用的,管理人应当提请人民法院终结破产程序。人民法院应当自收到请求之日起十五日内裁定终结破产程序,并予以公告。

## 第六章 债权申报

**第四十四条** 人民法院受理破产申请时对债务人享有债权的债权人,依照本法规定的程序行使权利。

**第四十五条** 人民法院受理破产申请后,应当确定债权人申报债权的期限。债权申报期限自人民法院发布受理破产申请公告之日起计算,最短不得少于三十日,最长不得超过三个月。

**第四十六条** 未到期的债权,在破产申请受理时视为到期。

附利息的债权自破产申请受理时起停止计息。

**第四十七条** 附条件、附期限的债权和诉讼、仲裁未决的债权,债权人可以申报。

**第四十八条** 债权人应当在人民法院确定的债权申报期限内向管理人申报债权。

债务人所欠职工的工资和医疗、伤残补助、抚恤费用,所欠的应当划入职工个人账户的基本养老保险、基本医疗保险费用,以及法律、行政法规规定应当支付给职工的补偿金,不必申报,由管理人调查后列出清单并予以公示。职工对清单记载有异议的,可以要求管理人更正;管理人不予更正的,职工可以向人民法院提起诉讼。

**第四十九条** 债权人申报债权时,应当书面说明债权的数额和有无财产担保,并提交有关证据。申报的债权是连带债权的,应当说明。

**第五十条** 连带债权人可以由其中一人代表全体连带债权人申报债权,也可以共同申报债权。

**第五十一条** 债务人的保证人或者其他连带债务人已经代替债务人清偿债务的,以其对债务人的求偿权申报债权。

债务人的保证人或者其他连带债务人尚未代替债务人清偿债务的,以其对债务人的将来求偿权申报债权。但是,债权人已经向管理人申报全部债权的除外。

**第五十二条**　连带债务人数人被裁定适用本法规定的程序的,其债权人有权就全部债权分别在各破产案件中申报债权。

**第五十三条**　管理人或者债务人依照本法规定解除合同的,对方当事人以因合同解除所产生的损害赔偿请求权申报债权。

**第五十四条**　债务人是委托合同的委托人,被裁定适用本法规定的程序,受托人不知该事实,继续处理委托事务的,受托人以由此产生的请求权申报债权。

**第五十五条**　债务人是票据的出票人,被裁定适用本法规定的程序,该票据的付款人继续付款或者承兑的,付款人以由此产生的请求权申报债权。

**第五十六条**　在人民法院确定的债权申报期限内,债权人未申报债权的,可以在破产财产最后分配前补充申报;但是,此前已进行的分配,不再对其补充分配。为审查和确认补充申报债权的费用,由补充申报人承担。

债权人未依照本法规定申报债权的,不得依照本法规定的程序行使权利。

**第五十七条**　管理人收到债权申报材料后,应当登记造册,对申报的债权进行审查,并编制债权表。

债权表和债权申报材料由管理人保存,供利害关系人查阅。

**第五十八条**　依照本法第五十七条规定编制的债权表,应当提交第一次债权人会议核查。

债务人、债权人对债权表记载的债权无异议的,由人民法院裁定确认。

债务人、债权人对债权表记载的债权有异议的,可以向受理破产申请的人民法院提起诉讼。

## 第七章　债权人会议

### 第一节　一般规定

**第五十九条**　依法申报债权的债权人为债权人会议的成员,有权参加债权人会议,享有表决权。

债权尚未确定的债权人,除人民法院能够为其行使表决权而临时确定债权额的外，不得行使表决权。

对债务人的特定财产享有担保权的债权人，未放弃优先受偿权利的，对于本法第六十一条第一款第七项、第十项规定的事项不享有表决权。

债权人可以委托代理人出席债权人会议，行使表决权。代理人出席债权人会议，应当向人民法院或者债权人会议主席提交债权人的授权委托书。

债权人会议应当有债务人的职工和工会的代表参加，对有关事项发表意见。

**第六十条** 债权人会议设主席一人，由人民法院从有表决权的债权人中指定。

债权人会议主席主持债权人会议。

**第六十一条** 债权人会议行使下列职权：

（一）核查债权；

（二）申请人民法院更换管理人，审查管理人的费用和报酬；

（三）监督管理人；

（四）选任和更换债权人委员会成员；

（五）决定继续或者停止债务人的营业；

（六）通过重整计划；

（七）通过和解协议；

（八）通过债务人财产的管理方案；

（九）通过破产财产的变价方案；

（十）通过破产财产的分配方案；

（十一）人民法院认为应当由债权人会议行使的其他职权。

债权人会议应当对所议事项的决议作成会议记录。

**第六十二条** 第一次债权人会议由人民法院召集，自债权申报期限届满之日起十五日内召开。

以后的债权人会议，在人民法院认为必要时，或者管理人、债权人委员会、占债权总额四分之一以上的债权人向债权人会议主席提议时召开。

**第六十三条** 召开债权人会议，管理人应当提前十五日通知已知的债权人。

**第六十四条** 债权人会议的决议，由出席会议的有表决权的债权人过半数通过，并且其所代表的债权额占无财产担保债权总额的二分之一以上。但是，本法另有规定的除外。

债权人认为债权人会议的决议违反法律规定，损害其利益的，可以自债权人会议作出决议之日起十五日内，请求人民法院裁定撤销该决议，责令债权人会议依法重新作出决议。

债权人会议的决议，对于全体债权人均有约束力。

**第六十五条** 本法第六十一条第一款第八项、第九项所列事项，经债权人会议表决未通过的，由人民法院裁定。

本法第六十一条第一款第十项所列事项，经债权人会议二次表决仍未通过的，由人民法院裁定。

对前两款规定的裁定，人民法院可以在债权人会议上宣布或者另行通知债权人。

**第六十六条** 债权人对人民法院依照本法第六十五条第一款作出的裁定不服的，债权额占无财产担保债权总额二分之一以上的债权人对人民法院依照本法第六十五条第二款作出的裁定不服的，可以自裁定宣布之日或者收到通知之日起十五日内向该人民法院申请复议。复议期间不停止裁定的执行。

### 第二节 债权人委员会

**第六十七条** 债权人会议可以决定设立债权人委员会。债权人委员会由债权人会议选任的债权人代表和一名债务人的职工代表或者工会代表组成。债权人委员会成员不得超过九人。

债权人委员会成员应当经人民法院书面决定认可。

**第六十八条** 债权人委员会行使下列职权：

(一)监督债务人财产的管理和处分；

(二)监督破产财产分配；

(三)提议召开债权人会议；

(四)债权人会议委托的其他职权。

债权人委员会执行职务时，有权要求管理人、债务人的有关人员对其职权范围内的事务作出说明或者提供有关文件。

管理人、债务人的有关人员违反本法规定拒绝接受监督的，债权人委员会有权就监督事项请求人民法院作出决定；人民法院应当在五日内作出决定。

**第六十九条** 管理人实施下列行为，应当及时报告债权人委员会：

（一）涉及土地、房屋等不动产权益的转让；

（二）探矿权、采矿权、知识产权等财产权的转让；

（三）全部库存或者营业的转让；

（四）借款；

（五）设定财产担保；

（六）债权和有价证券的转让；

（七）履行债务人和对方当事人均未履行完毕的合同；

（八）放弃权利；

（九）担保物的取回；

（十）对债权人利益有重大影响的其他财产处分行为。

未设立债权人委员会的，管理人实施前款规定的行为应当及时报告人民法院。

## 第八章　重　　整

### 第一节　重整申请和重整期间

**第七十条**　债务人或者债权人可以依照本法规定，直接向人民法院申请对债务人进行重整。

债权人申请对债务人进行破产清算的，在人民法院受理破产申请后、宣告债务人破产前，债务人或者出资额占债务人注册资本十分之一以上的出资人，可以向人民法院申请重整。

**第七十一条**　人民法院经审查认为重整申请符合本法规定的，应当裁定债务人重整，并予以公告。

**第七十二条**　自人民法院裁定债务人重整之日起至重整程序终止，为重整期间。

**第七十三条**　在重整期间，经债务人申请，人民法院批准，债务人可以在管理人的监督下自行管理财产和营业事务。

有前款规定情形的，依照本法规定已接管债务人财产和营业事务的管理人应当向债务人移交财产和营业事务，本法规定的管理人的职权由债务人行使。

**第七十四条**　管理人负责管理财产和营业事务的，可以聘任债务人的经营管理人员负责营业事务。

**第七十五条**　在重整期间，对债务人的特定财产享有的担保权暂停行使。但是，担保物有损坏或者价值明显减少的可能，足以危害担保权人权利的，担保权人可以向人民法院请求恢复行使担保权。

在重整期间，债务人或者管理人为继续营业而借款的，可以为该借款设定担保。

**第七十六条**　债务人合法占有的他人财产，该财产的权利人在重整期间要求取回的，应当符合事先约定的条件。

**第七十七条**　在重整期间，债务人的出资人不得请求投资收益分配。

在重整期间，债务人的董事、监事、高级管理人员不得向第三人转让其持有的债务人的股权。但是，经人民法院同意的除外。

**第七十八条**　在重整期间，有下列情形之一的，经管理人或者利害关系人请求，人民法院应当裁定终止重整程序，并宣告债务人破产：

（一）债务人的经营状况和财产状况继续恶化，缺乏挽救的可能性；

（二）债务人有欺诈、恶意减少债务人财产或者其他显著不利于债权人的行为；

（三）由于债务人的行为致使管理人无法执行职务。

## 第二节　重整计划的制定和批准

**第七十九条**　债务人或者管理人应当自人民法院裁定债务人重整之日起六个月内，同时向人民法院和债权人会议提交重整计划草案。

前款规定的期限届满，经债务人或者管理人请求，有正当理由的，人民法院可以裁定延期三个月。

债务人或者管理人未按期提出重整计划草案的，人民法院应当裁定终止重整程序，并宣告债务人破产。

**第八十条**　债务人自行管理财产和营业事务的，由债务人制作重整计划草案。

管理人负责管理财产和营业事务的，由管理人制作重整计划草案。

**第八十一条**　重整计划草案应当包括下列内容：

（一）债务人的经营方案；

（二）债权分类；

（三）债权调整方案；

（四）债权受偿方案；

（五）重整计划的执行期限；

（六）重整计划执行的监督期限；

（七）有利于债务人重整的其他方案。

**第八十二条** 下列各类债权的债权人参加讨论重整计划草案的债权人会议，依照下列债权分类，分组对重整计划草案进行表决：

（一）对债务人的特定财产享有担保权的债权；

（二）债务人所欠职工的工资和医疗、伤残补助、抚恤费用，所欠的应当划入职工个人账户的基本养老保险、基本医疗保险费用，以及法律、行政法规规定应当支付给职工的补偿金；

（三）债务人所欠税款；

（四）普通债权。

人民法院在必要时可以决定在普通债权组中设小额债权组对重整计划草案进行表决。

**第八十三条** 重整计划不得规定减免债务人欠缴的本法第八十二条第一款第二项规定以外的社会保险费用；该项费用的债权人不参加重整计划草案的表决。

**第八十四条** 人民法院应当自收到重整计划草案之日起三十日内召开债权人会议，对重整计划草案进行表决。

出席会议的同一表决组的债权人过半数同意重整计划草案，并且其所代表的债权额占该组债权总额的三分之二以上的，即为该组通过重整计划草案。

债务人或者管理人应当向债权人会议就重整计划草案作出说明，并回答询问。

**第八十五条** 债务人的出资人代表可以列席讨论重整计划草案的债权人会议。

重整计划草案涉及出资人权益调整事项的，应当设出资人组，对该事项进行表决。

**第八十六条** 各表决组均通过重整计划草案时，重整计划即为通过。

自重整计划通过之日起十日内，债务人或者管理人应当向人民法院提出批准重整计划的申请。人民法院经审查认为符合本法规定的，应当自收到申请之日起三十日内裁定批准，终止重整程序，并予以公告。

**第八十七条**　部分表决组未通过重整计划草案的，债务人或者管理人可以同未通过重整计划草案的表决组协商。该表决组可以在协商后再表决一次。双方协商的结果不得损害其他表决组的利益。

未通过重整计划草案的表决组拒绝再次表决或者再次表决仍未通过重整计划草案，但重整计划草案符合下列条件的，债务人或者管理人可以申请人民法院批准重整计划草案：

（一）按照重整计划草案，本法第八十二条第一款第一项所列债权就该特定财产将获得全额清偿，其因延期清偿所受的损失将得到公平补偿，并且其担保权未受到实质性损害，或者该表决组已经通过重整计划草案；

（二）按照重整计划草案，本法第八十二条第一款第二项、第三项所列债权将获得全额清偿，或者相应表决组已经通过重整计划草案；

（三）按照重整计划草案，普通债权所获得的清偿比例，不低于其在重整计划草案被提请批准时依照破产清算程序所能获得的清偿比例，或者该表决组已经通过重整计划草案；

（四）重整计划草案对出资人权益的调整公平、公正，或者出资人组已经通过重整计划草案；

（五）重整计划草案公平对待同一表决组的成员，并且所规定的债权清偿顺序不违反本法第一百一十三条的规定；

（六）债务人的经营方案具有可行性。

人民法院经审查认为重整计划草案符合前款规定的，应当自收到申请之日起三十日内裁定批准，终止重整程序，并予以公告。

**第八十八条**　重整计划草案未获得通过且未依照本法第八十七条的规定获得批准，或者已通过的重整计划未获得批准的，人民法院应当裁定终止重整程序，并宣告债务人破产。

### 第三节　重整计划的执行

**第八十九条**　重整计划由债务人负责执行。

人民法院裁定批准重整计划后，已接管财产和营业事务的管理人应当向债务人移交财产和营业事务。

**第九十条** 自人民法院裁定批准重整计划之日起，在重整计划规定的监督期内，由管理人监督重整计划的执行。

在监督期内，债务人应当向管理人报告重整计划执行情况和债务人财务状况。

**第九十一条** 监督期届满时，管理人应当向人民法院提交监督报告。自监督报告提交之日起，管理人的监督职责终止。

管理人向人民法院提交的监督报告，重整计划的利害关系人有权查阅。

经管理人申请，人民法院可以裁定延长重整计划执行的监督期限。

**第九十二条** 经人民法院裁定批准的重整计划，对债务人和全体债权人均有约束力。

债权人未依照本法规定申报债权的，在重整计划执行期间不得行使权利；在重整计划执行完毕后，可以按照重整计划规定的同类债权的清偿条件行使权利。

债权人对债务人的保证人和其他连带债务人所享有的权利，不受重整计划的影响。

**第九十三条** 债务人不能执行或者不执行重整计划的，人民法院经管理人或者利害关系人请求，应当裁定终止重整计划的执行，并宣告债务人破产。

人民法院裁定终止重整计划执行的，债权人在重整计划中作出的债权调整的承诺失去效力。债权人因执行重整计划所受的清偿仍然有效，债权未受清偿的部分作为破产债权。

前款规定的债权人，只有在其他同顺位债权人同自己所受的清偿达到同一比例时，才能继续接受分配。

有本条第一款规定情形的，为重整计划的执行提供的担保继续有效。

**第九十四条** 按照重整计划减免的债务，自重整计划执行完毕时起，债务人不再承担清偿责任。

## 第九章 和 解

**第九十五条** 债务人可以依照本法规定，直接向人民法院申请和解；也可以在人民法院受理破产申请后、宣告债务人破产前，向人民法院申请和解。

债务人申请和解,应当提出和解协议草案。

**第九十六条** 人民法院经审查认为和解申请符合本法规定的,应当裁定和解,予以公告,并召集债权人会议讨论和解协议草案。

对债务人的特定财产享有担保权的权利人,自人民法院裁定和解之日起可以行使权利。

**第九十七条** 债权人会议通过和解协议的决议,由出席会议的有表决权的债权人过半数同意,并且其所代表的债权额占无财产担保债权总额的三分之二以上。

**第九十八条** 债权人会议通过和解协议的,由人民法院裁定认可,终止和解程序,并予以公告。管理人应当向债务人移交财产和营业事务,并向人民法院提交执行职务的报告。

**第九十九条** 和解协议草案经债权人会议表决未获得通过,或者已经债权人会议通过的和解协议未获得人民法院认可的,人民法院应当裁定终止和解程序,并宣告债务人破产。

**第一百条** 经人民法院裁定认可的和解协议,对债务人和全体和解债权人均有约束力。

和解债权人是指人民法院受理破产申请时对债务人享有无财产担保债权的人。

和解债权人未依照本法规定申报债权的,在和解协议执行期间不得行使权利;在和解协议执行完毕后,可以按照和解协议规定的清偿条件行使权利。

**第一百零一条** 和解债权人对债务人的保证人和其他连带债务人所享有的权利,不受和解协议的影响。

**第一百零二条** 债务人应当按照和解协议规定的条件清偿债务。

**第一百零三条** 因债务人的欺诈或者其他违法行为而成立的和解协议,人民法院应当裁定无效,并宣告债务人破产。

有前款规定情形的,和解债权人因执行和解协议所受的清偿,在其他债权人所受清偿同等比例的范围内,不予返还。

**第一百零四条** 债务人不能执行或者不执行和解协议的,人民法院经和解债权人请求,应当裁定终止和解协议的执行,并宣告债务人破产。

人民法院裁定终止和解协议执行的,和解债权人在和解协议中作出的债权调整的承诺失去效力。和解债权人因执行和解协议所受的清偿仍然有效,和解债权未受清偿的部分作为破产债权。

前款规定的债权人,只有在其他债权人同自己所受的清偿达到同一比例时,才能继续接受分配。

有本条第一款规定情形的,为和解协议的执行提供的担保继续有效。

**第一百零五条** 人民法院受理破产申请后,债务人与全体债权人就债权债务的处理自行达成协议的,可以请求人民法院裁定认可,并终结破产程序。

**第一百零六条** 按照和解协议减免的债务,自和解协议执行完毕时起,债务人不再承担清偿责任。

## 第十章 破产清算

### 第一节 破产宣告

**第一百零七条** 人民法院依照本法规定宣告债务人破产的,应当自裁定作出之日起五日内送达债务人和管理人,自裁定作出之日起十日内通知已知债权人,并予以公告。

债务人被宣告破产后,债务人称为破产人,债务人财产称为破产财产,人民法院受理破产申请时对债务人享有的债权称为破产债权。

**第一百零八条** 破产宣告前,有下列情形之一的,人民法院应当裁定终结破产程序,并予以公告:

(一)第三人为债务人提供足额担保或者为债务人清偿全部到期债务的;

(二)债务人已清偿全部到期债务的。

**第一百零九条** 对破产人的特定财产享有担保权的权利人,对该特定财产享有优先受偿的权利。

**第一百一十条** 享有本法第一百零九条规定权利的债权人行使优先受偿权利未能完全受偿的,其未受偿的债权作为普通债权;放弃优先受偿权利的,其债权作为普通债权。

### 第二节 变价和分配

**第一百一十一条** 管理人应当及时拟订破产财产变价方案,提交债权人会议讨论。

管理人应当按照债权人会议通过的或者人民法院依照本法第六十五条第一款规定裁定的破产财产变价方案,适时变价出售破产财产。

**第一百一十二条** 变价出售破产财产应当通过拍卖进行。但是,债权人会议另有决议的除外。

破产企业可以全部或者部分变价出售。企业变价出售时,可以将其中的无形资产和其他财产单独变价出售。

按照国家规定不能拍卖或者限制转让的财产,应当按照国家规定的方式处理。

**第一百一十三条** 破产财产在优先清偿破产费用和共益债务后,依照下列顺序清偿:

(一)破产人所欠职工的工资和医疗、伤残补助、抚恤费用,所欠的应当划入职工个人账户的基本养老保险、基本医疗保险费用,以及法律、行政法规规定应当支付给职工的补偿金;

(二)破产人欠缴的除前项规定以外的社会保险费用和破产人所欠税款;

(三)普通破产债权。

破产财产不足以清偿同一顺序的清偿要求的,按照比例分配。

破产企业的董事、监事和高级管理人员的工资按照该企业职工的平均工资计算。

**第一百一十四条** 破产财产的分配应当以货币分配方式进行。但是,债权人会议另有决议的除外。

**第一百一十五条** 管理人应当及时拟订破产财产分配方案,提交债权人会议讨论。

破产财产分配方案应当载明下列事项:

(一)参加破产财产分配的债权人名称或者姓名、住所;

(二)参加破产财产分配的债权额;

(三)可供分配的破产财产数额;

(四)破产财产分配的顺序、比例及数额;

(五)实施破产财产分配的方法。

债权人会议通过破产财产分配方案后,由管理人将该方案提请人民法院裁定认可。

**第一百一十六条** 破产财产分配方案经人民法院裁定认可后，由管理人执行。管理人按照破产财产分配方案实施多次分配的，应当公告本次分配的财产额和债权额。管理人实施最后分配的，应当在公告中指明，并载明本法第一百一十七条第二款规定的事项。

**第一百一十七条** 对于附生效条件或者解除条件的债权，管理人应当将其分配额提存。

管理人依照前款规定提存的分配额，在最后分配公告日，生效条件未成就或者解除条件成就的，应当分配给其他债权人；在最后分配公告日，生效条件成就或者解除条件未成就的，应当交付给债权人。

**第一百一十八条** 债权人未受领的破产财产分配额，管理人应当提存。债权人自最后分配公告之日起满二个月仍不领取的，视为放弃受领分配的权利，管理人或者人民法院应当将提存的分配额分配给其他债权人。

**第一百一十九条** 破产财产分配时，对于诉讼或者仲裁未决的债权，管理人应当将其分配额提存。自破产程序终结之日起满二年仍不能受领分配的，人民法院应当将提存的分配额分配给其他债权人。

### 第三节 破产程序的终结

**第一百二十条** 破产人无财产可供分配的，管理人应当请求人民法院裁定终结破产程序。

管理人在最后分配完结后，应当及时向人民法院提交破产财产分配报告，并提请人民法院裁定终结破产程序。

人民法院应当自收到管理人终结破产程序的请求之日起十五日内作出是否终结破产程序的裁定。裁定终结的，应当予以公告。

**第一百二十一条** 管理人应当自破产程序终结之日起十日内，持人民法院终结破产程序的裁定，向破产人的原登记机关办理注销登记。

**第一百二十二条** 管理人于办理注销登记完毕的次日终止执行职务。但是，存在诉讼或者仲裁未决情况的除外。

**第一百二十三条** 自破产程序依照本法第四十三条第四款或者第一百二十条的规定终结之日起二年内，有下列情形之一的，债权人可以请求人民法院按照破产财产分配方案进行追加分配：

（一）发现有依照本法第三十一条、第三十二条、第三十三条、第三十六条规定应当追回的财产的；

（二）发现破产人有应当供分配的其他财产的。

有前款规定情形，但财产数量不足以支付分配费用的，不再进行追加分配，由人民法院将其上交国库。

**第一百二十四条**　破产人的保证人和其他连带债务人，在破产程序终结后，对债权人依照破产清算程序未受清偿的债权，依法继续承担清偿责任。

## 第十一章　法律责任

**第一百二十五条**　企业董事、监事或者高级管理人员违反忠实义务、勤勉义务，致使所在企业破产的，依法承担民事责任。

有前款规定情形的人员，自破产程序终结之日起三年内不得担任任何企业的董事、监事、高级管理人员。

**第一百二十六条**　有义务列席债权人会议的债务人的有关人员，经人民法院传唤，无正当理由拒不列席债权人会议的，人民法院可以拘传，并依法处以罚款。债务人的有关人员违反本法规定，拒不陈述、回答，或者作虚假陈述、回答的，人民法院可以依法处以罚款。

**第一百二十七条**　债务人违反本法规定，拒不向人民法院提交或者提交不真实的财产状况说明、债务清册、债权清册、有关财务会计报告以及职工工资的支付情况和社会保险费用的缴纳情况的，人民法院可以对直接责任人员依法处以罚款。

债务人违反本法规定，拒不向管理人移交财产、印章和账簿、文书等资料的，或者伪造、销毁有关财产证据材料而使财产状况不明的，人民法院可以对直接责任人员依法处以罚款。

**第一百二十八条**　债务人有本法第三十一条、第三十二条、第三十三条规定的行为，损害债权人利益的，债务人的法定代表人和其他直接责任人员依法承担赔偿责任。

**第一百二十九条**　债务人的有关人员违反本法规定，擅自离开住所地的，人民法院可以予以训诫、拘留，可以依法并处罚款。

**第一百三十条** 管理人未依照本法规定勤勉尽责，忠实执行职务的，人民法院可以依法处以罚款；给债权人、债务人或者第三人造成损失的，依法承担赔偿责任。

**第一百三十一条** 违反本法规定，构成犯罪的，依法追究刑事责任。

## 第十二章 附 则

**第一百三十二条** 本法施行后，破产人在本法公布之日前所欠职工的工资和医疗、伤残补助、抚恤费用，所欠的应当划入职工个人账户的基本养老保险、基本医疗保险费用，以及法律、行政法规规定应当支付给职工的补偿金，依照本法第一百一十三条的规定清偿后不足以清偿的部分，以本法第一百零九条规定的特定财产优先于对该特定财产享有担保权的权利人受偿。

**第一百三十三条** 在本法施行前国务院规定的期限和范围内的国有企业实施破产的特殊事宜，按照国务院有关规定办理。

**第一百三十四条** 商业银行、证券公司、保险公司等金融机构有本法第二条规定情形的，国务院金融监督管理机构可以向人民法院提出对该金融机构进行重整或者破产清算的申请。国务院金融监督管理机构依法对出现重大经营风险的金融机构采取接管、托管等措施的，可以向人民法院申请中止以该金融机构为被告或者被执行人的民事诉讼程序或者执行程序。

金融机构实施破产的，国务院可以依据本法和其他有关法律的规定制定实施办法。

**第一百三十五条** 其他法律规定企业法人以外的组织的清算，属于破产清算的，参照适用本法规定的程序。

**第一百三十六条** 本法自2007年6月1日起施行，《中华人民共和国企业破产法（试行）》同时废止。

# 第二节 司法文件

## 最高人民法院关于审理企业破产案件若干问题的规定

（2002年7月18日由最高人民法院审判委员会第1232次会议通过，法释〔2002〕23号）

为正确适用《中华人民共和国企业破产法（试行）》（以下简称企业破产法）、《中华人民共和国民事诉讼法》（以下简称民事诉讼法），规范对企业破产案件的审理，结合人民法院审理企业破产案件的实际情况，特制定以下规定。

### 一、关于企业破产案件管辖

**第一条** 企业破产案件由债务人住所地人民法院管辖。债务人住所地指债务人的主要办事机构所在地。债务人无办事机构的，由其注册地人民法院管辖。

**第二条** 基层人民法院一般管辖县、县级市或者区的工商行政管理机关核准登记企业的破产案件；

中级人民法院一般管辖地区、地级市（含本级）以上的工商行政管理机关核准登记企业的破产案件；

纳入国家计划调整的企业破产案件，由中级人民法院管辖。

**第三条** 上级人民法院审理下级人民法院管辖的企业破产案件，或者将本院管辖的企业破产案件移交下级人民法院审理，以及下级人民法院需要将自己管辖的企业破产案件交由上级人民法院审理的，依照民事诉讼法第三十九条的规定办理；省、自治区、直辖市范围内因特殊情况需对个别企业破产案件的地域管辖作调整的，须经共同上级人民法院批准。

### 二、关于破产申请与受理

**第四条** 申请（被申请）破产的债务人应当具备法人资格，不具备法人资格的企业、个体工商户、合伙组织、农村承包经营户不具备破产主体资格。

**第五条** 国有企业向人民法院申请破产时,应当提交其上级主管部门同意其破产的文件;其他企业应当提供其开办人或者股东会议决定企业破产的文件。

**第六条** 债务人申请破产,应当向人民法院提交下列材料:

(一)书面破产申请;

(二)企业主体资格证明;

(三)企业法定代表人与主要负责人名单;

(四)企业职工情况和安置预案;

(五)企业亏损情况的书面说明,并附审计报告;

(六)企业至破产申请日的资产状况明细表,包括有形资产、无形资产和企业投资情况等;

(七)企业在金融机构开设帐户的详细情况,包括开户审批材料、帐号、资金等;

(八)企业债权情况表,列明企业的债务人名称、住所、债务数额、发生时间和催讨偿还情况;

(九)企业债务情况表,列明企业的债权人名称、住所、债权数额、发生时间;

(十)企业涉及的担保情况;

(十一)企业已发生的诉讼情况;

(十二)人民法院认为应当提交的其他材料。

**第七条** 债权人申请债务人破产,应当向人民法院提交下列材料:

(一)债权发生的事实与证据;

(二)债权性质、数额、有无担保,并附证据;

(三)债务人不能清偿到期债务的证据。

**第八条** 债权人申请债务人破产,人民法院可以通知债务人核对以下情况:

(一)债权的真实性;

(二)债权在债务人不能偿还的到期债务中所占的比例;

(三)债务人是否存在不能清偿到期债务的情况。

**第九条** 债权人申请债务人破产,债务人对债权人的债权提出异议,人民法院认为异议成立的,应当告知债权人先行提起民事诉讼。破产申请不予受理。

**第十条** 人民法院收到破产申请后,应当在七日内决定是否立案;破产申请人提交的材料需要更正、补充的,人民法院可以责令申请人限期更正、补充。按期更正、补充材料的,人民法院自收到更正补充材料之日起七日内决定是否立案;未按期更正、补充的,视为撤回申请。

人民法院决定受理企业破产案件的,应当制作案件受理通知书,并送达申请人和债务人。通知书作出时间为破产案件受理时间。

**第十一条** 在人民法院决定受理企业破产案件前,破产申请人可以请求撤回破产申请。

人民法院准许申请人撤回破产申请的,在撤回破产申请之前已经支出的费用由破产申请人承担。

**第十二条** 人民法院经审查发现有下列情况的,破产申请不予受理:

(一)债务人有隐匿、转移财产等行为,为了逃避债务而申请破产的;

(二)债权人借破产申请毁损债务人商业信誉,意图损害公平竞争的。

**第十三条** 人民法院对破产申请不予受理的,应当作出裁定。

破产申请人对不予受理破产申请的裁定不服的,可以在裁定送达之日起十日内向上一级人民法院提起上诉。

**第十四条** 人民法院受理企业破产案件后,发现不符合法律规定的受理条件或者有本规定第十二条所列情形的,应当裁定驳回破产申请。

人民法院受理债务人的破产申请后,发现债务人巨额财产下落不明且不能合理解释财产去向的,应当裁定驳回破产申请。

破产申请人对驳回破产申请的裁定不服的,可以在裁定送达之日起十日内向上一级人民法院提起上诉。

**第十五条** 人民法院决定受理企业破产案件后,应当组成合议庭,并在十日内完成下列工作:

(一)将合议庭组成人员情况书面通知破产申请人和被申请人,并在法院公告栏张贴企业破产受理公告。公告内容应当写明:破产申请受理时间、债务人名称,申报债权的期限、地点和逾期未申报债权的法律后果、第一次债权人会议召开的日期、地点;

(二)在债务人企业发布公告,要求保护好企业财产,不得擅自处理企业的帐册、文书、资料、印章,不得隐匿、私分、转让、出售企业财产;

(三)通知债务人立即停止清偿债务,非经人民法院许可不得支付任何费用;

(四)通知债务人的开户银行停止债务人的结算活动,并不得扣划债务人款项抵扣债务。但经人民法院依法许可的除外。

**第十六条** 人民法院受理债权人提出的企业破产案件后,应当通知债务人在十五日内向人民法院提交有关会计报表、债权债务清册、企业资产清册以及人民法院认为应当提交的资料。

**第十七条** 人民法院受理企业破产案件后,除应当按照企业破产法第九条的规定通知已知的债权人外,还应当于三十日内在国家、地方有影响的报纸上刊登公告,公告内容同第十五条第(一)项的规定。

**第十八条** 人民法院受理企业破产案件后,除可以随即进行破产宣告成立清算组的外,在企业原管理组织不能正常履行管理职责的情况下,可以成立企业监管组。企业监管组成员从企业上级主管部门或者股东会议代表、企业原管理人员、主要债权人中产生,也可以聘请会计师、律师等中介机构参加。企业监管组主要负责处理以下事务:

(一)清点、保管企业财产;

(二)核查企业债权;

(三)为企业利益而进行的必要的经营活动;

(四)支付人民法院许可的必要支出;

(五)人民法院许可的其他工作。

企业监管组向人民法院负责,接受人民法院的指导、监督。

**第十九条** 人民法院受理企业破产案件后,以债务人为原告的其他民事纠纷案件尚在一审程序的,受诉人民法院应当将案件移送受理破产案件的人民法院;案件已进行到二审程序的,受诉人民法院应当继续审理。

**第二十条** 人民法院受理企业破产案件后,对债务人财产的其他民事执行程序应当中止。

以债务人为被告的其他债务纠纷案件,根据下列不同情况分别处理:

(一)已经审结但未执行完毕的,应当中止执行,由债权人凭生效的法律文书向受理破产案件的人民法院申报债权。

(二)尚未审结且无其他被告和无独立请求权的第三人的,应当中止诉讼,由债权人向受理破产案件的人民法院申报债权。在企业被宣告破产后,终结诉讼。

（三）尚未审结并有其他被告或者无独立请求权的第三人的，应当中止诉讼，由债权人向受理破产案件的人民法院申报债权。待破产程序终结后，恢复审理。

（四）债务人系从债务人的债务纠纷案件继续审理。

## 三、关于债权申报

**第二十一条** 债权人申报债权应当提交债权证明和合法有效的身份证明；代理申报人应当提交委托人的有效身份证明、授权委托书和债权证明。

申报的债权有财产担保的，应当提交证明财产担保的证据。

**第二十二条** 人民法院在登记申报的债权时，应当记明债权人名称、住所、开户银行、申报债权数额、申报债权的证据、财产担保情况、申报时间、联系方式以及其他必要的情况。

已经成立清算组的，由清算组进行上述债权登记工作。

**第二十三条** 连带债务人之一或者数人破产的，债权人可就全部债权向该债务人或者各债务人行使权利，申报债权。债权人未申报债权的，其他连带债务人可就将来可能承担的债务申报债权。

**第二十四条** 债权人虽未在法定期间申报债权，但有民事诉讼法第七十六条规定情形的，在破产财产分配前可向清算组申报债权。清算组负责审查其申报的债权，并由人民法院审查确定。债权人会议对人民法院同意该债权人参加破产财产分配有异议的，可以向人民法院申请复议。

## 四、关于破产和解与破产企业整顿

**第二十五条** 人民法院受理企业破产案件后，在破产程序终结前，债务人可以向人民法院申请和解。人民法院在破产案件审理过程中，可以根据债权人、债务人具体情况向双方提出和解建议。

人民法院作出破产宣告裁定前，债权人会议与债务人达成和解协议并经人民法院裁定认可的，由人民法院发布公告，中止破产程序。

人民法院作出破产宣告裁定后，债权人会议与债务人达成和解协议并经人民法院裁定认可，由人民法院裁定中止执行破产宣告裁定，并公告中止破产程序。

**第二十六条** 债务人不按和解协议规定的内容清偿全部债务的,相关债权人可以申请人民法院强制执行。

**第二十七条** 债务人不履行或者不能履行和解协议的,经债权人申请,人民法院应当裁定恢复破产程序。和解协议系在破产宣告前达成的,人民法院应当在裁定恢复破产程序的同时裁定宣告债务人破产。

**第二十八条** 企业由债权人申请破产的,如被申请破产的企业系国有企业,依照企业破产法第四章的规定,其上级主管部门可以申请对该企业进行整顿。整顿申请应当在债务人被宣告破产前提出。

企业无上级主管部门的,企业股东会议可以通过决议并以股东会议名义申请对企业进行整顿。整顿工作由股东会议指定人员负责。

**第二十九条** 企业整顿期间,企业的上级主管部门或者负责实施整顿方案的人员应当定期向债权人会议和人民法院报告整顿情况、和解协议执行情况。

**第三十条** 企业整顿期间,对于债务人财产的执行仍适用企业破产法第十一条的规定。

## 五、关于破产宣告

**第三十一条** 企业破产法第三条第一款规定的“不能清偿到期债务”是指:

(一)债务的履行期限已届满;

(二)债务人明显缺乏清偿债务的能力。

债务人停止清偿到期债务并呈连续状态,如无相反证据,可推定为“不能清偿到期债务”。

**第三十二条** 人民法院受理债务人破产案件后,有下列情形之一的,应当裁定宣告债务人破产:

(一)债务人不能清偿债务且与债权人不能达成和解协议的;

(二)债务人不履行或者不能履行和解协议的;

(三)债务人在整顿期间有企业破产法第二十一条规定情形的;

(四)债务人在整顿期满后有企业破产法第二十二条第二款规定情形的。

宣告债务人破产应当公开进行。由债权人提出破产申请的,破产宣告时应当通知债务人到庭。

**第三十三条** 债务人自破产宣告之日起停止生产经营活动。为债权人利益确有必要继续生产经营的,须经人民法院许可。

**第三十四条** 人民法院宣告债务人破产后,应当通知债务人的开户银行,限定其银行帐户只能由清算组使用。人民法院通知开户银行时应当附破产宣告裁定书。

**第三十五条** 人民法院裁定宣告债务人破产后应当发布公告,公告内容包括债务人亏损情况、资产负债状况、破产宣告时间、破产宣告理由和法律依据以及对债务人的财产、帐册、文书、资料和印章的保护等内容。

**第三十六条** 破产宣告后,破产企业的财产在其他民事诉讼程序中被查封、扣押、冻结的,受理破产案件的人民法院应当立即通知采取查封、扣押、冻结措施的人民法院予以解除,并向受理破产案件的人民法院办理移交手续。

**第三十七条** 企业被宣告破产后,人民法院应当指定必要的留守人员。破产企业的法定代表人、财会、财产保管人员必须留守。

**第三十八条** 破产宣告后,债权人或者债务人对破产宣告有异议的,可以在人民法院宣告企业破产之日起十日内,向上一级人民法院申诉。上一级人民法院应当组成合议庭进行审理,并在三十日内作出裁定。

## 六、关于债权人会议

**第三十九条** 债权人会议由申报债权的债权人组成。

债权人会议主席由人民法院在有表决权的债权人中指定。必要时,人民法院可以指定多名债权人会议主席,成立债权人会议主席委员会。

少数债权人拒绝参加债权人会议,不影响会议的召开。但债权人会议不得作出剥夺其对破产财产受偿的机会或者不利于其受偿的决议。

**第四十条** 第一次债权人会议应当在人民法院受理破产案件公告三个月期满后召开。除债务人的财产不足以支付破产费用,破产程序提前终结外,不得以一般债权的清偿率为零为理由取消债权人会议。

**第四十一条** 第一次债权人会议由人民法院召集并主持。人民法院除完成本规定第十七条确定的工作外,还应当做好以下准备工作:

(一)拟订第一次债权人会议议程;

(二)向债务人的法定代表人或者负责人发出通知,要求其必须到会;

(三)向债务人的上级主管部门、开办人或者股东会议代表发出通知,要求其派员列席会议；

（四）通知破产清算组成员列席会议；

（五）通知审计、评估人员参加会议；

（六）需要提前准备的其他工作。

**第四十二条** 债权人会议一般包括以下内容：

（一）宣布债权人会议职权和其他有关事项；

（二）宣布债权人资格审查结果；

（三）指定并宣布债权人会议主席；

（四）安排债务人法定代表人或者负责人接受债权人询问；

（五）由清算组通报债务人的生产经营、财产、债务情况并作清算工作报告和提出财产处理方案及分配方案；

（六）讨论并审查债权的证明材料、债权的财产担保情况及数额、讨论通过和解协议、审阅清算组的清算报告、讨论通过破产财产的处理方案与分配方案等。讨论内容应当记明笔录。债权人对人民法院或者清算组登记的债权提出异议的，人民法院应当及时审查并作出裁定；

（七）根据讨论情况，依照企业破产法第十六条的规定进行表决。

以上第（五）至（七）项议程内的工作在本次债权人会议上无法完成的，交由下次债权人会议继续进行。

**第四十三条** 债权人认为债权人会议决议违反法律规定或者侵害其合法权益的，可以在债权人会议作出决议后七日内向人民法院提出，由人民法院依法裁定。

**第四十四条** 清算组财产分配方案经债权人会议两次讨论未获通过的，由人民法院依法裁定。

对前款裁定，占无财产担保债权总额半数以上债权的债权人有异议的，可以在人民法院作出裁定之日起十日内向上一级人民法院申诉。上一级人民法院应当组成合议庭进行审理，并在三十日内作出裁定。

**第四十五条** 债权人可以委托代理人出席债权人会议，并可以授权代理人行使表决权。代理人应当向人民法院或者债权人会议主席提交授权委托书。

**第四十六条** 第一次债权人会议后又召开债权人会议的，债权人会议主席应当在发出会议通知前三日报告人民法院，并由会议召集人在开会前十五日将会议时间、地点、内容、目的等事项通知债权人。

## 七、关于清算组

**第四十七条** 人民法院应当自裁定宣告企业破产之日起十五日内成立清算组。

**第四十八条** 清算组成员可以从破产企业上级主管部门、清算中介机构以及会计、律师中产生，也可以从政府财政、工商管理、计委、经委、审计、税务、物价、劳动、社会保险、土地管理、国有资产管理、人事等部门中指定。人民银行分（支）行可以按照有关规定派人参加清算组。

**第四十九条** 清算组经人民法院同意可以聘请破产清算机构、律师事务所、会计事务所等中介机构承担一定的破产清算工作。中介机构就清算工作向清算组负责。

**第五十条** 清算组的主要职责是：

（一）接管破产企业。向破产企业原法定代表人及留守人员接收原登记造册的资产明细表、有形资产清册，接管所有财产、帐册、文书档案、印章、证照和有关资料。破产宣告前成立企业监管组的，由企业监管组和企业原法定代表人向清算组进行移交；

（二）清理破产企业财产，编制财产明细表和资产负债表，编制债权债务清册，组织破产财产的评估、拍卖、变现；

（三）回收破产企业的财产，向破产企业的债务人、财产持有人依法行使财产权利；

（四）管理、处分破产财产，决定是否履行合同和在清算范围内进行经营活动。确认别除权、抵销权、取回权；

（五）进行破产财产的委托评估、拍卖及其他变现工作；

（六）依法提出并执行破产财产处理和分配方案；

（七）提交清算报告；

（八）代表破产企业参加诉讼和仲裁活动；

（九）办理企业注销登记等破产终结事宜；

（十）完成人民法院依法指定的其他事项。

**第五十一条** 清算组对人民法院负责并且报告工作，接受人民法院的监督。

人民法院应当及时指导清算组的工作,明确清算组的职权与责任,帮助清算组拟订工作计划,听取清算组汇报工作。

清算组有损害债权人利益的行为或者其他违法行为的,人民法院可以根据债权人的申请或者依职权予以纠正。

人民法院可以根据债权人的申请或者依职权更换不称职的清算组成员。

**第五十二条** 清算组应当列席债权人会议,接受债权人会议的询问。债权人有权查阅有关资料、询问有关事项;清算组的决定违背债权人利益的,债权人可以申请人民法院裁定撤销该决定。

**第五十三条** 清算组对破产财产应当及时登记、清理、审计、评估、变价。必要时,可以请求人民法院对破产企业财产进行保全。

**第五十四条** 清算组应当采取有效措施保护破产企业的财产。债务人的财产权利如不依法登记或者及时行使将丧失权利的,应当及时予以登记或者行使;对易损、易腐、跌价或者保管费用较高的财产应当及时变卖。

## 八、关于破产债权

**第五十五条** 下列债权属于破产债权:

(一)破产宣告前发生的无财产担保的债权;

(二)破产宣告前发生的虽有财产担保但是债权人放弃优先受偿的债权;

(三)破产宣告前发生的虽有财产担保但是债权数额超过担保物价值部分的债权;

(四)票据出票人被宣告破产,付款人或者承兑人不知其事实而向持票人付款或者承兑所产生的债权;

(五)清算组解除合同,对方当事人依法或者依照合同约定产生的对债务人可以用货币计算的债权;

(六)债务人的受托人在债务人破产后,为债务人的利益处理委托事务所发生的债权;

(七)债务人发行债券形成的债权;

(八)债务人的保证人代替债务人清偿债务后依法可以向债务人追偿的债权;

(九)债务人的保证人按照《中华人民共和国担保法》第三十二条的规定预

先行使追偿权而申报的债权；

（十）债务人为保证人的，在破产宣告前已经被生效的法律文书确定承担的保证责任；

（十一）债务人在破产宣告前因侵权、违约给他人造成财产损失而产生的赔偿责任；

（十二）人民法院认可的其他债权。

以上第（五）项债权以实际损失为计算原则。违约金不作为破产债权，定金不再适用定金罚则。

**第五十六条**　因企业破产解除劳动合同，劳动者依法或者依据劳动合同对企业享有的补偿金请求权，参照企业破产法第三十七条第二款第（一）项规定的顺序清偿。

**第五十七条**　债务人所欠非正式职工（含短期劳动工）的劳动报酬，参照企业破产法第三十七条第二款第（一）项规定的顺序清偿。

**第五十八条**　债务人所欠企业职工集资款，参照企业破产法第三十七条第二款第（一）项规定的顺序清偿。但对违反法律规定的高额利息部分不予保护。

职工向企业的投资，不属于破产债权。

**第五十九条**　债务人退出联营应当对该联营企业的债务承担责任的，联营企业的债权人对该债务人享有的债权属于破产债权。

**第六十条**　与债务人互负债权债务的债权人可以向清算组请求行使抵销权，抵销权的行使应当具备以下条件：

（一）债权人的债权已经得到确认；

（二）主张抵销的债权债务均发生在破产宣告之前。

经确认的破产债权可以转让。受让人以受让的债权抵销其所欠债务人债务的，人民法院不予支持。

**第六十一条**　下列债权不属于破产债权：

（一）行政、司法机关对破产企业的罚款、罚金以及其他有关费用；

（二）人民法院受理破产案件后债务人未支付应付款项的滞纳金，包括债务人未执行生效法律文书应当加倍支付的迟延利息和劳动保险金的滞纳金；

（三）破产宣告后的债务利息；

（四）债权人参加破产程序所支出的费用；

（五）破产企业的股权、股票持有人在股权、股票上的权利；

（六）破产财产分配开始后向清算组申报的债权；

（七）超过诉讼时效的债权；

（八）债务人开办单位对债务人未收取的管理费、承包费。

上述不属于破产债权的权利，人民法院或者清算组也应当对当事人的申报进行登记。

**第六十二条** 政府无偿拨付给债务人的资金不属于破产债权。但财政、扶贫、科技管理等行政部门通过签订合同，按有偿使用、定期归还原则发放的款项，可以作为破产债权。

**第六十三条** 债权人对清算组确认或者否认的债权有异议的，可以向清算组提出。债权人对清算组的处理仍有异议的，可以向人民法院提出。人民法院应当在查明事实的基础上依法作出裁决。

## 九、关于破产财产

**第六十四条** 破产财产由下列财产构成：

（一）债务人在破产宣告时所有的或者经营管理的全部财产；

（二）债务人在破产宣告后至破产程序终结前取得的财产；

（三）应当由债务人行使的其他财产权利。

**第六十五条** 债务人与他人共有的物、债权、知识产权等财产或者财产权，应当在破产清算中予以分割，债务人分割所得属于破产财产；不能分割的，应当就其应得部分转让，转让所得属于破产财产。

**第六十六条** 债务人的开办人注册资金投入不足的，应当由该开办人予以补足，补足部分属于破产财产。

**第六十七条** 企业破产前受让他人财产并依法取得所有权或者土地使用权的，即便未支付或者未完全支付对价，该财产仍属于破产财产。

**第六十八条** 债务人的财产被采取民事诉讼执行措施的，在受理破产案件后尚未执行的或者未执行完毕的剩余部分，在该企业被宣告破产后列入破产财产。因错误执行应当执行回转的财产，在执行回转后列入破产财产。

**第六十九条** 债务人依照法律规定取得代位求偿权的，依该代位求偿权享有的债权属于破产财产。

**第七十条** 债务人在被宣告破产时未到期的债权视为已到期,属于破产财产,但应当减去未到期的利息。

**第七十一条** 下列财产不属于破产财产:

(一)债务人基于仓储、保管、加工承揽、委托交易、代销、借用、寄存、租赁等法律关系占有、使用的他人财产;

(二)抵押物、留置物、出质物,但权利人放弃优先受偿权的或者优先偿付被担保债权剩余的部分除外;

(三)担保物灭失后产生的保险金、补偿金、赔偿金等代位物;

(四)依照法律规定存在优先权的财产,但权利人放弃优先受偿权或者优先偿付特定债权剩余的部分除外;

(五)特定物买卖中,尚未转移占有但相对人已完全支付对价的特定物;

(六)尚未办理产权证或者产权过户手续但已向买方交付的财产;

(七)债务人在所有权保留买卖中尚未取得所有权的财产;

(八)所有权专属于国家且不得转让的财产;

(九)破产企业工会所有的财产。

**第七十二条** 本规定第七十一条第(一)项所列的财产,财产权利人有权取回。

前款财产在破产宣告前已经毁损灭失的,财产权利人仅能以直接损失额为限申报债权;在破产宣告后因清算组的责任毁损灭失的,财产权利人有权获得等值赔偿。

债务人转让上述财产获利的,财产权利人有权要求债务人等值赔偿。

## 十、关于破产财产的收回、处理和变现

**第七十三条** 清算组应当向破产企业的债务人和财产持有人发出书面通知,要求债务人和财产持有人于限定的时间向清算组清偿债务或者交付财产。

破产企业的债务人和财产持有人有异议的,应当在收到通知后的七日内提出,由人民法院作出裁定。

破产企业的债务人和财产持有人在收到通知后既不向清算组清偿债务或者交付财产,又没有正当理由不在规定的异议期内提出异议的,由清算组向人民法院提出申请,经人民法院裁定后强制执行。

破产企业在境外的财产,由清算组予以收回。

**第七十四条** 债务人享有的债权,其诉讼时效自人民法院受理债务人的破产申请之日起,适用《中华人民共和国民法通则》第一百四十条关于诉讼时效中断的规定。债务人与债权人达成和解协议,中止破产程序的,诉讼时效自人民法院中止破产程序裁定之日起重新计算。

**第七十五条** 经人民法院同意,清算组可以聘用律师或者其他中介机构的人员追收债权。

**第七十六条** 债务人设立的分支机构和没有法人资格的全资机构的财产,应当一并纳入破产程序进行清理。

**第七十七条** 债务人在其开办的全资企业中的投资权益应当予以追收。

全资企业资不抵债的,清算组停止追收。

**第七十八条** 债务人对外投资形成的股权及其收益应当予以追收。对该股权可以出售或者转让,出售、转让所得列入破产财产进行分配。

股权价值为负值的,清算组停止追收。

**第七十九条** 债务人开办的全资企业,以及由其参股、控股的企业不能清偿到期债务,需要进行破产还债的,应当另行提出破产申请。

**第八十条** 清算组处理集体所有土地使用权时,应当遵守相关法律规定。未办理土地征用手续的集体所有土地使用权,应当在该集体范围内转让。

**第八十一条** 破产企业的职工住房,已经签订合同、交付房款,进行房改给个人的,不属于破产财产。未进行房改的,可由清算组向有关部门申请办理房改事项,向职工出售。按照国家规定不具备房改条件,或者职工在房改中不购买住房的,由清算组根据实际情况处理。

**第八十二条** 债务人的幼儿园、学校、医院等公益福利性设施,按国家有关规定处理,不作为破产财产分配。

**第八十三条** 处理破产财产前,可以确定有相应评估资质的评估机构对破产财产进行评估,债权人会议、清算组对破产财产的评估结论、评估费用有异议的,参照最高人民法院《关于民事诉讼证据的若干规定》第二十七条的规定处理。

**第八十四条** 债权人会议对破产财产的市场价格无异议的,经人民法院同意后,可以不进行评估。但是国有资产除外。

**第八十五条** 破产财产的变现应当以拍卖方式进行。由清算组负责委托有拍卖资格的拍卖机构进行拍卖。

依法不得拍卖或者拍卖所得不足以支付拍卖所需费用的,不进行拍卖。

前款不进行拍卖或者拍卖不成的破产财产,可以在破产分配时进行实物分配或者作价变卖。债权人对清算组在实物分配或者作价变卖中对破产财产的估价有异议的,可以请求人民法院进行审查。

**第八十六条** 破产财产中的成套设备,一般应当整体出售。

**第八十七条** 依法属于限制流通的破产财产,应当由国家指定的部门收购或者按照有关法律规定处理。

## 十一、关于破产费用

**第八十八条** 破产费用包括:

(一)破产财产的管理、变卖、分配所需要的费用;

(二)破产案件的受理费;

(三)债权人会议费用;

(四)催收债务所需费用;

(五)为债权人的共同利益而在破产程序中支付的其他费用。

**第八十九条** 人民法院受理企业破产案件可以按照《人民法院诉讼收费办法补充规定》预收案件受理费。

破产宣告前发生的经人民法院认可的必要支出,从债务人财产中拨付。债务人财产不足以支付的,如系债权人申请破产的,由债权人支付。

**第九十条** 清算期间职工生活费、医疗费可以从破产财产中优先拨付。

**第九十一条** 破产费用可随时支付,破产财产不足以支付破产费用的,人民法院根据清算组的申请裁定终结破产程序。

## 十二、关于破产财产的分配

**第九十二条** 破产财产分配方案经债权人会议通过后,由清算组负责执行。财产分配可以一次分配,也可以多次分配。

**第九十三条** 破产财产分配方案应当包括以下内容:

(一)可供破产分配的财产种类、总值,已经变现的财产和未变现的财产;

（二）债权清偿顺序、各顺序的种类与数额，包括破产企业所欠职工工资、劳动保险费用和破产企业所欠税款的数额和计算依据，纳入国家计划调整的企业破产，还应当说明职工安置费的数额和计算依据；

（三）破产债权总额和清偿比例；

（四）破产分配的方式、时间；

（五）对将来能够追回的财产拟进行追加分配的说明。

**第九十四条** 列入破产财产的债权，可以进行债权分配。债权分配以便于债权人实现债权为原则。

将人民法院已经确认的债权分配给债权人的，由清算组向债权人出具债权分配书，债权人可以凭债权分配书向债务人要求履行。债务人拒不履行的，债权人可以申请人民法院强制执行。

**第九十五条** 债权人未在指定期限内领取分配的财产的，对该财产可以进行提存或者变卖后提存价款，并由清算组向债权人发出催领通知书。债权人在收到催领通知书一个月后或者在清算组发出催领通知书两个月后，债权人仍未领取的，清算组应当对该部分财产进行追加分配。

## 十三、关于破产终结

**第九十六条** 破产财产分配完毕，由清算组向人民法院报告分配情况，并申请人民法院终结破产程序。

人民法院在收到清算组的报告和终结破产程序申请后，认为符合破产程序终结规定的，应当在七日内裁定终结破产程序。

**第九十七条** 破产程序终结后，由清算组向破产企业原登记机关办理企业注销登记。

破产程序终结后仍有可以追收的破产财产、追加分配等善后事宜需要处理的，经人民法院同意，可以保留清算组或者保留部分清算组成员。

**第九十八条** 破产程序终结后出现可供分配的财产的，应当追加分配。追加分配的财产，除企业破产法第四十条规定的由人民法院追回的财产外，还包括破产程序中因纠正错误支出收回的款项，因权利被承认追回的财产，债权人放弃的财产和破产程序终结后实现的财产权利等。

**第九十九条** 破产程序终结后，破产企业的帐册、文书等卷宗材料由清算组移交破产企业上级主管机关保存；无上级主管机关的，由破产企业的开办人或者股东保存。

## 十四、其　他

**第一百条**　人民法院在审理企业破产案件中，发现破产企业的原法定代表人或者直接责任人员有企业破产法第三十五条所列行为的，应当向有关部门建议，对该法定代表人或者直接责任人员给予行政处分；涉嫌犯罪的，应当将有关材料移送相关国家机关处理。

**第一百零一条**　破产企业有企业破产法第三十五条所列行为，致使企业财产无法收回，造成实际损失的，清算组可以对破产企业的原法定代表人、直接责任人员提起民事诉讼，要求其承担民事赔偿责任。

**第一百零二条**　人民法院受理企业破产案件后，发现企业有巨额财产下落不明的，应当将有关涉嫌犯罪的情况和材料，移送相关国家机关处理。

**第一百零三条**　人民法院可以建议有关部门对破产企业的主要责任人员限制其再行开办企业，在法定期限内禁止其担任公司的董事、监事、经理。

**第一百零四条**　最高人民法院发现各级人民法院，或者上级人民法院发现下级人民法院在破产程序中作出的裁定确有错误的，应当通知其纠正；不予纠正的，可以裁定指令下级人民法院重新作出裁定。

**第一百零五条**　纳入国家计划调整的企业破产案件，除适用本规定外，还应当适用国家有关企业破产的相关规定。

**第一百零六条**　本规定自二〇〇二年九月一日起施行。在本规定发布前制定的有关审理企业破产案件的司法解释，与本规定相抵触的，不再适用。

# 最高人民法院关于审理企业破产案件指定管理人的规定

（2007 年 4 月 4 日由最高人民法院审判委员会第 1422 次会议通过，法释〔2007〕8 号）

为公平、公正审理企业破产案件，保证破产审判工作依法顺利进行，促进管理人制度的完善和发展，根据《中华人民共和国企业破产法》的规定，制定本规定。

## 一、管理人名册的编制

**第一条** 人民法院审理企业破产案件应当指定管理人。除企业破产法和本规定另有规定外,管理人应当从管理人名册中指定。

**第二条** 高级人民法院应当根据本辖区律师事务所、会计师事务所、破产清算事务所等社会中介机构及专职从业人员数量和企业破产案件数量,确定由本院或者所辖中级人民法院编制管理人名册。

人民法院应当分别编制社会中介机构管理人名册和个人管理人名册。由直辖市以外的高级人民法院编制的管理人名册中,应当注明社会中介机构和个人所属中级人民法院辖区。

**第三条** 符合企业破产法规定条件的社会中介机构及其具备相关专业知识并取得执业资格的人员,均可申请编入管理人名册。已被编入机构管理人名册的社会中介机构中,具备相关专业知识并取得执业资格的人员,可以申请编入个人管理人名册。

**第四条** 社会中介机构及个人申请编入管理人名册的,应当向所在地区编制管理人名册的人民法院提出,由该人民法院予以审定。

人民法院不受理异地申请,但异地社会中介机构在本辖区内设立的分支机构提出申请的除外。

**第五条** 人民法院应当通过本辖区有影响的媒体就编制管理人名册的有关事项进行公告。公告应当包括以下内容:

(一)管理人申报条件;

(二)应当提交的材料;

(三)评定标准、程序;

(四)管理人的职责以及相应的法律责任;

(五)提交申报材料的截止时间;

(六)人民法院认为应当公告的其他事项。

**第六条** 律师事务所、会计师事务所申请编入管理人名册的,应当提供下列材料:

(一)执业证书、依法批准设立文件或者营业执照;

（二）章程；

（三）本单位专职从业人员名单及其执业资格证书复印件；

（四）业务和业绩材料；

（五）行业自律组织对所提供材料真实性以及有无被行政处罚或者纪律处分情况的证明；

（六）人民法院要求的其他材料。

**第七条**　破产清算事务所申请编入管理人名册的，应当提供以下材料：

（一）营业执照或者依法批准设立的文件；

（二）本单位专职从业人员的法律或者注册会计师资格证书，或者经营管理经历的证明材料；

（三）业务和业绩材料；

（四）能够独立承担民事责任的证明材料；

（五）行业自律组织对所提供材料真实性以及有无被行政处罚或者纪律处分情况的证明，或者申请人就上述情况所作的真实性声明；

（六）人民法院要求的其他材料。

**第八条**　个人申请编入管理人名册的，应当提供下列材料：

（一）律师或者注册会计师执业证书复印件以及执业年限证明；

（二）所在社会中介机构同意其担任管理人的函件；

（三）业务专长及相关业绩材料；

（四）执业责任保险证明；

（五）行业自律组织对所提供材料真实性以及有无被行政处罚或者纪律处分情况的证明；

（六）人民法院要求的其他材料。

**第九条**　社会中介机构及个人具有下列情形之一的，人民法院可以适用企业破产法第二十四条第三款第四项的规定：

（一）因执业、经营中故意或者重大过失行为，受到行政机关、监管机构或者行业自律组织行政处罚或者纪律处分之日起未逾三年；

（二）因涉嫌违法行为正被相关部门调查；

（三）因不适当履行职务或者拒绝接受人民法院指定等原因，被人民法院从管理人名册除名之日起未逾三年；

(四)缺乏担任管理人所应具备的专业能力;

(五)缺乏承担民事责任的能力;

(六)人民法院认为可能影响履行管理人职责的其他情形。

**第十条** 编制管理人名册的人民法院应当组成专门的评审委员会,决定编入管理人名册的社会中介机构和个人名单。评审委员会成员应不少于七人。

人民法院应当根据本辖区社会中介机构以及社会中介机构中个人的实际情况,结合其执业业绩、能力、专业水准、社会中介机构的规模、办理企业破产案件的经验等因素制定管理人评定标准,由评审委员会根据申报人的具体情况评定其综合分数。

人民法院根据评审委员会评审结果,确定管理人初审名册。

**第十一条** 人民法院应当将管理人初审名册通过本辖区有影响的媒体进行公示,公示期为十日。

对于针对编入初审名册的社会中介机构和个人提出的异议,人民法院应当进行审查。异议成立、申请人确不宜担任管理人的,人民法院应将该社会中介机构或者个人从管理人初审名册中删除。

**第十二条** 公示期满后,人民法院应审定管理人名册,并通过全国有影响的媒体公布,同时逐级报最高人民法院备案。

**第十三条** 人民法院可以根据本辖区的实际情况,分批确定编入管理人名册的社会中介机构及个人。

编制管理人名册的全部资料应当建立档案备查。

**第十四条** 人民法院可以根据企业破产案件受理情况、管理人履行职务以及管理人资格变化等因素,对管理人名册适时进行调整。新编入管理人名册的社会中介机构和个人应当按照本规定的程序办理。

人民法院发现社会中介机构或者个人有企业破产法第二十四条第三款规定情形的,应当将其从管理人名册中除名。

## 二、管理人的指定

**第十五条** 受理企业破产案件的人民法院指定管理人,一般应从本地管理人名册中指定。

对于商业银行、证券公司、保险公司等金融机构以及在全国范围内有重大影响、法律关系复杂、债务人财产分散的企业破产案件,人民法院可以从所在地区高级人民法院编制的管理人名册列明的其他地区管理人或者异地人民法院编制的管理人名册中指定管理人。

**第十六条** 受理企业破产案件的人民法院,一般应指定管理人名册中的社会中介机构担任管理人。

**第十七条** 对于事实清楚、债权债务关系简单、债务人财产相对集中的企业破产案件,人民法院可以指定管理人名册中的个人为管理人。

**第十八条** 企业破产案件有下列情形之一的,人民法院可以指定清算组为管理人:

(一)破产申请受理前,根据有关规定已经成立清算组,人民法院认为符合本规定第十九条的规定;

(二)审理企业破产法第一百三十三条规定的案件;

(三)有关法律规定企业破产时成立清算组;

(四)人民法院认为可以指定清算组为管理人的其他情形。

**第十九条** 清算组为管理人的,人民法院可以从政府有关部门、编入管理人名册的社会中介机构、金融资产管理公司中指定清算组成员,人民银行及金融监督管理机构可以按照有关法律和行政法规的规定派人参加清算组。

**第二十条** 人民法院一般应当按照管理人名册所列名单采取轮候、抽签、摇号等随机方式公开指定管理人。

**第二十一条** 对于商业银行、证券公司、保险公司等金融机构或者在全国范围有重大影响、法律关系复杂、债务人财产分散的企业破产案件,人民法院可以采取公告的方式,邀请编入各地人民法院管理人名册中的社会中介机构参与竞争,从参与竞争的社会中介机构中指定管理人。参与竞争的社会中介机构不得少于三家。

采取竞争方式指定管理人的,人民法院应当组成专门的评审委员会。

评审委员会应当结合案件的特点,综合考量社会中介机构的专业水准、经验、机构规模、初步报价等因素,从参与竞争的社会中介机构中择优指定管理人。被指定为管理人的社会中介机构应经评审委员会成员二分之一以上通过。

采取竞争方式指定管理人的,人民法院应当确定一至两名备选社会中介机构,作为需要更换管理人时的接替人选。

**第二十二条** 对于经过行政清理、清算的商业银行、证券公司、保险公司等金融机构的破产案件,人民法院除可以按照本规定第十八条第一项的规定指定管理人外,也可以在金融监督管理机构推荐的已编入管理人名册的社会中介机构中指定管理人。

**第二十三条** 社会中介机构、清算组成员有下列情形之一,可能影响其忠实履行管理人职责的,人民法院可以认定为企业破产法第二十四条第三款第三项规定的利害关系:

(一)与债务人、债权人有未了结的债权债务关系;

(二)在人民法院受理破产申请前三年内,曾为债务人提供相对固定的中介服务;

(三)现在(2007年)是或者在人民法院受理破产申请前三年内曾经是债务人、债权人的控股股东或者实际控制人;

(四)现在(2007年)担任或者在人民法院受理破产申请前三年内曾经担任债务人、债权人的财务顾问、法律顾问;

(五)人民法院认为可能影响其忠实履行管理人职责的其他情形。

**第二十四条** 清算组成员的派出人员、社会中介机构的派出人员、个人管理人有下列情形之一,可能影响其忠实履行管理人职责的,可以认定为企业破产法第二十四条第三款第三项规定的利害关系:

(一)具有本规定第二十三条规定情形;

(二)现在(2007年)担任或者在人民法院受理破产申请前三年内曾经担任债务人、债权人的董事、监事、高级管理人员;

(三)与债权人或者债务人的控股股东、董事、监事、高级管理人员存在夫妻、直系血亲、三代以内旁系血亲或者近姻亲关系;

(四)人民法院认为可能影响其公正履行管理人职责的其他情形。

**第二十五条** 在进入指定管理人程序后,社会中介机构或者个人发现与本案有利害关系的,应主动申请回避并向人民法院书面说明情况。人民法院认为社会中介机构或者个人与本案有利害关系的,不应指定该社会中介机构或者个人为本案管理人。

**第二十六条** 社会中介机构或者个人有重大债务纠纷或者因涉嫌违法行为正被相关部门调查的,人民法院不应指定该社会中介机构或者个人为本案管理人。

**第二十七条**　人民法院指定管理人应当制作决定书，并向被指定为管理人的社会中介机构或者个人、破产申请人、债务人、债务人的企业登记机关送达。决定书应与受理破产申请的民事裁定书一并公告。

**第二十八条**　管理人无正当理由，不得拒绝人民法院的指定。

管理人一经指定，不得以任何形式将管理人应当履行的职责全部或者部分转给其他社会中介机构或者个人。

**第二十九条**　管理人凭指定管理人决定书按照国家有关规定刻制管理人印章，并交人民法院封样备案后启用。

管理人印章只能用于所涉破产事务。管理人根据企业破产法第一百二十二条规定终止执行职务后，应当将管理人印章交公安机关销毁，并将销毁的证明送交人民法院。

**第三十条**　受理企业破产案件的人民法院应当将指定管理人过程中形成的材料存入企业破产案件卷宗，债权人会议或者债权人委员会有权查阅。

## 三、管理人的更换

**第三十一条**　债权人会议根据企业破产法第二十二条第二款的规定申请更换管理人的，应由债权人会议作出决议并向人民法院提出书面申请。

人民法院在收到债权人会议的申请后，应当通知管理人在两日内作出书面说明。

**第三十二条**　人民法院认为申请理由不成立的，应当自收到管理人书面说明之日起十日内作出驳回申请的决定。

人民法院认为申请更换管理人的理由成立的，应当自收到管理人书面说明之日起十日内作出更换管理人的决定。

**第三十三条**　社会中介机构管理人有下列情形之一的，人民法院可以根据债权人会议的申请或者依职权迳行决定更换管理人：

（一）执业许可证或者营业执照被吊销或者注销；

（二）出现解散、破产事由或者丧失承担执业责任风险的能力；

（三）与本案有利害关系；

（四）履行职务时，因故意或者重大过失导致债权人利益受到损害；

（五）有本规定第二十六条规定的情形。

清算组成员参照适用前款规定。

**第三十四条** 个人管理人有下列情形之一的，人民法院可以根据债权人会议的申请或者依职权迳行决定更换管理人：

（一）执业资格被取消、吊销；

（二）与本案有利害关系；

（三）履行职务时，因故意或者重大过失导致债权人利益受到损害；

（四）失踪、死亡或者丧失民事行为能力；

（五）因健康原因无法履行职务；

（六）执业责任保险失效；

（七）有本规定第二十六条规定的情形。

清算组成员的派出人员、社会中介机构的派出人员参照适用前款规定。

**第三十五条** 管理人无正当理由申请辞去职务的，人民法院不予许可。正当理由的认定，可参照适用本规定第三十三条、第三十四条规定的情形。

**第三十六条** 人民法院对管理人申请辞去职务未予许可，管理人仍坚持辞去职务并不再履行管理人职责的，人民法院应当决定更换管理人。

**第三十七条** 人民法院决定更换管理人的，原管理人应当自收到决定书之次日起，在人民法院监督下向新任管理人移交全部资料、财产、营业事务及管理人印章，并及时向新任管理人书面说明工作进展情况。原管理人不能履行上述职责的，新任管理人可以直接接管相关事务。

在破产程序终结前，原管理人应当随时接受新任管理人、债权人会议、人民法院关于其履行管理人职责情况的询问。

**第三十八条** 人民法院决定更换管理人的，应将决定书送达原管理人、新任管理人、破产申请人、债务人以及债务人的企业登记机关，并予公告。

**第三十九条** 管理人申请辞去职务未获人民法院许可，但仍坚持辞职并不再履行管理人职责，或者人民法院决定更换管理人后，原管理人拒不向新任管理人移交相关事务，人民法院可以根据企业破产法第一百三十条的规定和具体情况，决定对管理人罚款。对社会中介机构为管理人的罚款 5 万元至 20 万元人民币，对个人为管理人的罚款 1 万元至 5 万元人民币。

管理人有前款规定行为或者无正当理由拒绝人民法院指定的，编制管理人名册的人民法院可以决定停止其担任管理人一年至三年，或者将其从管理人名册中除名。

**第四十条**　管理人不服罚款决定的，可以向上一级人民法院申请复议，上级人民法院应在收到复议申请后五日内作出决定，并将复议结果通知下级人民法院和当事人。

## 最高人民法院关于正确审理企业破产案件为维护市场经济秩序提供司法保障若干问题的意见

（法发〔2009〕36号）

各省、自治区、直辖市高级人民法院，解放军军事法院，新疆维吾尔自治区高级人民法院生产建设兵团分院：

当前，由于国际金融危机的不断发展和蔓延，我国经济发展仍然面临着严峻的考验。阻碍经济良性运行的负面因素和潜在风险明显增多，许多企业因资金链断裂引发的系统风险不断显现，严重影响了我国经济发展秩序良性运转和社会稳定。在当前经济形势下，充分发挥人民法院商事审判的职能作用，正确审理企业破产案件，防范和化解企业债务风险，挽救危困企业，规范市场主体退出机制，维护市场运行秩序，对于有效应对国际金融危机冲击，保障经济平稳较快发展，具有重要意义。现就人民法院做好企业破产案件审判工作，提出以下意见：

**一、依法受理企业破产案件，为建立我国社会主义市场经济良性运行机制提供司法保障**

1. 人民法院要正确认识企业破产法保障债权公平有序受偿、完善优胜劣汰的竞争机制、优化社会资源配置、调整社会产业结构、拯救危困企业的作用，依法受理审理企业破产清算、重整、和解案件，综合利用企业破产法的多种程序，充分发挥其对市场经济的调整作用，建立企业法人规范退出市场的良性运行机制，努力推动经济社会又好又快发展。

2. 为保障国家产业结构调整政策的落实，对于已经出现破产原因的企业，人民法院要依法受理符合条件的破产清算申请，通过破产清算程序使其从市场中有序退出。对于虽有借破产逃废债务可能但符合破产清算申请受理条件的非诚信企业，也要将其纳入到法定的破产清算程序中，通过撤销和否定其不当处置财产行为，以及追究出资人等相关主体责任的方式，使其借破产逃废债务的目的落空，剥夺其市场主体资格。对债权人申请债务人破产清算的，人民法院审查的重点是债务人是否不能清偿到期债务，而不能以债权人无法提交债务人财产状况说明等为由，不受理债权人的申请。

3. 对于虽然已经出现破产原因或者有明显丧失清偿能力可能，但符合国家产业结构调整政策、仍具发展前景的企业，人民法院要充分发挥破产重整和破产和解程序的作用，对其进行积极有效的挽救。破产重整和和解制度，为尚有挽救希望的危困企业提供了避免破产清算死亡、获得再生的机会，有利于债务人及其债权人、出资人、职工、关联企业等各方主体实现共赢，有利于社会资源的充分利用。努力推动企业重整和和解成功，促进就业、优化资源配置、减少企业破产给社会带来的不利影响，是人民法院审理企业破产案件的重要目标之一，也是人民法院商事审判工作服务于保增长、保民生、保稳定大局的必然要求。

**二、坚持在当地党委的领导下，努力配合政府做好企业破产案件中的维稳工作，为构建和谐社会提供司法保障**

4. 债务人进入破产程序后，因涉及债权人、债务人、出资人、企业职工等众多当事人的利益，各方矛盾极为集中和突出，处理不当，极易引发群体性、突发性事件，影响社会稳定。人民法院审理企业破产案件，一定要坚持在当地党委的领导下，充分发挥地方政府建立的风险预警机制、联动机制、资金保障机制等协调机制的作用，努力配合政府做好企业破产案件中的维稳工作。

5. 对于职工欠薪和就业问题突出、债权人矛盾激化、债务人弃企逃债等敏感类破产案件，要及时向当地党委汇报，争取政府的支持。在政府协调下，加强与相关部门的沟通、配合，及时采取有力措施，积极疏导并化解各种矛盾纠纷，避免哄抢企业财产、职工集体上访的情况发生，将不稳定因素消除在萌芽状态。有条件的地方，可通过政府设立的维稳基金或鼓励第三方垫款等方式，优先解决破产企业职工的安置问题，政府或第三方就劳动债权的垫款，可以在破产程序中按照职工债权的受偿顺序优先获得清偿。

**三、充分发挥破产重整和和解程序挽救危困企业、实现企业持续经营的作用，保障社会资源有效利用**

6. 人民法院要充分发挥司法能动作用，注重做好当事人的释明和协调工作，合理适用破产重整和和解程序。对于当事人同时申请债务人清算、重整、和解的,人民法院要根据债务人的实际情况和各方当事人的意愿,在组织各方当事人充分论证的基础上,对于有重整或者和解可能的,应当依法受理重整或者和解申请。当事人申请重整,但因企业经营规模较小、虽有挽救必要但重整成本明显高于重整收益的困难企业,有关权利人不同意重整的,人民法院可引导当事人通过和解方式挽救企业。人民法院要加强破产程序中的调解工作,在法律允许的框架下,积极支持债务人、管理人和新出资人等为挽救企业所做的各项工作,为挽救困难企业创造良好的法律环境。

7. 人民法院适用强制批准裁量权挽救危困企业时,要保证反对重整计划草案的债权人或者出资人在重整中至少可以获得在破产清算中本可获得的清偿。对于重整计划草案被提请批准时依照破产清算程序所能获得的清偿比例的确定,应充分考虑其计算方法是否科学、客观、准确,是否充分保护了利害关系人的应有利益。人民法院要严格审查重整计划草案,综合考虑社会公共利益,积极审慎适用裁量权。对不符合强制批准条件的,不能借挽救企业之名违法审批。上级人民法院要肩负起监督职责,对利害关系人就重整程序中反映的问题要进行认真审查,问题属实的,要及时予以纠正。

**四、在破产程序中要注重保障民生,切实维护职工合法权益**

8. 依法优先保护劳动者权益,是破产法律制度的重要价值取向。人民法院在审理企业破产案件中,要切实维护职工的合法权益,严格依法保护职工利益。召开债权人会议要有债务人的职工和工会代表参加,保障职工对破产程序的参与权。职工对管理人确认的工资等债权有异议的,管理人要认真审查核对,发现错误要及时纠正;因管理人未予纠正,职工据此提起诉讼的,人民法院要严格依法审理,及时作出判决。

9. 表决重整计划草案时,要充分尊重职工的意愿,并就债务人所欠职工工资等债权设定专门表决组进行表决;职工债权人表决组未通过重整计划草案的,人民法院强制批准必须以应当优先清偿的职工债权全额清偿为前提。企业继续保持原经营范围的,人民法院要引导债务人或管理人在制作企业重整计划草案时,尽可能保证企业原有职工的工作岗位。

10. 保障职工合法权益需要社会各方面的共同努力。人民法院要加强与国家社会保障部门、劳动部门、工商行政管理部门、组织人事等部门的沟通和协调,积极提出司法建议,推动适合中国特色的社会保障体制的建立和完善。

**五、妥善指定适格管理人，充分发挥管理人在企业破产程序中的积极作用**

11. 人民法院要根据企业破产法和有关司法解释的规定，采用适当方式指定管理人，对于重大疑难案件，可以通过竞争的方式择优确定管理人。要注意处理好审理破产案件的审判庭和司法技术辅助工作部门的关系，在指定管理人时，应由审理破产案件的审判庭根据案件实际情况决定采用哪类管理人以及采用哪种产生方式，在决定通过随机方式或者竞争方式产生管理人或其成员时，再由司法技术辅助工作部门根据规定产生管理人或其成员。

12. 企业重整中，因涉及重大资产重组、经营模式选择、引入新出资人等商业运作内容，重整中管理人的职责不仅是管理和处分债务人财产，更要管理债务人的经营业务，特别是制定和执行重整计划。因此，在我国目前管理人队伍尚未成熟的情况下，人民法院指定管理人时，应当注意吸收相关部门和人才，根据实际情况选择指定的形式和方式，以便产生适格管理人。

13. 管理人的工作能力和敬业精神直接决定着企业破产案件能否依法有效进行，以及破产法律制度能否充分发挥其应有的作用。人民法院要特别注意加强对管理人业务知识和各种能力的培养，建立管理人考核机制，通过业绩考核，形成激励和淘汰机制，逐步实现管理人队伍的专业化。

**六、正确适用企业破产法的各项制度，充分保护债权人合法权益**

14. 人民法院在审理企业破产案件中，要充分调动管理人的积极性，促使其利用法律手段，努力查找和追收债务人财产，最大限度保护债权人利益。对出资不实、抽逃出资的，要依法追回；对于不当处置公司财产的行为，要依法撤销或者认定无效，并追回有关财产；对于违反法律、行政法规等规定，给公司或债权人造成损失的，要依法追究行为人的民事责任；对于发现妨碍清算行为的犯罪线索，要及时向侦查机关通报情况。

15. 要充分发挥债权人会议和债权人委员会的职能作用，切实保障债权人对破产程序的参与权，坚决防止地方保护主义，即使在以挽救债务人为主要目的的破产重整和和解程序中，仍然要以充分保障债权人利益为前提，重整计划和和解协议的通过与否，要严格按照法定的程序确定表决权并依法表决。

16. 人民法院在审理债务人人员下落不明或财产状况不清的破产案件时，要从充分保障债权人合法利益的角度出发，在对债务人的法定代表人、财务管理人员、其他经营管理人员，以及出资人等进行释明，或者采取相应罚款、训诫、拘留等强制措施后，债务人仍不向人民法院提交有关材料或者不提交全部材料，影响清算顺利进行的，人民法院就现有财产对已知债权进行公平清偿并裁定终结清算程序后，应当告知债权人可以另行提起诉讼要求有责任的有限责任公司股东、股份有限公司董事、控股股东，以及实际控制人等清算义务人对债务人的债务承担清偿责任。

**七、正确认识破产程序与执行程序的功能定位，做好两个程序的有效衔接**

17. 人民法院要充分认识破产程序和执行程序的不同功能定位，充分发挥企业破产法公平保护全体债权人的作用。破产程序是对债务人全部财产进行的概括执行，注重对所有债权的公平受偿，具有对一般债务清偿程序的排他性。因此，人民法院受理破产申请后，对债务人财产所采取的所有保全措施和执行程序都应解除和中止，相关债务在破产清算程序中一并公平清偿。

18. 人民法院要注重做好破产程序和执行程序的衔接工作，确保破产财产妥善处置。涉及到人民法院内部破产程序和执行程序的操作的，应注意不同法院、不同审判部门、不同程序的协调与配合。涉及到债务人财产被其他国家行政机关采取保全措施或执行程序的，人民法院应积极与上述机关进行协调和沟通，取得有关机关的配合，依法解除有关保全措施，中止有关执行程序。

19. 人民法院受理破产申请后，在宣告债务人破产前裁定驳回申请人的破产申请，并终结破产程序的，应当在作出终结破产程序的裁定前，告知管理人通知原对债务人财产采取保全措施或执行程序的法院恢复原有的保全措施或执行程序，有轮候保全的，以原采取保全措施的时间确定轮候顺位。对恢复受理债务人为被执行人的执行案件，应当适用申请执行时效中断的有关规定。

**八、加强审理破产案件法官专业化队伍建设，充分发挥商事审判职能作用**

20. 随着我国经济市场化、国际化程度越来越高，企业破产案件将呈逐步增长趋势，这对人民法院审判工作提出了更高的要求。一方面，企业破产案件审理周期长、难度大、事务性工作繁重，人民法院长期以来案多人少的矛盾更加突出。另一方面，由于破产案件审理的复杂性和特殊性，客观上需要一支不仅具备较为扎实的法学理论功底，而且还要有解决社会矛盾、处理应急事务、协调各方利益等多方面工作能力的专业化法官队伍。因此，人民法院要加强法官专业化队伍建设，在人财物方面给予支持和保障。有条件的法院可以根据企业破产案件的数量，成立专门的破产案件审判庭，或指定专门的合议庭负责审理破产案件。

21. 人民法院要积极调动法官审理企业破产案件的积极性,在考核法官工作业绩时,要充分考虑企业破产案件审理的特殊性,以及法官办理企业破产案件所付出的辛勤劳动和承担的各种压力,积极探索能够客观反映审理破产案件工作量的科学考评标准,不断提高破产案件的审理质量。

22. 审理企业破产案件的法官,要大力加强对党的路线方针政策的学习,增强大局意识和责任意识。在当前经济形势下,更要正确处理好保护金融债权与挽救危困企业之间的关系,实现债权人与债务人的共赢,共渡难关。正确处理好保护投资者利益与维护职工合法权益之间的关系,保障社会和谐稳定。正确处理好企业破产清算与企业再生之间的关系,实现社会资源的充分利用以及法律效果和社会效果的有机统一。广大法官要大力加强廉政建设,严格执行最高人民法院"五个严禁"等审判纪律和规章制度,无论是在指定管理人还是在委托拍卖财产等敏感环节,都要坚持以制度管人,坚决杜绝人情案、关系案、金钱案,确保以公正高效的审判业绩,为我国国民经济平稳较快发展创造条件。

二○○九年六月十二日

## 最高人民法院关于适用《中华人民共和国企业破产法》若干问题的规定(一)

(2011 年 8 月 29 日由最高人民法院审判委员会第 1527 次会议通过,法释〔2011〕22 号)

为正确适用《中华人民共和国企业破产法》,结合审判实践,就人民法院依法受理企业破产案件适用法律问题作出如下规定。

**第一条** 债务人不能清偿到期债务并且具有下列情形之一的,人民法院应当认定其具备破产原因:

(一)资产不足以清偿全部债务;

(二)明显缺乏清偿能力。

相关当事人以对债务人的债务负有连带责任的人未丧失清偿能力为由,主张债务人不具备破产原因的,人民法院应不予支持。

**第二条** 下列情形同时存在的,人民法院应当认定债务人不能清偿到期债务:

（一）债权债务关系依法成立；

（二）债务履行期限已经届满；

（三）债务人未完全清偿债务。

**第三条** 债务人的资产负债表，或者审计报告、资产评估报告等显示其全部资产不足以偿付全部负债的，人民法院应当认定债务人资产不足以清偿全部债务，但有相反证据足以证明债务人资产能够偿付全部负债的除外。

**第四条** 债务人账面资产虽大于负债，但存在下列情形之一的，人民法院应当认定其明显缺乏清偿能力：

（一）因资金严重不足或者财产不能变现等原因，无法清偿债务；

（二）法定代表人下落不明且无其他人员负责管理财产，无法清偿债务；

（三）经人民法院强制执行，无法清偿债务；

（四）长期亏损且经营扭亏困难，无法清偿债务；

（五）导致债务人丧失清偿能力的其他情形。

**第五条** 企业法人已解散但未清算或者未在合理期限内清算完毕，债权人申请债务人破产清算的，除债务人在法定异议期限内举证证明其未出现破产原因外，人民法院应当受理。

**第六条** 债权人申请债务人破产的，应当提交债务人不能清偿到期债务的有关证据。债务人对债权人的申请未在法定期限内向人民法院提出异议，或者异议不成立的，人民法院应当依法裁定受理破产申请。

受理破产申请后，人民法院应当责令债务人依法提交其财产状况说明、债务清册、债权清册、财务会计报告等有关材料，债务人拒不提交的，人民法院可以对债务人的直接责任人员采取罚款等强制措施。

**第七条** 人民法院收到破产申请时，应当向申请人出具收到申请及所附证据的书面凭证。

人民法院收到破产申请后应当及时对申请人的主体资格、债务人的主体资格和破产原因，以及有关材料和证据等进行审查，并依据企业破产法第十条的规定作出是否受理的裁定。

人民法院认为申请人应当补充、补正相关材料的，应当自收到破产申请之日起五日内告知申请人。当事人补充、补正相关材料的期间不计入企业破产法第十条规定的期限。

**第八条** 破产案件的诉讼费用,应根据企业破产法第四十三条的规定,从债务人财产中拨付。相关当事人以申请人未预先交纳诉讼费用为由,对破产申请提出异议的,人民法院不予支持。

**第九条** 申请人向人民法院提出破产申请,人民法院未接收其申请,或者未按本规定第七条执行的,申请人可以向上一级人民法院提出破产申请。

上一级人民法院接到破产申请后,应当责令下级法院依法审查并及时作出是否受理的裁定;下级法院仍不作出是否受理裁定的,上一级人民法院可以径行作出裁定。

上一级人民法院裁定受理破产申请的,可以同时指令下级人民法院审理该案件。

## 关于审理上市公司破产重整案件工作座谈会纪要

(法〔2012〕261 号)

《企业破产法》施行以来,人民法院依法审理了部分上市公司破产重整案件,最大限度地减少了因上市公司破产清算给社会造成的不良影响,实现了法律效果和社会效果的统一。上市公司破产重整案件的审理不仅涉及到《企业破产法》、《证券法》、《公司法》等法律的适用,还涉及司法程序与行政程序的衔接问题,有必要进一步明确该类案件的审理原则,细化有关程序和实体规定,更好地规范相关主体的权利义务,以充分保护债权人、广大投资者和上市公司的合法权益,优化配置社会资源,促进资本市场健康发展。为此,最高人民法院会同中国证券监督管理委员会,于 2012 年 3 月 22 日在海南省万宁市召开了审理上市公司破产重整案件工作座谈会。与会同志通过认真讨论,就审理上市公司破产重整案件的若干重要问题取得了共识。现纪要如下:

**一、关于上市公司破产重整案件的审理原则**

会议认为,上市公司破产重整案件事关资本市场的健康发展,事关广大投资者的利益保护,事关职工权益保障和社会稳定。因此,人民法院应当高度重视此类案件,并在审理中注意坚持以下原则:

(一)依法公正审理原则。上市公司破产重整案件参与主体众多,涉及利益关系复杂,人民法院审理上市公司破产重整案件,既要有利于化解上市公司的债务和经营危机,提高上市公司质量,保护债权人和投资者的合法权益,维护证券市场和社会的稳定,又要防止没有再生希望的上市公司利用破产重整程序逃废债务,滥用司法资源和社会资源;既要保护债权人利益,又要兼顾职工利益、出资人利益和社会利益,妥善处理好各方利益的冲突。上市公司重整计划草案未获批准或重整计划执行不能的,人民法院应当及时宣告债务人破产清算。

(二)挽救危困企业原则。充分发挥上市公司破产重整制度的作用,为尚有挽救希望的危困企业提供获得新生的机会,有利于上市公司、债权人、出资人、关联企业等各方主体实现共赢,有利于社会资源的有效利用。对于具有重整可能的企业,努力推动重整成功,可以促进就业,优化资源配置,促进产业结构的调整和升级换代,减少上市公司破产清算对社会带来的不利影响。

(三)维护社会稳定原则。上市公司进入破产重整程序后,因涉及债权人、上市公司、出资人、企业职工等相关当事人的利益,各方矛盾比较集中和突出,如果处理不当,极易引发群体性、突发性事件,影响社会稳定。人民法院审理上市公司破产重整案件,要充分发挥地方政府的风险预警、部门联动、资金保障等协调机制的作用,积极配合政府做好上市公司重整中的维稳工作,并根据上市公司的特点,加强与证券监管机构的沟通协调。

**二、关于上市公司破产重整案件的管辖**

会议认为,上市公司破产重整案件应当由上市公司住所地的人民法院,即上市公司主要办事机构所在地法院管辖;上市公司主要办事机构所在地不明确、存在争议的,由上市公司注册登记地人民法院管辖。由于上市公司破产重整案件涉及法律关系复杂,影响面广,对专业知识和综合能力要求较高,人力物力投入较多,上市公司破产重整案件一般应由中级人民法院管辖。

**三、关于上市公司破产重整的申请**

会议认为,上市公司不能清偿到期债务,并且资产不足以清偿全部债务或者明显缺乏清偿能力,或者有明显丧失清偿能力可能的,上市公司或者上市公司的债权人、出资额占上市公司注册资本十分之一以上的出资人可以向人民法院申请对上市公司进行破产重整。

申请人申请上市公司破产重整的,除提交《企业破产法》第八条规定的材料外,还应当提交关于上市公司具有重整可行性的报告、上市公司住所地省级人民政府向证券监督管理部门的通报情况材料以及证券监督管理部门的意见、上市公司住所地人民政府出具的维稳预案等。上市公司自行申请破产重整的,还应当提交切实可行的职工安置方案。

**四、关于对上市公司破产重整申请的审查**

会议认为,债权人提出重整申请,上市公司在法律规定的时间内提出异议,或者债权人、上市公司、出资人分别向人民法院提出破产清算申请和重整申请的,人民法院应当组织召开听证会。

人民法院召开听证会的,应当于听证会召开前通知申请人、被申请人,并送达相关申请材料。公司债权人、出资人、实际控制人等利害关系人申请参加听证的,人民法院应当予以准许。人民法院应当就申请人是否具备申请资格、上市公司是否已经发生重整事由、上市公司是否具有重整可行性等内容进行听证。

鉴于上市公司破产重整案件较为敏感,不仅涉及企业职工和二级市场众多投资者的利益安排,还涉及与地方政府和证券监管机构的沟通协调。因此,目前人民法院在裁定受理上市公司破产重整申请前,应当将相关材料逐级报送最高人民法院审查。

**五、关于对破产重整上市公司的信息保密和披露**

会议认为,对于股票仍在正常交易的上市公司,在上市公司破产重整申请相关信息披露前,上市公司及其债权人、出资人等利害关系人应当按照法律、行政法规、证券监管机构的部门规章及证券交易所上市规则做好信息保密工作。

上市公司的债权人提出破产重整申请的,人民法院应当要求债权人提供其已就此告知上市公司的有关证据。上市公司应当按照相关规则及时履行信息披露义务。

上市公司进入破产重整程序后,由管理人履行相关法律、行政法规、部门规章和公司章程规定的原上市公司董事会、董事和高级管理人员承担的职责和义务,上市公司自行管理财产和营业事务的除外。管理人在上市公司破产重整程序中存在信息披露违法违规行为的,应当依法承担相应的责任。

**六、关于上市公司破产重整计划草案的制定**

会议认为,上市公司或者管理人制定的上市公司重整计划草案应当包括详细的经营方案。有关经营方案涉及并购重组等行政许可审批事项的,上市公司或管理人应当聘请经证券监管机构核准的财务顾问机构、律师事务所以及具有证券期货业务资格的会计师事务所、资产评估机构等证券服务机构按照证券监管机构的有关要求及格式编制相关材料，并作为重整计划草案及其经营方案的必备文件。

控股股东、实际控制人及其关联方在上市公司破产重整程序前因违规占用、担保等行为对上市公司造成损害的，制定重整计划草案时应当根据其过错对控股股东及实际控制人支配的股东的股权作相应调整。

**七、关于上市公司破产重整中出资人组的表决**

会议认为，出资人组对重整计划草案中涉及出资人权益调整事项的表决，经参与表决的出资人所持表决权三分之二以上通过的，即为该组通过重整计划草案。

考虑到出席表决会议需要耗费一定的人力物力，一些中小投资者可能放弃参加表决会议的权利。为最大限度地保护中小投资者的合法权益，上市公司或者管理人应当提供网络表决的方式，为出资人行使表决权提供便利。关于网络表决权行使的具体方式，可以参照适用中国证券监督管理委员会发布的有关规定。

**八、关于上市公司重整计划草案的会商机制**

会议认为，重整计划草案涉及证券监管机构行政许可事项的，受理案件的人民法院应当通过最高人民法院，启动与中国证券监督管理委员会的会商机制。即由最高人民法院将有关材料函送中国证券监督管理委员会，中国证券监督管理委员会安排并购重组专家咨询委员会对会商案件进行研究。并购重组专家咨询委员会应当按照与并购重组审核委员会相同的审核标准，对提起会商的行政许可事项进行研究并出具专家咨询意见。人民法院应当参考专家咨询意见，作出是否批准重整计划草案的裁定。

**九、关于上市公司重整计划涉及行政许可部分的执行**

会议认为，人民法院裁定批准重整计划后，重整计划内容涉及证券监管机构并购重组行政许可事项的，上市公司应当按照相关规定履行行政许可核准程序。重整计划草案提交出资人组表决且经人民法院裁定批准后，上市公司无须再行召开股东大会，可以直接向证券监管机构提交出资人组表决结果及人民法院裁定书，以申请并购重组许可申请。并购重组审核委员会审核工作应当充分考虑并购重组专家咨询委员会提交的专家咨询意见。并购重组申请事项获得证券监管机构行政许可后，应当在重整计划的执行期限内实施完成。

会议还认为，鉴于上市公司破产重整案件涉及的法律关系复杂，利益主体众多，社会影响较大，人民法院对于审判实践中发现的新情况、新问题，要及时上报。上级人民法院要加强对此类案件的监督指导，加强调查研究，及时总结审判经验，确保依法妥善审理好此类案件。

## 最高人民法院关于适用《中华人民共和国企业破产法》若干问题的规定（二）

（2013年7月29日最高人民法院审判委员会第1586次会议通过，根据2020年12月23日最高人民法院审判委员会第1823次会议通过的《最高人民法院关于修改〈最高人民法院关于破产企业国有划拨土地使用权应否列入破产财产等问题的批复〉等二十九件商事类司法解释的决定》修正）

根据《中华人民共和国民法典》《中华人民共和国企业破产法》等相关法律，结合审判实践，就人民法院审理企业破产案件中认定债务人财产相关的法律适用问题，制定本规定。

**第一条** 除债务人所有的货币、实物外，债务人依法享有的可以用货币估价并可以依法转让的债权、股权、知识产权、用益物权等财产和财产权益，人民法院均应认定为债务人财产。

**第二条** 下列财产不应认定为债务人财产：

（一）债务人基于仓储、保管、承揽、代销、借用、寄存、租赁等合同或者其他法律关系占有、使用的他人财产；

（二）债务人在所有权保留买卖中尚未取得所有权的财产；

（三）所有权专属于国家且不得转让的财产；

（四）其他依照法律、行政法规不属于债务人的财产。

**第三条** 债务人已依法设定担保物权的特定财产，人民法院应当认定为债务人财产。

对债务人的特定财产在担保物权消灭或者实现担保物权后的剩余部分，在破产程序中可用以清偿破产费用、共益债务和其他破产债权。

**第四条** 债务人对按份享有所有权的共有财产的相关份额，或者共同享有所有权的共有财产的相应财产权利，以及依法分割共有财产所得部分，人民法院均应认定为债务人财产。

人民法院宣告债务人破产清算,属于共有财产分割的法定事由。人民法院裁定债务人重整或者和解的,共有财产的分割应当依据民法典第三百零三条的规定进行;基于重整或者和解的需要必须分割共有财产,管理人请求分割的,人民法院应予准许。

因分割共有财产导致其他共有人损害产生的债务,其他共有人请求作为共益债务清偿的,人民法院应予支持。

**第五条** 破产申请受理后,有关债务人财产的执行程序未依照企业破产法第十九条的规定中止的,采取执行措施的相关单位应当依法予以纠正。依法执行回转的财产,人民法院应当认定为债务人财产。

**第六条** 破产申请受理后,对于可能因有关利益相关人的行为或者其他原因,影响破产程序依法进行的,受理破产申请的人民法院可以根据管理人的申请或者依职权,对债务人的全部或者部分财产采取保全措施。

**第七条** 对债务人财产已采取保全措施的相关单位,在知悉人民法院已裁定受理有关债务人的破产申请后,应当依照企业破产法第十九条的规定及时解除对债务人财产的保全措施。

**第八条** 人民法院受理破产申请后至破产宣告前裁定驳回破产申请,或者依据企业破产法第一百零八条的规定裁定终结破产程序的,应当及时通知原已采取保全措施并已依法解除保全措施的单位按照原保全顺位恢复相关保全措施。

在已依法解除保全的单位恢复保全措施或者表示不再恢复之前,受理破产申请的人民法院不得解除对债务人财产的保全措施。

**第九条** 管理人依据企业破产法第三十一条和第三十二条的规定提起诉讼,请求撤销涉及债务人财产的相关行为并由相对人返还债务人财产的,人民法院应予支持。

管理人因过错未依法行使撤销权导致债务人财产不当减损,债权人提起诉讼主张管理人对其损失承担相应赔偿责任的,人民法院应予支持。

**第十条** 债务人经过行政清理程序转入破产程序的,企业破产法第三十一条和第三十二条规定的可撤销行为的起算点,为行政监管机构作出撤销决定之日。

债务人经过强制清算程序转入破产程序的，企业破产法第三十一条和第三十二条规定的可撤销行为的起算点，为人民法院裁定受理强制清算申请之日。

**第十一条** 人民法院根据管理人的请求撤销涉及债务人财产的以明显不合理价格进行的交易的，买卖双方应当依法返还从对方获取的财产或者价款。

因撤销该交易，对于债务人应返还受让人已支付价款所产生的债务，受让人请求作为共益债务清偿的，人民法院应予支持。

**第十二条** 破产申请受理前一年内债务人提前清偿的未到期债务，在破产申请受理前已经到期，管理人请求撤销该清偿行为的，人民法院不予支持。但是，该清偿行为发生在破产申请受理前六个月内且债务人有企业破产法第二条第一款规定情形的除外。

**第十三条** 破产申请受理后，管理人未依据企业破产法第三十一条的规定请求撤销债务人无偿转让财产、以明显不合理价格交易、放弃债权行为的，债权人依据民法典第五百三十八条、第五百三十九条等规定提起诉讼，请求撤销债务人上述行为并将因此追回的财产归入债务人财产的，人民法院应予受理。

相对人以债权人行使撤销权的范围超出债权人的债权抗辩的，人民法院不予支持。

**第十四条** 债务人对以自有财产设定担保物权的债权进行的个别清偿，管理人依据企业破产法第三十二条的规定请求撤销的，人民法院不予支持。但是，债务清偿时担保财产的价值低于债权额的除外。

**第十五条** 债务人经诉讼、仲裁、执行程序对债权人进行的个别清偿，管理人依据企业破产法第三十二条的规定请求撤销的，人民法院不予支持。但是，债务人与债权人恶意串通损害其他债权人利益的除外。

**第十六条** 债务人对债权人进行的以下个别清偿，管理人依据企业破产法第三十二条的规定请求撤销的，人民法院不予支持：

(一)债务人为维系基本生产需要而支付水费、电费等的；

(二)债务人支付劳动报酬、人身损害赔偿金的；

(三)使债务人财产受益的其他个别清偿。

**第十七条** 管理人依据企业破产法第三十三条的规定提起诉讼，主张被隐匿、转移财产的实际占有人返还债务人财产，或者主张债务人虚构债务或者承认不真实债务的行为无效并返还债务人财产的，人民法院应予支持。

**第十八条**　管理人代表债务人依据企业破产法第一百二十八条的规定，以债务人的法定代表人和其他直接责任人员对所涉债务人财产的相关行为存在故意或者重大过失，造成债务人财产损失为由提起诉讼，主张上述责任人员承担相应赔偿责任的，人民法院应予支持。

**第十九条**　债务人对外享有债权的诉讼时效，自人民法院受理破产申请之日起中断。

债务人无正当理由未对其到期债权及时行使权利，导致其对外债权在破产申请受理前一年内超过诉讼时效期间的，人民法院受理破产申请之日起重新计算上述债权的诉讼时效期间。

**第二十条**　管理人代表债务人提起诉讼，主张出资人向债务人依法缴付未履行的出资或者返还抽逃的出资本息，出资人以认缴出资尚未届至公司章程规定的缴纳期限或者违反出资义务已经超过诉讼时效为由抗辩的，人民法院不予支持。

管理人依据公司法的相关规定代表债务人提起诉讼，主张公司的发起人和负有监督股东履行出资义务的董事、高级管理人员，或者协助抽逃出资的其他股东、董事、高级管理人员、实际控制人等，对股东违反出资义务或者抽逃出资承担相应责任，并将财产归入债务人财产的，人民法院应予支持。

**第二十一条**　破产申请受理前，债权人就债务人财产提起下列诉讼，破产申请受理时案件尚未审结的，人民法院应当中止审理：

（一）主张次债务人代替债务人直接向其偿还债务的；

（二）主张债务人的出资人、发起人和负有监督股东履行出资义务的董事、高级管理人员，或者协助抽逃出资的其他股东、董事、高级管理人员、实际控制人等直接向其承担出资不实或者抽逃出资责任的；

（三）以债务人的股东与债务人法人人格严重混同为由，主张债务人的股东直接向其偿还债务人对其所负债务的；

（四）其他就债务人财产提起的个别清偿诉讼。

债务人破产宣告后，人民法院应当依照企业破产法第四十四条的规定判决驳回债权人的诉讼请求。但是，债权人一审中变更其诉讼请求为追收的相关财产归入债务人财产的除外。

债务人破产宣告前，人民法院依据企业破产法第十二条或者第一百零八条的规定裁定驳回破产申请或者终结破产程序的,上述中止审理的案件应当依法恢复审理。

**第二十二条** 破产申请受理前,债权人就债务人财产向人民法院提起本规定第二十一条第一款所列诉讼,人民法院已经作出生效民事判决书或者调解书但尚未执行完毕的,破产申请受理后,相关执行行为应当依据企业破产法第十九条的规定中止,债权人应当依法向管理人申报相关债权。

**第二十三条** 破产申请受理后,债权人就债务人财产向人民法院提起本规定第二十一条第一款所列诉讼的,人民法院不予受理。

债权人通过债权人会议或者债权人委员会,要求管理人依法向次债务人、债务人的出资人等追收债务人财产,管理人无正当理由拒绝追收,债权人会议依据企业破产法第二十二条的规定,申请人民法院更换管理人的,人民法院应予支持。

管理人不予追收,个别债权人代表全体债权人提起相关诉讼,主张次债务人或者债务人的出资人等向债务人清偿或者返还债务人财产,或者依法申请合并破产的,人民法院应予受理。

**第二十四条** 债务人有企业破产法第二条第一款规定的情形时,债务人的董事、监事和高级管理人员利用职权获取的以下收入,人民法院应当认定为企业破产法第三十六条规定的非正常收入:

(一)绩效奖金;

(二)普遍拖欠职工工资情况下获取的工资性收入;

(三)其他非正常收入。

债务人的董事、监事和高级管理人员拒不向管理人返还上述债务人财产,管理人主张上述人员予以返还的,人民法院应予支持。

债务人的董事、监事和高级管理人员因返还第一款第(一)项、第(三)项非正常收入形成的债权,可以作为普通破产债权清偿。因返还第一款第(二)项非正常收入形成的债权,依据企业破产法第一百一十三条第三款的规定,按照该企业职工平均工资计算的部分作为拖欠职工工资清偿;高出该企业职工平均工资计算的部分,可以作为普通破产债权清偿。

**第二十五条** 管理人拟通过清偿债务或者提供担保取回质物、留置物,或者与质权人、留置权人协议以质物、留置物折价清偿债务等方式,进行对债权人利益有重大影响的财产处分行为的，应当及时报告债权人委员会。未设立债权人委员会的，管理人应当及时报告人民法院。

**第二十六条**　权利人依据企业破产法第三十八条的规定行使取回权，应当在破产财产变价方案或者和解协议、重整计划草案提交债权人会议表决前向管理人提出。权利人在上述期限后主张取回相关财产的，应当承担延迟行使取回权增加的相关费用。

**第二十七条**　权利人依据企业破产法第三十八条的规定向管理人主张取回相关财产，管理人不予认可，权利人以债务人为被告向人民法院提起诉讼请求行使取回权的，人民法院应予受理。

权利人依据人民法院或者仲裁机关的相关生效法律文书向管理人主张取回所涉争议财产，管理人以生效法律文书错误为由拒绝其行使取回权的，人民法院不予支持。

**第二十八条**　权利人行使取回权时未依法向管理人支付相关的加工费、保管费、托运费、委托费、代销费等费用，管理人拒绝其取回相关财产的，人民法院应予支持。

**第二十九条**　对债务人占有的权属不清的鲜活易腐等不易保管的财产或者不及时变现价值将严重贬损的财产，管理人及时变价并提存变价款后，有关权利人就该变价款行使取回权的，人民法院应予支持。

**第三十条**　债务人占有的他人财产被违法转让给第三人，依据民法典第三百一十一条的规定第三人已善意取得财产所有权，原权利人无法取回该财产的，人民法院应当按照以下规定处理：

（一）转让行为发生在破产申请受理前的，原权利人因财产损失形成的债权，作为普通破产债权清偿；

（二）转让行为发生在破产申请受理后的，因管理人或者相关人员执行职务导致原权利人损害产生的债务，作为共益债务清偿。

**第三十一条**　债务人占有的他人财产被违法转让给第三人，第三人已向债务人支付了转让价款，但依据民法典第三百一十一条的规定未取得财产所有权，原权利人依法追回转让财产的，对因第三人已支付对价而产生的债务，人民法院应当按照以下规定处理：

（一）转让行为发生在破产申请受理前的，作为普通破产债权清偿；

(二)转让行为发生在破产申请受理后的,作为共益债务清偿。

**第三十二条** 债务人占有的他人财产毁损、灭失,因此获得的保险金、赔偿金、代偿物尚未交付给债务人,或者代偿物虽已交付给债务人但能与债务人财产予以区分的,权利人主张取回就此获得的保险金、赔偿金、代偿物的,人民法院应予支持。

保险金、赔偿金已经交付给债务人,或者代偿物已经交付给债务人且不能与债务人财产予以区分的,人民法院应当按照以下规定处理:

(一)财产毁损、灭失发生在破产申请受理前的,权利人因财产损失形成的债权,作为普通破产债权清偿;

(二)财产毁损、灭失发生在破产申请受理后的,因管理人或者相关人员执行职务导致权利人损害产生的债务,作为共益债务清偿。

债务人占有的他人财产毁损、灭失,没有获得相应的保险金、赔偿金、代偿物,或者保险金、赔偿物、代偿物不足以弥补其损失的部分,人民法院应当按照本条第二款的规定处理。

**第三十三条** 管理人或者相关人员在执行职务过程中,因故意或者重大过失不当转让他人财产或者造成他人财产毁损、灭失,导致他人损害产生的债务作为共益债务,由债务人财产随时清偿不足弥补损失,权利人向管理人或者相关人员主张承担补充赔偿责任的,人民法院应予支持。

上述债务作为共益债务由债务人财产随时清偿后,债权人以管理人或者相关人员执行职务不当导致债务人财产减少给其造成损失为由提起诉讼,主张管理人或者相关人员承担相应赔偿责任的,人民法院应予支持。

**第三十四条** 买卖合同双方当事人在合同中约定标的物所有权保留,在标的物所有权未依法转移给买受人前,一方当事人破产的,该买卖合同属于双方均未履行完毕的合同,管理人有权依据企业破产法第十八条的规定决定解除或者继续履行合同。

**第三十五条** 出卖人破产,其管理人决定继续履行所有权保留买卖合同的,买受人应当按照原买卖合同的约定支付价款或者履行其他义务。

买受人未依约支付价款或者履行完毕其他义务,或者将标的物出卖、出质或者作出其他不当处分,给出卖人造成损害,出卖人管理人依法主张取回标的物的,人民法院应予支持。但是,买受人已经支付标的物总价款百分之七十五以上或者第三人善意取得标的物所有权或者其他物权的除外。

因本条第二款规定未能取回标的物，出卖人管理人依法主张买受人继续支付价款、履行完毕其他义务，以及承担相应赔偿责任的，人民法院应予支持。

**第三十六条**　出卖人破产，其管理人决定解除所有权保留买卖合同，并依据企业破产法第十七条的规定要求买受人向其交付买卖标的物的，人民法院应予支持。

买受人以其不存在未依约支付价款或者履行完毕其他义务，或者将标的物出卖、出质或者作出其他不当处分情形抗辩的，人民法院不予支持。

买受人依法履行合同义务并依据本条第一款将买卖标的物交付出卖人管理人后，买受人已支付价款损失形成的债权作为共益债务清偿。但是，买受人违反合同约定，出卖人管理人主张上述债权作为普通破产债权清偿的，人民法院应予支持。

**第三十七条**　买受人破产，其管理人决定继续履行所有权保留买卖合同的，原买卖合同中约定的买受人支付价款或者履行其他义务的期限在破产申请受理时视为到期，买受人管理人应当及时向出卖人支付价款或者履行其他义务。

买受人管理人无正当理由未及时支付价款或者履行完毕其他义务，或者将标的物出卖、出质或者作出其他不当处分，给出卖人造成损害，出卖人依据民法典第六百四十一条等规定主张取回标的物的，人民法院应予支持。但是，买受人已支付标的物总价款百分之七十五以上或者第三人善意取得标的物所有权或者其他物权的除外。

因本条第二款规定未能取回标的物，出卖人依法主张买受人继续支付价款、履行完毕其他义务，以及承担相应赔偿责任的，人民法院应予支持。对因买受人未支付价款或者未履行完毕其他义务，以及买受人管理人将标的物出卖、出质或者作出其他不当处分导致出卖人损害产生的债务，出卖人主张作为共益债务清偿的，人民法院应予支持。

**第三十八条**　买受人破产，其管理人决定解除所有权保留买卖合同，出卖人依据企业破产法第三十八条的规定主张取回买卖标的物的，人民法院应予支持。

出卖人取回买卖标的物，买受人管理人主张出卖人返还已支付价款的，人民法院应予支持。取回的标的物价值明显减少给出卖人造成损失的，出卖人可从买受人已支付价款中优先予以抵扣后，将剩余部分返还给买受人；对买受人已支付价款不足以弥补出卖人标的物价值减损损失形成的债权，出卖人主张作为共益债务清偿的，人民法院应予支持。

**第三十九条** 出卖人依据企业破产法第三十九条的规定，通过通知承运人或者实际占有人中止运输、返还货物、变更到达地，或者将货物交给其他收货人等方式，对在运途中标的物主张了取回权但未能实现，或者在货物未达管理人前已向管理人主张取回在运途中标的物，在买卖标的物到达管理人后，出卖人向管理人主张取回的，管理人应予准许。

出卖人对在运途中标的物未及时行使取回权，在买卖标的物到达管理人后向管理人行使在运途中标的物取回权的，管理人不应准许。

**第四十条** 债务人重整期间，权利人要求取回债务人合法占有的权利人的财产，不符合双方事先约定条件的，人民法院不予支持。但是，因管理人或者自行管理的债务人违反约定，可能导致取回物被转让、毁损、灭失或者价值明显减少的除外。

**第四十一条** 债权人依据企业破产法第四十条的规定行使抵销权，应当向管理人提出抵销主张。

管理人不得主动抵销债务人与债权人的互负债务，但抵销使债务人财产受益的除外。

**第四十二条** 管理人收到债权人提出的主张债务抵销的通知后，经审查无异议的，抵销自管理人收到通知之日起生效。

管理人对抵销主张有异议的，应当在约定的异议期限内或者自收到主张债务抵销的通知之日起三个月内向人民法院提起诉讼。无正当理由逾期提起的，人民法院不予支持。

人民法院判决驳回管理人提起的抵销无效诉讼请求的，该抵销自管理人收到主张债务抵销的通知之日起生效。

**第四十三条** 债权人主张抵销，管理人以下列理由提出异议的，人民法院不予支持：

（一）破产申请受理时，债务人对债权人负有的债务尚未到期；

（二）破产申请受理时，债权人对债务人负有的债务尚未到期；

（三）双方互负债务标的物种类、品质不同。

**第四十四条** 破产申请受理前六个月内，债务人有企业破产法第二条第一款规定的情形，债务人与个别债权人以抵销方式对个别债权人清偿，其抵销的债权债务属于企业破产法第四十条第（二）、（三）项规定的情形之一，管理人在破产申请受理之日起三个月内向人民法院提起诉讼，主张该抵销无效的，人民法院应予支持。

**第四十五条** 企业破产法第四十条所列不得抵销情形的债权人，主张以其对债务人特定财产享有优先受偿权的债权，与债务人对其不享有优先受偿权的债权抵销，债务人管理人以抵销存在企业破产法第四十条规定的情形提出异议的，人民法院不予支持。但是，用以抵销的债权大于债权人享有优先受偿权财产价值的除外。

**第四十六条** 债务人的股东主张以下列债务与债务人对其负有的债务抵销，债务人管理人提出异议的，人民法院应予支持：

（一）债务人股东因欠缴债务人的出资或者抽逃出资对债务人所负的债务；

（二）债务人股东滥用股东权利或者关联关系损害公司利益对债务人所负的债务。

**第四十七条** 人民法院受理破产申请后，当事人提起的有关债务人的民事诉讼案件，应当依据企业破产法第二十一条的规定，由受理破产申请的人民法院管辖。

受理破产申请的人民法院管辖的有关债务人的第一审民事案件，可以依据民事诉讼法第三十八条的规定，由上级人民法院提审，或者报请上级人民法院批准后交下级人民法院审理。

受理破产申请的人民法院，如对有关债务人的海事纠纷、专利纠纷、证券市场因虚假陈述引发的民事赔偿纠纷等案件不能行使管辖权的，可以依据民事诉讼法第三十七条的规定，由上级人民法院指定管辖。

**第四十八条** 本规定施行前本院发布的有关企业破产的司法解释，与本规定相抵触的，自本规定施行之日起不再适用。

## 最高人民法院关于依法开展破产案件审理积极稳妥推进破产企业救治和清算工作的通知

（法〔2016〕169 号）

各省、自治区、直辖市高级人民法院，解放军军事法院，新疆维吾尔自治区高级人民法院生产建设兵团分院：

为认真贯彻党的十八届五中全会“更加注重运用市场机制、经济手段、法治办法化解产能过剩，加大政策引导力度，完善企业退出机制”精神，落实中央经济工作会议推进供给侧结构性改革要求，现就人民法院依法开展破产案件审理、积极稳妥推进破产企业救治和清算工作通知如下：

一、深刻认识依法开展破产案件审理、积极稳妥推进破产企业救治和清算工作的重要意义。社会主义市场主体救治和退出机制是否建立，是衡量社会主义市场经济体制完善的标志之一。依法开展破产案件审理、积极稳妥推进破产企业救治和清算工作，既是供给侧结构性改革的客观需要，又是提升市场主体竞争力的客观需要，也是建立完善社会主义市场主体救治和退出机制的客观需要。各级人民法院要深刻认识破产案件审理对优化资源配置、规范市场秩序的重要意义，推动破产案件审理工作常态化、规范化、法治化。对符合破产受理条件但仍可能适应市场需要的企业，要运用破产和解和破产重整的方式进行救治，使其能够通过救治重返市场；对救治无效或者根本不能适应市场需要的企业，要进行破产清算，促进及时退出市场。依法开展破产案件审理，是解决执行难的重要途径。对执行中符合《企业破产法》规定的破产条件的企业，要依法启动破产程序，通过破产和解化解一批、破产重整处置一批、破产清算消除一批，使企业破产制度成为解决执行难的配套制度。

二、加快建立专门清算与破产审判庭。各高级人民法院要按照最高人民法院的要求首先在省会城市、副省级城市所在地中级人民法院建立清算与破产审判庭。破产案件数量多的中级人民法院，要积极协商地方编办建立专门审判庭。其他中级人民法院要根据本地实际情况适时开展专门审判庭的建立工作。2016 年 12 月 31 日前，各高级人民法院要将辖区内专门审判庭建立情况报告最高人民法院。同时，人民法院要推进破产审判法官和司法辅助人员专业化建设，为破产审判岗位配备优秀人才,并通过培训等多种方式,切实提升破产审判队伍整体素质。

清算与破产审判庭承担以下职责:1. 企业破产和强制清算案件的立案、审理;2. 依法处理企业强制清算和破产案件的善后事宜;3. 调研企业破产和强制清算案件审理工作情况;4. 对下级法院企业破产和强制清算案件审理进行业务指导;5. 与有关法院协调解决企业破产案件审理中的问题;6. 与地方党委、政府及有关部门协调解决企业破产案件审理中的问题;7. 管理和培训破产管理人。

三、切实建立健全破产案件审理工作机制。一要健全破产重整企业识别机制。各地法院要围绕让人民法院成为"生病企业"医院目标,对虽符合破产受理条件但具有运营价值的企业,要以市场化为导向,积极开展破产和解和重整,有效利用各种资源,使企业恢复生机。对救治无效或者其他不能适应市场需要的企业,要加快破产清算、及时释放生产要素,实现市场出清。二要在地方党委领导下,积极与政府建立"府院企业破产工作统一协调机制"。协调机制要统筹企业破产重整和清算相关工作,妥善解决企业破产过程中出现的各种问题。三要建立全国企业破产重整案件信息平台机制。各地法院要按照最高人民法院全国企业破产重整案件信息平台建设工作要求,做好破产案件前期信息整理工作,确保信息平台上线后顺畅运行。实现重整企业信息公开、破产程序公开、化解破产受理难问题的目标。四要建立合法有序的利益衡平机制。各地法院要依法处理职工工资、国家税收、担保债权、普通债权的实现顺序和实现方式,审慎协调各方利益。

四、积极完善管理人制度。各地法院要根据《企业破产法》的规定积极完善管理人制度,在现有管理人结构的基础上吸收适应企业重整需要的管理人才参加,积极发挥企业家、经营者、管理者乃至科技人员的作用。要加强对管理人的监督、指导和管理,要着手建立管理人分级管理、升级降级、增补淘汰等制度。要强化管理人的责任,督促管理人依法履职。

五、认真做好执行程序与破产程序的衔接。各地法院要按照《企业破产法》和《最高人民法院关于适用〈中华人民共和国民事诉讼法〉的解释》有关规定,做好执行程序转入破产程序的衔接工作。执行法院要充分利用执行信息平台和相关信息资源,及时汇集针对同一企业的执行案件信息,依法推进符合破产条件的企业转入破产程序,坚决反对在案件处理上相互推诿。破产案件审理中,其他法院要依法中止对破产企业的执行,依法解除相关保全措施。对于不依法解除保全措施和违法执行的相关人员,各地法院要依法依规严厉追究责任。

依法开展破产案件审理、积极稳妥推进破产企业救治和清算工作,是人民法院围绕中心、服务大局的重要任务。各地法院要强化责任意识,迅速行动,充分发挥破产审理职能,积极探索总结破产审理经验,为经济持续健康发展提供有力司法保障。对于在工作中发现的新情况、新问题,各地法院要及时层报最高人民法院。

## 全国法院破产审判工作会议纪要

(法〔2018〕53 号)

为落实党的十九大报告提出的贯彻新发展理念、建设现代化经济体系的要求,紧紧围绕高质量发展这条主线,服务和保障供给侧结构性改革,充分发挥人民法院破产审判工作在完善社会主义市场经济主体拯救和退出机制中的积极作用,为决胜全面建成小康社会提供更加有力的司法保障,2017 年 12 月 25 日,最高人民法院在广东省深圳市召开了全国法院破产审判工作会议。各省、自治区、直辖市高级人民法院、设立破产审判庭的市中级人民法院的代表参加了会议。与会代表经认真讨论,对人民法院破产审判涉及的主要问题达成共识。现纪要如下:

**一、破产审判的总体要求**

会议认为,人民法院要坚持以习近平新时代中国特色社会主义经济思想为指导,深刻认识破产法治对决胜全面建成小康社会的重要意义,以更加有力的举措开展破产审判工作,为经济社会持续健康发展提供更加有力的司法保障。当前和今后一个时期,破产审判工作总的要求是:

一要发挥破产审判功能,助推建设现代化经济体系。人民法院要通过破产工作实现资源重新配置,用好企业破产中权益、经营管理、资产、技术等重大调整的有利契机,对不同企业分类处置,把科技、资本、劳动力和人力资源等生产要素调动好、配置好、协同好,促进实体经济和产业体系优质高效。

二要着力服务构建新的经济体制,完善市场主体救治和退出机制。要充分运用重整、和解法律手段实现市场主体的有效救治,帮助企业提质增效;运用清算手段促使丧失经营价值的企业和产能及时退出市场，实现优胜劣汰，从而完善社会主义市场主体的救治和退出机制。

三要健全破产审判工作机制，最大限度释放破产审判的价值。要进一步完善破产重整企业识别、政府与法院协调、案件信息沟通、合法有序的利益衡平四项破产审判工作机制，推动破产审判工作良性运行，彰显破产审判工作的制度价值和社会责任。

四要完善执行与破产工作的有序衔接，推动解决“执行难”。要将破产审判作为与立案、审判、执行既相互衔接、又相对独立的一个重要环节，充分发挥破产审判对化解执行积案的促进功能，消除执行转破产的障碍，从司法工作机制上探索解决“执行难”的有效途径。

**二、破产审判的专业化建设**

审判专业化是破产审判工作取得实质性进展的关键环节。各级法院要大力加强破产审判专业化建设，努力实现审判机构专业化、审判队伍专业化、审判程序规范化、裁判规则标准化、绩效考评科学化。

1. 推进破产审判机构专业化建设。省会城市、副省级城市所在地中级人民法院要根据最高人民法院《关于在中级人民法院设立清算与破产审判庭的工作方案》（法〔2016〕209 号），抓紧设立清算与破产审判庭。其他各级法院可根据本地工作实际需求决定设立清算与破产审判庭或专门的合议庭，培养熟悉清算与破产审判的专业法官，以适应破产审判工作的需求。

2. 合理配置审判任务。要根据破产案件数量、案件难易程度、审判力量等情况，合理分配各级法院的审判任务。对于债权债务关系复杂、审理难度大的破产案件，高级人民法院可以探索实行中级人民法院集中管辖为原则、基层人民法院管辖为例外的管辖制度；对于债权债务关系简单、审理难度不大的破产案件，可以主要由基层人民法院管辖，通过快速审理程序高效审结。

3. 建立科学的绩效考评体系。要尽快完善清算与破产审判工作绩效考评体系，在充分尊重司法规律的基础上确定绩效考评标准，避免将办理清算破产案件与普通案件简单对比、等量齐观、同等考核。

**三、管理人制度的完善**

管理人是破产程序的主要推动者和破产事务的具体执行者。管理人的能力和素质不仅影响破产审判工作的质量，还关系到破产企业的命运与未来发展。

要加快完善管理人制度，大力提升管理人职业素养和执业能力，强化对管理人的履职保障和有效监督，为改善企业经营、优化产业结构提供有力制度保障。

4. 完善管理人队伍结构。人民法院要指导编入管理人名册的中介机构采取适当方式吸收具有专业技术知识、企业经营能力的人员充实到管理人队伍中来，促进管理人队伍内在结构更加合理，充分发挥和提升管理人在企业病因诊断、资源整合等方面的重要作用。

5. 探索管理人跨区域执业。除从本地名册选择管理人外，各地法院还可以探索从外省、市管理人名册中选任管理人，确保重大破产案件能够遴选出最佳管理人。两家以上具备资质的中介机构请求联合担任同一破产案件管理人的，人民法院经审查符合自愿协商、优势互补、权责一致要求且确有必要的，可以准许。

6. 实行管理人分级管理。高级人民法院或者自行编制管理人名册的中级人民法院可以综合考虑管理人的专业水准、工作经验、执业操守、工作绩效、勤勉程度等因素，合理确定管理人等级，对管理人实行分级管理、定期考评。对债务人财产数量不多、债权债务关系简单的破产案件，可以在相应等级的管理人中采取轮候、抽签、摇号等随机方式指定管理人。

7. 建立竞争选定管理人工作机制。破产案件中可以引入竞争机制选任管理人，提升破产管理质量。上市公司破产案件、在本地有重大影响的破产案件或者债权债务关系复杂，涉及债权人、职工以及利害关系人人数较多的破产案件，在指定管理人时，一般应当通过竞争方式依法选定。

8. 合理划分法院和管理人的职能范围。人民法院应当支持和保障管理人依法履行职责，不得代替管理人作出本应由管理人自己作出的决定。管理人应当依法管理和处分债务人财产，审慎决定债务人内部管理事务，不得将自己的职责全部或者部分转让给他人。

9. 进一步落实管理人职责。在债务人自行管理的重整程序中，人民法院要督促管理人制订监督债务人的具体制度。在重整计划规定的监督期内，管理人应当代表债务人参加监督期开始前已经启动而尚未终结的诉讼、仲裁活动。重整程序、和解程序转入破产清算程序后，管理人应当按照破产清算程序继续履行管理人职责。

10. 发挥管理人报酬的激励和约束作用。人民法院可以根据破产案件的不同情况确定管理人报酬的支付方式，发挥管理人报酬在激励、约束管理人勤勉履职方面的积极作用。管理人报酬原则上应当根据破产案件审理进度和管理人履职情况分期支付。案情简单、耗时较短的破产案件,可以在破产程序终结后一次性向管理人支付报酬。

11. 管理人聘用其他人员费用负担的规制。管理人经人民法院许可聘用企业经营管理人员,或者管理人确有必要聘请其他社会中介机构或人员处理重大诉讼、仲裁、执行或审计等专业性较强工作,如所需费用需要列入破产费用的,应当经债权人会议同意。

12. 推动建立破产费用的综合保障制度。各地法院要积极争取财政部门支持,或采取从其他破产案件管理人报酬中提取一定比例等方式,推动设立破产费用保障资金,建立破产费用保障长效机制,解决因债务人财产不足以支付破产费用而影响破产程序启动的问题。

13. 支持和引导成立管理人协会。人民法院应当支持、引导、推动本辖区范围内管理人名册中的社会中介机构、个人成立管理人协会,加强对管理人的管理和约束,维护管理人的合法权益,逐步形成规范、稳定和自律的行业组织,确保管理人队伍既充满活力又规范有序发展。

**四、破产重整**

会议认为,重整制度集中体现了破产法的拯救功能,代表了现代破产法的发展趋势,全国各级法院要高度重视重整工作,妥善审理企业重整案件,通过市场化、法治化途径挽救困境企业,不断完善社会主义市场主体救治机制。

14. 重整企业的识别审查。破产重整的对象应当是具有挽救价值和可能的困境企业;对于僵尸企业,应通过破产清算,果断实现市场出清。人民法院在审查重整申请时,根据债务人的资产状况、技术工艺、生产销售、行业前景等因素,能够认定债务人明显不具备重整价值以及拯救可能性的,应裁定不予受理。

15. 重整案件的听证程序。对于债权债务关系复杂、债务规模较大,或者涉及上市公司重整的案件,人民法院在审查重整申请时,可以组织申请人、被申请人听证。债权人、出资人、重整投资人等利害关系人经人民法院准许,也可以参加听证。听证期间不计入重整申请审查期限。

16. 重整计划的制定及沟通协调。人民法院要加强与管理人或债务人的沟通,引导其分析债务人陷于困境的原因,有针对性地制定重整计划草案,促使企业重新获得盈利能力,提高重整成功率。人民法院要与政府建立沟通协调机制,帮助管理人或债务人解决重整计划草案制定中的困难和问题。

17. 重整计划的审查与批准。重整不限于债务减免和财务调整，重整的重点是维持企业的营运价值。人民法院在审查重整计划时，除合法性审查外，还应审查其中的经营方案是否具有可行性。重整计划中关于企业重新获得盈利能力的经营方案具有可行性、表决程序合法、内容不损害各表决组中反对者的清偿利益的，人民法院应当自收到申请之日起三十日内裁定批准重整计划。

18. 重整计划草案强制批准的条件。人民法院应当审慎适用企业破产法第八十七条第二款，不得滥用强制批准权。确需强制批准重整计划草案的，重整计划草案除应当符合企业破产法第八十七条第二款规定外，如债权人分多组的，还应当至少有一组已经通过重整计划草案，且各表决组中反对者能够获得的清偿利益不低于依照破产清算程序所能获得的利益。

19. 重整计划执行中的变更条件和程序。债务人应严格执行重整计划，但因出现国家政策调整、法律修改变化等特殊情况，导致原重整计划无法执行的，债务人或管理人可以申请变更重整计划一次。债权人会议决议同意变更重整计划的，应自决议通过之日起十日内提请人民法院批准。债权人会议决议不同意或者人民法院不批准变更申请的，人民法院经管理人或者利害关系人请求，应当裁定终止重整计划的执行，并宣告债务人破产。

20. 重整计划变更后的重新表决与裁定批准。人民法院裁定同意变更重整计划的，债务人或者管理人应当在六个月内提出新的重整计划。变更后的重整计划应提交给因重整计划变更而遭受不利影响的债权人组和出资人组进行表决。表决、申请人民法院批准以及人民法院裁定是否批准的程序与原重整计划的相同。

21. 重整后企业正常生产经营的保障。企业重整后，投资主体、股权结构、公司治理模式、经营方式等与原企业相比，往往发生了根本变化，人民法院要通过加强与政府的沟通协调，帮助重整企业修复信用记录，依法获取税收优惠，以利于重整企业恢复正常生产经营。

22. 探索推行庭外重组与庭内重整制度的衔接。在企业进入重整程序之前，可以先由债权人与债务人、出资人等利害关系人通过庭外商业谈判，拟定重组方案。重整程序启动后，可以重组方案为依据拟定重整计划草案提交人民法院依法审查批准。

**五、破产清算**

会议认为，破产清算作为破产制度的重要组成部分，具有淘汰落后产能、优化市场资源配置的直接作用。对于缺乏拯救价值和可能性的债务人，要及时通过破产清算程序对债权债务关系进行全面清理，重新配置社会资源，提升社会有效供给的质量和水平，增强企业破产法对市场经济发展的引领作用。

23. 破产宣告的条件。人民法院受理破产清算申请后，第一次债权人会议上无人提出重整或和解申请的，管理人应当在债权审核确认和必要的审计、资产评估后，及时向人民法院提出宣告破产的申请。人民法院受理破产和解或重整申请后，债务人出现应当宣告破产的法定原因时，人民法院应当依法宣告债务人破产。

24. 破产宣告的程序及转换限制。相关主体向人民法院提出宣告破产申请的，人民法院应当自收到申请之日起七日内作出破产宣告裁定并进行公告。债务人被宣告破产后，不得再转入重整程序或和解程序。

25. 担保权人权利的行使与限制。在破产清算和破产和解程序中，对债务人特定财产享有担保权的债权人可以随时向管理人主张就该特定财产变价处置行使优先受偿权，管理人应及时变价处置，不得以须经债权人会议决议等为由拒绝。但因单独处置担保财产会降低其他破产财产的价值而应整体处置的除外。

26. 破产财产的处置。破产财产处置应当以价值最大化为原则，兼顾处置效率。人民法院要积极探索更为有效的破产财产处置方式和渠道，最大限度提升破产财产变价率。采用拍卖方式进行处置的，拍卖所得预计不足以支付评估拍卖费用，或者拍卖不成的，经债权人会议决议，可以采取作价变卖或实物分配方式。变卖或实物分配的方案经债权人会议两次表决仍未通过的，由人民法院裁定处理。

27. 企业破产与职工权益保护。破产程序中要依法妥善处理劳动关系，推动完善职工欠薪保障机制，依法保护职工生存权。由第三方垫付的职工债权，原则上按照垫付的职工债权性质进行清偿；由欠薪保障基金垫付的，应按照企业破产法第一百一十三条第一款第二项的顺序清偿。债务人欠缴的住房公积金，按照债务人拖欠的职工工资性质清偿。

28. 破产债权的清偿原则和顺序。对于法律没有明确规定清偿顺序的债权，人民法院可以按照人身损害赔偿债权优先于财产性债权、私法债权优先于公法债权、补偿性债权优先于惩罚性债权的原则合理确定清偿顺序。因债务人侵权行为造成的人身损害赔偿,可以参照企业破产法第一百一十三条第一款第一项规定的顺序清偿,但其中涉及的惩罚性赔偿除外。破产财产依照企业破产法第一百一十三条规定的顺序清偿后仍有剩余的,可依次用于清偿破产受理前产生的民事惩罚性赔偿金、行政罚款、刑事罚金等惩罚性债权。

29. 建立破产案件审理的繁简分流机制。人民法院审理破产案件应当提升审判效率,在确保利害关系人程序和实体权利不受损害的前提下,建立破产案件审理的繁简分流机制。对于债权债务关系明确、债务人财产状况清楚的破产案件,可以通过缩短程序时间、简化流程等方式加快案件审理进程,但不得突破法律规定的最低期限。

30. 破产清算程序的终结。人民法院终结破产清算程序应当以查明债务人财产状况、明确债务人财产的分配方案、确保破产债权获得依法清偿为基础。破产申请受理后,经管理人调查,债务人财产不足以清偿破产费用且无人代为清偿或垫付的,人民法院应当依管理人申请宣告破产并裁定终结破产清算程序。

31. 保证人的清偿责任和求偿权的限制。破产程序终结前,已向债权人承担了保证责任的保证人,可以要求债务人向其转付已申报债权的债权人在破产程序中应得清偿部分。破产程序终结后,债权人就破产程序中未受清偿部分要求保证人承担保证责任的,应在破产程序终结后六个月内提出。保证人承担保证责任后,不得再向和解或重整后的债务人行使求偿权。

**六、关联企业破产**

会议认为,人民法院审理关联企业破产案件时,要立足于破产关联企业之间的具体关系模式,采取不同方式予以处理。既要通过实质合并审理方式处理法人人格高度混同的关联关系,确保全体债权人公平清偿,也要避免不当采用实质合并审理方式损害相关利益主体的合法权益。

32. 关联企业实质合并破产的审慎适用。人民法院在审理企业破产案件时,应当尊重企业法人人格的独立性,以对关联企业成员的破产原因进行单独判断并适用单个破产程序为基本原则。当关联企业成员之间存在法人人格高度混同、区分各关联企业成员财产的成本过高、严重损害债权人公平清偿利益时,可例外适用关联企业实质合并破产方式进行审理。

33. 实质合并申请的审查。人民法院收到实质合并申请后,应当及时通知相关利害关系人并组织听证,听证时间不计入审查时间。人民法院在审查实质合并申请过程中,可以综合考虑关联企业之间资产的混同程序及其持续时间、各企业之间的利益关系、债权人整体清偿利益、增加企业重整的可能性等因素,在收到申请之日起三十日内作出是否实质合并审理的裁定。

34. 裁定实质合并时利害关系人的权利救济。相关利害关系人对受理法院作出的实质合并审理裁定不服的,可以自裁定书送达之日起十五日内向受理法院的上一级人民法院申请复议。

35. 实质合并审理的管辖原则与冲突解决。采用实质合并方式审理关联企业破产案件的,应由关联企业中的核心控制企业住所地人民法院管辖。核心控制企业不明确的,由关联企业主要财产所在地人民法院管辖。多个法院之间对管辖权发生争议的,应当报请共同的上级人民法院指定管辖。

36. 实质合并审理的法律后果。人民法院裁定采用实质合并方式审理破产案件的,各关联企业成员之间的债权债务归于消灭,各成员的财产作为合并后统一的破产财产,由各成员的债权人在同一程序中按照法定顺序公平受偿。采用实质合并方式进行重整的,重整计划草案中应当制定统一的债权分类、债权调整和债权受偿方案。

37. 实质合并审理后的企业成员存续。适用实质合并规则进行破产清算的,破产程序终结后各关联企业成员均应予以注销。适用实质合并规则进行和解或重整的,各关联企业原则上应当合并为一个企业。根据和解协议或重整计划,确有需要保持个别企业独立的,应当依照企业分立的有关规则单独处理。

38. 关联企业破产案件的协调审理与管辖原则。多个关联企业成员均存在破产原因但不符合实质合并条件的,人民法院可根据相关主体的申请对多个破产程序进行协调审理,并可根据程序协调的需要,综合考虑破产案件审理的效率、破产申请的先后顺序、成员负债规模大小、核心控制企业住所地等因素,由共同的上级法院确定一家法院集中管辖。

39. 协调审理的法律后果。协调审理不消灭关联企业成员之间的债权债务关系,不对关联企业成员的财产进行合并,各关联企业成员的债权人仍以该企业成员财产为限依法获得清偿。但关联企业成员之间不当利用关联关系形成的债权,应当劣后于其他普通债权顺序清偿,且该劣后债权人不得就其他关联企业成员提供的特定财产优先受偿。

## 七、执行程序与破产程序的衔接

执行程序与破产程序的有效衔接是全面推进破产审判工作的有力抓手，也是破解“执行难”的重要举措。全国各级法院要深刻认识执行转破产工作的重要意义，大力推动符合破产条件的执行案件，包括执行不能案件进入破产程序，充分发挥破产程序的制度价值。

40. 执行法院的审查告知、释明义务和移送职责。执行部门要高度重视执行与破产的衔接工作，推动符合条件的执行案件向破产程序移转。执行法院发现作为被执行人的企业法人符合企业破产法第二条规定的，应当及时询问当事人是否同意将案件移送破产审查并释明法律后果。执行法院作出移送决定后，应当书面通知所有已知执行法院，执行法院均应中止对被执行人的执行程序。

41. 执行转破产案件的移送和接收。执行法院与受移送法院应加强移送环节的协调配合，提升工作实效。执行法院移送案件时，应当确保材料完备，内容、形式符合规定。受移送法院应当认真审核并及时反馈意见，不得无故不予接收或暂缓立案。

42. 破产案件受理后查封措施的解除或查封财产的移送。执行法院收到破产受理裁定后，应当解除对债务人财产的查封、扣押、冻结措施；或者根据破产受理法院的要求，出具函件将查封、扣押、冻结财产的处置权交破产受理法院。破产受理法院可以持执行法院的移送处置函件进行续行查封、扣押、冻结，解除查封、扣押、冻结，或者予以处置。

执行法院收到破产受理裁定拒不解除查封、扣押、冻结措施的，破产受理法院可以请求执行法院的上级法院依法予以纠正。

43. 破产审判部门与执行部门的信息共享。破产受理法院可以利用执行查控系统查控债务人财产，提高破产审判工作效率，执行部门应予以配合。

各地法院要树立线上线下法律程序同步化的观念，逐步实现符合移送条件的执行案件网上移送，提升移送工作的透明度，提高案件移送、通知、送达、沟通协调等相关工作的效率。

44. 强化执行转破产工作的考核与管理。各级法院要结合工作实际建立执行转破产工作考核机制，科学设置考核指标，推动执行转破产工作开展。对应当征询当事人意见不征询、应当提交移送审查不提交、受移送法院违反相关规定拒不接收执行转破产材料或者拒绝立案的，除应当纳入绩效考核和业绩考评体系外，还应当公开通报和严肃追究相关人员的责任。

**八、破产信息化建设**

会议认为，全国法院要进一步加强破产审判的信息化建设，提升破产案件审理的透明度和公信力，增进破产案件审理质效，促进企业重整再生。

45. 充分发挥破产重整案件信息平台对破产审判工作的推动作用。各级法院要按照最高人民法院相关规定，通过破产重整案件信息平台规范破产案件审理，全程公开、步步留痕。要进一步强化信息网的数据统计、数据检索等功能，分析研判企业破产案件情况，及时发现新情况，解决新问题，提升破产案件审判水平。

46. 不断加大破产重整案件的信息公开力度。要增加对债务人企业信息的公开内容，吸引潜在投资者，促进资本、技术、管理能力等要素自由流动和有效配置，帮助企业重整再生。要确保债权人等利害关系人及时、充分了解案件进程和债务人相关财务、重整计划草案、重整计划执行等情况，维护债权人等利害关系人的知情权、程序参与权。

47. 运用信息化手段提高破产案件处理的质量与效率。要适应信息化发展趋势，积极引导以网络拍卖方式处置破产财产，提升破产财产处置效益。鼓励和规范通过网络方式召开债权人会议，提高效率，降低破产费用，确保债权人等主体参与破产程序的权利。

48. 进一步发挥人民法院破产重整案件信息网的枢纽作用。要不断完善和推广使用破产重整案件信息网，在确保增量数据及时录入信息网的同时，加快填充有关存量数据，确立信息网在企业破产大数据方面的枢纽地位，发挥信息网的宣传、交流功能，扩大各方运用信息网的积极性。

**九、跨境破产**

49. 对跨境破产与互惠原则。人民法院在处理跨境破产案件时，要妥善解决跨境破产中的法律冲突与矛盾，合理确定跨境破产案件中的管辖权。在坚持同类债权平等保护的原则下，协调好外国债权人利益与我国债权人利益的平衡，合理保护我国境内职工债权、税收债权等优先权的清偿利益。积极参与、推动跨境破产国际条约的协商与签订，探索互惠原则适用的新方式，加强我国法院和管理人在跨境破产领域的合作，推进国际投资健康有序发展。

50. 跨境破产案件中的权利保护与利益平衡。依照企业破产法第五条的规定，开展跨境破产协作。人民法院认可外国法院作出的破产案件的判决、裁定后，债务人在中华人民共和国境内的财产在全额清偿境内的担保权人、职工债权和社会保险费用、所欠税款等优先权后，剩余财产可以按照该外国法院的规定进行分配。

## 最高人民法院关于适用《中华人民共和国企业破产法》若干问题的规定（三）

（2019年2月25日最高人民法院审判委员会第1762次会议通过，根据2020年12月23日最高人民法院审判委员会第1823次会议通过的《最高人民法院关于修改〈最高人民法院关于破产企业国有划拨土地使用权应否列入破产财产等问题的批复〉等二十九件商事类司法解释的决定》修正）

为正确适用《中华人民共和国企业破产法》，结合审判实践，就人民法院审理企业破产案件中有关债权人权利行使等相关法律适用问题，制定本规定。

**第一条** 人民法院裁定受理破产申请的，此前债务人尚未支付的公司强制清算费用、未终结的执行程序中产生的评估费、公告费、保管费等执行费用，可以参照企业破产法关于破产费用的规定，由债务人财产随时清偿。

此前债务人尚未支付的案件受理费、执行申请费，可以作为破产债权清偿。

**第二条** 破产申请受理后，经债权人会议决议通过，或者第一次债权人会议召开前经人民法院许可，管理人或者自行管理的债务人可以为债务人继续营业而借款。提供借款的债权人主张参照企业破产法第四十二条第四项的规定优先于普通破产债权清偿的，人民法院应予支持，但其主张优先于此前已就债务人特定财产享有担保的债权清偿的，人民法院不予支持。

管理人或者自行管理的债务人可以为前述借款设定抵押担保，抵押物在破产申请受理前已为其他债权人设定抵押的，债权人主张按照民法典第四百一十四条规定的顺序清偿，人民法院应予支持。

**第三条** 破产申请受理后，债务人欠缴款项产生的滞纳金，包括债务人未履行生效法律文书应当加倍支付的迟延利息和劳动保险金的滞纳金，债权人作为破产债权申报的，人民法院不予确认。

**第四条** 保证人被裁定进入破产程序的，债权人有权申报其对保证人的保证债权。

主债务未到期的，保证债权在保证人破产申请受理时视为到期。一般保证的保证人主张行使先诉抗辩权的，人民法院不予支持，但债权人在一般保证人破产程序中的分配额应予提存，待一般保证人应承担的保证责任确定后再按照破产清偿比例予以分配。

保证人被确定应当承担保证责任的，保证人的管理人可以就保证人实际承担的清偿额向主债务人或其他债务人行使求偿权。

**第五条**　债务人、保证人均被裁定进入破产程序的，债权人有权向债务人、保证人分别申报债权。

债权人向债务人、保证人均申报全部债权的，从一方破产程序中获得清偿后，其对另一方的债权额不作调整，但债权人的受偿额不得超出其债权总额。保证人履行保证责任后不再享有求偿权。

**第六条**　管理人应当依照企业破产法第五十七条的规定对所申报的债权进行登记造册，详尽记载申报人的姓名、单位、代理人、申报债权额、担保情况、证据、联系方式等事项，形成债权申报登记册。

管理人应当依照企业破产法第五十七条的规定对债权的性质、数额、担保财产、是否超过诉讼时效期间、是否超过强制执行期间等情况进行审查、编制债权表并提交债权人会议核查。

债权表、债权申报登记册及债权申报材料在破产期间由管理人保管，债权人、债务人、债务人职工及其他利害关系人有权查阅。

**第七条**　已经生效法律文书确定的债权，管理人应当予以确认。

管理人认为债权人据以申报债权的生效法律文书确定的债权错误，或者有证据证明债权人与债务人恶意通过诉讼、仲裁或者公证机关赋予强制执行力公证文书的形式虚构债权债务的，应当依法通过审判监督程序向作出该判决、裁定、调解书的人民法院或者上一级人民法院申请撤销生效法律文书，或者向受理破产申请的人民法院申请撤销或者不予执行仲裁裁决、不予执行公证债权文书后，重新确定债权。

**第八条**　债务人、债权人对债权表记载的债权有异议的，应当说明理由和法律依据。经管理人解释或调整后，异议人仍然不服的，或者管理人不予解释或调整的，异议人应当在债权人会议核查结束后十五日内向人民法院提起债权确认的诉讼。当事人之间在破产申请受理前订立有仲裁条款或仲裁协议的,应当向选定的仲裁机构申请确认债权债务关系。

**第九条** 债务人对债权表记载的债权有异议向人民法院提起诉讼的,应将被异议债权人列为被告。债权人对债权表记载的他人债权有异议的,应将被异议债权人列为被告;债权人对债权表记载的本人债权有异议的,应将债务人列为被告。

对同一笔债权存在多个异议人,其他异议人申请参加诉讼的,应当列为共同原告。

**第十条** 单个债权人有权查阅债务人财产状况报告、债权人会议决议、债权人委员会决议、管理人监督报告等参与破产程序所必需的债务人财务和经营信息资料。管理人无正当理由不予提供的,债权人可以请求人民法院作出决定;人民法院应当在五日内作出决定。

上述信息资料涉及商业秘密的,债权人应当依法承担保密义务或者签署保密协议;涉及国家秘密的应当依照相关法律规定处理。

**第十一条** 债权人会议的决议除现场表决外,可以由管理人事先将相关决议事项告知债权人,采取通信、网络投票等非现场方式进行表决。采取非现场方式进行表决的,管理人应当在债权人会议召开后的三日内,以信函、电子邮件、公告等方式将表决结果告知参与表决的债权人。

根据企业破产法第八十二条规定,对重整计划草案进行分组表决时,权益因重整计划草案受到调整或者影响的债权人或者股东,有权参加表决;权益未受到调整或者影响的债权人或者股东,参照企业破产法第八十三条的规定,不参加重整计划草案的表决。

**第十二条** 债权人会议的决议具有以下情形之一,损害债权人利益,债权人申请撤销的,人民法院应予支持:

(一)债权人会议的召开违反法定程序;

(二)债权人会议的表决违反法定程序;

(三)债权人会议的决议内容违法;

(四)债权人会议的决议超出债权人会议的职权范围。

人民法院可以裁定撤销全部或者部分事项决议,责令债权人会议依法重新作出决议。

债权人申请撤销债权人会议决议的，应当提出书面申请。债权人会议采取通信、网络投票等非现场方式进行表决的，债权人申请撤销的期限自债权人收到通知之日起算。

**第十三条**　债权人会议可以依照企业破产法第六十八条第一款第四项的规定，委托债权人委员会行使企业破产法第六十一条第一款第二、三、五项规定的债权人会议职权。债权人会议不得作出概括性授权，委托其行使债权人会议所有职权。

**第十四条**　债权人委员会决定所议事项应获得全体成员过半数通过，并作成议事记录。债权人委员会成员对所议事项的决议有不同意见的，应当在记录中载明。

债权人委员会行使职权应当接受债权人会议的监督，以适当的方式向债权人会议及时汇报工作，并接受人民法院的指导。

**第十五条**　管理人处分企业破产法第六十九条规定的债务人重大财产的，应当事先制作财产管理或者变价方案并提交债权人会议进行表决，债权人会议表决未通过的，管理人不得处分。

管理人实施处分前，应当根据企业破产法第六十九条的规定，提前十日书面报告债权人委员会或者人民法院。债权人委员会可以依照企业破产法第六十八条第二款的规定，要求管理人对处分行为作出相应说明或者提供有关文件依据。

债权人委员会认为管理人实施的处分行为不符合债权人会议通过的财产管理或变价方案的，有权要求管理人纠正。管理人拒绝纠正的，债权人委员会可以请求人民法院作出决定。

人民法院认为管理人实施的处分行为不符合债权人会议通过的财产管理或变价方案的，应当责令管理人停止处分行为。管理人应当予以纠正，或者提交债权人会议重新表决通过后实施。

**第十六条**　本规定自2019年3月28日起实施。

实施前本院发布的有关企业破产的司法解释，与本规定相抵触的，自本规定实施之日起不再适用。

## 全国法院民商事审判工作会议纪要(节选)

(法〔2019〕254 号)

……

### 十、关于破产纠纷案件的审理

会议认为,审理好破产案件对于推动高质量发展、深化供给侧结构性改革、营造稳定公平透明可预期的营商环境,具有十分重要的意义。要继续深入推进破产审判工作的市场化、法治化、专业化、信息化,充分发挥破产审判公平清理债权债务、促进优胜劣汰、优化资源配置、维护市场经济秩序等重要功能。一是要继续加大对破产保护理念的宣传和落实,及时发挥破产重整制度的积极拯救功能,通过平衡债权人、债务人、出资人、员工等利害关系人的利益,实现社会整体价值最大化;注重发挥和解程序简便快速清理债权债务关系的功能,鼓励当事人通过和解程序或者达成自行和解的方式实现各方利益共赢;积极推进清算程序中的企业整体处置方式,有效维护企业营运价值和职工就业。二是要推进不符合国家产业政策、丧失经营价值的企业主体尽快从市场退出,通过依法简化破产清算程序流程加快对"僵尸企业"的清理。三是要注重提升破产制度实施的经济效益,降低破产程序运行的时间和成本,有效维护企业营运价值,最大程度发挥各类要素和资源潜力,减少企业破产给社会经济造成的损害。四是要积极稳妥进行实践探索,加强理论研究,分步骤、有重点地推进建立自然人破产制度,进一步推动健全市场主体退出制度。

107.【继续推动破产案件的及时受理】充分发挥破产重整案件信息网的线上预约登记功能,提高破产案件的受理效率。当事人提出破产申请的,人民法院不得以非法定理由拒绝接收破产申请材料。如果可能影响社会稳定的,要加强府院协调,制定相应预案,但不应当以"影响社会稳定"之名,行消极不作为之实。破产申请材料不完备的,立案部门应当告知当事人在指定期限内补充材料,待材料齐备后以"破申"作为案件类型代字编制案号登记立案,并及时将案件移送破产审判部门进行破产审查。

注重发挥破产和解制度简便快速清理债权债务关系的功能,债务人根据《企业破产法》第 95 条的规定,直接提出和解申请,或者在破产申请受理后宣告破产前申请和解的，人民法院应当依法受理并及时作出是否批准的裁定。

108.【破产申请的不予受理和撤回】人民法院裁定受理破产申请前，提出破产申请的债权人的债权因清偿或者其他原因消灭的，因申请人不再具备申请资格，人民法院应当裁定不予受理。但该裁定不影响其他符合条件的主体再次提出破产申请。破产申请受理后，管理人以上述清偿符合《企业破产法》第 31 条、第 32 条为由请求撤销的，人民法院查实后应当予以支持。

人民法院裁定受理破产申请系对债务人具有破产原因的初步认可，破产申请受理后，申请人请求撤回破产申请的，人民法院不予准许。除非存在《企业破产法》第 12 条第 2 款规定的情形，人民法院不得裁定驳回破产申请。

109.【受理后债务人财产保全措施的处理】要切实落实破产案件受理后相关保全措施应予解除、相关执行措施应当中止、债务人财产应当及时交付管理人等规定，充分运用信息化技术手段，通过信息共享与整合，维护债务人财产的完整性。相关人民法院拒不解除保全措施或者拒不中止执行的，破产受理人民法院可以请求该法院的上级人民法院依法予以纠正。对债务人财产采取保全措施或者执行措施的人民法院未依法及时解除保全措施、移交处置权，或者中止执行程序并移交有关财产的，上级人民法院应当依法予以纠正。相关人员违反上述规定造成严重后果的，破产受理人民法院可以向人民法院纪检监察部门移送其违法审判责任线索。

人民法院审理企业破产案件时，有关债务人财产被其他具有强制执行权力的国家行政机关，包括税务机关、公安机关、海关等采取保全措施或者执行程序的，人民法院应当积极与上述机关进行协调和沟通，取得有关机关的配合，参照上述具体操作规程，解除有关保全措施，中止有关执行程序，以便保障破产程序顺利进行。

110.【受理后有关债务人诉讼的处理】人民法院受理破产申请后，已经开始而尚未终结的有关债务人的民事诉讼，在管理人接管债务人财产和诉讼事务后继续进行。债权人已经对债务人提起的给付之诉，破产申请受理后，人民法院应当继续审理，但是在判定相关当事人实体权利义务时，应当注意与企业破产法及其司法解释的规定相协调。

上述裁判作出并生效前，债权人可以同时向管理人申报债权，但其作为债权尚未确定的债权人，原则上不得行使表决权，除非人民法院临时确定其债权额。

上述裁判生效后，债权人应当根据裁判认定的债权数额在破产程序中依法统一受偿，其对债务人享有的债权利息应当按照《企业破产法》第46条第2款的规定停止计算。

人民法院受理破产申请后，债权人新提起的要求债务人清偿的民事诉讼，人民法院不予受理，同时告知债权人应当向管理人申报债权。债权人申报债权后，对管理人编制的债权表记载有异议的，可以根据《企业破产法》第58条的规定提起债权确认之诉。

111.【债务人自行管理的条件】重整期间，债务人同时符合下列条件的，经申请，人民法院可以批准债务人在管理人的监督下自行管理财产和营业事务：

(1)债务人的内部治理机制仍正常运转；

(2)债务人自行管理有利于债务人继续经营；

(3)债务人不存在隐匿、转移财产的行为；

(4)债务人不存在其他严重损害债权人利益的行为。

债务人提出重整申请时可以一并提出自行管理的申请。经人民法院批准由债务人自行管理财产和营业事务的，企业破产法规定的管理人职权中有关财产管理和营业经营的职权应当由债务人行使。

管理人应当对债务人的自行管理行为进行监督。管理人发现债务人存在严重损害债权人利益的行为或者有其他不适宜自行管理情形的，可以申请人民法院作出终止债务人自行管理的决定。人民法院决定终止的，应当通知管理人接管债务人财产和营业事务。债务人有上述行为而管理人未申请人民法院作出终止决定的，债权人等利害关系人可以向人民法院提出申请。

112.【重整中担保物权的恢复行使】重整程序中，要依法平衡保护担保物权人的合法权益和企业重整价值。重整申请受理后，管理人或者自行管理的债务人应当及时确定设定有担保物权的债务人财产是否为重整所必需。如果认为担保物不是重整所必需，管理人或者自行管理的债务人应当及时对担保物进行拍卖或者变卖，拍卖或者变卖担保物所得价款在支付拍卖、变卖费用后优先清偿担保物权人的债权。

在担保物权暂停行使期间，担保物权人根据《企业破产法》第75条的规定向人民法院请求恢复行使担保物权的，人民法院应当自收到恢复行使担保物权申请之日起三十日内作出裁定。经审查，担保物权人的申请不符合第75条的规定,或者虽然符合该条规定但管理人或者自行管理的债务人有证据证明担保物是重整所必需,并且提供与减少价值相应担保或者补偿的,人民法院应当裁定不予批准恢复行使担保物权。担保物权人不服该裁定的,可以自收到裁定书之日起十日内,向作出裁定的人民法院申请复议。人民法院裁定批准行使担保物权的,管理人或者自行管理的债务人应当自收到裁定书之日起十五日内启动对担保物的拍卖或者变卖,拍卖或者变卖担保物所得价款在支付拍卖、变卖费用后优先清偿担保物权人的债权。

113.【重整计划监督期间的管理人报酬及诉讼管辖】要依法确保重整计划的执行和有效监督。重整计划的执行期间和监督期间原则上应当一致。二者不一致的,人民法院在确定和调整重整程序中的管理人报酬方案时,应当根据重整期间和重整计划监督期间管理人工作量的不同予以区别对待。其中,重整期间的管理人报酬应当根据管理人对重整发挥的实际作用等因素予以确定和支付;重整计划监督期间管理人报酬的支付比例和支付时间,应当根据管理人监督职责的履行情况,与债权人按照重整计划实际受偿比例和受偿时间相匹配。

重整计划执行期间,因重整程序终止后新发生的事实或者事件引发的有关债务人的民事诉讼,不适用《企业破产法》第 21 条有关集中管辖的规定。除重整计划有明确约定外,上述纠纷引发的诉讼,不再由管理人代表债务人进行。

114.【重整程序与破产清算程序的衔接】重整期间或者重整计划执行期间,债务人因法定事由被宣告破产的,人民法院不再另立新的案号,原重整程序的管理人原则上应当继续履行破产清算程序中的职责。原重整程序的管理人不能继续履行职责或者不适宜继续担任管理人的,人民法院应当依法重新指定管理人。

重整程序转破产清算案件中的管理人报酬,应当综合管理人为重整工作和清算工作分别发挥的实际作用等因素合理确定。重整期间因法定事由转入破产清算程序的,应当按照破产清算案件确定管理人报酬。重整计划执行期间因法定事由转入破产清算程序的,后续破产清算阶段的管理人报酬应当根据管理人实际工作量予以确定,不能简单根据债务人最终清偿的财产价值总额计算。

重整程序因人民法院裁定批准重整计划草案而终止的,重整案件可作结案处理。重整计划执行完毕后,人民法院可以根据管理人等利害关系人申请,作出重整程序终结的裁定。

115.【庭外重组协议效力在重整程序中的延伸】继续完善庭外重组与庭内

重整的衔接机制,降低制度性成本,提高破产制度效率。人民法院受理重整申请前,债务人和部分债权人已经达成的有关协议与重整程序中制作的重整计划草案内容一致的,有关债权人对该协议的同意视为对该重整计划草案表决的同意。但重整计划草案对协议内容进行了修改并对有关债权人有不利影响,或者与有关债权人重大利益相关的,受到影响的债权人有权按照企业破产法的规定对重整计划草案重新进行表决。

116.【审计、评估等中介机构的确定及责任】要合理区分人民法院和管理人在委托审计、评估等财产管理工作中的职责。破产程序中确实需要聘请中介机构对债务人财产进行审计、评估的,根据《企业破产法》第 28 条的规定,经人民法院许可后,管理人可以自行公开聘请,但是应当对其聘请的中介机构的相关行为进行监督。上述中介机构因不当履行职责给债务人、债权人或者第三人造成损害的,应当承担赔偿责任。管理人在聘用过程中存在过错的,应当在其过错范围内承担相应的补充赔偿责任。

117.【公司解散清算与破产清算的衔接】要依法区分公司解散清算与破产清算的不同功能和不同适用条件。债务人同时符合破产清算条件和强制清算条件的,应当及时适用破产清算程序实现对债权人利益的公平保护。债权人对符合破产清算条件的债务人提起公司强制清算申请,经人民法院释明,债权人仍然坚持申请对债务人强制清算的,人民法院应当裁定不予受理。

118.【无法清算案件的审理与责任承担】人民法院在审理债务人相关人员下落不明或者财产状况不清的破产案件时,应当充分贯彻债权人利益保护原则,避免债务人通过破产程序不当损害债权人利益,同时也要避免不当突破股东有限责任原则。

人民法院在适用《最高人民法院关于债权人对人员下落不明或者财产状况不清的债务人申请破产清算案件如何处理的批复》第 3 款的规定,判定债务人相关人员承担责任时,应当依照企业破产法的相关规定来确定相关主体的义务内容和责任范围,不得根据公司法司法解释(二)第 18 条第 2 款的规定来判定相关主体的责任。

上述批复第 3 款规定的“债务人的有关人员不履行法定义务,人民法院可依据有关法律规定追究其相应法律责任”,系指债务人的法定代表人、财务管理人员和其他经营管理人员不履行《企业破产法》第 15 条规定的配合清算义务,人民法院可以根据《企业破产法》第126条、第127条追究其相应法律责任，或者参照《民事诉讼法》第111条的规定，依法拘留，构成犯罪的，依法追究刑事责任；债务人的法定代表人或者实际控制人不配合清算的，人民法院可以依据《出境入境管理法》第12条的规定，对其作出不准出境的决定，以确保破产程序顺利进行。

上述批复第3款规定的“其行为导致无法清算或者造成损失”，系指债务人的有关人员不配合清算的行为导致债务人财产状况不明，或者依法负有清算责任的人未依照《企业破产法》第7条第3款的规定及时履行破产申请义务，导致债务人主要财产、账册、重要文件等灭失，致使管理人无法执行清算职务，给债权人利益造成损害。“有关权利人起诉请求其承担相应民事责任”，系指管理人请求上述主体承担相应损害赔偿责任并将因此获得的赔偿归入债务人财产。管理人未主张上述赔偿，个别债权人可以代表全体债权人提起上述诉讼。

上述破产清算案件被裁定终结后，相关主体以债务人主要财产、账册、重要文件等重新出现为由，申请对破产清算程序启动审判监督的，人民法院不予受理，但符合《企业破产法》第123条规定的，债权人可以请求人民法院追加分配。

……

## 北京破产法庭破产重整案件办理规范(试行)

(京一中法发〔2019〕437号)

### 第一章 总 则

**第一条** 为正确适用法律，规范审理破产重整案件，保护债权人、债务人等破产重整参与人的合法权益，维护社会主义市场经济秩序和公共利益，充分发挥破产重整制度功能，持续优化营商环境，根据《中华人民共和国企业破产法》《中华人民共和国公司法》《中华人民共和国民事诉讼法》等法律及相关司法解释的规定，结合本市破产重整审判实际，制定本规范。

**第二条** 北京破产法庭应充分运用破产重整制度，积极拯救具有重整价值和重整可能的困境企业。

**第三条** 审理破产重整案件应当坚持依法、公平、高效的原则，并应当尊重商业规律和市场主体意思自治，切实发挥能动司法理念和创新精神。

**第四条** 北京破产法庭管辖债务人住所地位于本市的企业法人破产重整案件。

关联企业实质合并重整案件，关联企业中的核心控制企业住所地位于本市的，由北京破产法庭管辖。核心控制企业不明确，本市为关联企业主要财产所在地的，由北京破产法庭管辖。

人民法院之间对管辖权发生争议的，应当报请共同的上级人民法院指定管辖。

## 第二章 申请审查

### 第一节 重整申请

**第五条** 债务人具有下列情形之一的，即具有重整原因，可以依照企业破产法的规定进行重整：

（一）不能清偿到期债务，并且资产不足以清偿全部债务；

（二）不能清偿到期债务，并且明显缺乏清偿能力；

（三）有明显丧失清偿能力的可能。

**第六条** 债务人不能清偿到期债务，债权人可以向人民法院提出对债务人进行重整的申请。

债务人具备重整原因的，可以向人民法院提出重整申请。

上市公司具备重整原因的，持有上市公司十分之一以上股份的股东可以向人民法院申请对上市公司进行重整。

**第七条** 破产清算申请受理后、破产宣告前，债权人、债务人或者出资额占债务人注册资本十分之一以上的出资人，可以向人民法院申请重整。

**第八条** 商业银行、证券公司、保险公司等金融机构具备重整原因的，该金融机构、国务院金融监督管理机构可以向人民法院提出对该金融机构进行重整的申请。

**第九条** 债权人向人民法院提出重整申请的，应当提交下列材料：

（一）破产重整申请书，并应当列明申请人和被申请人基本情况、申请重整的事实和理由等；

（二）申请人和被申请人的主体资格证明；

（三）债权发生的事实，以及债权性质、数额、有无担保的证据；

（四）债务人不能清偿到期债务的证据；

（五）债务人具有重整价值和重整可能的说明材料；

（六）申请上市公司重整的，还应当提交关于上市公司具有重整可能的报告、上市公司住所地省级人民政府向证券监督管理部门的通报情况材料以及证券监督管理部门的意见、上市公司住所地人民政府出具的维稳预案等材料，以及债权人已将申请事项告知上市公司的有关证据；

（七）其他与申请事实、理由有关的材料。

**第十条** 债务人向人民法院提出重整申请的，应当提交下列材料：

（一）破产重整申请书，并应当列明申请人基本情况、申请重整的事实和理由等；

（二）债务人主体资格证明，以及最近一个年度的企业年度报告材料；

（三）债务人股东会或股东大会等权力机构同意申请重整的文件。债务人为外商投资企业的，可依照法律法规及企业章程的规定提交董事会等同意申请重整的文件。

债务人为国有独资企业、国有独资公司的，还应当提交对债务人履行出资人职责的机构同意申请重整的文件；

（四）债务人的法定代表人或者主要负责人名单、联系方式，以及债务人董事、监事、高级管理人员和其他管理部门负责人名单、联系方式；

（五）财产状况说明；

（六）债务清册，并应当列明相应债权人名称、住所、联系方式、债务数额、债务性质、债务成立时间和被催讨情况；

（七）债权清册，并应当列明相应债务人名称、住所、联系方式、债权数额、债权性质、债权成立时间和催讨情况；

（八）有关财务会计报告；

（九）有关诉讼、仲裁、执行情况；

（十）企业职工情况和职工安置预案，并应当列明债务人解除职工劳动关系后依法对职工的补偿方案。债务人为国家出资企业的，职工安置预案应列明拟安置职工基本情况、安置障碍及主要解决方案等，并提交职工安置预案报对债务人履行出资人职责的机构备案的材料；

（十一）企业职工、高级管理人员工资的支付和社会保险费用、住房公积金的缴纳情况；

（十二）具有重整价值和重整可能的证明材料；

（十三）上市公司申请重整的，还应当提交关于上市公司具有重整可能的报告、上市公司住所地省级人民政府向证券监督管理部门的通报情况材料以及证券监督管理部门的意见、上市公司住所地人民政府出具的维稳预案等材料；

（十四）其他与申请事实、理由有关的材料。

**第十一条** 债务人的出资人申请重整的，参照债务人申请重整的情形向人民法院提交材料。

**第十二条** 商业银行、证券公司、保险公司等金融机构或者其出资人提出对该金融机构进行重整申请的，除分别依照本规范第十条、第十一条的规定提交材料外，还应当提交国务院金融监督管理机构等同意或批准的意见。

## 第二节 重整识别审查

**第十三条** 有证据证明债务人具备下列情形之一的，应当认定债务人符合本规范第五条第三项所称“有明显丧失清偿能力的可能”：

（一）已经资不抵债且难以持续经营；

（二）即将因清偿大额到期债务、接受强制执行等原因出现持续无法清偿债务情形；

（三）由于市场、政策、人员等原因，经营即将发生困难且不通过重整程序无法脱困；

（四）有明显丧失清偿能力的其他合理可能。

**第十四条** 申请审查期间，人民法院根据现有材料和现有情况，查明债务人是否具有重整原因，并初步判断债务人是否具有一定的重整价值和重整可能。

**第十五条** 对于债务人是否具有重整价值和重整可能，人民法院可以通过审查材料、调查询问、组织听证等方式进行判断，也可以通过掌握专业技术知识、了解行业市场情况、具备商业判断能力的专业社会中介机构或专业人员等第三方出具的有关意见进行判断。经过预重整的，还可以通过预重整管理人提交的预重整工作报告进行判断。

**第十六条** 在考虑了重整成本的情况下,债务人的继续经营价值仍然大于清算价值,可以认定债务人具有重整价值。债务人具有下列情形之一的,可以认定其不具有重整价值:

(一)根据市场、资源、社会公共功能等,可以合理判断债务人已经丧失经营价值或继续经营价值极低;

(二)重整成本明显过高;

(三)重整后债务人的所属行业根据国家产业政策或首都区位功能等需要,属于应当淘汰、疏解的产能、产业;

(四)其他不具有重整价值的情形。

**第十七条** 债务人具有下列情形之一的,一般应当认定其不具有重整可能:

(一)重整具有无法克服的法律障碍;

(二)经营计划明显不具有商业可行性;

(三)其他不具有重整可能的情形。

### 第三节 登记立案

**第十八条** 北京破产法庭负责接收重整申请材料并出具书面凭证。

**第十九条** 北京破产法庭对重整申请材料依法进行形式审查。经审查认为符合法律规定的,以“破申”作为案件类型代字编制案号登记立案。不符合法律规定的,应一次性告知申请人限期补充、补正材料,补充、补正材料期间不计入重整申请审查期限。

**第二十条** 人民法院应当自登记立案之日起五日内将合议庭组成情况通知重整申请人。申请人不是债务人的,应当自登记立案之日起五日内将重整申请及合议庭组成情况通知债务人。

**第二十一条** 债权人提出重整申请,债务人对申请有异议的,自收到人民法院通知之日起七日内,可以就立案法院的管辖权、申请人的申请资格、债务人的主体资格和重整原因等事由向人民法院提出书面异议。

**第二十二条** 重整申请受理前,申请人请求撤回重整申请的,由人民法院作出是否准许的裁定。

**第二十三条** 申请审查期间,人民法院可就重整申请组织听证。符合下列情形之一的,人民法院一般应当组织听证:

(一)上市公司、金融机构重整;

(二)关联企业重整;

(三)决定是否预重整;

(四)判断是否存在重整原因、重整可能或重整价值存在困难;

(五)债务人重整涉及国家利益或社会公共利益。

**第二十四条** 听证一般由下列人员参加:

(一)申请人;

(二)被申请人的法定代表人、财务管理人员和其他经营管理人员;

(三)预重整临时管理人;

(四)重整投资人;

(五)人民法院认为应当参加听证的其他人员。

经人民法院准许,债务人的有关监督管理部门、能够提供专业意见的人员或机构、债权人、出资人、实际控制人及其他利害关系人可以参加听证。

**第二十五条** 听证应当制作会议记录,由审判人员、参加人员签字。

**第二十六条** 听证期间不计入重整申请审查期限。

## 第三章 预 重 整

**第二十七条** 本规范所称"预重整",系指为了准确识别重整价值和重整可能、降低重整成本、提高重整成功率,人民法院在以"破申"案号立案后、受理重整申请前指定临时管理人履行本规范第三十六条规定的职责,债务人自愿承担本规范第三十八条规定的义务,由临时管理人组织债务人、债权人、出资人、重整投资人等利害关系人拟定预重整方案的程序。

**第二十八条** 本规范所称"预重整方案",系指在预重整程序中,债务人与债权人、出资人、重整投资人等利害关系人通过自愿平等商业谈判拟定的有关债权分类、债权调整和清偿、出资人权益调整、债务人治理和经营以及其他有利于债务人重整内容的协议。预重整方案应当参照本规范第九十七条第一款、第二款的规定制定。

**第二十九条** 申请审查期间,债务人书面承诺接受预重整程序中临时管理人的调查和监督、履行预重整相关义务的,人民法院可以决定对债务人进行预重整。

**第三十条**　包括全体债权人在内的各方预重整参与人一致同意预重整方案,申请人请求撤回重整申请,由各方自行庭外重组的,人民法院一般应当裁定准许。

**第三十一条**　破产清算期间不适用本节有关预重整的规定。破产清算期间债权人、债务人或其出资人拟申请重整程序的,管理人可以开展引进投资人、组织各方协商拟定与重整有关的协议、准备重整申请文件等工作。

**第三十二条**　决定预重整的,人民法院应当指定临时管理人,并参照重整程序指定管理人制作决定书,向临时管理人、重整申请人及债务人送达。

**第三十三条**　自人民法院决定预重整之日起至临时管理人提交预重整工作报告之日止,为预重整期间。预重整期间不计入重整申请审查期限。

**第三十四条**　预重整程序中临时管理人的指定,参照适用本规范第五十八条、第五十九条、第六十条的规定。

**第三十五条**　在人民法院通过随机方式或竞争方式指定临时管理人前,债务人、主要债权人和重整投资人协商一致,推荐北京市企业破产案件管理人名册中的中介机构担任临时管理人,不违反企业破产法第二十四条的规定的,人民法院可以指定被推荐的中介机构担任临时管理人。

企业破产法第一百三十四条第一款规定的金融机构重整案件中,国务院金融监督管理机构推荐临时管理人的,可以参照前款规定处理。

**第三十六条**　预重整期间,临时管理人履行下列职责:

(一)全面调查债务人的基本情况、资产负债情况、涉诉涉执情况;

(二)执行案件移送破产重整审查的,应当及时通知所有已知执行法院中止对债务人财产的执行程序;

(三)查明债务人是否具有重整价值和重整可能;

(四)监督债务人履行本规范第三十八条规定的义务,并及时报告人民法院;

(五)明确重整工作整体方向,组织债务人与其出资人、债权人、(意向)重整投资人等利害关系人协商拟定预重整方案;

(六)根据需要指导和辅助债务人引进重整投资人;

(七)根据情况向人民法院提交终结预重整程序的申请或预重整工作报告。

**第三十七条**　预重整期间,临时管理人应当勤勉尽责,依法忠实执行职务,向人民法院汇报工作。预重整各方参与人认为临时管理人具有违反法律规定、不公正执行职务或者其他不能胜任职务情形的,可以向人民法院提出。

债务人、债权人可以向人民法院书面提出更换临时管理人的申请,临时管理人可以就上述申请内容进行解释说明,是否准许更换由人民法院决定。

**第三十八条** 预重整期间,债务人履行下列义务:

(一)妥善保管财产、印章和账簿、文书等资料,配合人民法院依照本规范第三十九条第一款的规定采取财产保全措施;

(二)继续经营的,妥善决定经营事务和内部管理事务;

(三)配合临时管理人的调查,及时向临时管理人报告对财产可能产生重大影响的行为和事项,接受临时管理人的监督;

(四)如实披露可能影响利害关系人就预重整方案作出决策的信息,就预重整方案作出说明并回答有关询问;

(五)停止清偿债务,但清偿行为使债务人财产受益的,或经诉讼、仲裁、执行程序清偿的除外;

(六)与出资人、债权人、(意向)重整投资人等利害关系人协商拟定预重整方案;

(七)其他依法应当履行的义务。

**第三十九条** 预重整期间,对于因有关利害关系人的行为或者其他原因,可能影响重整程序依法进行的,人民法院可以根据临时管理人、债务人、债权人的申请,裁定对债务人的全部或者部分财产采取保全措施。

债权人申请的,人民法院可以要求其提供担保,不提供担保的,裁定驳回申请。

申请有错误的,申请人应当赔偿债务人因保全所遭受的损失。

**第四十条** 在债权人众多的大型企业重整案件中,为便于开展征集意见、披露信息等预重整相关工作,临时管理人可以参照企业破产法有关债权人会议的规定,组织债权人成立临时债权人委员会。临时管理人认为有必要的,可以在预重整期间申请人民法院组织听证调查。

**第四十一条** 预重整方案涉及出资人权益调整事项的,出资人有义务如实披露其出资权益的涉诉情况,债务人、出资人有义务如实披露出资权益上设定的质押、被保全等权利负担情况。

**第四十二条**　预重整参与人在预重整程序中披露的信息，其他参与人或临时管理人违反法律规定或当事人约定的保密义务对外披露，造成他人损失的，依法承担赔偿责任。

**第四十三条**　预重整期间，临时管理人经调查发现下列情形之一的，应当及时向人民法院提交终结预重整程序的申请，并载明查明的事实和理由，人民法院经审查可以决定终结预重整程序，并在法定期限内作出是否受理重整申请的裁定：

（一）债务人不具有重整原因；

（二）债务人不具有重整价值；

（三）债务人不具有重整可能；

（四）债务人具有企业破产法第三十一条、第三十二条、第三十三条规定的情形，以及可能严重损害债权人利益的其他情形；

（五）债务人拒不履行本规范第三十八条规定的义务，导致预重整目的无法实现；

（六）债务人无法支付预重整必要费用，且无人垫付。

**第四十四条**　除本规范第四十三条规定的情形外，临时管理人应当在预重整工作完成后向人民法院提交预重整工作报告。预重整工作报告应当载明预重整期间临时管理人的履职情况，并且至少应当包括下列内容：

（一）临时管理人对债务人调查的情况，以及对债务人出现困境原因的分析；

（二）对债务人重整价值和重整可能的分析判断，临时管理人认为债务人具有重整价值和重整可能的，应当提出重整失败的主要风险及相关应对建议；

（三）预重整方案的相关内容和协商情况，或未形成预重整方案的原因。

**第四十五条**　人民法院在收到预重整工作报告后，应当在法定期限内作出是否受理重整申请的裁定。

**第四十六条**　重整申请受理后，债务人或者管理人一般应当以预重整方案为依据拟定重整计划草案，向人民法院和债权人会议提交。

**第四十七条**　预重整方案与重整程序中制作的重整计划草案内容一致的，有关出资人、债权人对预重整方案的同意视为对该重整计划草案表决同意，但下列情形除外：

（一）重整计划草案对预重整方案的内容进行了修改并对有关权利人有不利影响的，受到影响的权利人有权对重整计划草案重新表决；

（二）预重整方案表决前债务人隐瞒重要信息、披露虚假信息，或者预重整方案表决后出现重大变化，有可能影响权利人表决的，相应权利人有权对重整计划草案重新表决。

出资人、债权人对预重整方案作出是否同意的意思表示前，临时管理人应当告知其前款规定的内容。

**第四十八条** 重整申请受理后，人民法院可以指定临时管理人为重整案件管理人，但临时管理人存在《最高人民法院关于审理企业破产案件指定管理人的规定》第三十三条、第三十四条规定情形的，或者存在其他证据证明临时管理人不能依法、公正执行职务或者有其他不能胜任职务情形的，人民法院应当重新指定管理人。

**第四十九条** 预重整期间，临时管理人可以委托本规范第十五条规定的第三方专业机构或人员，辅助分析判断债务人的重整价值和重整可能、预重整方案的可行性，上述人员可以参与预重整方案协商。需要支付费用的，由临时管理人与预重整参与人协商负担；协商不成的，由临时管理人自行负担。

临时管理人可以委托前款规定的第三方引进重整投资人，需要支付费用的，由重整投资人负担。

**第五十条** 预重整期间，临时管理人执行职务的必要费用，由临时管理人与预重整参与人协商负担；协商不成的，由债务人随时支付。债务人未及时支付或债务人财产不足以支付，临时管理人或其他人在重整申请受理前垫付的，重整申请受理后经相应权利人主张，可以列入破产费用，由债权人会议审查。

**第五十一条** 预重整期间，临时管理人不提取预重整报酬。

预重整程序终结后，人民法院裁定受理重整申请的，管理人报酬经债权人会议审查后，人民法院在确定或者调整管理人报酬方案时，应当参照《最高人民法院关于审理企业破产案件确定管理人报酬的规定》第九条的规定，根据临时管理人在预重整期间的实际履职情况和效果等因素综合确定。管理人报酬方案内容应列入重整计划草案。

人民法院裁定受理重整申请时重新指定管理人的，预重整报酬由人民法院确定。预重整报酬属于企业破产法第四十一条规定的破产费用。

预重整程序终结后，人民法院裁定不予受理重整申请的，或者预重整程序中人民法院裁定准许申请人撤回重整申请的，临时管理人工作酬劳依其与预重整参与人事先或事后的协商确定。

## 第四章 重整期间

### 第一节 裁定重整

**第五十二条** 债权人提出重整申请的，人民法院应当自债务人异议期满之日起十日内裁定是否受理。

除前款规定的情形外，人民法院应当自收到重整申请之日起十五日内裁定是否受理。

有特殊情况需要延长前两款规定的期限的，经上一级人民法院批准，可以延长十五日。申请审查期间，申请人补充、补正材料的期间、人民法院组织听证的期间、指定管理人的期间以及预重整期间，不计入前两款规定的裁定受理期限。

**第五十三条** 债务人与各方利害关系人可以通过自主自愿协商的方式进行庭外重组。人民法院经审查认为破产申请受理前的庭外重组达成的有关协议符合法律及本规范第九十七条规定的，可以裁定受理重整申请。

**第五十四条** 人民法院经审查认为重整申请具有下列情形之一的，应当裁定不予受理重整申请：

(一)申请人不具备破产申请资格，或债务人不具备破产主体资格；

(二)重整申请未经有关机关依法批准或同意；

(三)债务人不具有重整原因；

(四)债务人明显不具有重整价值；

(五)债务人明显不具有重整可能。

**第五十五条** 人民法院裁定不予受理重整申请的，应当自裁定作出之日起五日内送达申请人并说明理由。申请人对裁定不服的，可以自裁定送达之日起十日内向上一级人民法院提起上诉。

**第五十六条** 除本规范第五十四条规定的情形外，人民法院应当依法作出受理重整申请的裁定，并自裁定作出之日起五日内送达申请人。申请人不是债务人的，人民法院还应当自裁定作出之日起五日内送达债务人。

**第五十七条** 人民法院裁定受理重整申请的,应当同时指定管理人。

**第五十八条** 管理人一般通过随机方式在管理人名册中指定。在本市完成管理人分级管理后,一般应当在一级管理人中随机指定;简单重整案件,也可以在二级管理人中随机指定。

**第五十九条** 对于影响重大、法律关系复杂、涉及利害关系人人数众多的重整案件,可以通过公开竞争方式指定管理人。

**第六十条** 除重整申请受理前,根据有关法律规定已经成立金融机构的行政清理组,或公司强制清算程序中人民法院已经指定成立社会中介机构清算组的案件以外,人民法院应当在管理人名册中指定管理人。

**第六十一条** 经过预重整程序的,适用本规范第四十八条的规定指定重整案件管理人。

**第六十二条** 破产清算申请受理后、破产宣告前裁定受理重整申请的,破产清算期间的管理人可作为重整期间的管理人。

**第六十三条** 自人民法院裁定受理重整申请之日起至重整程序终止,为重整期间。

**第六十四条** 申请人不是债务人的,管理人应当通知债务人自受理重整申请的裁定送达之日起十五日内,向人民法院提交财产状况说明、债务清册、债权清册、有关财务会计报告以及职工工资的支付和社会保险费用的缴纳情况。

**第六十五条** 重整申请受理后,申请人请求撤回申请的,人民法院不予准许。

**第六十六条** 人民法院受理债权人对债务人的重整申请,重整期间人民法院经审查发现债务人不符合本规范第五条规定的情形的,可以裁定驳回申请。申请人对裁定不服的,可以自裁定送达之日起十日内向上一级人民法院提起上诉。

### 第二节 重整期间的经营与治理

**第六十七条** 人民法院裁定债务人重整的,管理人应当依法履行财产调查、债权审核、提议和组织召开债权人会议、代表债务人参加诉讼等破产案件中管理人的一般性职责。

**第六十八条** 重整期间,债务人申请在管理人的监督下自行管理财产和营业事务的，管理人应当就债务人是否具备相对完善的内部治理结构和机制，是否具有自行管理的实际可行措施，是否可能具有企业破产法第三十一条、第三十二条、第三十三条规定的行为和其他严重损害债权人利益的行为等情况向人民法院提出书面意见。

**第六十九条**　债务人申请自行管理，符合下列条件的，人民法院可以批准：

（一）债务人的内部治理机制仍正常运转；

（二）债务人自行管理有利于债务人继续经营；

（三）管理人的监督方案和债务人的自行管理方案切实可行；

（四）债务人不存在隐匿、转移财产或者其他不配合重整的行为；

（五）债务人不存在其他严重损害债权人利益的行为。

人民法院批准或驳回债务人自行管理的申请，应当出具决定书。

**第七十条**　人民法院批准债务人自行管理，管理人已经接管债务人财产和营业事务的，应当及时向债务人移交。关于市场经营和企业治理等事宜，自行管理的债务人的权力机构、执行机构继续行使职权、履行义务，但下列情形除外：

（一）债务人和管理人划分职权分工管理，经人民法院批准的；

（二）法律规定或人民法院依法认为相应职权应由人民法院、债权人会议、债权人委员会或管理人行使的；

（三）人民法院认为不适宜由自行管理的债务人行使的其他权利。

前款第一项规定的分工管理方案，不得将财产状况调查、债权审查、提议召开债权人会议、行使破产撤销权和确认行为无效请求权、追缴出资人出资、追究董事、监事、高级管理人员责任的职权移交给债务人行使。

**第七十一条**　债务人自行管理的，管理人除履行本规范第六十七条规定的一般性职责之外，还应当履行下列职责：

（一）要求变更债务人自行管理的方案并申请人民法院批准；

（二）监督债务人的经营治理，监督债务人防范重大财产风险；

（三）为重整计划草案的协商和制作提供有利条件；

（四）指导、督促债务人依法制作、提交重整计划草案；

（五）法律规定、当事人约定或人民法院认为管理人应当履行的其他职责。

**第七十二条**　人民法院批准债务人自行管理的，管理人应当制定具体的监督制度。管理人可以不必开立管理人账户，但仍应当刻制管理人印章。

人民法院可以根据债务人的申请和管理人的审核意见,批准债务人和管理人分工管理。

债务人未申请自行管理,或者申请自行管理未获批准的,由管理人负责重整期间的财产管理和营业事务。

**第七十三条** 管理人负责重整期间的财产管理和营业事务的,债务人原有的权力机构不再行使职权。

**第七十四条** 管理人或自行管理的债务人拟于第一次债权人会议召开之后实施下列行为,应当事先制作财产管理或者变价方案并提交债权人会议讨论表决:

(一)涉及土地、房屋等不动产权益的转让;

(二)探矿权、采矿权、知识产权等财产权的转让;

(三)全部库存或者营业的转让;

(四)借款;

(五)设定财产担保;

(六)债权和有价证券的转让;

(七)履行债务人和对方当事人均未履行完毕的合同;

(八)放弃权利;

(九)担保物的取回;

(十)对债权人利益有重大影响的其他财产处分行为。

债权人会议表决未通过债务人财产管理或者变价方案的,由人民法院裁定。

第一次债权人会议召开之前,管理人需要实施本条第一款规定的行为的,应当经人民法院许可。

**第七十五条** 管理人或自行管理的债务人实施本规范第七十四条第一款规定的处分行为前,应当提前书面报告债权人委员会;未设立债权人委员会的,应当提前书面报告人民法院。债权人委员会、人民法院有权要求管理人、债务人的有关人员对其职权范围内的事务作出说明或提供有关文件。

债权人委员会认为处分行为不符合财产管理或变价方案的,有权要求实施相应行为的债务人或管理人纠正;拒绝纠正的,债权人委员会可以请求人民法院作出决定。

人民法院认为处分行为不符合财产管理或变价方案的,应当责令停止处分行为,实施相应行为的债务人或管理人应当予以纠正,或者提交债权人会议重新表决通过,或者由人民法院裁定后再行实施。

**第七十六条** 管理人发现自行管理的债务人存在严重损害债权人利益的行为或者有其他不适宜自行管理情形的,应当申请人民法院作出终止债务人自行管理的决定。人民法院决定终止的,应当通知管理人接管债务人财产和营业事务。

债务人有前款情形而管理人未申请的,债权人等利害关系人可以向人民法院提出申请。

**第七十七条** 第一次债权人会议召开之前,管理人或自行管理的债务人应当遵循有利于重整目的实现的原则,决定继续或者停止债务人的营业,并应当向人民法院提交分析报告,由人民法院批准许可。

**第七十八条** 第一次债权人会议召开之后,由债权人会议决定继续或者停止债务人的营业。

**第七十九条** 管理人或者自行管理的债务人经人民法院许可,可以聘用必要的工作人员,聘用费用列入破产费用的,应当提交债权人会议审查。

**第八十条** 管理人负责管理债务人财产和营业事务的,经人民法院许可,可以聘任债务人的经营管理人员负责营业事务。律师事务所、会计师事务所通过聘请本专业的其他社会中介机构或者人员协助履行管理人职责的,所需费用从其报酬中支付。破产清算事务所通过聘请其他社会中介机构或者人员协助履行管理人职责的,所需费用从其报酬中支付。

**第八十一条** 人民法院在确定或者调整管理人报酬方案时,对于管理人负责管理债务人财产和营业事务的,管理人报酬一般应当高于债务人自行管理的情形。

**第八十二条** 重整期间,债务人的出资人不得请求投资收益分配。管理人应当监督自行管理的债务人不得分配投资收益。

**第八十三条** 重整期间,债务人的董事、监事、高级管理人员申请向董事、监事、高级管理人员以外的第三人转让股权的,管理人应当向人民法院提出书面审查意见和理由,由人民法院批准;未经人民法院同意,不得转让。

**第八十四条** 管理人或者自行管理的债务人应当在重整期间及时确定设定有担保物权的债务人财产是否为重整所必需。

**第八十五条** 管理人或者自行管理的债务人认为担保物为债务人重整所必需的,担保权应暂停行使,但担保权人认为担保物有损坏或者价值明显减少的可能,足以危害其权利的,可以向人民法院请求恢复行使担保权。管理人可以组织利害关系人与担保权人协商暂缓实现担保权。

担保权人依照前款规定请求恢复行使担保权的,人民法院应当自收到申请之日起三十日内作出裁定。

**第八十六条** 管理人或自行管理的债务人有证据证明担保物是重整所必需,且不存在危害担保权的情况,或者虽存在危害担保权的情况但管理人或自行管理的债务人提供了与减少价值相应的担保或补偿的,人民法院应当自收到恢复行使担保权申请之日起三十日内裁定不予批准。担保权人不服该裁定的,可以自收到裁定书之日起十日内,向作出裁定的人民法院申请复议一次。

**第八十七条** 管理人或者自行管理的债务人认为担保物并非债务人重整所必需的,或者人民法院裁定批准恢复行使担保权的,管理人或债务人应当及时制作财产变价方案提交债权人会议表决,并及时执行债权人会议决议或人民法院裁定。担保物处置变价所得价款在支付相关费用后优先清偿担保权人的债权。

管理人或自行管理的债务人在制定变价方案时,应当以实现债务人财产价值最大化为原则,并充分听取担保权人的意见。

**第八十八条** 债务人合法占有的他人财产,该财产的权利人在重整期间要求取回的,应当符合事先约定的条件。

权利人主张取回的财产为重整所必需的,管理人可以组织利害关系人与取回权人协商保留相应财产并予以合理补偿。

**第八十九条** 在重整期间,管理人或自行管理的债务人可以依照本规范第七十四条的规定,为继续经营或其他使债务人财产受益的目的而借款。出借人依据借款合同主张参照企业破产法第四十二条第四项关于共益债务的规定清偿的,人民法院应予支持。管理人或债务人清偿共益债务前应当依照本规范第七十五条的规定及时报告债权人委员会或人民法院。

**第九十条** 管理人或自行管理的债务人为继续营业而借款的,可以为该借款设定担保。

**第九十一条** 管理人、债务人、债权人等重整利害关系人都可以通过协商推荐或引进重整投资人。人民法院、管理人或自行管理的债务人亦可根据需要决定向社会公开招募重整投资人。

**第九十二条**　有意向参与重整的投资主体,应当提交具体的重整预案。重整投资人最终选定后,其在重整预案中所作承诺对其产生约束力。重整预案中应当包括重整失败后的处理方案。

## 第五章　重整计划的制定和批准

### 第一节　重整计划草案的制定和表决

**第九十三条**　债务人自行管理财产和营业事务的,由债务人制作重整计划草案,管理人除履行监督职责外应当给予必要的指导和辅助。重整计划草案制作过程中,管理人认为草案违法或不具有可行性的,应当向债务人提出修改意见。

管理人负责管理财产和营业事务的,由管理人制作重整计划草案。

**第九十四条**　管理人或者自行管理的债务人应当自裁定重整之日起六个月内,同时向人民法院和债权人会议提交重整计划草案。

前款规定的期限届满,经债务人或者管理人请求,有正当理由的,人民法院可以裁定延期三个月。

在前两款规定的期限届满前最后一个月内,自行管理的债务人未提出重整计划草案的,管理人有权在法定期限内提出重整计划草案,并同时向人民法院和债权人会议提交。

对于自行管理的债务人提交的重整计划草案,人民法院认为违法或明显不具有可行性的,或者有表决组未通过该重整计划草案的,管理人有权在法定期限内提出重整计划草案。

**第九十五条**　管理人或债务人制作重整计划草案,应当与债权人、出资人、重整投资人等利害关系人充分协商,并充分听取企业管理人员、实际控制人、职工代表或工会等的意见。有必要的,可以邀请有关单位,或者委托外部专业机构、人员对特定事项发表意见。

**第九十六条**　债务人制作的重整计划草案提交时,管理人应当同时就重整计划草案的合法性和可行性,以及是否侵害利害关系人的合法权益,向人民法院提交分析意见。

**第九十七条** 重整计划草案应当包括下列内容：

（一）债务人的资产和负债情况；

（二）债务人的经营方案；

（三）债权分类；

（四）债权调整方案；

（五）债权受偿方案；

（六）重整计划的执行期限；

（七）重整计划执行的监督期限；

（八）有关重整计划执行的重大不确定事项；

（九）有利于债务人重整的其他方案。

前款第四项应当明确指出按照重整计划草案权益未受到调整或影响的表决组；第五项应当包括重整和清算状态下债权的清偿情况比较分析；第七项规定的期限应当不短于第六项规定的期限。有重整投资人的，重整计划草案应当对重整失败情况下的投资款及相关责任作出具体安排。重整计划草案一般还应当明确重整案件诉讼费用的负担。

重整计划草案涉及出资人权益调整事项的，参加表决的出资人有义务如实披露其出资权益的涉诉情况，以及出资权益上设定的质押、被保全等权利负担情况。其他在表决时能够影响债权人、出资人合理决策的信息，没有纳入重整计划草案的，管理人、债务人应当在表决前予以充分说明，并在债权人会议上回答相关询问。

**第九十八条** 重整和清算状态下债权清偿情况的比较和分析，应当同时考虑因延期清偿给债权人造成的损失。

**第九十九条** 下列各类债权的债权人参加讨论重整计划草案的债权人会议，依照下列债权分类，分组对重整计划草案进行表决：

（一）对债务人的特定财产享有担保权的债权；

（二）债务人所欠职工的工资和医疗、伤残补助、抚恤费用，所欠的应当划入职工个人账户的基本养老保险、基本医疗保险费用，以及法律、行政法规规定应当支付给职工的补偿金；

（三）债务人所欠税款；

（四）普通债权。

债权系因债务人侵权行为造成的人身损害赔偿，除其中涉及的惩罚性赔偿外，可以列入前款第二项规定的表决组进行表决。

**第一百条** 重整计划草案为普通债权中的小额债权单独设置更高清偿率的，或者有其他必要情形的，人民法院可以决定在普通债权组中设小额债权组。

重整计划草案对全部普通债权根据债权额按不同比例分段清偿的，人民法院一般不再设小额债权组。

**第一百零一条** 债权依照法律规定，具有不同于本规范第九十九条规定的性质的，人民法院可以根据实际情况设置相应表决组。

**第一百零二条** 重整计划不得规定减免债务人欠缴的本规范第九十九条第一款第二项规定以外的社会保险费用。

**第一百零三条** 债权人未在债权申报期限内申报债权，但其在重整计划草案提交债权人会议表决前补充申报债权的，管理人应当予以审查，并提交债权人会议核查。人民法院裁定终止重整程序前经核查无异议的，管理人应当及时提请人民法院裁定确认。

**第一百零四条** 债务人的出资人代表可以列席讨论重整计划草案的债权人会议。

重整计划草案涉及出资人权益调整事项的，应当设出资人组，对该事项进行表决。出资人权益调整事项，可以包括要求出资人出让股权、要求出资人增资，或调整出资人在董事会中的代表权等内容。

**第一百零五条** 债权人在重整期间转让债权的，应当通知管理人。受让人自债权转让通知管理人之日起，可以以自己的名义在重整程序中行使原债权人的权利，但原债权人已经发表的意见继续有效。债权人为控制表决结果，将同一笔债权向多个受让人转让的，人民法院仍然按照转让前的债权状态确定其表决权。

**第一百零六条** 对特定财产享有担保权的债权人，经评估等方式能够判断其优先受偿权利不能完全受偿的，债权人可以就剩余债权金额在其他组别表决。

表决前担保财产价值是否足以清偿担保债权暂不确定的，除人民法院能够为其在其他组别行使表决权而临时确定债权额的以外，该债权人只得以全部债权额在有担保债权组表决。

**第一百零七条** 人民法院应当自收到重整计划草案之日起三十日内召开债

权人会议，对重整计划草案进行表决。管理人应当提前十五日通知各方参会。

前款规定的债权人会议召开前，人民法院一般应当先行裁定确认无异议债权。

个别债权人有正当理由不能按期表决的，管理人可以准许其延期表决，但延长期限一般不超过三十日。

**第一百零八条** 讨论重整计划草案的债权人会议，可以采取现场或网络等方式召开。采取非现场形式召开的，应当保障有权参会人员的知情权。审理重整案件的合议庭或由合议庭委派的承办法官应当出席债权人会议。

**第一百零九条** 表决重整计划草案，除采取现场方式外，可以由管理人事先将相关决议事项告知债权人，采取通信、网络投票等非现场方式进行表决。采取非现场方式进行表决的，管理人应当在债权人会议召开后的三日内，以信函、电子邮件、公告等方式将表决情况告知表决者。

**第一百一十条** 出席债权人会议的同一表决组的债权人过半数同意重整计划草案，并且其所代表的债权额占该组债权总额的三分之二以上的，即为该组通过重整计划草案。

**第一百一十一条** 权益未受到调整或者影响的债权人或者出资人，不参加重整计划草案的表决。

**第一百一十二条** 出资人组就出资人权益调整事项的表决结果，满足下列条件的即为通过：

（一）有限责任公司代表三分之二以上表决权的股东同意重整计划草案；

（二）股份有限公司出席会议的股东所持表决权的三分之二以上同意重整计划草案。

**第一百一十三条** 出资人组会议可以与债权人会议共同或分别召开。债务人的股东会、股东大会或其他权力机构已对重整计划草案中的出资人权益调整事项作出决议的，可以不再召开出资人组会议进行表决。

### 第二节 重整计划的批准

**第一百一十四条** 各表决组均通过重整计划草案时，重整计划即为通过。

所有表决组的权益均未受到调整或者影响的，等同于前款情形。

**第一百一十五条** 自重整计划通过之日起十日内，债务人或者管理人应当向人民法院提出批准重整计划的申请。人民法院经审查认为符合下列条件的,应当自收到申请之日起三十日内裁定批准,终止重整程序,并予以公告:

(一)重整计划的内容不违反法律规定,且符合本规范第九十七条第一款、第二款的规定;

(二)债权人会议召开、表决程序,以及重整计划草案的提交程序符合本规范的规定;

(三)债权人、出资人的分组符合本规范的规定;

(四)管理人、自行管理的债务人对于重整计划草案的解释说明和以其他方式进行的信息披露不存在不客观不充分,可能损害表决者利益的情形;

(五)重整计划的实施具有可行性;

(六)重整计划的内容能够保证各表决组中反对者至少可以获得其权益在重整计划草案被提请批准时的清算价值。

**第一百一十六条**　部分表决组未通过重整计划草案的,管理人或自行管理的债务人可以同未通过重整计划草案的表决组协商,但协商结果不得损害其他表决组的利益。

**第一百一十七条**　未通过的表决组中,超过该组重整计划草案通过条件的债权人或出资人同意再次表决并出席再次表决的会议的,方可形成表决结果。表决方式参照本规范第一百零九条的规定进行,表决通过的条件与前次表决相同,但债权人或出资人明确拒绝协商或拒绝再次表决,且未出席再次表决会议的,视为不同意重整计划草案。

**第一百一十八条**　未通过的表决组中,同意再次表决的债权人或出资人未达到该组通过重整计划草案条件的,即为该组拒绝再次表决。

**第一百一十九条**　未通过重整计划草案的表决组拒绝再次表决或者再次表决仍未通过重整计划草案,但重整计划草案符合本规范第一百一十五条的规定,并且符合下列条件的,管理人或者自行管理的债务人可以申请人民法院批准重整计划草案:

(一)除权益未受到调整或者影响的表决组之外,至少有一个表决组已经通过重整计划草案;

(二)按照重整计划草案,对债务人的特定财产享有担保权的债权就该财产将获得全额清偿,其因延期清偿所受的损失将得到公平补偿,并且其担保权未受到实质性损害，或者该表决组已经通过重整计划草案；

（三）按照重整计划草案，本规范第九十九条第一款第二项、第三项所列债权将获得全额清偿，或者相应表决组已经通过重整计划草案；

（四）按照重整计划草案，普通债权所获得的清偿比例，不低于其在重整计划草案被提请批准时依照破产清算程序所能获得的清偿比例，或者该表决组已经通过重整计划草案；

（五）重整计划草案对出资人权益的调整公平、公正，或者出资人组已经通过重整计划草案；

（六）重整计划草案公平对待同一表决组的成员，但债权人为提高受偿比例而将同一笔债权向多个受让人转让，重整计划草案限制受让人清偿比例的除外；

（七）根据重整计划草案，未通过的表决组未获完全清偿的，依照企业破产法规定，比其顺位更低的表决组不得获得任何清偿。

**第一百二十条** 人民法院可以就是否批准重整计划草案组织召开听证调查，重点听取和审查反对意见是否具有事实和法律依据。

**第一百二十一条** 人民法院经审查认为重整计划草案符合本规范第一百一十九条规定的，应当自收到申请之日起三十日内裁定批准，终止重整程序，并予以公告。

**第一百二十二条** 在重整期间，有下列情形之一的，经管理人或者利害关系人请求，人民法院应当裁定终止重整程序，并宣告债务人破产：

（一）债务人的经营状况和财产状况继续恶化，缺乏挽救的可能性；

（二）债务人有欺诈、恶意减少债务人财产或者其他显著不利于债权人的行为；

（三）由于债务人的行为致使管理人无法执行职务；

（四）重整计划草案未获得通过，且无法符合本规范第一百一十九条的规定。

在重整期间，管理人发现前款所列情形之一的，应当请求人民法院裁定终止重整程序。

**第一百二十三条** 重整期间发生下列情形之一的，人民法院应当裁定终止重整程序，并宣告债务人破产：

（一）管理人或自行管理的债务人不能依照本规范第九十四条的规定提出

重整计划草案；

（二）重整计划草案未获得通过且未获得批准，或者已通过的重整计划未获得批准。

**第一百二十四条**　人民法院依照本规范第一百一十五条、第一百二十一条、第一百二十二条、第一百二十三条的规定裁定终止重整程序的，应当自裁定作出之日起五日内送交债务人的执行法院，因重整程序中止的执行程序应当终结执行。

**第一百二十五条**　人民法院裁定终止重整程序并宣告债务人破产后，管理人应当按照破产清算程序继续履行管理人的职责，管理人报酬根据债务人在重整和清算程序中最终清偿的无担保财产价值总额确定，但其不能继续履行职责或者不适宜继续担任管理人的，人民法院应当依法重新指定管理人。

依照前款规定重新指定管理人的，重整程序管理人和清算程序管理人的报酬总额由人民法院根据债务人在重整和清算程序中最终清偿的无担保财产价值总额确定，报酬分配方案由管理人之间协商后报请人民法院确定；协商不成的，由人民法院根据实际情况参照管理人报酬的规定确定。

## 第六章　重整计划的执行和监督

**第一百二十六条**　经人民法院裁定批准的重整计划，对债务人和全体债权人均有约束力。重整计划规定的出资人权益调整的内容，对债务人的全体出资人均有约束力。

**第一百二十七条**　债务人负责执行重整计划，并向管理人报告重整计划执行情况和债务人财务状况，管理人负责监督重整计划的执行，重整计划另有约定的除外。

重整计划约定由管理人或其他人执行，管理人或其他人不执行或不能执行的，依照本规范第一百四十三条的规定处理。

**第一百二十八条**　自人民法院裁定批准重整计划之日起，在重整计划规定的监督期内，管理人应当制定监督计划，明确监督方式、监督事项和监督职责并报人民法院备案，已接管财产和营业事务的管理人应当及时妥善向债务人移交财产和营业事务。

**第一百二十九条**　债权人在债权申报期限届满后申报债权，其债权在表决重整计划草案的债权人会议召开前未经人民法院裁定确认的，除重整计划为此等债权预留了清偿份额的情形外，相应债权人在重整计划执行期间不得行使对债务人要求清偿、提起新的财产给付之诉，或申请强制执行债务人财产等权利。

前款规定的债权人，在重整计划执行完毕后，可以按照重整计划规定的同类债权的清偿条件行使权利。

**第一百三十条** 债权人对债务人的保证人和其他连带债务人所享有的权利，不受重整计划的影响。

**第一百三十一条** 按照重整计划减免的债务，自重整计划执行完毕时起，债务人不再承担清偿责任。

**第一百三十二条** 重整计划执行期间，出资人、债权人等无正当理由拒不配合办理出资权益变更手续的，人民法院可以根据管理人、利害关系人的申请向有关单位发出协助执行通知书。

**第一百三十三条** 重整计划执行期间，管理人、利害关系人可就重整计划的执行向人民法院申请必要的协助。人民法院可以根据申请，向有关单位发出协助执行通知书，但不得强制执行重整计划的清偿方案。

**第一百三十四条** 重整计划执行期间，因重整程序终止后新发生的事实或事件引发的有关债务人的民事诉讼，不适用企业破产法第二十一条有关集中管辖的规定。

**第一百三十五条** 重整计划执行期间，因重整程序终止后新发生的事实或事件引发的有关债务人的民事诉讼，不再由管理人代表债务人进行诉讼，但重整计划有明确约定的除外。

前款规定的债权债务，不受重整计划的调整和约束，但当事人另有约定的除外。

**第一百三十六条** 重整计划执行期间，因出现国家政策调整、法律修改变化等重整计划制定阶段不能合理预见的特殊情况，导致原重整计划无法执行的，可由管理人召集债权人会议，或由债务人向人民法院申请召开债权人会议，就是否同意变更重整计划进行表决。

**第一百三十七条** 债权人会议决议同意变更重整计划的，管理人或债务人应自决议通过之日起十日内提请人民法院批准。申请变更重整计划限于一次，债权人会议决议不同意或者人民法院不批准变更申请的，参照本规范第一百四十三条的规定处理。

**第一百三十八条**　人民法院裁定批准变更重整计划的,债务人或者管理人应当在六个月内提出新的重整计划,在此期间,债务人不存在严重损害债权人利益的行为或者有其他不适宜自行管理情形的,应由债务人自行负责管理财产和营业事务,并制作变更的重整计划,管理人参照重整期间履行职责。

除当事人另有约定外,为原重整计划的执行提供的担保,在原担保范围和期限内,不因人民法院裁定批准变更而无效。

**第一百三十九条**　变更后的重整计划应提交给因重整计划变更而遭受不利影响的债权人组和出资人组进行表决。债权人按照重整计划所受的清偿仍然有效,但债权已受偿部分不享有表决权。表决、申请人民法院批准以及人民法院裁定是否批准的程序与重整期间相同。

变更后的重整计划经人民法院裁定批准,加重了为原重整计划的执行提供担保的负担的,担保人对加重的部分不承担担保责任,但当事人另有约定的除外。

**第一百四十条**　经管理人申请,人民法院可以裁定延长重整计划执行的监督期限。

**第一百四十一条**　重整计划执行期间届满前三十日内,债务人可以申请延长执行期限。延长执行期限涉及延期清偿的,债务人应当给予相应权利人公平补偿。管理人应当对该申请进行审查,并向人民法院出具专项监督报告,认为延期执行并非出于债务人不执行重整计划的原因,且重整计划仍可继续执行的,应当向人民法院同时申请延长重整计划执行的监督期限。人民法院经审查认为申请不违反法律规定的,可以裁定延长重整计划的执行期限和重整计划执行的监督期限。

**第一百四十二条**　监督期届满时,管理人应当向人民法院提交监督报告。自监督报告提交之日起,管理人的监督职责终止。

管理人向人民法院提交的监督报告,重整计划的利害关系人有权查阅。利害关系人对监督报告有异议的,管理人、债务人应当回答有关询问。

**第一百四十三条**　债务人不能执行或者不执行重整计划的,人民法院经管理人或者利害关系人请求,应当裁定终止重整计划的执行,宣告债务人破产,并依照本规范第一百二十五条的规定处理。

人民法院裁定终止重整计划执行的，债权人在重整计划中作出的债权调整的承诺失去效力。债权人因执行重整计划所受的清偿仍然有效，债权未受清偿的部分作为破产债权。

前款规定的债权人，只有在其他同顺位债权人同自己所受的清偿达到同一比例时，才能继续接受分配。

**第一百四十四条** 人民法院裁定终止重整计划执行的，为重整计划的执行提供的担保继续有效，债务人在裁定重整后至裁定终止重整计划的执行期间所作的法律行为，不因重整的终止而失去法律效力。

**第一百四十五条** 重整计划执行完毕后，人民法院可以根据管理人、债务人的申请，作出重整程序终结的裁定。

**第一百四十六条** 重整计划执行完毕后发生的债权债务纠纷，不适用企业破产法的规定。

### 第七章 附 则

**第一百四十七条** 本规范由北京市第一中级人民法院审判委员会负责解释。

**第一百四十八条** 本规范自发布之日起试行。

## 郑州市中级人民法院<br>审理预重整案件工作规程(试行)

(郑中法〔2019〕232号)

**第一条 【规程目的】**为了实现庭外重组、预重整与破产重整的有效衔接，强化庭外重组的公信力和约束力，明确预重整制度的法律地位和制度内容，有效发挥破产重整制度挽救危困企业、服务经济高质量发展的功能，根据《中华人民共和国企业破产法》、《全国法院破产审判工作会议纪要》、《全国法院民商事审判工作会议纪要》等规定，结合全市破产审判工作实践，制定本规程。

**第二条 【预重整的界定】**本规程所称“预重整”，系指申请人向人民法院提出预重整申请，或者申请人提出重整申请后，人民法院在受理重整申请前，指定预重整管理人对具有重整原因的债务人参照《企业破产法》第八十一条规定，制定预重整草案,并征集利益相关方意见形成预重整方案的程序。

人民法院受理破产申请后,申请人申请预重整或者重整的,不适用本工作规程。

**第三条　【预重整启动】**申请人提出预重整申请且债务人提交了债务人股东(大)会决议同意履行本规程第九条规定的预重整义务的书面承诺书,人民法院可以决定债务人预重整。

申请人提出预重整申请的,应按照人民法院要求预交预重整启动费用,未在指定期限内预交预重整启动费用的,按撤回预重整申请处理。

前款费用作为预重整程序中预重整管理人开展相关工作的费用和预重整管理人报酬。

**第四条　【预重整条件】**申请人提出重整申请,人民法院裁定受理前,债务人具有下列情形之一的,可以采用预重整:

(一)债权人人数众多、债权债务关系复杂,或需要安置职工数量较多、可能影响社会稳定的;

(二)债务人企业规模较大或在该行业或对本区域经济有重大影响的;

(三)直接受理重整申请可能对债务人生产经营产生重大不利影响或者引发重大社会不稳定情形的。

**第五条　【预重整听证】**人民法院决定预重整前,可以根据案件实际情况决定进行听证。

**第六条　【预重整决定】**人民法院决定债务人预重整的,应当作出预重整决定书和指定预重整管理人决定书,决定书应送达申请人和被申请人,并予以公告。

预重整案件以"破审"作为案件类型代字编制案号。

人民法院决定债务人预重整前,预重整申请人撤回预重整申请、按撤回预重整申请处理的或经人民法院审查后认为不符合预重整条件的,应向预重整申请人书面告知处理结果及理由。

**第七条　【预重整期间】**自人民法院作出预重整决定之日起至作出是否受理重整申请裁定之日止,为预重整期间。预重整期间为三个月。

前款规定的期限届满,经预重整管理人提出书面申请,有正当理由的,人民法院可决定适当延长,但延期最长不超过三个月。

**第八条 【执行与保全中止】**作出预重整决定的，全市法院应中止对债务人为被执行人的相关执行、保全措施。

**第九条 【债务人及相关人员的义务】**预重整期间，债务人及相关人员应书面承诺履行下列义务：

（一）妥善保管债务人财产、印章和账薄、文书等资料；

（二）配合预重整管理人调查，配合审计评估，如实回答有关询问并提交相关材料；

（三）勤勉经营管理，妥善维护企业资产价值，不得作出使债务人财产和经营价值发生贬损的行为；

（四）及时向预重整管理人报告对财产有重大影响的行为和事项，接受预重整管理人的监督；

（五）全面如实向出资人、债权人、意向投资人等利益相关方披露与重整有关的信息，包括经营状况、财务状况、履约能力、可分配财产、负债明细、模拟清算状态下的清偿率、重整中的重大风险、其他重大事项等内容，并需就预重整方案做出说明，回答有关询问；

（六）不得对外清偿债务，但经预重整管理人同意为企业继续营业以维持其营运价值所必要的支出除外；

（七）未经预重整管理人允许，不得对外提供担保；

（八）积极与出资人、债权人、意向投资人等利益相关方协商，制作预重整方案；

（九）人民法院认为债务人及相关人员应当履行的其他和义务。

**第十条 【预重整管理人指定】**预重整管理人的指定工作应符合《最高人民法院关于审理企业破产案件指定管理人的规定》的相关要求，并按照受案法院的有关规定进行选任。

**第十一条 【预重整管理人职责】**预重整管理人履行下列职责：

（一）调查债务人财产状况，制作财产状况报告；

（二）发布债权申报登记公告，核实债务人负债情况；

（三）监督债务人的财产保管和企业运营，监督债务人是否有违反预重整承诺、逃废债务、个别清偿等减损财产价值损害债权人利益的行为，并及时向人民法院报告；

（四）召集预债权人会议、投资人与债务人会议等；

（五）协调中止执行事宜；

（六）经人民法院许可后公开遴选审计、评估、造价等中介机构协助工作；

（七）在债务人财产价值可能发生减损或其他可能造成债务人财产贬损情形时，向人民法院申请对债务人的全部或部分财产采取保全措施；

（八）向已知债权人和社会公众征集对债务人的重整及和解意向信息，开展意向投资人招募工作；

（九）与意向投资人、出资人、主要债权人等利益相关方拟订预重整草案；

（十）定期及时向人民法院书面报告工作进展；

（十一）审查债务人是否具有重整价值以及重整可行性，并向人民法院提交预重整工作报告，根据案件情况可向人民法院提请延长预重整期间的申请；

（十二）人民法院认为预重整管理人应当履行的其他职责。

**第十二条　【印章账户规定】**预重整管理人可经人民法院批准刻制预重整管理人印章，开设预重整管理人账户。

预重整期间，投资人缴纳的保证金应汇入预重整管理人的银行账户。

**第十三条　【预重整期间费用】**预重整期间债务人的相关费用支出应遵循控制成本、必要性及有利于债务人财产价值保值、增值原则，在人民法院裁定受理重整申请后可列入破产费用。费用支出范围不得涉及债务人债务的履行。

**第十四条　【预重整管理人报酬】**人民法院裁定不予受理重整申请或裁定受理重整申请后另行指定重整案件管理人的，预重整管理人报酬根据其工作进度、完成效果等因素，先行由预重整管理人与债务人协商，初步商定后报人民法院审查决定；协商不成的由人民法院决定。

人民法院裁定受理重整申请且预重整管理人被指定为重整案件管理人的，预重整期间报酬不再单独计收。

报酬计取的其他事项按照《最高人民法院关于审理企业破产案件确定管理人报酬的规定》执行。

**第十五条　【信息披露】**债务人及相关人员、预重整管理人应当将与预重整有关的所有信息全面、准确、合法地向债权人和其他利益相关方披露。

债务人及相关人员应当披露的信息包括导致破产重整的事由、生产经营状况、财务状况、资产状况、债务明细（包括对外担保等或有债务情形）、涉诉涉执情况、重大不确定性诉讼、模拟破产清算状态下的清偿率、意向投资人的投资计划、预重整草案重大风险等。

**第十六条 【预重整的保全】**预重整期间,因有关利益相关方的行为等,可能影响预重整程序依法进行的,人民法院可以根据预重整管理人、债权人的申请,裁定对债务人的全部或者部分财产采取保全措施。

债权人申请的,人民法院可以要求其提供担保,不提供担保的,裁定驳回申请。

债权人申请有错误的,应当依法赔偿债务人因保全所遭受的损失。

**第十七条 【通知债权人】**预重整管理人应当书面通知已知债权人申报债权。通知内容包括:

(一)法院决定债务人预重整的日期;

(二)申报期限为自债权人收到书面通知之日起十日;

(三)预重整管理人的名称、联系人、联系方式;

(四)债权申报材料应当包含的内容,例如债权人基本信息、债权的形成过程、债权的数额(包括本金数额、截至预重整之日的孳息数额、孳息计算方法和利息清单等)、有无财产担保、是否为连带债权、债权的到期日等,并应附相关证据;

(五)法院或预重整管理人认为应当通知的其他事项。

债权人在预重整阶段已向预重整管理人申报债权的,正式进入重整程序后视为已申报债权,无需重复申报。

**第十八条 【中介机构和必要工作人员】**经人民法院许可,预重整管理人可以参照《企业破产法》的规定聘请法律顾问、审计、评估、造价等中介机构。

人民法院裁定受理重整申请的,审计、评估费用不再单独提取,列入破产费用。

经人民法院许可,预重整管理人可以聘请必要工作人员,并参照《企业破产法》等规定处理。

**第十九条 【债权人委员会】**预重整期间,债权人可自行或在有关部门的牵头组织下成立债权人委员会,推动预重整草案协商谈判等工作。

**第二十条 【出资人权益调整的信息披露】**预重整草案涉及出资人权益调整事项的,出资人有义务如实披露其出资权益的涉诉情况,债务人及相关人员、出资人有义务如实披露出资权益上设定的质押、被保全等权利负担情况。

**第二十一条 【预重整草案的制定及通过】**预重整管理人应当在债务人信息充分披露的前提下协助债务人等利益相关方进行充分磋商,听取各方意见,起草预重整草案。

预重整草案应当包括《企业破产法》第八十一条规定的内容。

参照《企业破产法》第八十二条、第八十四条、第八十五条、第八十六条的规定,预重整草案经债权人、出资人等利益相关方表决通过后形成预重整方案。

**第二十二条 【预重整管理人工作报告】**预重整管理人认为应当终止预重整程序时,应当制作预重整工作报告并提交人民法院审查。

预重整工作报告应包括以下内容:

(一)债务人基本信息、预重整情况;

(二)债务人资产及负债情况;

(三)债务人经营或财务困境形成的原因;

(四)债务人重整价值及可行性;

(五)重整计划草案以及债权人意见;

(六)预重整管理人已完成工作的摘要;

(七)预重整期间收支情况;

(八)人民法院认为应当披露、报告的其他情况。

**第二十三条 【预重整终止申请】**有下列情形之一时,预重整管理人应当向人民法院提出终止预重整的申请:

(一)已按目标完成意向投资人招募并制作完成重整计划草案,预重整管理人建议受理重整申请的;

(二)因债务人重要财产面临被处置或处置的价款即将兑现,导致不受理重整就可能使债务人重整价值严重贬损等紧急情形的;

(三)债务人及相关人员不配合预重整管理人和法院工作,或者有未经批准的个别清偿等可能使财产价值贬损的行为,致使预重整无法顺利进行的;

(四)行业主管部门或相关权威机构已对债务人重整价值作出否定性评价的;

(五)申请人向人民法院撤回重整申请的;

(六)其他应当终止预重整程序的情形。

**第二十四条 【预重整程序终止】**人民法院应及时审查预重整管理人提出的终止预重整申请，并根据案件情况作出是否受理重整申请的裁定。

预重整程序自人民法院作出受理或不予受理重整申请裁定时自然终止，不再另行作出终止预重整程序的决定。

**第二十五条 【预重整方案的效力】**预重整方案符合下列情形之一的，债权人、出资人与债务人达成的协议，以及债权人、出资人作出的同意意见，在重整申请受理后继续有效，视同对重整计划草案的表决意见：

（一）债权人、出资人承诺或者同意的内容与重整计划草案基本一致的；

（二）重整计划草案对债权人、出资人承诺或者同意内容的修改未实质影响债权人、出资人利益，且相关债权人、出资人同意不再对重整计划草案进行表决。

**第二十六条 【效力延伸】**预重整程序中依法作出的通知、债权申报审查、职工债权调查、财务审计、资产评估、债权人会议决议等在转入重整程序后视同有效。

重整计划草案的内容与预重整方案内容一致或有关权利人权益为内容更趋优化的，有关出资人、债权人对预重整方案的同意视为对该重整计划草案表决的同意，但下列情形除外：

（一）重整计划草案对协议内容进行了修改并对有关权利人有不利影响，或者与有关权利人重大利益相关的，受到实质性影响的权利人有权按照企业破产法的规定对重整计划草案重新进行表决；

（二）预重整草案表决前债务人隐瞒重要信息、披露虚假信息，或者预重整草案表决后出现重大变化的，受到实质性影响的权利人有权按照《企业破产法》的规定对重整计划草案重新进行表决。

出资人、债权人对预重整草案作出是否同意的意思表示前，预重整管理人应当告知前款规定的内容。

**第二十七条 【重整方案衔接】**人民法院裁定受理重整申请的，管理人可以预重整期间达成的预重整方案为依据拟定重整计划草案提交人民法院审查批准。

**第二十八条 【管理人衔接】**人民法院裁定受理重整申请时，直接指定预重整管理人为重整管理人，确保重整工作有效衔接。

**第二十九条 【预重整期间的借款】**预重整期间，债权人会议同意或人民法院许可债务人因继续营业的借款,重整申请受理后,可以参照《企业破产法》第四十二条第四项的规定清偿。

**第三十条 【庭外重组方案或者重组协议】**受理重整申请前,债务人通过庭外商业谈判拟定预重整方案或者达成预重整协议的,应按照本规程规定进行信息披露并征集债权人、债务人出资人等利益相关方的意见。

重整程序启动后,债务人可以在预重整方案或者达成预重整协议的基础上制作并提交重整计划草案。法院可以在收到重整计划草案之日起十五日内,且债权人债权申报期届满后十五日内召开债权人会议进行表决。

上述预重整方案或者达成预重整协议的内容符合《企业破产法》第八十一条规定,且债务人的出资人、投资人、债权人等利益相关方均承诺其意见不反悔的,受理重整申请的,可以视同对重整计划草案的意见,不再另行表决。

**第三十一条 【适用范围】**郑州市辖区两级人民法院审理预重整案件事宜的,适用本规程。

**第三十二条 【解释】**本规程由本院负责解释。

**第三十三条 【试行】**本规程自印发之日试行。

## 最高人民法院关于为加快建设全国统一大市场提供司法服务和保障的意见

(法发〔2022〕22 号)

为深入贯彻党的十九大和十九届历次全会精神,认真落实《中共中央、国务院关于加快建设全国统一大市场的意见》,充分发挥人民法院职能作用,为加快建设全国统一大市场提供高质量司法服务和保障,结合人民法院工作实际,制定本意见。

### 一、总体要求

1. 切实增强为加快建设全国统一大市场提供司法服务和保障的责任感、使命感。加快建设高效规范、公平竞争、充分开放的全国统一大市场,是以习近平同志为核心的党中央从全局和战略高度作出的重大战略部署,是构建新发展格局的基础支撑和内在要求。各级人民法院要切实把思想和行动统一到党中央重大战略部署上来，深刻把握“两个确立”的决定性意义，增强“四个意识”、坚定“四个自信”、做到“两个维护”，不断提高政治判断力、政治领悟力、政治执行力，坚持服务大局、司法为民、公正司法，忠实履行宪法法律赋予的职责，充分发挥法治的规范、引领和保障作用，为加快建设全国统一大市场提供高质量司法服务和保障。

2. 准确把握为加快建设全国统一大市场提供司法服务和保障的切入点、着力点。各级人民法院要紧紧围绕党中央重大决策部署，坚持“两个毫不动摇”，坚持问题导向，完整、准确、全面贯彻新发展理念，强化系统观念、注重协同配合、积极担当作为，统筹立审执各领域、各环节精准发力，统筹市场主体、要素、规则、秩序统一保护，对标对表持续推动国内市场高效畅通和规模拓展、加快营造稳定公平透明可预期的营商环境、进一步降低市场交易成本、促进科技创新和产业升级、培育参与国际竞争合作新优势五大主要目标，有针对性地完善司法政策、创新工作机制、提升司法质效，不断提高司法服务保障工作的实效性，更好发挥市场在资源配置中的决定性作用，为建设高标准市场体系、构建高水平社会主义市场经济体制提供坚强司法支撑。

## 二、加强市场主体统一平等保护

3. 助力实行统一的市场准入。依法审理建设工程、房地产、矿产资源以及水、电、气、热力等要素配置和市场准入合同纠纷案件，准确把握自然垄断行业、服务业等市场准入放宽对合同效力的影响，严格落实“非禁即入”政策。依法审理涉市场准入行政案件，支持分级分类推进行政审批制度改革，遏制不当干预经济活动特别是滥用行政权力排除、限制竞争行为。加强市场准入负面清单、涉企优惠政策目录清单等行政规范性文件的附带审查，推动行政机关及时清理废除含有地方保护、市场分割、指定交易等妨碍统一市场和公平竞争的规范性文件，破除地方保护和区域壁垒。

4. 加强产权平等保护。坚持各类市场主体诉讼地位平等、法律适用平等、法律责任平等，依法平等保护各类市场主体合法权益。严格区分经济纠纷、行政违法与刑事犯罪，坚决防止将经济纠纷当作犯罪处理，坚决防止将民事责任变为刑事责任。依法惩治侵犯产权违法犯罪行为，健全涉案财物追缴处置机制，最大限度追赃挽损。充分贯彻善意文明执行理念，进一步规范涉产权强制措施，严禁超标的、违法查封财产，灵活采取查封、变价措施，有效释放被查封财产使用价值和融资功能。完善涉企产权案件申诉、重审等机制，健全涉产权冤错案件有效防范纠正机制。支持规范行政执法领域涉产权强制措施，依法维护市场主体经营自主权。

5. 依法平等保护中外当事人合法权益。研究制定法律查明和国际条约、国际惯例适用等司法解释，准确适用域外法律和国际条约、国际惯例。优化涉外民商事纠纷诉讼管辖机制，研究制定第一审涉外民商事案件管辖司法解释。加强司法协助工作，完善涉外送达机制，推动建成域外送达统一平台。推进国际商事法庭实质化运行，健全国际商事专家委员会工作机制，完善一站式国际商事纠纷解决信息化平台，实现调解、仲裁和诉讼有机衔接，努力打造国际商事纠纷解决新高地。准确适用外商投资法律法规，全面实施外商投资准入前国民待遇加负面清单制度，依法维护外商投资合同效力，促进内外资企业公平竞争。推进我国法域外适用法律体系建设，依法保护“走出去”企业和公民合法权益。

6. 完善市场主体救治和退出机制。坚持破产审判市场化、法治化、专业化、信息化方向，依法稳妥审理破产案件，促进企业优胜劣汰。坚持精准识别、分类施策，对陷入财务困境但仍具有发展前景和挽救价值的企业，积极适用破产重整、破产和解程序，促进生产要素优化组合和企业转型升级，让企业重新焕发生机活力，让市场资源配置更加高效。积极推动完善破产法制及配套机制建设，完善执行与破产工作有序衔接机制，推动企业破产法修改和个人破产立法，推动成立破产管理人协会和设立破产费用专项基金，推进建立常态化“府院联动”协调机制。

7. 依法及时兑现市场主体胜诉权益。进一步健全完善综合治理执行难工作大格局，加强执行难综合治理、源头治理考评，推动将执行工作纳入基层网格化管理，完善立审执协调配合机制，确保“切实解决执行难”目标如期实现。进一步加强执行信息化建设，拓展升级系统功能，强化执行节点管理，提升执行流程监管自动化、智能化水平。探索建立律师调查被执行人财产等制度，推进落实委托审计调查、公证取证、悬赏举报等制度。探索建立怠于履行协助执行义务责任追究机制，建立防范和制止规避执行行为制度，依法惩戒拒执违法行为。配合做好强制执行法立法工作，制定或修订债权执行等司法解释，完善执行法律法规体系。

## 三、助力打造统一的要素和资源市场

8. 支持健全城乡统一的土地市场。妥善审理涉农村土地“三权分置”纠纷案件,促进土地经营权有序流转。依法审理农村集体经营性建设用地入市纠纷,支持加快建设同权同价、流转顺畅、收益共享的城乡统一建设用地市场。以盘活利用土地为目标,妥善审理涉及国有企事业单位改革改制土地资产处置、存量划拨土地资产产权确定、上市交易等案件。依法审理建设用地使用权转让、出租、抵押等纠纷案件,保障建设用地规范高效利用。适应土地供给政策调整,统一国有土地使用权出让、转让合同纠纷案件裁判尺度。

9. 支持发展统一的资本市场。依法严惩操纵市场、内幕交易、非法集资、贷款诈骗、洗钱等金融领域犯罪,促进金融市场健康发展。妥善审理金融借款合同、证券、期货交易及票据纠纷等案件,规范资本市场投融资秩序。依法处理涉供应链金融、互联网金融、不良资产处置、私募投资基金等纠纷,助力防范化解金融风险。完善私募股权投资、委托理财、资产证券化、跨境金融资产交易等新型纠纷审理规则,加强数字货币、移动支付等法律问题研究,服务保障金融业创新发展。

10. 支持建设统一的技术和数据市场。加强科技成果所有权、使用权、处置权、收益权司法保护,妥善处理因科技成果权属认定、权利转让、权利质押、价值认定和利益分配等产生的纠纷,依法支持科技创新成果市场化应用。依法保护数据权利人对数据控制、处理、收益等合法权益,以及数据要素市场主体以合法收集和自身生成数据为基础开发的数据产品的财产性权益,妥善审理因数据交易、数据市场不正当竞争等产生的各类案件,为培育数据驱动、跨界融合、共创共享、公平竞争的数据要素市场提供司法保障。加强数据产权属性、形态、权属、公共数据共享机制等法律问题研究,加快完善数据产权司法保护规则。

11. 支持建设全国统一的能源和生态环境市场。依法审理涉油气期货产品、天然气、电力、煤炭交易等纠纷案件,依法严惩油气、天然气、电力、煤炭非法开采开发、非法交易等违法犯罪行为,推动资源合法有序开发利用。研究发布司法助力实现碳达峰碳中和目标的司法政策,妥善审理涉碳排放配额、核证自愿减排量交易、碳交易产品担保以及企业环境信息公开、涉碳绿色信贷、绿色金融等纠纷案件,助力完善碳排放权交易机制。全面准确适用民法典绿色原则、绿色条款,梳理碳排放领域出现的新业态、新权属、新问题，健全涉碳排放权、用水权、排污权、用能权交易纠纷裁判规则。研究适用碳汇认购、技改抵扣等替代性赔偿方式，引导企业对生产设备和生产技术进行绿色升级。

## 四、依法维护统一的市场交易规则

12. 优化营商环境司法保障机制。法治是最好的营商环境。对照加快建设全国统一大市场要求，探索建立符合我国国情、国际标准的司法服务保障营商环境指标体系，加大服务保障营商环境建设情况在考评工作中的比重。出台服务保障营商环境建设的司法解释和司法政策。配合有关职能部门，开展营商环境创新试点工作，制定出台建设法治化营商环境实施规划，建立营商环境定期会商机制。依托司法大数据，建立法治化营商环境分析研判机制。加大营商环境司法保障工作宣传力度，提振经营者投资信心。探索设立人民法院优化营商环境专家咨询委员会。

13. 助力营造公平诚信的交易环境。切实实施民法典，出台民法典合同编司法解释，贯彻合同自由、诚实信用原则，保护合法交易行为，畅通商品服务流通，降低市场交易成本。完善推动社会主义核心价值观深度融入审判执行工作配套机制，发挥司法裁判明辨是非、惩恶扬善、平衡利益、定分止争功能，引导市场主体增强法治意识、公共意识、规则意识。构建虚假诉讼预防、识别、惩治机制，依法严惩虚假诉讼违法犯罪行为。强化失信被执行人信用惩戒力度，完善失信惩戒系统，细化信用惩戒分级机制，修订完善失信被执行人名单管理规定，探索建立守信激励和失信被执行人信用修复制度。探索社会信用体系建设与人民法院审判执行工作深度融合路径，推动建立健全与市场主体信用信息相关的司法大数据归集共享和使用机制。

14. 支持区域市场一体化建设。健全区域重大战略、区域协调发展司法服务和保障机制，依法支持京津冀、长三角、粤港澳大湾区以及成渝地区双城经济圈、长江中游城市群等区域，在维护全国统一大市场前提下，优先开展区域市场一体化建设工作。充分发挥最高人民法院巡回法庭作用，健全巡回区法院资源共享、联席会议、法官交流等工作机制，积极探索区域司法协作新路径。健全跨域司法联动协作机制，积极推广司法服务保障区域市场一体化的典型经验做法。

15. 推进内地与港澳、大陆与台湾规则衔接机制对接。加强涉港澳台审判工作，探索建立涉港澳台商事案件集中管辖机制。加强司法协助互助，落实内地与澳门仲裁程序相互协助保全安排，落实内地与香港相互认可和协助破产程序机制。探索简化港澳诉讼主体资格司法确认和诉讼证据审查认定程序，拓展涉港澳案件诉讼文书跨境送达途径，拓宽内地与港澳相互委托查明法律渠道。推动建立深港澳调解组织和调解员资质统一认证机制，完善港澳人士担任特邀调解员、陪审员制度，依法保障符合条件的港澳律师在粤港澳大湾区执业权利。完善与港澳台司法交流机制，推动建立粤港澳法官审判专业研讨常态化机制，支持海峡两岸法院开展实务交流。

16. 加强国内法律与国际规则衔接。坚持统筹推进国内法治与涉外法治，大力推进涉外审判体系和审判能力现代化建设，加强重大涉外民商事案件审判指导，探索多语言发布涉外民商事指导性案例，扩大中国司法裁判国际影响力和公信力。实施海事审判精品战略，加快推进国际海事司法中心建设，探索完善航运业务开放、国际船舶登记、沿海捎带、船舶融资租赁等新类型案件审理规则，打造国际海事纠纷争议解决优选地。加强与有关国际组织、国家和地区司法领域合作，加大对走私、洗钱、网络诈骗、跨境腐败等跨境犯罪的打击力度。积极参与国际贸易、知识产权、环境保护、网络空间等领域国际规则制定，提升我国在国际经济治理中的话语权。

## 五、助力推进商品和服务市场高水平统一

17. 强化知识产权司法保护。加大知识产权司法保护力度，服务保障科技创新和新兴产业发展，以创新驱动、高质量供给引领和创造新需求。持续加大对重点领域、新兴产业关键核心技术和创新型中小企业原始创新司法保护力度。严格落实知识产权侵权惩罚性赔偿、行为保全等制度，有效遏制知识产权侵权行为。推动完善符合知识产权案件审判规律的诉讼规范，健全知识产权法院跨区域管辖制度，畅通知识产权诉讼与仲裁、调解对接机制，健全知识产权行政执法和司法衔接机制。

18. 依法保护劳动者权益。妥善审理平等就业权纠纷等案件，推动消除户籍、地域、身份、性别等就业歧视，促进劳动力、人才跨地区顺畅流动。加强跨境用工司法保护，准确认定没有办理就业证件的港澳台居民与内地用人单位签定的劳动合同效力。出台服务保障国家新型城镇化建设的司法政策，依法保护进

城务工人员合法权益。研究出台涉新业态民事纠纷司法解释,加强新业态从业人员劳动权益保障。积极开展根治欠薪专项行动,依法严惩拒不支付劳动报酬违法犯罪行为,加大欠薪案件审执力度。推动完善劳动争议解决体系。

19. 助力提升商品质量。坚决惩处制售假冒伪劣商品、危害食品药品安全等违法犯罪行为。依法从严惩处制假售假、套牌侵权、危害种质资源等危害种业安全犯罪,促进国家种业资源统一保护。依法审理因商品质量引发的合同、侵权纠纷案件,准确适用惩罚性赔偿制度,注重运用民事手段助推商品质量提升。依法审理涉产品质量行政纠纷案件,支持行政机关深化质量认证制度改革,加强全供应链、全产业链、产品全生命周期管理。研究制定审理危害生产安全犯罪案件司法解释,促进安全生产形势持续好转。

20. 支持提升消费服务质量。完善扩大内需司法政策支撑体系,积极营造有利于全面促进消费的法治环境。严惩预付消费诈骗犯罪,妥善处理住房、教育培训、医疗卫生、养老托育等重点民生领域消费者权益保护纠纷案件,提高群众消费安全感和满意度。完善网络消费、服务消费等消费案件审理规则,服务保障消费升级和消费新模式新业态发展。优化消费纠纷案件审理机制,探索建立消费者权益保护集体诉讼制度,完善消费公益诉讼制度,推动建立消费者权益保护工作部门间衔接联动机制,促进消费纠纷源头治理。

## 六、切实维护统一的市场竞争秩序

21. 依法打击垄断和不正当竞争行为。强化司法反垄断和反不正当竞争,依法制止垄断协议、滥用市场支配地位等垄断行为,严厉打击侵犯商业秘密、商标恶意抢注、攀附仿冒等不正当竞争行为,加强科技创新、信息安全、民生保障等重点领域不正当竞争案件审理。加强对平台企业垄断的司法规制,及时制止利用数据、算法、技术手段等方式排除、限制竞争行为,依法严惩强制"二选一"、大数据杀熟、低价倾销、强制搭售等破坏公平竞争、扰乱市场秩序行为,防止平台垄断和资本无序扩张。依法严厉打击自媒体运营者借助舆论影响力对企业进行敲诈勒索行为,以及恶意诋毁商家商业信誉、商品声誉等不正当竞争行为。完善竞争案件裁判规则,适时出台反垄断民事诉讼司法解释。

22. 监督支持行政机关强化统一市场监管执法。修改完善办理政府信息公开案件司法解释,依法审理市场监管领域政府信息公开案件,促进行政机关严格依照法定权限和程序公开市场监管规则。依法妥善审理涉市场监管自由裁量、授权委托监管执法、跨行政区域联合执法等行政纠纷案件,监督支持行政机关提高综合执法效能、公平公正执法。加强与检察机关协作,通过审理行政公益诉讼案件、发送司法建议等方式,共同推动市场监管部门健全权责清晰、分工明确、运行顺畅的监管体系。加强与市场监管执法部门沟通协作,推进统一市场监管领域行政裁判规则与执法标准。

23.依法惩处扰乱市场秩序违法犯罪行为。研究制定审理涉税犯罪案件司法解释,依法惩处逃税、抗税、骗税、虚开增值税专用发票等违法犯罪行为,加大对利用“阴阳合同”逃税、文娱领域高净值人群逃税等行为的惩处力度。加强与税务、公安等部门执法司法协同,推动完善税收监管制度。准确把握合同诈骗、强迫交易等违法犯罪行为入刑标准,依法认定相关合同效力,维护市场主体意思自治。依法严惩通过虚假诉讼手段逃废债、虚假破产、诈骗财物等行为。研究制定审理非法经营刑事案件司法解释,严格规范非法经营刑事案件定罪量刑标准。研究制定办理渎职刑事案件适用法律问题司法解释,对国家工作人员妨害市场经济发展的渎职犯罪处理问题作出规定。

24.助力统筹推进疫情防控和经济社会发展。依法严惩利用疫情诈骗、哄抬物价、囤积居奇、造谣滋事,以及制售假劣药品、医疗器械、医用卫生材料等犯罪,维护疫情防控期间生产生活秩序。妥善处理疫情引发的合同违约、企业债务等纠纷案件,准确适用不可抗力规则,合理平衡当事人利益。精准服务做好“六稳”、“六保”,妥善处理因疫情引发的劳资用工、购销合同、商铺租赁等民商事纠纷,持续完善司法惠民惠企政策,帮助受疫情严重冲击的行业、中小微企业和个体工商户纾困解难。

## 七、健全司法服务和保障工作机制

25.深入推进诉讼制度改革。严格按照改革部署要求,系统集成推进司法体制综合配套改革各项工作举措,切实满足市场主体高效便捷公正解决纠纷的司法需求。强化诉权保护理念,坚决贯彻执行立案登记制度。稳妥推进四级法院审级职能定位改革,优化民商事、行政案件级别管辖标准,完善再审申请程序和立案标准,健全案件移送管辖提级审理机制,推动将具有普遍法律适用指导意义、关乎社会公共利益的案件交由较高层级法院审理。认真贯彻落实新修订的民事诉讼法，用足用好繁简分流改革成果，出台民事速裁适用法律问题司法解释，进一步推动案件繁简分流、轻重分离、快慢分道。

26. 完善统一法律适用工作机制。加强司法解释管理，完善案例指导制度，建立全国法院法律统一适用平台，构建类案裁判规则数据库，推行类案和新类型案件强制检索制度，完善合议庭、专业法官会议工作机制，充分发挥审判委员会职责，构建多层次、立体化法律适用分歧解决机制。健全完善司法公开制度体系，加大司法公开四大平台整合力度。推进司法制约监督体系建设，全面推行审判权力责任清单和履职指引制度，完善“四类案件”识别监管机制，构建科学合理的司法责任认定和追究制度。

27. 深化一站式多元解纷和诉讼服务体系建设。坚持和发展新时代“枫桥经验”，把非诉讼纠纷解决机制挺在前面，推动矛盾纠纷系统治理、综合治理、源头治理，切实降低市场主体纠纷解决成本。突出一站、集约、集成、在线、融合五个关键，建设集约高效、多元解纷、便民利民、智慧精准、开放互动、交融共享的现代化诉讼服务体系。发挥人民法院调解平台集成作用，完善司法调解与人民调解、行政调解联动体系，强化诉讼与非诉讼实质性对接。加大在线视频调解力度，建立健全劳动争议、金融保险、证券期货、知识产权等专业化调解机制。

28. 加强互联网司法和智慧法院建设。推进互联网、大数据、人工智能、区块链与审判执行工作深度融合，以司法数据中台和智慧法院大脑为牵引，推动智能协同应用，拓展数据知识服务，构建一体云网设施，提升质效运维水平。推进落实《人民法院在线诉讼规则》《人民法院在线调解规则》《人民法院在线运行规则》，进一步健全完善在线司法程序规范，优化平台建设，推动互联网司法模式成熟定型。深化互联网法院建设，推动完善互联网法院设置和案件管辖范围，充分发挥互联网法院在确立规则、完善制度、网络治理等方面的规范引领作用。

29. 提高服务保障能力水平。牢牢坚持党对司法工作的绝对领导，坚持以党建带队建促审判，推动党建与审判业务工作深度融合、互促共进。加大知识产权、环境资源、涉外法治、破产、金融、反垄断等领域高层次审判人才培养力度，培养一批树牢市场化思维、精通相关领域业务的审判业务专家。通过教育培训、案例指导、交流研讨等形式，加强相关领域审判业务指导，最高人民法院适时发布相关领域指导性案例和典型案例。充分用好人民法院各类研究平台和资源，加强对有关重大问题的调查研究，推出高质量研究成果。

30. 加强组织实施保障。各级人民法院要把服务保障加快建设全国统一大市场作为重大政治任务，列入党组重要议事日程，及时研究解决工作推进中的新情况新问题，对是否存在妨碍全国统一大市场建设的规定和实际情况开展自查清理。最高人民法院各有关部门要加强条线指导，各地法院要结合本地区经济社会发展实际，细化完善服务保障措施，推出新招硬招实招，确保各项服务保障举措落地见效。要认真总结司法服务保障建设全国统一大市场的好经验好做法，全媒体、多角度、立体化做好宣传、总结、推广，为加快建设全国统一大市场营造良好舆论氛围。

最高人民法院

2022 年 7 月 14 日

## 北京破产法庭破产案件管理人工作指引(试行)

### 第一章 总 则

**第一条 (宗旨和依据)**为规范破产管理人依法履职，充分发挥人民法院对破产管理人的指导和监督职能，切实提高破产案件审判质效，依据《中华人民共和国企业破产法》《中华人民共和国民事诉讼法》和《最高人民法院关于审理企业破产案件指定管理人的规定》等相关法律、司法解释，以及《最高人民法院关于执行案件移送破产审查若干问题的指导意见》《全国破产审判工作会议纪要》《全国法院民商事审判工作会议纪要》《北京市高级人民法院关于加快破产案件审理的意见》等有关规定，结合人民法院审判实践，制定本指引。

**第二条 (总体要求)**管理人应当全面依法独立高效履行职责，公平清理债权债务，全面执行人民法院裁决和债权人会议决议，向人民法院报告工作，接受人民法院以及债权人会议、债权人委员会的监督，保护债权人、债务人及其他利益相关人的合法权益，推动破产程序顺利进行。

管理人不得以任何形式将依法应当由自己决定的事项提请人民法院决定，或者将自己应当履行的职责全部或部分转让给他人。

**第三条 (忠实勤勉义务)**管理人应当勤勉尽责，尽到注意义务，避免给债权人、债务人以及其他利益相关人造成损失；忠实执行职务，不得利用管理人地位谋取不正当利益。

**第四条　(管理人协会的培训与监督)**管理人协会应当注重加强行业自律自治建设,积极开展管理人职业道德和业务培训,加强对管理人的监督,督促管理人提高责任意识和履职能力。

**第五条　(降低时间与成本)**管理人应当按照法律规定以及人民法院指定的期限及时高效履行职务。依托全国企业破产重整案件信息网,及时公开案件信息。积极运用电子邮件、即时通讯工具以及其他线上方式等信息化手段,提高履职效率,降低破产程序时间和成本。合理控制破产费用,不得把应当从管理人报酬中列支的费用列为其他破产费用。

适用快速审理的破产案件,管理人应当自裁定受理破产申请之日起六个月内办结。无任何财产、无账簿文书、企业人员下落不明的破产案件,管理人应当自裁定受理破产申请之日起三个月内办结。如案件有特殊情况可能导致无法在规定期限内办结的,管理人应当提前十日向人民法院提交书面报告,说明原因及案件进展,并可申请延长办理期限一次。

**第六条　(工作报告制度)**管理人在执行职务期间应当完整记录工作情况,并按人民法院要求定期提交书面履职报告。

**第七条　(重大、突发事件的应对)**发生重大、突发事件时,管理人应当及时向人民法院和债权人会议主席报告工作预案;设立债权人委员会的,还应当及时报告债权人委员会。对可能影响社会稳定的突发性、群体性事件应当第一时间向人民法院报告。

**第八条　(财产处置方式)**管理人处置债务人财产应当以网络拍卖优先为原则。债权人会议决议通过其他方式处置,法律、行政法规和司法解释规定必须通过其他途径处置,以及债务人财产不适宜通过网络拍卖处置的除外。网络拍卖程序依照《北京市高级人民法院关于破产程序中财产网络拍卖的实施办法(试行)》的规定执行。

**第九条　(管理人报酬)**管理人履行职责,有权获得相应报酬。

管理人报酬由人民法院依照《最高人民法院关于审理企业破产案件确定管理人报酬的规定》确定。适用快速审理的破产案件,管理人一般在破产程序终结后一次性收取报酬;其他破产案件,管理人原则上应当根据破产案件审理进度和履职情况分期收取报酬。

**第十条 （履职保障）**人民法院将依托常态化府院协调联动机制，积极协调有关部门，推动解决管理人依法履职过程中存在的障碍。依托各类市场资源，化解管理人正当执业风险，推动建立健全管理人执业保障机制。

## 第二章 团队组建与内部管理职责

**第十一条 （不得拒绝指定）**管理人无正当理由，不得拒绝人民法院指定。无正当理由拒绝指定的，记入管理人动态考核档案。

**第十二条 （回避）**经人民法院随机确定或者接受人民法院公告邀请参与竞争选任管理人的社会中介机构，发现本机构与本案有利害关系的，应当及时、主动向人民法院申请回避并书面说明情况。

接受人民法院指定后，管理人发现与本案有利害关系的，应当及时、主动向人民法院申请辞去职务并书面说明情况。

管理人的派出人员与本案有利害关系的，管理人应当主动向人民法院书面说明情况，并及时更换相关人员。

管理人及其派出人员与本案的利害关系，依照《最高人民法院关于审理企业破产案件指定管理人的规定》认定。

**第十三条 （工作平台）**管理人应当依照《最高人民法院关于企业破产案件信息公开的规定（试行）》，通过全国企业破产重整案件信息网破产管理人工作平台履行披露流程节点、公开案件信息等相应工作职责。

**第十四条 （团队组建）**社会中介机构应当自收到人民法院指定管理人决定书之日起三日内，组建由本机构人员参加的工作团队，并将团队负责人、联系人以及其他组成人员名单附执业资格证明或者身份证明材料报人民法院备案。

人民法院因案件审理需要对管理人团队人员数量、专业等提出意见，管理人不能作出相应安排的，应当书面回复并说明理由。

**第十五条 （团队组成）**管理人负责人对外代表管理人，对内全面负责团队管理工作，并负有推进案件办理进程、确保案件办理质量的相应职责。

管理人团队组成人员应当保持稳定，确需变更管理人负责人的，应当向人民法院提出申请并说明理由；团队其他组成人员发生变更的，应当及时向人民法院书面说明理由。采取竞争方式指定的管理人，在终止执行职务前，团队负责人原则上不得变更。

**第十六条 （聘用必要工作人员）**管理人因案件需要拟聘用工作人员的，应当向人民法院提交书面报告，并附拟签订的聘用合同副本，经人民法院许可后，可以聘用必要的工作人员，并应当签订聘用合同。

**第十七条 （更换中介机构管理人）**社会中介机构管理人有下列情形之一的，人民法院可以根据债权人会议的申请或者依职权迳行决定更换管理人：

（一）因故意犯罪受过刑事处罚；

（二）执业许可证或者营业执照被吊销或者注销；

（三）出现解散、破产事由或者丧失承担执业责任风险的能力；

（四）与本案有利害关系；

（五）履行职务时，因故意或者重大过失导致债权人利益受到损害；

（六）有重大债务纠纷或者因涉嫌违法行为正被相关部门调查；

（七）其他不能依法、公正执行职务或者不能胜任职务的情形。

**第十八条 （更换个人管理人）**个人管理人有下列情形之一的，人民法院可以根据债权人会议的申请或者依职权迳行决定更换管理人：

（一）因故意犯罪受过刑事处罚；

（二）执业资格被取消、吊销；

（三）与本案有利害关系；

（四）履行职务时，因故意或者重大过失导致债权人利益受到损害；

（五）失踪、死亡或者丧失民事行为能力；

（六）因健康原因无法履行职务；

（七）执业责任保险失效；

（八）有重大债务纠纷或者因涉嫌违法行为正被相关部门调查；

（九）其他不能依法、公正执行职务或者不能胜任职务的情形。

**第十九条 （管理人交接）**人民法院决定更换管理人的，原管理人应当自收到决定书之次日起，在人民法院监督下向新任管理人移交全部资料、财产、营业事务及管理人印章，并及时向新任管理人书面说明工作进展情况。原管理人不能履行上述职责的，新任管理人可以直接接管相关事务。

在破产程序终结前，原管理人应当随时接受新任管理人、债权人会议、人民法院关于其履行管理人职责情况的询问。

尚未审结案件中已指定但未入选北京市高级人民法院重新编制的管理人名

册的管理人，除人民法院依法予以更换外，应当继续执行职务。

**第二十条 （管理人辞职）**管理人没有正当理由不得辞去职务。管理人辞去职务应当经人民法院许可。正当理由的认定，可以参照适用本指引第十七条、第十八条规定的情形。

**第二十一条 （工作制度）**管理人应当自收到人民法院指定管理人决定书之日起七日内制定管理人工作制度，包括管理人工作规程、会议议事规则、财务收支管理制度、证照和印章管理制度、档案管理制度、保密制度、应急预案等，报人民法院备案。因案件疑难复杂等特殊情况无法完成的，可以请求人民法院另行指定期限。

**第二十二条 （印章刻制与管理）**管理人应当自收到人民法院受理破产申请裁定书、指定管理人决定书和刻制印章函之日起五日内，前往经公安机关审批具备公章刻制资质的企业刻制管理人公章及管理人财务章，印文分别为“×××（债务人名称）管理人”及“×××（债务人名称）管理人财务专用章”。管理人印章交人民法院封样备案后启用。管理人印章应当有专人保管并设置使用登记台账，不得在所涉破产事务之外的任何场合使用。

**第二十三条 （银行账户开立）**管理人应当自收到人民法院受理破产申请裁定书、指定管理人决定书、账户开立通知书之日起七日内，持管理人印章向银行申请开立管理人账户。

适用快速审理的破产案件，经初步调查未发现债务人任何财产的案件，管理人可以不开立银行账户。

**第二十四条 （账户管理）**管理人应当将债务人的存款、财产变价款、清收的债权等划入管理人账户集中管理，但采用债务人自行管理财产和营业事务的重整案件除外。

管理人管理账户的，应当接受人民法院以及债权人会议的监督。

**第二十五条 （会计制度）**破产清算案件中的企业会计处理，管理人应当依照《企业破产清算有关会计处理规定》办理。

**第二十六条 （财务收支）**管理人应当严格执行财务收支管理制度，所有开支必须按照内部审批程序批准后从管理人账户列支，大额支出应当及时报告债权人委员会。未设立债权人委员会的，应当及时报告人民法院。

## 第三章 破产案件管理人一般职责

### 第一节 接管职责

**第二十七条 （通知市场监督管理部门）**人民法院裁定受理破产申请后，管理人应当配合人民法院将受理破产申请裁定书送达债务人注册登记的市场监督管理部门，并告知需要其配合工作的有关事项。

**第二十八条 （通知银行停止结算）**人民法院裁定受理破产申请后，管理人应当配合人民法院通知债务人的开户银行停止债务人的账户支出，债务人的日常开支和其他必要开支由管理人审查批准并通知银行。

**第二十九条 （通知已知债权人）**管理人应当根据人民法院的授权，自人民法院裁定受理破产申请之日起二十五日内，通知已知债权人申报债权。

适用快速审理的破产案件，管理人应当在七日内通知已知债权人申报债权，并告知适用快速审理的相关事项。

**第三十条 （通知申报税收债权）**管理人应当及时书面通知国家税务总局北京市税务局关于债务人税收债权的申报事宜，由国家税务总局北京市税务局接收并向各区（地区）税务局、各相关派出机构转送申报税收债权的通知。

税务机关应当自收到管理人的债权申报通知之日起十五个工作日内，向管理人申报税收债权。管理人应当对税务机关提交的债权申报材料登记造册。

**第三十一条 （通知申报社保债权）**管理人应当及时书面通知有关单位申报社保债权，并及时开展欠缴费用的核实工作。

**第三十二条 （接管准备）**管理人收到人民法院指定管理人决定书后，应当及时了解债务人财务状况，告知债务人及有关人员配合做好接管工作，以及在债务人破产程序中应当承担的法律义务和相应法律责任。

**第三十三条 （接管方案）**管理人应当制定接管方案，报人民法院备案。

**第三十四条 （全面接管）**管理人收到人民法院指定管理人决定书后，应当及时、全面接管债务人的财产、印章和账簿、文书等资料。

债务人占有或者管理的不属于债务人的财产，以及由他人占有或者管理的债务人财产，管理人应当一并接管。

**第三十五条 （接管程序）**管理人接管债务人财产时，应当进行清点，制作交接书、交接清单和接管笔录，告知债务人有关人员法律责任，相关文书由管理人和债务人有关人员签字确认。债务人有关人员下落不明或者无相关人员办理交接手续的，可以由管理人直接接管，并及时向人民法院报告。

债务人财产已被采取保全措施的，管理人应当及时与相关单位联系，根据案件具体情况做好保全措施的衔接工作，并及时接收相关单位移交的财产。

管理人应当向人民法院提交财产接管报告，说明财产交接具体情况，并附相关交接材料。

**第三十六条　（接管时间）**管理人应当自收到人民法院指定管理人决定书之日起三十日内完成债务人财产接管工作。确因客观原因无法完成的，或者根据案件情况适宜分期、分批实施接管的，应当及时向人民法院书面报告相关情况。

**第三十七条　（诉讼衔接）**破产案件受理后，管理人应当及时向有关单位送达告知函，告知有关单位解除对债务人财产的保全措施并将有关财产移交管理人，以及中止有关债务人的诉讼、仲裁或者执行程序。有关单位不予配合的，管理人应当及时向人民法院报告。

根据案件的实际情况，对于因有关利益相关人的行为或者其他原因，可能影响破产程序依法进行的，管理人应当及时申请人民法院对债务人的全部或者部分财产采取保全措施。

管理人接管债务人财产后，应当及时告知有关单位恢复诉讼或者仲裁。

**第三十八条　（妨害接管的处理）**债务人或者相关单位、个人拒绝协助或者妨碍接管工作的，管理人应当及时向人民法院报告，并提出处理意见。

**第三十九条　（妥善保管义务）**管理人对所接管的债务人的财产、印章和账簿、文书等资料应当妥善保管，防止毁损或者遗失。

**第四十条　（会前决定债务人营业）**在第一次债权人会议召开之前，管理人应当根据是否有利于保持债务人的营运价值，决定继续或者停止债务人的营业。管理人作出上述决定后，应当向人民法院提交书面申请并附分析报告，报人民法院批准许可。

**第四十一条　（会前财产处分行为）**在第一次债权人会议召开之前，管理人拟实施企业破产法第六十九条规定行为之一的，应当提前十日向人民法院提交书面申请并附相应说明，必要时应当提供有关文件依据，报人民法院批准许可。

## 第二节 调查职责

**第四十二条 （调查内容）**管理人接受指定后，应当立即对债务人的营业状况、资产负债、债权债务、职工、出资人的出资、未履行完毕的合同、税款、社会保险费用、住房公积金的缴纳以及涉及债务人的诉讼、仲裁、执行案件等情况进行全面调查。

管理人可以申请受理破产案件的人民法院通过"'总对总'网络执行查控系统"查询债务人银行账户、保险、证券、网络资金、车辆及不动产等财产信息，人民法院应当及时将查询结果反馈管理人。执行移送破产审查案件，可以利用执行法院财产调查结果的，管理人可以不必再次调查。

管理人可以申请受理破产案件的人民法院通过北京法院智汇云系统查询债务人在审诉讼案件相关信息，人民法院应当及时将查询结果反馈管理人。

管理人不得以债务人财产状况混乱、缺乏相应书面凭证或者有关人员下落不明为由，拒绝或者怠于履行调查职责。

**第四十三条 （调查程序）**管理人对债务人有关人员进行调查，应当制作调查笔录或者工作记录，调查人员、调查相对人应当在笔录或者记录上签字确认。调查相对人拒不签字的，管理人应当详细记录有关情况。

**第四十四条 （妨害调查的处理）**管理人有权要求债务人的法定代表人、财务管理人员和其他经营管理人员配合调查工作，也可以要求债务人的其他有关人员协助调查。

债务人的有关人员怠于或者拒绝配合调查的，管理人应当详细记录有关情况并向人民法院报告，同时提出处理意见。

对于管理人在调查过程中，非因自身原因遇到的困难，人民法院依法提供支持。

**第四十五条 （妨害清算的处理）**债务人的法定代表人、财务管理人员和其他经营管理人员不履行企业破产法第十五条规定的配合清算义务，导致债务人财产状况不明，或者依法负有清算责任的人未及时履行破产申请义务，导致债务人的主要财产、账簿、重要文件等灭失，致使管理人无法执行清算职务，给债权人造成损害的，管理人有权请求上述主体承担相应损害赔偿责任，并将因此获得的赔偿归入债务人财产。

**第四十六条 （调查完成后的工作）**管理人应当根据调查情况制作债务人财产状况报告，向人民法院报告并提交债权人会议审议。

### 第三节 财产管理职责

**第四十七条 （财产管理方案）**管理人应当拟订债务人财产管理方案提交债权人会议审议，并严格按照债权人会议表决通过或者人民法院裁定确认的财产管理方案执行。

**第四十八条 （分支机构）**债务人设立的不具有法人资格的分支机构的财产，管理人应当将其列为债务人财产进行管理和处置。

**第四十九条 （财产管理）**管理人对债务人财产应当及时登记、妥善管理，并按照实际情况开展评估、审计等工作。

**第五十条 （中介机构的确定及责任）**经人民法院许可，管理人可以自行公开聘请评估、审计等中介机构，或者依照北京市高级人民法院关于评估、审计机构选定工作的有关规定，随机确定评估、审计机构。人民法院认为必要时，可以提交债权人会议表决。

债务人在破产申请受理之前已经完成评估、审计工作的，管理人应当以节约成本、提高履职效率为原则，根据债务人实际情况考量是否采用。如需重新评估、审计的，依照前款规定执行。

管理人聘请中介机构的，应当对其聘请的中介机构的相关行为进行监督。上述中介机构因不当履行职责给债务人、债权人或者第三人造成损害的，应当承担赔偿责任。管理人在聘用过程中存在过错的，应当在其过错范围内承担相应的补充赔偿责任。

**第五十一条 （债务人营业的决定）**在第一次债权人会议召开之后继续或者停止债务人的营业，管理人应当向债权人会议提交书面报告并说明理由，由债权人会议表决决定。

**第五十二条 （重大行为报告）**在第一次债权人会议召开之后，管理人处分企业破产法第六十九条规定的债务人重大财产的，应当事先制作财产管理或者变价方案，并提交债权人会议表决。债权人会议表决未通过且人民法院未依照企业破产法第六十五条的规定裁定确认的，管理人不得处分。

管理人实施处分行为前，应当提前十日书面报告债权人委员会。未设立债权人委员会的,应当提前十日书面报告人民法院。

**第五十三条　(为继续营业借款及设定抵押担保)**管理人为债务人继续营业而借款的,或者为该借款设定抵押担保的,依照本指引第五十二条的规定执行。

**第五十四条　(未履行合同的处理)**人民法院受理破产申请后,管理人对破产申请受理前成立而债务人和对方当事人均未履行完毕的合同有权决定解除或者继续履行。管理人决定继续履行合同的,应当自破产申请受理之日起二个月内,或者自收到对方当事人催告之日起三十日内,书面通知对方当事人。

**第五十五条　(提供履约担保)**管理人决定继续履行合同,并按对方当事人要求提供担保的,依照本指引第五十二条的规定执行,并应当书面通知对方当事人,告知所提供的保证人或者担保物的具体情况。

**第五十六条　(无形资产核实)**管理人对债务人的知识产权、专有技术等无形资产应当及时核实,以确定权属。

**第五十七条　(股权投资清理)**对于债务人的对外股权投资以及收益,管理人应当依法行使出资人的权利。

管理人在清理债务人对外股权投资时,不得自行以该投资价值为负或者为零而决定不予清理。

## 第四节　追索财产职责

**第五十八条　(通知次债务人、财产持有人)**管理人应当向债务人的债务人或者财产持有人送达通知书,要求其限期向管理人清偿债务或者交付财产,并告知清偿债务或者交付财产的方式以及相应法律责任。但在清偿率不高或者明显没有催收价值时,管理人拟不予催收的,应当提交债权人会议表决。

债务人的债务人或者财产持有人拒绝清偿债务或者交付财产的,或者故意向债务人清偿债务或者交付财产,使债权人受到损失的,管理人应当代表债务人向人民法院提起诉讼。

**第五十九条　(取回担保物)**管理人通过清偿债务或者提供为债权人接受的担保取回质物、留置物的,应当向相应担保权人送达通知书,告知其担保物的具体名称和数量、清偿方式或者替代担保方式等内容。

管理人拟通过前款规定的方式取回担保物,或者与担保权人协议以担保物折价清偿债务等方式实施对债权人利益有重大影响的财产处分行为的,依照本指引第五十二条的规定执行。如担保物的价值低于被担保的债权额时,应当以该担保物当时的市场价值为限。

**第六十条 (不当行为的撤销)**人民法院受理破产申请前一年内,涉及债务人财产的下列行为,管理人有权请求人民法院予以撤销:

(一)无偿转让财产的;

(二)以明显不合理的价格进行交易的;

(三)对没有财产担保的债务提供财产担保的;

(四)对未到期的债务提前清偿的,但该债务在破产申请受理前已经到期,且该清偿行为不属于企业破产法第三十二条规定的可撤销情形的除外;

(五)放弃债权的。

**第六十一条 (个别清偿的撤销)**人民法院受理破产申请前六个月内,债务人有企业破产法第二条第一款规定的情形,仍对个别债权人进行清偿的,管理人有权依据企业破产法第三十二条的规定请求人民法院予以撤销。但是,符合下列条件的个别清偿除外:

(一)债务人为维系基本生产需要而支付水费、电费等的;

(二)债务人支付劳动报酬、人身损害赔偿金的;

(三)使债务人财产受益的其他个别清偿。

债务人对以自有财产设定担保物权的债权进行的个别清偿,管理人不得依据企业破产法第三十二条的规定请求人民法院予以撤销。但是,债务清偿时担保财产的价值低于债权额的除外。

债务人经诉讼、仲裁、执行程序对债权人进行的个别清偿,管理人不得依据企业破产法第三十二条的规定请求人民法院予以撤销。

**第六十二条 (执行异议权告知)**执行移送破产案件受理后,执行案件当事人、利害关系人对执行法院财产处置、案款分配等破产案件受理前的执行行为有异议的,管理人应当告知相关权利人可以在执行程序终结前,向执行法院提出。

**第六十三条 (主张行为无效)**管理人有权依据企业破产法第三十三条的规定提起诉讼,主张涉及债务人财产的下列行为无效:

(一)为逃避债务而隐匿、转移财产的;

(二)虚构债务或者承认不真实的债务的。

**第六十四条　(追回因不当行为而取得的财产)** 相对人因企业破产法第三十一条、第三十二条、第三十三条规定的行为而取得债务人财产的,管理人应当向占有财产的相对人送达通知书,告知相应财产名称和数量、返还方式和期限等内容,追回相应财产。返还财产确有困难或者确已无法返还的,可以要求相对人支付等值的价款。

管理人向人民法院提起诉讼,请求撤销以上行为或者确认以上行为无效的,可以同时向相对人主张返还财产或者支付等值价款。

**第六十五条　(要求撤销担保)** 相对人因企业破产法第三十一条第三项规定的行为而取得财产担保的,管理人应当向相对人送达通知书,告知具体情况,并提出撤销财产担保的要求。

**第六十六条　(行使求偿权)** 债务人被确定应当承担保证责任的,管理人有权就债务人实际承担的清偿额向其所担保债务的主债务人或者其他债务人行使求偿权,但主债务人被裁定进入破产程序的除外。

**第六十七条　(追究高管责任)** 债务人的董事、监事或者高级管理人员违反忠实义务、勤勉义务,致使债务人破产的,管理人有权代表债务人向人民法院提起诉讼,要求有关人员依法承担民事责任。

**第六十八条　(追究有关人员责任)** 债务人有企业破产法第三十一条、第三十二条、第三十三条规定的行为,损害债权人利益的,管理人有权代表债务人向人民法院提起诉讼,要求债务人的法定代表人和其他直接责任人员依法承担赔偿责任。

**第六十九条　(追缴出资)** 债务人的出资人尚未完全履行出资义务的,管理人应当及时向出资人送达通知书,要求该出资人限期缴纳所认缴的出资。债务人的出资人在指定期限内未履行出资义务的,管理人有权代表债务人向人民法院提起诉讼。管理人要求出资人履行出资义务或者向人民法院提起诉讼,不受债务人章程规定的缴纳期限或者诉讼时效的限制。

债务人的出资人抽逃出资,应当返还抽逃出资本息的,管理人依照前款规定处理。

管理人有权依据公司法的有关规定,代表债务人向人民法院提起诉讼,要求债务人的发起人和负有监督股东履行出资义务的董事、高级管理人员,或者协助抽逃出资的其他股东、董事、高级管理人员、实际控制人等,对股东违反出资义务或者抽逃出资承担相应责任,并将财产归入债务人财产。

**第七十条 (管理人员非正常收入和侵占财产的追回)** 债务人的董事、监事和高级管理人员利用职权从企业获取的非正常收入和侵占的企业财产,管理人应当及时向有关人员送达通知书要求返还,并有权代表债务人向人民法院提起诉讼。

债务人出现破产原因时,其董事、监事和高级管理人员利用职权获取的绩效奖金、普遍拖欠职工工资情况下获取的工资性收入以及其他非正常收入属于前款规定的非正常收入。

## 第五节 审核权利职责

**第七十一条 (接受申报)** 管理人应当在人民法院公告确定的债权申报地点和期限内,安排专人负责接收债权申报材料,详尽记载申报人的姓名、单位、代理人、申报债权额、担保情况、证据、联系方式等事项,并分类登记造册。

管理人接收债权人提交的申报材料后,应当出具回执。对申报材料不齐或者有误的,管理人应当要求债权人在指定期限内补齐、补正。

**第七十二条 (职工债权)** 债务人所欠职工的工资和医疗、伤残补助、抚恤费用,所欠的应当划入职工个人账户的基本养老保险、基本医疗保险费用,以及法律、行政法规规定应当支付给职工的补偿金等依照企业破产法第四十八条第二款的规定不必申报的债权,应当由管理人调查后制作职工债权清单,并予以公示。

职工对清单记载的债权有异议,要求管理人更正的,管理人应当予以核实。管理人经核实予以更正或者不予更正的结果,应当书面通知异议人、说明理由,并告知其诉讼权利。

**第七十三条 (补充申报)** 债权人未在申报期限内申报债权,在破产财产最后分配前补充申报债权的,此前已进行的分配不再对其补充分配。为审查和确认补充申报债权的费用,由补充申报人承担。

**第七十四条 (债权审查)** 管理人应当对申报债权的真实性、合法性以及是否超过诉讼时效、强制执行期间等进行实质审查,并在第一次债权人会议召开前编制债权表,制作债权核查报告,提交第一次债权人会议核查。

因特殊原因无法在第一次债权人会议核查,且第一次债权人会议无必须表决事项的,可以在以后的债权人会议上核查,但是不得迟于待表决事项进行表决之时。

管理人应当在破产期间保管债权表、债权申报登记册和债权申报材料,供债权人、债务人、债务人职工以及其他利害关系人查阅。

**第七十五条 (管理人对债权的确认)**已经生效法律文书确定的债权,管理人应当予以确认。

管理人认为债权人据以申报债权的生效法律文书确定的债权错误,或者有证据证明债权人与债务人恶意通过诉讼、仲裁或者公证机关赋予强制执行力公证文书的形式虚构债权债务的,应当依法通过审判监督程序向作出该判决、裁定、调解书的人民法院或者上一级人民法院申请撤销生效法律文书,或者向受理破产申请的人民法院申请撤销或者不予执行仲裁裁决、不予执行公证债权文书后,重新确定债权。

**第七十六条 (异议债权处理)**债务人、债权人对债权表记载的债权有异议的,管理人应当根据异议人提出的事实和理由,在债权人会议上或者会后作出解释或调整。如对债权表记载内容进行调整的,应当及时告知债务人及全体债权人。经管理人复核后,异议人仍有异议的,管理人应当告知异议人在收到管理人复核通知之日起十五日内向人民法院提起债权确认诉讼,并应当将相应情况及时向人民法院报告。

**第七十七条 (提请裁定确认无异议债权)**债务人、债权人对债权表记载的债权无异议的,管理人应当于五日内向人民法院提交书面申请,并附债权表、债权人会议核查结果、债务人意见以及无异议债权清单,请求人民法院裁定确认无异议债权。

适用快速审理的破产案件,管理人应当于二日内向人民法院提交确认无异议债权的书面申请。

**第七十八条 (审查取回权)**权利人向管理人主张行使取回权,管理人应当对该主张进行审查,并向权利人送达同意或者不同意取回财产的通知书。管理人经审查同意取回的,可以将该财产返还权利人,并及时报告债权人委员会。未设立债权人委员会的,应当及时报告债权人会议。

**第七十九条 (在途标的物)**人民法院受理破产申请时,出卖人已将买卖标的物向作为买受人的债务人发运,债务人尚未收到且未付清全部价款,出卖人向管理人主张取回在运途中的标的物的,管理人应当对该主张进行审查,符合法律规定的,管理人应予准许,并要求出卖人返还债务人已支付的价款。

前款情形下,管理人亦可以支付全部价款,书面通知出卖人交付标的物。

**第八十条 (抵销权)**权利人向管理人主张行使抵销权的,管理人应当依照企业破产法第四十条的规定对该主张进行审查,并向权利人送达同意或者不同意抵销的通知书。管理人经审查同意抵销的,应当及时报告债权人委员会。未设立债权人委员会的,应当及时报告债权人会议。

管理人不得主动抵销债务人与债权人的互负债务,但抵销使债务人财产受益的除外。

管理人对抵销主张有异议的,应当在约定的异议期限内或者自收到主张债务抵销的通知之日起三个月内向人民法院提起诉讼。

## 第六节 召开债权人会议相关职责

**第八十一条 (债权人会议主席)**第一次债权人会议召开前,管理人应当向人民法院提出债权人会议主席的建议人选并说明理由,由人民法院指定。

**第八十二条 (提议职责)**管理人提议召开债权人会议的,应当向债权人会议主席提交书面报告,并列明拟表决的议题。

**第八十三条 (通知职责)**召开债权人会议,管理人应当制作通知书并附会议议题,载明注意事项,提前十五日送达已知债权人。

适用快速审理的破产案件,召开债权人会议,管理人应当提前五日通知已知债权人。

**第八十四条 (筹备职责)**管理人负责筹备债权人会议。

**第八十五条 (会务预案)**管理人筹备债权人会议应当拟定会务预案,并一般提前三日书面报送人民法院。会务预案一般应当包括:预计到会情况、会议流程预案、人员配备、物资配置、文件准备情况等。

召开规模较大或者可能存在不稳定因素的债权人会议,管理人应当事先与相关人员进行充分沟通,制定详细工作预案并报送人民法院。

**第八十六条 (会务职责)**管理人应当完成以下会务工作:

(一)召开债权人会议之前,向人民法院提交草拟的会议议题和议程;

(二)确定债权人、职工代表等参会人员,通知上述有关人员参会。通知债务人的有关人员列席债权人会议,涉及审计、评估、拍卖事项的,可以通知委托的中介机构派员列席。必要时,可以通知债务人的出资人和政府相关部门派员列席;

(三)召开参会人员较多的债权人会议,提前布置并熟悉会场;

(四)会前向参会人员提供会议议程,分发供审议、表决的文件以及表决票,告知注意事项;

(五)核对、登记参会人员身份,收取债权人的授权委托书,对参会人员身份有异议的,作出相应处理,并向人民法院和债权人会议报告;

(六)列席债权人会议,将债权人会议所议事项形成会议记录,经人民法院许可,根据实际需要对会议过程进行录音录像;

(七)及时汇总并向人民法院报告到会情况以及表决情况;

(八)保存有关债权人会议的文件材料;

(九)按照人民法院要求完成其他会务工作。

**第八十七条　(表决方式)**债权人会议的决议除现场表决外,可以采取通信、网络投票等非现场方式进行表决。

采取非现场方式表决的,管理人应当事先告知债权人相关决议事项、表决程序和规则,并在债权人会议召开后的三日内,以信函、电子邮件、公告等方式将表决结果告知参与表决的债权人。

**第八十八条　(确定临时债权额)**债权人会议表决前尚未确定的债权,管理人应当负责审查并决定是否提请人民法院确定临时债权额。

**第八十九条　(债权人委员会成员的审查)**债权人委员会由债权人会议选任的债权人代表和一名债务人的职工代表或者工会代表组成。管理人经审查成员名单,符合法律规定的,应当请求人民法院决定认可。

**第九十条　(报告履职情况)**管理人应当向债权人会议提交工作报告,如实报告职务执行情况,并回答人民法院和债权人、利害关系人的询问。

**第九十一条　(报告会议情况)**管理人一般在债权人会议结束后的三日内,将会议的最终到会情况、表决情况以及决议结果向人民法院书面报告。

**第九十二条　(请求人民法院裁定事项)**债权人会议表决未通过债务人财产管理方案、破产财产变价方案的,或者经债权人会议二次表决仍未通过破产财产分配方案的,管理人应当在表决结束后五日内向人民法院提交书面报告,请求人民法院裁定。

适用快速审理的破产案件,管理人应当在会上请求人民法院裁定。

**第九十三条 (向人民法院报告报酬方案)**管理人应当在第一次债权人会议召开之前,根据对债务人可供清偿的财产价值和管理人工作量的预测,或者依照北京市高级人民法院关于破产费用援助资金使用办法的有关规定,向人民法院提交管理人报酬方案,由人民法院予以初步确定。

采取竞争方式指定的管理人,应当根据参与竞争时提出的报价制作管理人报酬方案,但不得超出司法解释规定的限制范围。

**第九十四条 (提请债权人会议审查报酬方案)**管理人应当在第一次债权人会议上报告管理人报酬方案,由债权人会议审查。

**第九十五条 (报酬方案的调整)**管理人和债权人会议对管理人报酬方案有意见的,可以进行协商。双方就调整管理人报酬方案内容协商一致的,管理人应当向人民法院书面提出具体的请求和理由,并附债权人会议关于调整管理人报酬方案的决议。

管理人应当自收到人民法院关于调整管理人报酬方案的通知之日起三日内,向债权人委员会或者债权人会议主席提交书面报告,并附人民法院关于调整管理人报酬方案的通知。

**第九十六条 (收取报酬)**管理人收取报酬,应当向人民法院提交书面报告,并附管理人报酬方案。报酬方案经过调整的,还应当附管理人报酬调整方案。

## 第四章 破产重整案件管理人职责

**第九十七条 (基本职责)**人民法院裁定债务人重整的,管理人应当依法履行财产调查、债权审核、提议和组织召开债权人会议、代表债务人参加诉讼等破产案件管理人的一般职责。

**第九十八条 (对债务人自行管理的监督)**重整期间,债务人申请在管理人的监督下自行管理财产和营业事务的,管理人应当就债务人是否具备相对完善的内部治理结构和机制,是否具有自行管理的实际可行措施,是否可能具有企业破产法第三十一条、第三十二条、第三十三条规定的行为和其他严重损害债权人利益的行为等情况向人民法院提出书面意见。人民法院批准债务人自行管理的，管理人职权中有关财产管理和营业经营的职权应当由债务人行使，管理人已经接管债务人财产和营业事务的，应当及时向债务人移交。

管理人除应当履行本指引第九十七条规定的一般职责外，还应当制定与债务人的分工方案，并报人民法院批准。管理人负责在重整期间对债务人进行监督，制定监督制度，并向人民法院和债权人会议、债权人委员会报告监督情况。管理人发现债务人存在严重损害债权人利益的行为或者有其他不适宜自行管理情形的，应当请求人民法院作出终止债务人自行管理的决定。

**第九十九条　（聘任人员）**管理人负责管理债务人财产和营业事务的，经向人民法院书面报告并经许可，可以聘任债务人的经营管理人员负责营业事务。

**第一百条　（转让股权、分配收益限制）**重整期间，债务人的董事、监事、高级管理人员申请向第三人转让股权的，管理人应当向人民法院提出书面审查意见并说明理由，未经人民法院同意不得协助办理股权转让手续。

重整期间，管理人不得准许出资人分配投资收益的申请。债务人自行管理财产和营业事务的，管理人应当监督债务人不得分配投资收益。

**第一百零一条　（妥善保管担保物）**重整期间，管理人应当妥善保管或者监督债务人妥善保管担保物，防止毁损、灭失。

**第一百零二条　（担保物权的恢复行使及限制）**重整申请受理后，管理人应当及时确定设定有担保物权的债务人财产是否为重整所必需。

如果认为担保物并非债务人重整所必需的，或者人民法院裁定批准恢复行使担保物权的，管理人或债务人应当及时制作财产变价方案提交债权人会议表决，并及时执行债权人会议决议或者人民法院裁定。担保物处置变价所得价款在支付相关费用后优先清偿担保物权人的债权。

管理人或者自行管理的债务人在制定变价方案时，应当以实现债务人财产价值最大化为原则，并充分听取担保物权人的意见。

**第一百零三条　（行使取回权）**债务人合法占有的他人财产，权利人在重整期间要求取回的，管理人应当审查是否符合事先约定的条件，并书面通知权利人审查结果。

权利人主张取回的财产为重整所必需的，管理人可以组织利害关系人与取回权人协商保留相应财产并予以合理补偿。

**第一百零四条　（申请终止重整程序）**重整期间，管理人发现债务人有下列情形之一的，应当向人民法院提交书面报告，并附证据材料，请求人民法院裁定终止重整程序，并宣告债务人破产：

（一）债务人的经营状况和财产状况继续恶化，缺乏挽救的可能性；

（二）债务人有欺诈、恶意减少债务人财产或者其他显著不利于债权人的行为；

（三）由于债务人的行为致使管理人无法执行职务。

**第一百零五条 （重整计划草案的制作）**债务人自行管理财产和营业事务的，由债务人制作重整计划草案，管理人应当进行监督并给予必要的指导和辅助。

管理人认为债务人制作的重整计划草案违法、不具有可行性或者侵害利害关系人合法权益的，应当向债务人提出相应修改意见。重整计划草案提交时，管理人应当针对上述情况向人民法院提交分析意见。

管理人负责管理财产和营业事务的，由管理人制作重整计划草案。

**第一百零六条 （重整计划草案的提交）**管理人或者自行管理的债务人应当自裁定重整之日起六个月内，同时向人民法院和债权人会议提交重整计划草案。

管理人申请延期的，应当提前十日向人民法院提交书面申请并说明理由。债务人申请延期的，管理人应当就该申请是否具备正当理由向人民法院提交监督意见。

自行管理的债务人在前两款规定的期限届满前最后一个月内，未提出重整计划草案的，管理人有权在法定期限内提出重整计划草案，并同时向人民法院和债权人会议提交。

对于自行管理的债务人提交的重整计划草案，人民法院认为违法或明显不具有可行性的，或者有表决组未通过该重整计划草案的，管理人有权在法定期限内提出重整计划草案。

**第一百零七条 （表决重整计划草案的分组）**重整计划草案的表决可以设小额债权组，其他债权人依照企业破产法第八十二条第一款规定的债权分类对重整计划草案进行分组表决。重整计划草案涉及出资人权益调整事项的，应当设出资人组。

管理人应当根据案件的实际情况，在讨论表决重整计划草案的债权人会议召开前,向人民法院提交各表决组的分组设置建议。

重整计划不得规定减免债务人欠缴的企业破产法第八十二条第一款第二项规定以外的社会保险费用;该项费用的债权人不参加重整计划草案的表决。

**第一百零八条 (请求裁定批准重整计划)**各表决组均通过重整计划草案时,重整计划即为通过。

自重整计划通过之日起十日内,制作重整计划草案的管理人应当向人民法院提交批准重整计划的申请,并附重整计划及各表决组的表决结果。

债务人请求人民法院裁定批准重整计划的,管理人应当就表决的合法性提出监督意见。

**第一百零九条 (再次表决)**部分表决组未通过重整计划草案的,制作重整计划草案的管理人可以同未通过的表决组协商,该表决组可以在协商后再表决一次,但协商结果不得损害其他表决组的利益。

在合理期限内,债务人、出资人、重整投资人或债权人拒绝协商,或者拒绝再次表决,且重整计划草案不符合人民法院强制批准条件的,管理人应当及时向人民法院提交书面申请,并附相关材料,请求人民法院裁定终止重整程序,并宣告债务人破产。

**第一百一十条 (请求人民法院强制批准)**未通过重整计划草案的表决组在合理期限内拒绝再次表决或者再次表决仍未通过,但重整计划草案符合人民法院强制批准条件的,债务人或管理人可以请求人民法院批准重整计划草案。

债务人请求的,管理人应当对重整计划草案的合法性、可行性、是否侵害其他利害关系人的合法权益,以及表决组中反对者能够获得的清偿利益是否高于按照破产清算程序所能获得的利益,出具书面分析意见。

管理人请求的,应当向人民法院提交书面申请,并附重整计划草案表决结果以及重整计划草案符合人民法院强制批准条件的相关材料。

**第一百一十一条 (未在申报期限内申报债权的处理)**债权人未在债权申报期限内申报债权,但其在重整计划草案提交债权人会议表决前补充申报债权的,管理人应当依照本指引第七十三条、第七十四条第一款、第二款的规定予以审查,并提交债权人会议核查。在人民法院裁定终止重整程序前经核查无异议的,管理人应当及时请求人民法院裁定确认。

**第一百一十二条 (财产和营业事务的移交)**人民法院裁定批准重整计划

后，已接管财产和营业事务的管理人应当及时妥善向债务人移交财产和营业事务。

**第一百一十三条 （重整计划执行的监督）**自人民法院裁定批准重整计划之日起，在重整计划规定的监督期内，由管理人监督重整计划的执行。

管理人应当制定监督计划，明确监督方式、监督事项和监督职责，并报人民法院备案。在监督期内，管理人应当审查债务人的重整计划执行情况和财务状况。

**第一百一十四条 （监督期届满）**监督期届满时，管理人应当向人民法院提交监督报告，并说明重整计划执行情况和债务人财务状况。自监督报告提交之日起，管理人的监督职责终止。

**第一百一十五条 （延长执行和监督期限）**债务人向人民法院申请延长重整计划执行期限的，管理人应当进行审查，并就重整计划实际执行进度、无法按期执行完毕的原因，以及债务人下一步工作计划的可行性等方面向人民法院提交监督意见，同时申请延长重整计划的监督期限。

管理人认为存在需要延长重整计划执行的监督期限情形的，应当向人民法院提交书面报告并说明理由，申请人民法院裁定延长重整计划执行的监督期限。

**第一百一十六条 （重整计划执行中的变更）**管理人应当监督债务人严格执行重整计划，但因出现国家政策调整、法律修改变化等特殊情况导致原重整计划无法执行的，管理人可以提议召开债权人会议，就变更重整计划进行表决。

债权人会议决议同意变更重整计划的，管理人应当自决议通过之日起十日内向人民法院提交书面报告并附表决结果，请求人民法院批准。债权人会议决议不同意或者人民法院不批准变更申请的，管理人应当向人民法院提交书面报告并附相关材料，请求人民法院裁定终止重整计划的执行，并宣告债务人破产。

**第一百一十七条 （新的重整计划的表决与批准）**人民法院裁定批准变更重整计划的，债务人或者管理人应当在六个月内提出新的重整计划，变更后的重整计划仅提交给因重整计划变更而遭受不利影响的债权人组和出资人组进行表决。在此期间，管理人参照重整期间履行职责。

**第一百一十八条 （重整计划的终止）**债务人不能执行或者不执行重整计划的，管理人应当及时向人民法院提交书面报告并附相关材料，请求人民法院裁定终止重整计划的执行，并宣告债务人破产。

**第一百一十九条　（转破产清算后的处理）**人民法院裁定终止重整程序，并宣告债务人破产的，管理人应当按照破产清算程序继续履行职责。

**第一百二十条　（条文适用）**管理人在破产重整案件中应当同时依照《北京破产法庭破产重整案件办理规范（试行）》的有关规定履行职务。

## 第五章　破产和解案件管理人职责

**第一百二十一条　（基本职责）**债务人向人民法院申请和解，人民法院裁定和解的，管理人应当依照本指引履行破产案件管理人的一般职责，但是债权人会议另有决议的除外。

**第一百二十二条　（提交债权人委员会）**管理人应当协助债务人拟定或者修改和解协议草案，并向债权人会议提交书面报告，说明草案的合法性和可行性，供债权人会议审议。

**第一百二十三条　（终止和解程序后的职责）**债权人会议通过和解协议，人民法院裁定认可并终止和解程序的，管理人应当及时妥善向债务人移交财产和营业事务，并向人民法院提交执行职务的书面报告。

**第一百二十四条　（和解协议的无效）**管理人发现和解协议属于因债务人的欺诈或者其他违法行为而成立的，应当及时向人民法院提交书面报告，请求人民法院裁定和解协议无效，并宣告债务人破产。

**第一百二十五条　（裁定无效或终止执行后的职责）**人民法院裁定和解协议无效或者终止和解协议的执行，并宣告债务人破产的，管理人应当立即接管债务人财产和营业事务，按照破产清算程序继续履行职责。

## 第六章　破产清算案件管理人职责

### 第一节　破 产 宣 告

**第一百二十六条　（提请宣告破产）**在第一次债权人会议召开之后，无人提出重整或者和解申请，债务人符合企业破产法规定的宣告破产条件的，管理人应当请求人民法院裁定宣告债务人破产。

适用快速审理的破产案件符合前款规定的，管理人应当在第一次债权人会议召开之日起十五日内请求人民法院宣告债务人破产。

**第一百二十七条 （报告破产费用、共益债务情况）**破产申请受理后发生破产费用、共益债务的，管理人应当制作书面报告，并附破产费用、共益债务发生和清偿情况明细表，提交债权人会议审查。

**第一百二十八条 （申请因费用不足终结）**破产申请受理后，管理人发现债务人财产不足以清偿破产费用，且无人代为清偿或者予以垫付的，应当向人民法院提交书面申请，请求人民法院宣告债务人破产，并裁定终结破产程序。

## 第二节 破产财产变价与分配

**第一百二十九条 （财产变价方案）**管理人应当以破产财产价值最大化为原则，兼顾处置效率，及时制作破产财产变价报告，并附变价方案，提交债权人会议表决。破产财产应当按照通过的方案变价处置。

破产财产变价方案应当包括变价原则、财产状况、评估情况、变价方式、进度安排、预计费用以及无法处置时的预备处置措施等内容。

**第一百三十条 （财产变价方式）**破产财产变价原则上采用拍卖方式，管理人应当依照本指引第八条、第五十条的规定执行。

依照本指引规定不进行拍卖或者拍卖不成的破产财产，可以作价变卖，或者进行实物分配。变卖或者实物分配方案应当提交债权人会议表决。法律、行政法规明确规定了财产转让方式的，应当从其规定。

**第一百三十一条 （对外投资的收回）**拍卖或者协议转让债务人持有的有限责任公司股权的，管理人应当依法通知该有限责任公司及全体股东；拍卖或者协议转让债务人投资的股份有限公司股权的，管理人应当依法通知该股份有限公司。

**第一百三十二条 （执行行为效力的延续）**执行程序中已经完成评估、审计、拍卖等程序，其效力可以延续至破产程序中的，相关程序无需再次进行。

**第一百三十三条 （破产财产分配方案）**管理人应当及时制作破产财产分配方案报告，提交债权人会议表决。债权人会议通过后，管理人应当向人民法院提交书面报告，并附表决结果，请求人民法院裁定认可破产财产分配方案。

**第一百三十四条 （分配方式）**管理人分配破产财产应当以货币分配方式进行，但是债权人会议另有决议的除外。

适用快速审理的破产案件，管理人可以释明并引导债权人会议作出以非货币方式进行分配的决议,并一次性分配破产财产,提升破产财产处置效益。

**第一百三十五条　(清偿顺序)**破产财产在优先清偿破产费用和共益债务后,应当依照下列顺序清偿:

(一)破产人所欠职工的工资和医疗、伤残补助、抚恤费用,所欠的应当划入职工个人账户的基本养老保险、基本医疗保险费用,以及法律、行政法规规定应当支付给职工的补偿金;

(二)破产人欠缴的除前项规定以外的社会保险费用和破产人所欠税款;

(三)普通破产债权。

破产财产不足以清偿同一顺序的清偿要求的,按照比例分配。

**第一百三十六条　(多次分配)**管理人按照破产财产分配方案实施多次分配的,应当公告本次分配的财产额和债权额。

管理人实施最后分配的,应当在公告中指明,并载明本指引第一百三十七条第二款规定的事项。

**第一百三十七条　(附条件债权的分配)**对于附生效条件或者解除条件的债权,管理人应当将其分配额提存。

管理人依照前款规定提存的分配额,在最后分配公告日,生效条件未成就或者解除条件成就的,应当分配给其他债权人;在最后分配公告日,生效条件成就或者解除条件未成就的,应当交付给债权人。

**第一百三十八条　(破产分配的受领)**债权人未受领的破产财产分配额,管理人应当提存。债权人自最后分配公告之日起满二个月仍不领取的,视为放弃受领分配的权利,管理人或者人民法院应当将提存的分配额分配给其他债权人。

**第一百三十九条　(诉讼未决债权的分配)**破产财产分配时,对于诉讼或者仲裁未决的债权,管理人应当将其分配额提存。自破产程序终结之日起满二年仍不能受领分配的,人民法院应当将提存的分配额分配给其他债权人。

### 第三节　终结程序

**第一百四十条　(因分配完毕而终结)**管理人应当自破产财产最后分配完结之日起十日内,向人民法院提交书面报告,并说明破产财产分配的执行情况,请求人民法院裁定终结破产程序。

**第一百四十一条　(因无财产分配而终结)**破产人无财产可供分配的,管理人应当及时向人民法院提交书面报告,并说明破产财产状况以及破产费用、共益债务的清偿情况,请求人民法院裁定终结破产程序。

**第一百四十二条 (办理注销手续)** 管理人应当自破产程序终结之日起七日内,持终结破产程序的裁定书,向税务机关办结税务注销手续,税务机关应当即时出具清税文书,予以税务注销,并按照有关规定核销“死欠”。

管理人应当自破产程序终结之日起十日内,持终结破产程序的裁定书,向破产人的原登记机关办理工商注销登记。

适用快速审理的破产案件,管理人应当自破产程序终结之日起五日内办理前两款事项。

**第一百四十三条 (管理人终止执行职务)** 管理人办理完破产人注销登记手续后,应当向人民法院提交终止执行职务的报告,并于注销完毕的次日终止执行职务。

管理人终止执行职务后,应当将管理人印章交公安机关销毁,并将销毁证明送交人民法院。

存在诉讼或者仲裁未决情况的,管理人自诉讼或者仲裁程序所涉事项全部办理完毕之次日终止执行职务。

**第一百四十四条 (档案保管)** 破产程序终结后,破产企业的账簿、文书等资料由管理人移交档案部门保存,保管费用比照破产费用由管理人在破产财产分配时预留。破产企业的财产不足以清偿破产费用,且无人代为清偿或者予以垫付的,管理人可以将上述资料移交破产企业股东等有关人员保存。

## 第七章 附 则

**第一百四十五条 (文书材料)** 管理人执行职务应当依照最高人民法院制定的《管理人破产程序工作文书样式(试行)》出具文书。

**第一百四十六条 (债权人知情权)** 单个债权人有权查阅债务人财产状况报告、债权人会议决议、债权人委员会决议、管理人监督报告等参与破产程序所必需的债务人财务和经营信息资料。上述信息资料涉及商业秘密的,管理人应当告知债权人依法承担保密义务或者要求债权人签署保密协议;涉及国家秘密的,应当依照相关法律规定处理。

**第一百四十七条 (诉讼事项决定)** 管理人应当以破产财产价值最大化为

原则,向债权人会议或债权人委员会充分披露财产调查、财产追索中可能需要提起的诉讼,或者需要申请的仲裁、执行程序。

管理人决定部分或者全部放弃权利的,应当征得债权人会议同意。

**第一百四十八条 (效力)**北京破产法庭依据本指引对管理人进行管理、考核。

**第一百四十九条 (解释)**本指引由北京市第一中级人民法院审判委员会负责解释。

**第一百五十条 (施行日期)**本指引自发布之日起施行。

## 上海市破产管理人协会破产案件管理人工作指引(试行)

### 第一章 总 则

**第一条 (适用范围)**进入上海市高级人民法院公布的企业破产案件管理人名册的律师事务所、会计师事务所和破产清算事务所,接受人民法院指定担任破产案件管理人并依法履行管理人职责的,适用本指引。

**第二条 (总体要求)**管理人应当遵守法律、行政法规和司法解释规定,在法院的指导下,勤勉尽责、忠实执行职务,公平清理债权债务,执行债权人会议的决议与人民法院的裁决,保护债权人与债务人的合法权益。

**第三条 (工作原则)**管理人在破产案件中应当遵循以下工作原则:

(一)勤勉尽责、忠实执行职务原则。管理人应当勤勉尽责、忠实执行职务,不得违法利用管理人的身份或地位为自己和他人谋取不正当利益,并始终贯彻审慎原则,依法办理相关事务,切实防范法律风险。

(二)亲自履行职责原则。管理人应当亲自履行职责,不得以任何方式将管理人应当履行的职责转让给其他社会中介机构或者个人。

(三)节约资源、提高效率原则。管理人应当注重节约有限的破产财产,提高工作效率,节约破产费用,降低不必要的支出,依法合理控制共益债务。

(四)保密原则。管理人应当严格履行保密义务,对于在履职中知悉的有关债务人、债权人和其他利害关系人的商业秘密、个人隐私以及其他不能对外披露的事项,应当予以保密。

**第四条 （报告工作接受监督）**管理人执行管理人职务，应当依法向人民法院报告工作，提高报告规范化和专业化，报告应当全面客观反映工作情况，人民法院可根据案件审理情况，要求管理人报告工作；对重大、突发事件，管理人应当立即报告人民法院、债权人委员会。

管理人要自觉接受人民法院的指导与监督，接受债权人会议和债权人委员会的监督，接受上海市破产管理人协会的行业监督。

## 第二章 团队组建

**第五条 （不宜担任管理人的情形）**有下列情形之一的，不得担任管理人：

（一）因故意犯罪受过刑事处罚；

（二）曾被吊销相关专业执业证书；

（三）与本案有利害关系；

（四）人民法院认为不宜担任管理人的其他情形。

**第六条 （中介机构利害关系）**被人民法院指定为管理人的中介机构，有下列情形之一，可能影响其忠实履行管理人职责的，可以认定为与破产案件有利害关系：

（一）与债务人、债权人有未了结的债权债务关系；

（二）在人民法院受理破产申请前三年内，曾为债务人提供相对固定的中介服务；

（三）现在是或者在人民法院受理破产申请前三年内曾经是债务人、债权人的控股股东或者实际控制人；

（四）现在担任或者在人民法院受理破产申请前三年内曾经担任债务人、债权人的财务顾问、法律顾问；

（五）人民法院认为可能影响其忠实履行管理人职责的其他情形。

**第七条 （个人利害关系）**清算组成员的派出人员、社会中介机构的派出人员、个人管理人有下列情形之一，可能影响其忠实履行管理人职责的，可以认定为与破产案件有利害关系：

（一）具有本指引第六条规定情形；

（二）现在担任或者在人民法院受理破产申请前三年内曾经担任债务人、债权人的董事、监事、高级管理人员；

（三）与债权人或者债务人的控股股东、董事、监事、高级管理人员存在夫妻、直系血亲、三代以内旁系血亲或者近姻亲关系；

（四）人民法院认为可能影响其公正履行管理人职责的其他情形。

**第八条 （人员保障）**管理人应组成具有执业能力和专业经验，人员相对稳定，每个案件承办人不少于三人的工作团队，以确保执行职务需要。管理人工作团队组成人员应为与管理人有劳动关系的工作人员。

**第九条 （参加摇号和接受指定）**管理人名册内的社会中介机构应按照《关于审理企业破产案件指定管理人的规定》和上海市高级人民法院《指定企业破产案件管理人的办法》规定，参加随机摇号并接受指定，无正当理由不得放弃参加和拒绝接受。

**第十条 （管理人回避）**对于具备法定回避情形的，管理人或候选管理人应当及时、主动申请回避。破产案件受理法院经审查后，依法决定其是否回避。

管理人的工作人员具备法定回避情形的，应当主动回避；管理人委派后发现该情形的，应当予以调整。

债务人或债权人提出回避的，人民法院或者管理人应当审查。管理人不予回避的，由人民法院决定是否回避。

**第十一条 （团队组建与报备）**社会中介机构应于收到人民法院指定担任管理人决定书之日起三日内组成由本机构人员参加的工作团队，并将团队人员名单报破产案件受理法院备案。团队人员名单应附身份证、执业证照复印件其联系方式。团队报备名单应当实际履行。

人民法院指定清算组担任管理人的，清算组于收到人民法院指定担任管理人决定书之日起三日内将确定的清算组成员名单报破产案件受理法院备案。

因案件审理需要，人民法院对管理人团队人员的组成与分工提出指导性意见的，管理人应当作出必要的安排。

管理人工作团队组建后，应根据破产法院指示及时安排工作。

**第十二条 （管理人负责人）**管理人团队应当确定管理人负责人（清算组组长）一人，管理人团队实行管理人负责人（清算组组长）负责制。

**第十三条 （聘用必要的工作人员）**管理人认为有必要聘用管理人团队以外的机构、工作人员协助管理人履行管理人职责的，经人民法院许可，管理人可以聘用。管理人提请人民法院许可时，应当将管理人拟聘用的机构名称、人员姓名、工作时间、工作内容和费用等,一并告知人民法院。管理人要求债务人的有关人员进行连续性工作的,可以按照债务人与有关人员签订劳动合同的约定支付劳动报酬,也可以将债务人的有关人员作为必要的工作人员进行聘用。

**第十四条 (管理人工作计划和制度)**管理人应当自收到指定管理人决定书之日起五个工作日内制定工作计划和全面的管理人工作制度,包括管理工作规程、会议议事规则、财务收支管理制度、证照和印章管理制度、档案管理制度、保密制度等,报人民法院备案。

**第十五条 (管理人更换与成员调整)**人民法院决定更换管理人的,原管理人应当在收到更换决定书次日起,按照《关于审理企业破产案件指定管理人的规定》第三十七条的要求和人民法院指定的时间,向新任管理人办理移交手续,并在破产案件审理期间做好接受其履职情况询问等配合工作。

管理人负责人或清算组组长变更的,应当三日内向人民法院说明理由并提交变更申请书,由人民法院决定。管理人团队其他成员须作调整的,应当三日内及时说明原因报破产案件受理法院备案。

**第十六条 (印章刻制和使用)**管理人按照有关规定刻制管理人印章,并在刻制后将印鉴样本提交人民法院备案后开始使用。

管理人印章只能限于管理人履行职责时使用。管理人应当按照印章管理制度使用印章。

**第十七条 (管理人账户)**管理人印章刻制后,管理人应当持人民法院受理破产申请裁定书、指定管理人决定书及相关身份证明等文件材料,到银行申请开立管理人账户。

管理人账户开立后,管理人应当将债务人的银行存款划入管理人账户;管理人依法履行职责时发生的所有资金收支,均应当通过管理人账户进行。

管理人应当制定管理人账户管理规定,并按规定使用账户。

**第十八条 (费用管理)**管理人执行职务的费用支出,应当从维护债权人整体利益出发,依法审慎决定。有关费用支出难以把握的,必要时应及时向人民法院、债权人会议或债权人委员会报告。

## 第三章 债务人财物接管

**第十九条 (接管准备)**人民法院指定管理人后,管理人应安排团队成员到人民法院阅卷了解破产案件的基本情况。管理人应当及时做好接管债务人财物的准备工作,向债务人有关人员了解债务人财物状况,告知债务人配合做好接管工作。必要时,管理人还应当制定接管方案,并向人民法院报告。

管理人应当将拟接管的内容和范围告知债务人的法定代表人、财务负责人及人民法院决定的有关人员,要求其做好交接准备,并告知其违反交接义务应当承担的法律责任;管理人根据实际需要,可以同时将接管事项通知债务人内部相关人员和已知的债务人外部有关人员,并要求其做好交接准备或予以协助。管理人应当就前述事项制作询问笔录。管理人认为有必要的,还可以提请人民法院召集债务人的法定代表人、财务负责人及人民法院决定的有关人员召开接管协调会,对接管事项作出安排部署。

**第二十条 (接管要求)**管理人应当全面接管债务人财产、印章和账簿、文书等资料,也可以根据实际情况分期、分批实施接管。

管理人接管债务人财物时,应当进行清点,制作交接书和交接清单,由管理人和债务人的法定代表人或其授权委派的人员共同签章确认,并报人民法院备案。应接管的债务人的财产、印章和账簿、文书等资料在实际交接时未能交接的,管理人应当在交接书或者交接清单上予以注明。

对于移交后暂不使用需要封存的资产,由管理人以封条形式封存。对于需要由原占有人员继续保管使用的财产、资料等,由管理人委托原占有人员继续妥善保管使用,并由原占有人员出具相关承诺书。

人民法院根据案件审理的需要,对现场交接进行监督指导。

**第二十一条 (接管范围)**管理人接管的债务人的财产、印章和账簿、文书等资料,包括但不限于:

(一)债务人的包括动产和不动产在内的实物财产及其权利凭证;

(二)债务人的现金、有价证券、银行账户印鉴、银行票据;

(三)债务人的知识产权、对外投资、特许权等无形资产的权利凭证;

(四)债务人的公章、财务专用章、合同专用章、海关报关章、法定代表人人名章、银行留用的私人印章及其他印章;

(五)债务人的法人营业执照、开户许可证、外汇登记证、海关登记证明、经营资质文件等与债务人经营业务相关的批准、许可或授权文件;

(六)债务人的总账、明细账、台账、日记账、会计凭证、重要空白凭证、空白发票、会计报表等财务账簿及债务人审计、评估等资料；

（七）债务人的批准设立文件、章程、管理制度、股东名册、股东会决议、董事会决议、监事会决议以及债务人内部会议记录等档案文件；

（八）债务人的各类合同协议及相关债权、债务等文件资料；

（九）债务人诉讼、仲裁案件及其案件材料；

（十）债务人的劳动、人事档案文件；

（十一）债务人的电脑数据和授权密码及相应控制权限的硬件介质，电子银行授权密码和相应硬件介质；

（十二）债务人的其他重要资料。

管理人对于接管的电子数据，可以根据需要进行备份或固化。

**第二十二条 （债务人有关人员下落不明的情况）**因债务人有关人员（包括但不限于实际控制人、法定代表人、财务负责人以及资料保管人等）下落不明或者其他原因导致无法接管，管理人应当依据工商内档记载的债务人有关人员身份信息以书面方式向其告知不履行交接义务应当承担的法律责任。

**第二十三条 （分支机构接管）**债务人有分支机构的，分支机构的财产、印章和账簿、文书等资料，管理人应当一并接管。

**第二十四条 （对外长期投资接管）**债务人有百分之百控股或者绝对控股的对外投资的，管理人可以视实际情况予以接管，但是要注意保持其对外长期投资的法人独立性。

对于债务人非绝对控股的对外投资，管理人在不能实际接管的情况下，应向标的公司及其股东发送通知，告知其在人民法院受理破产申请后，债务人的股东权利义务由管理人代表债务人行使，并且标的公司及其股东应当在管理人处置标的股权时予以配合。

**第二十五条 （他人他物接管）**债务人财物由他人占有、保管的，管理人应当向实际占有、保管的单位或个人送达要求移交相关财物的接管通知。

不属于债务人所有但由债务人占有或管理的财物，管理人应当一并接管。

**第二十六条 （取回权）**接管过程中，对于债务人占有的不属于债务人的财产，权利人可以依据《企业破产法》第三十八条的规定向管理人主张取回。管理人不予认可的，可以告知权利人向破产案件受理法院提起诉讼请求行使取回权。诉讼期间不停止管理人的接管。

**第二十七条 （接管妨碍的处理）**债务人或相关单位和个人不协助管理人接管财物，或者出现影响接管的其他情形的，管理人应当及时向人民法院报告，并可以向人民法院申请对债务人或相关单位和个人处以罚款，并责令其限期协助接管；对于仍不履行协助义务的债务人或相关单位和个人，管理人可以申请人民法院参照《民事诉讼法》第一百一十一条的规定依法拘留；构成妨害清算罪、隐匿、故意销毁会计凭证、会计账簿、财务会计报告罪等犯罪的，可以依法向有关机关报案以追究其刑事责任；同时，债务人的法定代表人或者实际控制人不配合接管工作的，管理人可以申请人民法院依据《出境入境管理法》第十二条的规定，对其作出不准出境的决定。

**第二十八条 （诉讼执行案件调查）**管理人应当及时全面调查债务人涉及的诉讼和执行案件情况。管理人可以向破产案件受理法院申请提供通过该院案件管理系统查询到的有关债务人诉讼和执行案件的基本信息。债务人存在未结诉讼或者未执行完毕案件的，管理人应当及时将债务人进入破产程序的情况报告相关人民法院。

**第二十九条 （与保全、执行衔接）**管理人在接管过程中发现债务人财产被采取保全措施或执行措施的，应当及时向相关单位发送告知函，请求解除保全或者中止执行。如相关单位无正当理由予以拒绝或者在合理期限内未作反馈的，管理人应当提请破产案件受理法院通知相关单位解除保全或者中止执行，也可向其上级单位反映。

为保证破产程序依法进行，管理人可以根据实际情况，依照《破产法司法解释（二）》第六条的规定，向破产案件受理法院申请对债务人财产进行保全。

## 第四章 债务人经营事务接管

**第三十条 （管理日常事务和开支）**管理人接受指定后，债务人的内部管理事务、日常开支和其他必要开支由管理人决定，管理人应当对开支的原因、金额及其必要性进行审查。

管理人决定债务人的日常开支和其他必要开支时应当严格坚持合法、合理、必要的原则，厉行节约，勤俭办事，降低清算成本。管理人不得将破产费用用于破产管理工作以外的事项。

**第三十一条 （制定债务人内部管理规则）**为了有效地规范债务人的内部

管理事务、日常开支和其他必要开支，管理人可以制定债务人内部管理事务、日常开支和其他必要开支规则，并发放给相关人员遵照执行。

**第三十二条　（重大事项决定）**管理人应当本着有利于提高债务人财产价值和债权清偿比例的衡量标准，审慎决定是否实施《企业破产法》第二十六条、第六十九条和《破产法司法解释（二）》第二十五条规定的行为，并依照法定程序及时向债权人会议、债权人委员会、人民法院报告，或者取得人民法院许可。

**第三十三条　（判断债务人继续营业的标准）**管理人判断债务人继续营业的标准一般应当以继续营业有利于提高债务人财产价值及债权人清偿比例为原则。

**第三十四条　（判断继续履行合同的标准）**管理人判断是否决定继续履行尚未履行完毕的合同的标准一般应当以继续履行有利于提高债务人财产价值及债权人清偿比例为原则。

**第三十五条　（安全生产经营）**管理人接管债务人经营事务后，应当严格遵守《安全生产法》及相关法律法规中有关企业安全生产经营的规定。债务人继续营业且自行管理财产和营业事务的，管理人应当制定并申请人民法院批准《自行管理期间债务人和管理人职责分工方案》，以明确由债务人继续承担企业安全生产经营责任，并重点核查各岗位的安全责任人员、责任范围和考核标准等内容；债务人继续营业且由管理人负责管理财产和营业事务的，管理人应当及时了解债务人的安全生产经营状况和潜在风险，并设置专门管理小组负责企业安全生产经营工作，需要聘用工作人员的，同等条件下应当优先聘用债务人的原安全生产管理人员；债务人停止继续营业的，管理人应当要求债务人及时停止生产经营活动，并督促债务人落实关闭重大危险源、妥善处置废弃危险物品等工作。

## 第五章　债务人财产清理

**第三十六条　（财产状况调查）**管理人应当及时对债务人及其分支机构的财产状况进行全面调查，可以向破产案件受理法院申请通过该院网络执行查控系统查询债务人财产信息。

管理人对债务人财产调查内容包括但不限于：

（一）债务人的营业状况

管理人前往债务人工商登记部门核查债务人的注册登记情况，调取债务人工商档案信息。同时前往债务人实际经营地现场核查债务人营业状况,不能确定实际经营地的,应到注册地走访了解债务人相关信息。

(二)债务人的资产状况

1. 对库存现金、各类单据等,管理人清点应做到账证一致、账账一致,对于不符处,应查明原因并如实登记。

2. 对银行存款,管理人可根据接管的银行账户信息、法院点对点及总对总查询信息或前往中国人民银行查询开户信息,前往对应的开户行查询银行账户基本信息、历年交易流水、司法冻结情况、余额情况等。对账户内有余额的,应当及时划转至管理人账户。

管理人应当查询债务人是否存在支付宝、微信等第三方支付结算平台,以及保险、理财类资产。管理人非因自身原因无法接管时,可以申请人民法院查询债务人银行账户信息、保险、理财信息、支付宝、微信等第三方支付结算平台信息,并将账户内余额划转至管理人账户。

3. 对固定资产:

(1)存货状况:对存货的存放地点、数量、状态、性质及相关凭证进行核实;

(2)债务人的设备、构筑物和房屋以外的其他地上附着物:对设备、构筑物和房屋以外的其他地上附着物的权属、相关合同、凭证、施工文件、债务人有关海关免税的设备情况进行核实;

(3)不动产所有权:管理人需前往不动产所在地产权交易中心调取相关登记信息;

(4)登记在债务人名下的车辆:管理人需前往车辆管理部门查询债务人名下的车辆,核实车辆的所有权证、行驶证、购买发票、保险单、车钥匙等;

(5)在建工程:核实立项文件、相关许可、施工合同、工程进度、付款进度、施工状况及相关数据资料。

4. 对有价证券,管理人需前往证券登记结算机构调查证券信息。

5. 无形资产:管理人应查明专利权、商标权、著作权、域名、许可或特许经营权等权利证明文件、相关合同文件、权利期限与账目记载进行核实,如有不符,应查明原因并进行处理。

(三)债务人的债权

管理人应调查债权的形成原因、形成时间、具体债权内容、债务人的债务人实际情况、债权催收情况、债权是否涉及诉讼或仲裁、是否已过诉讼时效、已诉讼或仲裁的债权履行期限及是否超过申请执行期限等。通过查账进行核实,要核实债权内容是否账账相符,将核查属实的债权进行重新分类登记,予以确认。

(四)债务人职工工资、经济补偿金支付情况及社会保险费用的缴纳等情况

管理人需向债务人参保地社会保险事业管理中心、住房公积金管理中心查询债务人社保、公积金缴纳情况。

(五)债务人的出资情况

管理人应查阅出资人名册、出资协议、公司章程、出资凭证、验资报告及实际出资情况、非货币财产出资的批准文件、财产权属证明文件、权属变更登记文件、历次资本变动情况及相应的验资报告。管理人未能获得验资报告、出资凭证等资料的,可通过银行账户交易流水及财务凭证确定出资情况。

(六)债务人对外投资情况

管理人应对投资证券、全资企业、参股企业情况及投资额、公司现存票面、出资证明书数额,核对无误后进行登记;对于如项目投资的其他长期投资,管理人应对投资额及相关合同、票据等文件进行核实,无误后予以登记。

(七)无形资产:应查明专利权、商标权、著作权、许可经营权等权力证明文件、相关合同、权利期限与账目记载进行核实,如有不符,应查明原因并进行处理。

(八)债务人财产被其他人占用的:应查明占用原因、相关依据等。

(九)债务人占用其他财产的:应查明占用原因、相关依据等。

(十)债务人是否存在《企业破产法》第十六条、第三十一条、第三十二条或者第三十三条规定的行为。

(十一)债务人的董事、监事和高级管理人员是否存在利用职权获取非正常收入或者侵占债务人财产的行为。

(十二)债务人未履行完毕的合同情况。

(十三)有关债务人的未审结诉讼、仲裁及未执行完毕的案件情况。

(十四)有关债务人的其他情况。

管理人调查债务人财产状况后,应当根据调查内容制作债务人财产状况报告。债务人财产状况报告应当能反映债务人各项财产的权属状况、账面价值、评估价值和实际现状等基本情况。管理人非因自身原因无法全面调查债务人财产

状况的，应当就无法调查的情况在债务人财产状况报告中作出说明。管理人制作债务人财产状况报告后，应当及时提交给人民法院及债权人委员会，并向债权人会议报告，作为人民法院、债权人会议及债权人委员会决定相关事项时的参考依据。

**第三十七条　（债务人配合）**管理人认为有必要的，可以要求债务人的法定代表人、实际控制人、财务人员等有关人员协助调查，管理人调查询问有关人员应有两名调查人员在场并制作调查笔录，调查人员和被询问人员应当在笔录上签字确认。

**第三十八条　（“三无企业”调查）**对人员下落不明或者财产状况不清的债务人破产案件，管理人在取得债权人会议或债权人委员会同意及合理控制费用的前提下，针对债权人提供的明确财产线索进行调查，必要时可向社会公开悬赏征集财产线索。

**第三十九条　（制作财产管理方案）**管理人应当拟订债务人财产管理方案，提交债权人会议审查，并向人民法院报告。

债务人财产管理方案的内容包括但不限于：财产管理、维护措施和费用预算，债务人继续营业的计划和费用预算，财产清收的计划安排和费用预算等。

经债权人会议通过或者人民法院裁定认可的财产管理方案，管理人应当执行。债权人会议表决没有通过的财产管理方案，管理人可以请求人民法院裁定认可，并在人民法院裁定认可后执行。

**第四十条　（处分债务人重大财产）**管理人处分《企业破产法》第六十九条规定的债务人重大财产的，应当事先制作财产管理或者变价方案并提交债权人会议进行表决，债权人会议表决未通过，也未经人民法院裁定认可的，管理人不得处分。

管理人实施处分前，应当根据《企业破产法》第六十九条的规定，提前十日书面报告债权人委员会或者人民法院。

**第四十一条　（租赁债务人财产）**债务人的财产闲置并具备对外出租条件的，经债权人会议同意，管理人可以对外出租，债权人会议召开前，应当书面报人民法院备案；出租期限应当采取不定期租赁方式，租金不得低于市场价格并应当全额支付至管理人账户，出租方式以有利于资产将来价值最大化为原则；合同中应当包括如下条款：

（一）不允许租赁人对租赁房产或财产进行改造、重大装修；

（二）出租人对租赁期中承租人的装修、添附等不承担赔偿义务，承租人在债务人财产上所做的装修、添附等在合同终止或解除后归债务人所有；

（三）承租人必须在财产、房产变价成交后立即无条件交付买受人；

（四）违约责任条款；

（五）其他保护债权人及债务人利益、保障破产程序不受阻碍的条款等。

**第四十二条 （财产追收）**管理人应当依照《企业破产法》的相关规定，积极追收下列财产：

（一）债务人财产和对外债权；

（二）出资人未缴出资和抽逃出资；

（三）债务人的有关人员所侵占的财产和非正常收入；

（四）其他依法可以追收的财产。

债务人的债务人拒绝向管理人清偿债务或者债务人的财产持有人拒绝向管理人交付财产的；债务人的董事、监事和高级管理人员利用职权从债务人处获取非正常收入和侵占债务人财产的；使债权人受到损失的，管理人应当代表债务人及时向人民法院起诉。

管理人认为难以追收、追收成本过高或者明显没有追收价值的，应提请债权人会议决定是否予以追收。

**第四十三条 （通知次债务人清偿债务或交付财产）**管理人接管债务人财产后，应当书面通知债务人的债务人及时向管理人清偿债务；书面通知的内容应当载明：人民法院受理破产申请的时间，债务人的债务人应当清偿的债务金额，限定清偿债务的时间和方式，不清偿债务的法律责任等。

管理人接管债务人财产后，应当书面通知债务人的财产持有人及时向管理人交付财产；书面通知的内容应当载明：人民法院受理破产申请的时间，债务人的财产持有人应当交付的财产品名、规格、数量及状况，限定交付财产的时间和方式，不交付财产的法律责任等。

**第四十四条 （取回担保物）**管理人通过清偿债务或者提供为债权人接受的担保取回质物、留置物的，应当向相应担保权人送达通知书，告知其担保物的具体名称和数量、清偿方式或者替代担保方式等内容。

管理人拟通过前款规定的方式取回担保物，或者与担保权人协议以担保物折价清偿债务等方式实施对债权人利益有重大影响的财产处分行为的,依照本指引关于处分债务人重大财产的规定执行。如担保物的价值低于被担保的债权额时,应当以该担保物当时的市场价值为限。

**第四十五条 (撤销权行使)**管理人发现债务人财产属于《企业破产法》第三十一条、第三十二条和第三十三条规定情形的,应当书面通知有关相对人返还财产或不当利益。经催告,相对人拒不返还的,管理人应当及时按《破产法司法解释(二)》第九条的规定提起诉讼。

**第四十六条 (取回权审查)**权利人向管理人行使取回权的,管理人应当严格按照《企业破产法》、《物权法》等法律规定进行审慎审查,及时向债权人会议或债权人委员会报告,做好沟通工作,同时应向人民法院报告。

**第四十七条 (抵销权审查)**权利人向管理人行使抵销权的,管理人应当严格按照《企业破产法》等法律规定进行审慎审查。管理人对债权人的抵销主张有异议的,应按照《破产法司法解释(二)》第四十二条规定的期限及时提起诉讼。

## 第六章 审计评估

**第四十八条 (委托审计评估)**管理人应在接受指定后合理期间决定是否对债务人进行破产专项审计或评估,需要审计或评估的,由管理人根据公开、公平、公正的原则选聘或由人民法院指定有资质的审计评估机构进行。管理人原则上应向人民法院报送选定审计或评估机构的方案,直接委托的需报送书面申请。

债务人在破产申请受理之前已经完成评估、审计工作的,管理人应当以节约成本、提高履职效率为原则,根据债务人实际情况考量是否采用。如需重新评估、审计的,依照前款规定执行。

**第四十九条 (签署委托协议)**审计、评估机构选定后,管理人应及时与审计、评估机构签订委托协议。委托协议应当包括完成相应工作的时限以及违约责任。违约责任可以包括中介机构无正当理由未按期完成的,管理人有权另行委托,原中介机构已收取的费用予以退还或者未收取的费用不再收取等内容。管理人应当对审计、评估机构的工作予以必要的指导和监督。

**第五十条 (列席债权人会议)**管理人应通知审计或评估机构有关责任人

员列席债权人会议,接受债权人关于审计或评估报告的询问。

**第五十一条 (利害关系人查阅)** 债权人、股东或者其他利害关系人以书面形式提出查阅审计或评估报告请求的,管理人应当进行审查。对于符合条件的查阅请求,管理人在报告法院后,应允许利害关系人查阅。

## 第七章 债权申报接受与审查

**第五十二条 (接受申报)** 管理人应当在办理接受人民法院指定管理人手续的同时向人民法院提供债权申报的地点和接受债权申报人员的联系方式。

管理人应当根据人民法院公告的债权申报的期限、地点和联系方式,安排人员负责办理债权申报材料的接收、登记造册工作。人民法院未公告的,管理人应当与人民法院沟通公告事宜,必要时,管理人可自行安排公告事宜。

管理人应当通过合理方式查询已知债权人信息,已知债权人信息可通过以下方式或途径获取:

(一)破产案件受理材料;

(二)债务人的财务记录;

(三)裁判文书网、中国执行信息公开网等网络公开渠道;

(四)向人民法院、仲裁机构、劳动人事争议仲裁机构询问与债务人有关的案件情况;

(五)向债务人相关人员询问等。

管理人应当采取合理途径查询已知债权人的联系方式,并应当配合人民法院通知已知债权人申报债权。

管理人通知已知债权人申报债权的,可根据债务人、已知债权人的具体情况,分别采取邮寄、电子邮件、电话、短信、网络通讯工具等途径进行。

管理人采取书面方式向已知债权人通知申报债权的,应当向已知债权人发送债权申报通知书并附人民法院受理案件的裁定书和指定管理人的决定书的复印件,并可附债权申报须知、债权申报表、债权人地址及联系方式确认书、授权委托书、法定代表人身份证明书等材料及表格,以便债权人规范合法申报债权。

管理人收到债权人申报材料的,应当详尽记载申报人的姓名、名称、代理人、申报债权额、担保情况、联系方式等事项,形成债权申报登记册,并妥善保存申报人提交的债权申报材料。

对于申报材料不齐的，管理人应要求债权人及时补齐。

对于申报债权存疑的，管理人在登记时应予注明。

**第五十三条　（职工债权）**管理人对《企业破产法》第四十八条第二款规定的债权，应当在获悉该部分债权的存在后及时予以调查。

为调查前款所述债权，管理人应当在刻制印章完成后向相关社会保险事业管理机构、公积金管理机构、残疾人就业保障机构等书面告知依法申报相关债权，并可请求其提供相关信息。

管理人应根据调查内容，列出职工债权清单并予以公示，职工不必申报。公示期限和提出异议的期限，应根据职工人数等实际情况合理确定。

管理人对职工提出的异议不同意更正的，应通知异议人并说明理由，及时做好沟通工作，告知其诉讼权利。

**第五十四条　（欠薪保障金申请）**管理人发现企业无力支付欠薪的，应当按照上海市高院、市人社局印发的《关于企业破产欠薪保障金垫付和追偿的会商纪要》及时申请办理垫付欠薪事项。

**第五十五条　（欠税申报告知）**管理人应在刻制印章完成后书面通知相关税务机关，告知其依法申报债务人欠缴的税款。

**第五十六条　（债权审查）**管理人应当依照《企业破产法》第五十七条的规定对债权的性质、数额、担保财产、是否超过诉讼时效期间、是否超过强制执行期间等情况进行审查，编制债权表并提交债权人会议核查。

管理人审查时应特别注意债权有无特定财产担保、担保是否合法有效、是否为连带债权、是否为求偿债权、债权是否附条件或期限等事项。

管理人具体审查的方面如下：

1. 各类合同书（如借、贷款合同，购、销货合同）等债权形成的基础性材料；

2. 票据、划账单、汇款单、对账单、提货单等合同履行凭证；

3. 债权如有担保的，还须审查抵押合同、质押合同、保证合同、担保物清单及相关的登记证件等担保材料；

4. 债权如涉及诉讼或仲裁，须审查诉讼、仲裁有关的文件和法院出具的生效法律文书（附送达手续或生效证明），如果经过两级法院审理，一、二审法院的法律文书皆需审查；审查仲裁机关出具的生效法律文书应附上仲裁机关关于法律文书已经生效的函件或双方当事人已签收的送达回执；如已申请人民法院强制执行的，还须审查人民法院执行立案通知书、中止执行裁定书等相关文件；

5. 申报人在诉讼或仲裁程序中申请财产保全的，须审查人民法院作出的保全裁定书等相关文件；

6. 债务如有清偿情形的，须审查清偿凭证、协议等文件；

7. 申报的债权涉及利息的，管理人应当审查利息计算标准或利息计算表，审查利息的计算依据（应当明确指出合同约定利息或违约金涉及到的具体条款或法律文书涉及到的具体判项）、计算方法和计算结果，同时将利息与罚息、迟延利息、滞纳金等分开计算。

如涉及因未履行生效法律文书所产生的迟延履行期间的债务利息计算，应根据《最高人民法院关于执行程序中计算迟延履行期间的债务利息适用法律若干问题的解释》进行计算。

8. 审查能够证明债权发生、变更、存续，诉讼时效中止、中断、延长的其他材料。

管理人可以根据债权初步审查的结果，逐一制作债权初审结果通知书，并通过债权人认可的方式送达债权人，并可同时告知债务人。债权人如对债权初审结果存有异议，可告知在规定时间内向管理人提出债权复核申请，或直接向人民法院提起诉讼。

债权人提出债权复核申请或者管理人对已经确认的债权认为需要重新审查复核的，管理人可以根据审查复核的结果，制作债权复审结果通知书，并通过债权人认可的方式送达债权人，并可同时告知债务人。债权人如对债权复核结果有异议，可告知依法向人民法院提起诉讼。

管理人应当根据债权审查结果，在第一次债权人会议召开前完成债权表的编制。

**第五十七条　（有生效法律文书确定的债权）**已经生效法律文书确定的债权，管理人应当予以确认。

管理人认为债权人据以申报债权的生效法律文书确定的债权错误，或者有证据证明债权人与债务人恶意通过诉讼、仲裁或者公证机关赋予强制执行力公证文书的形式虚构债权债务的，应当依法通过审判监督程序向作出该判决、裁定、调解书的人民法院或者上一级人民法院申请撤销生效法律文书，或者向受理破产申请的人民法院申请撤销或者不予执行仲裁裁决、不予执行公证债权文书后，重新确定债权。

**第五十八条　（债权人查阅）**债权表、债权申报登记册及债权申报材料在破产期间由管理人保管，债权人、债务人、债务人职工及其他利害关系人在办理相关手续后有权查阅。

**第五十九条　（债权核查）**管理人编制债权表后，应及时制作提请债权人会议核查债权的报告，将债权申报登记册和债权表一并提交第一次债权人会议核查。

对于债权人、债务人均无异议的债权，管理人应及时提请人民法院裁定确认。管理人申请人民法院裁定确认债权表记载的债权时，应当说明债权审查过程和债权人会议核查债权的情况。

**第六十条　（异议债权处理）**债务人、债权人对债权表有异议的，管理人应当与异议人进行沟通。异议不成立的，管理人应将审核意见向异议人反馈，并将异议意见和是否起诉的情况向人民法院和债权人会议报告。

债务人、债权人对债权表记载的债权有异议且管理人认为异议不成立的，管理人可告知债务人、债权人应当在债权人会议核查结束后十五日内向人民法院提起债权确认的诉讼。

**第六十一条　（未决债权处理）**债权人申报债权属于《企业破产法》第五十九条规定的诉讼或仲裁案件未决债权的，管理人可以提请人民法院临时确定其债权额。

**第六十二条　（补充申报）**债权人在人民法院公告的债权申报期限内没有申报债权的，可以在破产财产最后分配前向管理人补充申报债权。管理人接收补充申报债权材料后，应当登记造册，并经审查后编制补充债权表，提交给债权人会议或经授权的债权人委员会核查。债权人补充申报债权的，管理人有权要求其承担因审查和确认补充申报债权的费用。

**第六十三条　（债权表调整）**管理人发现债权表中记载的债权需要调整的，管理人应当对该债权进行调整，并编制相应的调整债权表，提交债权人会议。

## 第八章　债权人会议

**第六十四条　（会议筹备）**第一次债权人会议由人民法院召集，管理人负责筹备。第一次债权人会议后，管理人可以根据工作进展情况和实际需要，经向人民法院报告后，提议债权人会议主席召开债权人会议。

**第六十五条　（会务预案和维稳保障）**必要时，管理人可以根据实际情况拟订会务预案，并书面报送人民法院。会务预案包括并不限于：通知发送时间与方式、会场选址与布置、物资配备、人员配备、文件准备、咨询与查询安排、费用预算等。

召开规模较大或者可能存在维稳因素的债权人会议，管理人应当事先与会议召开地公安部门、人民法院、相关债权人等进行充分沟通，制定维稳保障方案并报送人民法院，接受人民法院指导。

**第六十六条　（会议召开形式）**债权人会议可以通过现场或者网络会议等其他符合规定的方式召开。

债权人会议除现场表决外，可以采用书面、传真、短信、电子邮件、即时通信、通讯群组等非现场方式进行表决。通过电子数据方式表决的，管理人应当通过打印、拍照等方式及时提取记载表决内容的电子数据。管理人应当在债权人会议召开后或者表决期届满后五日内，将表决结果告知参与表决的债权人。

**第六十七条　（会议通知）**管理人应当根据《企业破产法》第六十三条的规定，提前十五日通知已知债权人参加债权人会议，对于因特殊情况未能在前述期间内通知已知债权人参加债权人会议的，管理人应当告知该已知债权人未能在前述期间内通知的原因。此外，管理人可将需审议、表决事项的具体内容提前三日告知已知债权人，但因客观情况无法做到的除外。

**第六十八条　（第一次债权人会议文件）**管理人负责拟订提交债权人会议审议、表决的文件。

依法应由第一次债权人会议行使职权的事项，管理人必须在第一次债权人会议召开前拟订完成相关文件。

管理人应当向第一次债权人会议提交的文件包括会议议程、债权人会议职责、管理人职责、债权人会议核查债权的报告、管理人执行职务的工作报告、管理人报酬方案以及人民法院认为应当说明的其他内容。

对于已经接收到债务人财产的，管理人还应当向第一次债权人会议提交债务人财产管理方案，供第一次债权人会议表决。

对于拟采取非现场方式召开后续债权人会议及进行后续表决的，管理人还可以向第一次债权人会议提交采取非现场方式召开债权人会议及表决的方案，供第一次债权人会议表决。

在第一次债权人会议上，管理人可以将债务人财产变价方案、分配方案以及破产程序终结后可能追加分配的方案一并提交债权人会议表决。

债务人财产实际变价后，管理人可以根据债权人会议决议通过的分配规则计算具体分配数额，向债权人告知后进行分配，无需再行表决，分配完毕后向法院报告。

**第六十九条　（债权人会议主席人选）**管理人可以在第一次债权人会议召开前三日向人民法院提交债权人会议主席人选、债权人委员会建议名单及报告，并说明人选的基本情况和建议的理由。

**第七十条　（会务工作）**管理人应做好以下债权人会议会务工作：

（一）采用现场会议形式的债权人会议，管理人应核对登记参会人员身份，对参会人员身份有异议的，应作出相应处理，并向债权人会议和人民法院报告；参会的债权人数量较多的，管理人应在第一次债权人会议召开一日前安排参会人员会场座次并编号。

（二）采用非现场会议形式的债权人会议，管理人应在债权人会议召开前的合理期限内向人民法院及相关技术人员提供必要的案件信息、参会人员信息以及与表决统计有关的信息。

（三）管理人应当对参会人员进行统计，并就是否符合法律规定的债权人会议召开条件向会议主持人进行报告。

（四）债权人会议设有表决事项的，管理人应安排专人对债权人会议表决事项进行记录、统计，及时将统计结果报告会议主持人。

（五）按照人民法院和债权人会议主席的要求，协助做好其他会务工作。

有关债权人会议的文件材料，除破产案件受理法院另有要求外，由管理人负责保存。

**第七十一条　（会议报告）**债权人会议结束后三日内，管理人应当将债权人会议的到会情况、表决情况及决议书面报告人民法院。需要人民法院裁定的报告或决定事项，管理人应及时书面申请人民法院依法作出裁定、决定予以确认、批准或准许。

## 第九章　预重整程序中管理人的职责

**第七十二条　（一般职责）**管理人可以在人民法院的指导监督下，积极参与预重整程序，在预重整阶段履行《企业破产法》中规定的管理人的相应职责。

**第七十三条 （具体职责）**预重整期间，管理人还应履行下列职责：

（一）全面调查债务人的生产经营情况、资产及负债情况、发掘和提升企业重整价值；

（二）设计重整方案，同时推动债务人与其出资人、债权人、意向投资人等利害关系人进行协商，促进各方就重整方案达成共识；

（三）后续重整需要政府或监管部门介入的，代表债务人与相关政府部门做报告和预沟通。

**第七十四条 （提交报告）**预重整工作开展期间，管理人应当根据工作进度提交预重整工作报告，并就债务人是否具有重整价值和重整可行性作出独立判断；就是否形成预重整方案以及预重整方案的协商表决情况、是否申请进入重整程序等方面工作及时向法院报告。

**第七十五条 （适时申请转入重整）**管理人可以根据预重整的实际效果，适时向法院申请转入正式重整程序。

## 第十章 重整程序中管理人的职责

**第七十六条 （一般职责）**人民法院裁定债务人重整的，管理人除遵守有关法律法规规定外，还应当依照本指引的规定履行职责。

**第七十七条 （自行管理）**重整期间，人民法院批准由债务人自行管理财产和营业事务的，已接管债务人财产和营业事务的管理人应当向债务人移交财产和营业事务；没有接管债务人财产和营业事务的管理人，应当停止接管债务人的财产和营业事务。

管理人与债务人应及时协商确定各自职权并报告人民法院。制作重整计划草案以及与管理财产和营业事务相关的管理人职权，由债务人行使。其他职权原则上仍应由管理人行使。管理人与债务人就各自职权协商不成的，由人民法院确定。

**第七十八条 （监督债务人自行管理）**管理人应当对债务人的自行管理行为进行监督，若发现债务人存在严重损害债权人利益的行为或者有其他不适宜自行管理情形的，可以申请人民法院作出终止债务人自行管理的决定。

人民法院决定终止债务人自行管理的，管理人应当及时接管债务人财产和营业事务。

**第七十九条 （安全生产）**债务人在重整期间如需继续生产的，管理人在同意其生产前，应责令债务人采取必要措施保障安全生产，检查安全生产设施、安全生产条件是否符合国家规定，并要求债务人指定负责安全生产的主管人员。

若发现债务人经整改仍不能满足安全生产的条件，管理人可及时停止债务人的全部或部分生产活动，以防止发生安全生产事故。

**第八十条 （为继续营业而借款）**在重整期间，管理人为债务人继续营业而以债务人名义借款的，可以债务人财产为该借款设定担保，但事先应报人民法院审批。

自行管理财产和营业事务的债务人借款的，管理人应当提出审核意见，报人民法院审批。

**第八十一条 （担保财产处置）**重整申请受理后，管理人应当及时确定设定有担保权的债务人财产是否为重整所必需。如不是重整所必需，管理人可及时对担保物进行处置，处置所得用以优先对担保权人进行清偿。

**第八十二条 （出资人投资收益分配）**在重整期间，管理人对出资人分配投资收益的申请不应准许。债务人自行管理财产和营业事务的，管理人应当监督债务人不得分配投资收益。

**第八十三条 （提交重整计划草案主体及期限）**管理人负责管理债务人财产和营业事务的，自人民法院裁定重整之日起六个月内，应制作重整计划草案并提交人民法院；有正当理由不能在六个月内提交的，管理人可以请求人民法院延期三个月。

债务人负责管理债务人财产和营业事务的，由债务人制作并提交重整计划草案；管理人可以对债务人制作重整计划草案提供必要的指导。

**第八十四条 （重整计划草案的内容）**除企业破产法第八十一条规定的内容外，重整计划草案的内容还可以包括出资人权益的调整方案等。

**第八十五条 （沟通谈判）**重整计划草案制作过程中，管理人应当充分听取债权人、重整投资人、出资人等相关方的意见和建议，必要时可以召集相关方进行协商讨论。

**第八十六条 （重整计划表决分组）**对重整计划的表决应依法按债权分类分组表决，必要时可以在普通债权组中分设大额债权组和小额债权组，对重整计划草案分别进行表决。

**第八十七条 （重整计划草案表决）**出席债权人会议的同一表决组的债权人过半数同意重整计划草案，并且其所代表的债权额占该组债权总额的三分之二以上的，即该表决组通过重整计划草案。

重整计划草案涉及出资人权益调整事项的，应当设出资人组，对该事项进行表决。同意重整计划草案的出资人所代表的出资额占该组出资总额三分之二以上的，即为该组通过重整计划草案。

**第八十八条 （二次表决）**部分表决组未通过重整计划草案的，管理人可以同未通过重整计划草案的表决组协商，也可以对重整计划草案中的相关内容进行调整，但此项调整不得损害其他表决组债权人的利益。无论管理人是否对草案中的相关内容进行调整，未通过重整计划草案的表决组在协商后可以再表决一次。

**第八十九条 （重整计划批准）**各表决组均通过重整计划草案的，重整计划即为通过。管理人应当在重整计划通过后的十日内，向人民法院提出批准重整计划的申请。

**第九十条 （未在债权申报期限内申报债权）**债权人未在债权申报期限内申报债权，在重整计划草案提交债权人会议表决前补充申报但未被确认的，该债权人不享有重整计划草案表决权。

债权人未在债权申报期限内申报债权，在人民法院裁定批准重整计划后重整计划执行完毕前补充申报债权的，管理人可以接受申报并进行审查，但债权人在重整计划执行期间不得行使权利；在重整计划执行完毕后，可以按照重整计划规定的同类债权的清偿条件行使权利。

**第九十一条 （终止重整程序）**在重整期间，有下列情形之一的，管理人应当申请人民法院裁定终止重整程序，并宣告债务人破产：

（一）债务人的经营状况和财产状况继续恶化，缺乏挽救的可能性；

（二）债务人有欺诈、恶意减少债务人财产或者其他显著不利于债权人的行为；

（三）由于债务人的行为致使管理人无法执行职务。

**第九十二条 （财产和营业事务移交）**人民法院裁定批准重整计划后，管理人已接管债务人财产和营业事务的，应当在人民法院裁定批准重整计划后十日内,向债务人移交财产和营业事务。

**第九十三条 (重整计划执行监督)** 重整计划由债务人负责执行,由管理人进行监督。

重整计划执行中需要人民法院协助执行的必要事项,管理人可以向人民法院提出申请,请求协助执行。

**第九十四条 (重整计划执行监督期内的管理人职责)** 管理人在重整计划规定的监督期内应履行监督职责,主要包括:

(一)制定监督计划并提交人民法院。监督计划应明确债务人的报告事项、报告时间和管理人的监督方式、监督事项;

(二)按监督计划要求债务人报告重整计划的执行情况和债务人的财产状况;

(三)发现债务人有违法或不当情形时,及时加以纠正;

(四)需要延长重整计划执行监督期限时,申请人民法院予以延长;

(五)监督期届满时,向人民法院提交监督报告。

**第九十五条 (重整计划执行变更)** 重整计划执行中发生变更的,涉及债权人清偿比例调整和债务人投资及经营管理等重大事项时,管理人应当提请召开债权人会议,就变更事项进行表决。

**第九十六条 (重整计划执行完毕)** 重整计划执行完毕后,管理人可以申请人民法院裁定确认重整计划执行完毕并终结破产程序。

**第九十七条 (信用恢复)** 管理人可根据需要向金融机构提供人民法院出具的批准重整计划(或重整计划草案)的裁定书和申请资料,申请重整企业信用修复。

**第九十八条 (债务人不能执行或者不执行重整计划)** 债务人不能执行或者不执行重整计划的,管理人应当申请人民法院裁定终止重整计划的执行,并宣告债务人破产。

**第九十九条 (重整转清算)** 人民法院裁定终止重整程序,并宣告债务人破产,管理人负责管理财产和营业事务的,原重整程序的管理人原则上应当继续履行破产清算程序中的管理人职责。

债务人负责管理财产和营业事务的,管理人应当立即接管债务人财产和营业事务,按照破产清算程序中的管理人职责执行职务。

## 第十一章　和解程序中管理人的职责

**第一百条　（一般职责）**和解程序中，管理人应当依照本指引的规定履行接管、调查、管理、权利审核等职责。

**第一百零一条　（指导债务人申请和解）**若债务人有和解意向，管理人应告知债务人在破产宣告前向人民法院申请和解，同时提交和解协议草案。

**第一百零二条　（表决和解协议）**债权人会议通过和解协议的决议，由出席会议的有表决权的债权人过半数同意，并且其所代表的债权额占无财产担保债权总额的三分之二以上。

**第一百零三条　（和解协议通过后的处理）**和解协议草案经债权人会议通过的，管理人应当在债权人会议结束后及时申请人民法院裁定认可和解协议，终止和解程序。法院裁定后，管理人应当向债务人移交财产和营业事务，并向人民法院提交执行职务报告。

**第一百零四条　（和解协议未通过后的处理）**和解协议草案经债权人会议表决未获得通过，或者已经债权人会议通过的和解协议未获得人民法院认可的，管理人应及时申请人民法院裁定终止和解程序，并宣告债务人破产。

**第一百零五条　（监督和解协议执行）**管理人应当监督和解协议的执行并在和解协议执行完毕后三十日内向人民法院提交监督报告。人民法院裁定认可的和解协议执行完毕后，管理人终止执行职务。

**第一百零六条　（和解转清算）**债务人不能执行或不执行和解协议的，管理人应征求和解债权人意见，经和解债权人同意后十五日内向人民法院提交书面申请裁定终止和解协议执行并宣告债务人破产。

**第一百零七条　（全体债权人达成协议）**人民法院受理破产申请后，债务人与全体债权人就债权债务的处理自行达成协议的，管理人可以请求人民法院裁定认可，并终结破产程序。

## 第十二章　破产清算程序中管理人的职责

**第一百零八条　（破产财产变价方案制定）**人民法院裁定宣告破产后，管理人应当根据破产财产的性质、状况和对审核、评估等情况，及时拟订破产财产变价方案。

破产财产变价方案应兼顾如下原则：

（一）处置价值最大化；

（二）降低交易成本；

（三）公平、公正、公开；

（四）提高处置效率。

**第一百零九条　（破产财产变价）**破产企业可以全部或者部分变价出售。企业变价出售时，可以将其中的无形资产和其他财产单独变价出售。按照国家规定不能拍卖或者限制转让的财产，应当按照国家规定的方式处理。

破产财产变价方案应根据最高人民法院发布的文书样式和《企业破产法》第一百零九条规定的要求，反映各类破产财产的价值、可变价状况、变价原则和变价措施，以及破产人特定财产的变价处置等。

**第一百一十条　（公开拍卖）**除非债权人会议另有决议，财产变价应当通过拍卖进行。网络拍卖的，有关事项依据有关网络拍卖的规定执行。

**第一百一十一条　（破产财产变价方案表决）**管理人拟订的破产财产变价方案，应当提交给债权人会议讨论、表决。债权人会议表决未通过的，管理人可以提请人民法院裁定认可。

**第一百一十二条　（破产财产变价方案实施）**管理人应当根据债权人会议通过或者人民法院裁定认可的破产财产变价方案，适时变价出售破产财产。

**第一百一十三条　（破产财产分配方案制定）**破产财产的分配应当以货币分配的方式进行，债权人会议另有决议的除外。管理人应当根据破产财产变价的实际情况及时拟订破产财产分配方案。

破产财产分配方案的内容主要包括下列事项：

（一）参加破产财产分配的债权人名称或者姓名、住所；

（二）参加破产财产分配的债权额；

（三）不同财产的变价情况及可供分配的破产财产数额；

（四）破产财产分配的顺序、比例及数额；

（五）实施破产财产分配的方法。

（六）破产人特定财产的清偿情况、共益债务和破产费用发生情况、管理人报酬及收取情况。

**第一百一十四条　（破产财产分配方案表决）**管理人拟订的破产财产分配

方案,应当提交债权人会议讨论并表决。债权人会议通过破产财产分配方案的,管理人应当提请人民法院认可;债权人会议没有通过的,管理人可以提交债权人会议二次表决,债权人会议二次表决仍未通过或者拒绝表决的,管理人可以提请人民法院裁定认可。

**第一百一十五条 (破产财产分配方案执行)**债权人会议通过或者人民法院裁定认可的破产财产分配方案,由管理人执行。

管理人实施多次分配的,应当公告本次分配的财产额和债权额。管理人实施最后分配的,应当在公告中指明,并载明《企业破产法》第一百一十七条第二款规定的事项。公告应当刊登于全国企业破产重整案件信息网、《人民法院报》或省级以上有影响的媒体。

**第一百一十六条 (预留费用)**管理人可以预留尚未发生的公告费、财产提存费、档案保管费等破产费用,并将预留费用情况在破产财产分配方案中说明。

**第一百一十七条 (破产财产提存)**破产财产分配时,对于诉讼或者仲裁未决的债权,管理人应当将其分配额提存。

附生效条件或者解除条件的债权,管理人应当将其分配额提存。在最后分配公告日,债权生效条件未成就或者解除条件成就的,管理人应当将提存的分配额分配给其他债权人。

债权人未受领的破产财产分配额,管理人应当提存。

## 第十三章 终结破产程序及注销登记

**第一百一十八条 (提请终结破产)**管理人经调查核实,债务人或破产人有《企业破产法》第四十三条第四款、第一百零五条、第一百零八条或第一百二十条规定情形的,应及时提请人民法院裁定终结破产程序。

**第一百一十九条 (垫付破产费用)**债务人财产不足以清偿破产费用,但其出资人或其他利害关系人愿意垫付、支付破产费用的,破产程序可以继续进行。

**第一百二十条 (“三无企业”破产终结)**对债权人申请对人员下落不明或者财产状况不清的债务人破产清算的案件,管理人应按照《企业破产法》的有关规定追收债务人财产。债务人确无财产可供分配的,管理人应向人民法院申请宣告债务人破产并裁定终结破产程序。破产程序终结后二年内发现有依法应当追回的财产或者有应当供分配的其他财产的,债权人可以请求人民法院追加分配。

**第一百二十一条　(注销手续)**破产程序终结后,管理人应当依照《企业破产法》的规定办理破产人的工商、税务、行政许可的注销登记和有关银行、证券、社保、海关保证金等账户的销户手续。管理人持人民法院指定管理人决定书、宣告破产和终结破产清算程序的民事裁定书申请办理注销登记。

非管理人自身原因无法顺利完成上述注销手续的,管理人应与有关行政管理部门进行沟通,解释法律规定的要求,说明相关情况。必要时,可以提请人民法院协调解决。协调后仍无法解决的,应形成相关书面报告向法院说明。

**第一百二十二条　(档案移交与保存)**管理人依法终止执行职务时,应当对所接管的破产人账簿、文书等资料移交至档案馆或者其他有权单位保管。

**第一百二十三条　(提存手续)**依法需要提存破产财产分配额的,管理人应报请人民法院提存,并办理提存手续。

**第一百二十四条　(破产终结后的职责)**破产程序终结后,存在以下未结事项的,管理人依法应当履行以下职责:

(一)继续参加破产程序终结前已经开始的未决诉讼或仲裁程序,直至完成诉讼或仲裁程序;

(二)依照《企业破产法》第一百一十九条的规定办理提存财产分配;

(三)依照《企业破产法》第一百二十三条的规定办理追加分配。

人民法院认为破产程序终结后的其他后续事宜由管理人办理为宜的,管理人应当接受并办理。

**第一百二十五条　(印章销毁或归档)**管理人终止执行职务后,应当将原印章封存。

**第一百二十六条　(管理人账户注销)**管理人终止执行职务后,应当注销管理人银行账户。

**第一百二十七条　(工作材料归档)**管理人终止执行职务后,应当将执行职务过程中形成的材料整理成册,归档保存备查。

## 第十四章　信息公开

**第一百二十八条　(信息公开范围)**破产案件信息公开以公开为原则,以不公开为例外。凡是不涉及国家秘密、个人隐私的信息均应依法公开。涉及商业秘密的债务人信息,在不损害债权人和债务人合法权益的情况下,管理人可以通过与重整战略投资人的协议向重整战略投资人公开。

管理人应依法公开破产案件的以下信息:

(一)债务人信息;

(二)征集、招募重整战略投资人的公告;

(三)管理人工作节点信息;

(四)破产程序中管理人发布的其他公告;

(五)管理人制作的破产程序法律文书;

(六)人民法院裁定批准的重整计划、认可的破产财产分配方案、和解协议;

(七)管理人认为应当公开,并经人民法院批准可以公开的其他信息。

**第一百二十九条 (信息公开的方式)**对于《企业破产法》及相关司法解释规定需要公告的事项,管理人应当在全国企业破产重整案件信息网发布,同时还可以通过报纸刊登或者在债务人住所地张贴等方式进行公告。

对于需要通知或者告知的事项,管理人可以采用电话、短信、传真、电子邮件、即时通信、通讯群组等能够确认其收悉的简便方式通知或者告知债权人、债务人及其他利害关系人。

**第一百三十条 (全国企业破产重整信息网平台使用)**管理人应当通过最高人民法院全国企业破产重整信息网及时公开下列债务人信息:

(一)工商登记信息;

(二)最近一年的年度报告;

(三)最近一年的资产负债表;

(四)涉及的诉讼、仲裁案件的基本信息。

**第一百三十一条 (全国企业破产重整信息网公告)**管理人可以在最高人民法院全国企业破产重整信息网发布破产程序有关公告;管理人在其他媒体发布公告的,同时应在最高人民法院全国企业破产重整信息网发布公告。

## 第十五章 管理人报酬

**第一百三十二条 (破产清算案件中的管理人报酬)**管理人报酬由人民法院按照《关于审理企业破产案件确定管理人报酬的规定》、《关于推进破产案件依法高效审理的意见》和《全国法院民商事审判工作会议纪要》等规定确定。

**第一百三十三条　（重整、和解案件中的管理人报酬）**管理人可以与重整案件中的投资人、和解案件中的债务人股东或实际控制人就重整、和解案件中的管理人报酬收取做充分协商。

**第一百三十四条　（向担保权人收取报酬）**管理人对担保物的维护、变现、交付等管理工作付出合理劳动的，有权向担保权人收取适当的报酬。管理人可以与担保权人就管理人报酬做充分协商。

## 第十六章　附　　则

**第一百三十五条　（管理人责任）**管理人没有勤勉尽责、忠实执行职务，给债权人、债务人或者第三人造成损失的，应依法承担责任。

**第一百三十六条　（强制清算程序准用）**企业强制清算案件中的有关工作参照本指引执行。

**第一百三十七条　（生效时间）**本指引自下发之日起实施。

**第一百三十八条　（解释权）**本指引由上海市破产管理人协会负责解释。

# 发展改革委、最高人民法院等十三部委关于推动和保障管理人在破产程序中依法履职进一步优化营商环境的意见

（发改财金规〔2021〕274 号）

各省、自治区、直辖市人民政府，新疆生产建设兵团，国务院各部委、各直属机构：

管理人是在破产程序中依法接管破产企业财产、管理破产事务的专门机构。为推动和保障管理人依法履职，提高破产效率，充分发挥破产制度作用，解决企业退出难问题，优化要素配置，加快打造市场化、法治化、国际化营商环境，经国务院同意，现提出如下意见。

**一、总体要求**

以习近平新时代中国特色社会主义思想为指导，全面贯彻党的十九大和十九届二中、三中、四中、五中全会精神，坚持稳中求进工作总基调，立足新发展阶段，贯彻新发展理念，构建新发展格局，以推动高质量发展为主题，以深化供给侧结构性改革为主线，坚持市场化、法治化改革方向，完善破产制度配套政策，更好

发挥政府在企业破产程序中的作用,推动和保障管理人依法履职,降低破产制度运行成本,加快“僵尸企业”出清。

**二、基本原则**

坚持依法保障。相关部门、金融机构应当按照法律规定积极支持和配合管理人依法履行接管、调查、管理、处分破产企业财产等职责。管理人履职涉及相关部门权限的,依法接受相关部门管理和监督。

坚持有效监督。管理人应当勤勉尽责,忠实履职,切实维护职工、债权人、投资者、破产企业及相关利益主体合法权益,切实维护社会公共利益,依法依规向人民法院报告工作,接受债权人会议和债权人委员会等相关方面的监督。

坚持公开透明。管理人应当依法保障债权人、投资者及相关利益主体的知情权,提高破产事务处理的透明度。加大各方信息共享力度,为管理人处理破产事务的信息化、公开化提供便利。

**三、优化破产企业注销和状态变更登记制度**

(一)建立企业破产和退出状态公示制度。

破产申请受理后,通过全国企业破产重整案件信息网向国家企业信用信息公示系统推送有关企业破产程序启动、程序种类、程序切换、程序终止、管理人联系方式等信息,实现企业破产状态及时公示。在破产清算程序终结以及重整或和解程序终止前,非经破产案件审理法院同意或管理人申请,市场监管等部门不得办理企业登记事项变更手续。(最高人民法院、市场监管总局等按职责分工负责)

(二)进一步落实破产企业简易注销制度。

管理人可以凭企业注销登记申请书、人民法院终结破产程序裁定书申请办理破产企业注销,市场监管部门不额外设置简易注销条件。申请简易注销的破产企业营业执照遗失的,通过国家企业信用信息公示系统免费发布营业执照作废声明或在报纸刊登遗失公告后,破产企业或管理人可不再补领营业执照。(市场监管总局负责)

(三)建立破产企业相关人员任职限制登记制度。

企业董事、监事或高级管理人员违反忠实勤勉义务,未履职尽责,致使所在企业破产,被人民法院判令承担相应责任的,管理人可以凭生效法律文书,通过全国企业破产重整案件信息网向市场监管、金融管理等部门申请对相关人员的任职资格限制进行登记。(最高人民法院、人民银行、市场监管总局、银保监会、证监会等按职责分工负责)

**四、加强金融机构对破产程序的参与和支持**

(四)强化金融服务支持。

金融机构应当支持管理人依法履行接管破产企业财产等法定职责,建立和完善与破产程序相衔接的金融服务工作机制,加强对企业重整、和解的支持。对于商业银行、证券公司、保险公司等金融机构或在本地有重大影响的企业破产案件,清算组作为管理人的,人民法院可以依法指定金融资产管理公司作为清算组成员参与破产案件。(最高人民法院、人民银行、银保监会、证监会等按职责分工负责)

(五)便利管理人账户开立和展期。

管理人可以凭人民法院破产申请受理裁定书、指定管理人决定书及管理人负责人身份证明材料,向银行申请开立管理人账户。银行应当针对管理人账户的开立确定统一规程,在充分履行客户身份识别义务、确保风险可控的前提下,缩短账户开立周期,提升管理人账户权限,便利管理人操作使用。鼓励适当减免管理人账户开立使用的相关费用,优化账户展期手续办理流程,并在账户有效期届满前及时通知管理人。管理人应当在终止执行职务后,及时办理管理人账户注销手续。(人民银行、银保监会等按职责分工负责)

(六)支持管理人依法接管破产企业账户。

管理人可以凭人民法院破产申请受理裁定书、指定管理人决定书接管破产企业账户,依法办理破产企业账户资金划转,非正常户激活或注销,司法冻结状态等账户信息、交易明细、征信信息查询等业务,金融机构应当予以配合并及时办理。(最高人民法院、人民银行、银保监会、证监会等按职责分工负责)

(七)协助配合推进破产程序。

充分发挥金融机构债权人委员会、债券持有人会议等集体协商机制在企业破产中的协调、协商作用。鼓励金融机构进一步完善、明确内部管理流程,合理下放表决权行使权限,促进金融机构在破产程序中尤其是重整程序中积极高效行使表决权。金融机构破产的,管理人应当与金融管理部门加强协调沟通,维护

金融稳定。(人民银行、银保监会、证监会等按职责分工负责)

(八)加强重整企业融资支持。

银行业金融机构应当按照市场化、法治化原则,对有重整价值和可能性、符合国家产业政策方向的重整企业提供信贷支持。鼓励符合条件的金融机构依法设立不良资产处置基金,参与企业重整。支持私募股权投资基金、产业投资基金、不良资产处置基金等各类基金在破产程序中按照市场化、法治化原则向符合国家产业政策方向的重整企业提供融资支持。(发展改革委、人民银行、银保监会、证监会等按职责分工负责)

(九)支持重整企业金融信用修复。

人民法院裁定批准重整计划或重整计划执行完毕后,重整企业或管理人可以凭人民法院出具的相应裁定书,申请在金融信用信息基础数据库中添加相关信息,及时反映企业重整情况。鼓励金融机构对重整后企业的合理融资需求参照正常企业依法依规予以审批,进一步做好重整企业的信用修复。(人民银行、银保监会、证监会等按职责分工负责)

(十)切实保护职工和债权人投资者合法权益。

发挥管理人在防范"逃废债"等违法行为中的积极作用。管理人要加强对破产企业财产的追查和管理,有效保护职工劳动报酬、社会保险合法权益,及时向金融机构债权人委员会、债权人会议通报有关情况,破产企业的有关人员可能涉嫌犯罪的,管理人应当及时将犯罪线索报送司法或监察机关。金融机构依法积极支持管理人追查破产企业财产,鼓励将发现的恶意转移破产企业财产的情况通报管理人,有效保护债权人投资者合法权益。(最高人民法院、人力资源社会保障部、人民银行、国资委、银保监会、证监会等按职责分工负责)

**五、便利破产企业涉税事务处理**

(十一)保障破产企业必要发票供应。

破产程序中的企业应当接受税务机关的税务管理,管理人负责管理企业财产和营业事务的,由管理人代表破产企业履行法律规定的相关纳税义务。破产企业因履行合同、处置财产或继续营业等原因在破产程序中确需使用发票的,管理人可以以纳税人名义到税务部门申领、开具发票。税务部门在督促纳税人就新产生的纳税义务足额纳税的同时,按照有关规定满足其合理发票领用需要,不

得以破产企业存在欠税情形为由拒绝。(税务总局负责)

(十二)依法核销破产企业欠缴税款。

税务、海关等部门在破产清算程序中依法受偿破产企业欠缴的税款本金、滞纳金、罚款后,应当按照人民法院裁定认可的财产分配方案中确定的受偿比例,办理欠缴税款本金、滞纳金、罚款的入库,并依法核销未受偿的税款本金、滞纳金、罚款。(海关总署、税务总局等按职责分工负责)

(十三)便利税务注销。

经人民法院裁定宣告破产的企业,管理人持人民法院终结破产清算程序裁定书申请税务注销的,税务部门即时出具清税文书,按照有关规定核销"死欠",不得违反规定要求额外提供证明文件,或以税款未获全部清偿为由拒绝办理。(税务总局负责)

(十四)支持企业纳税信用修复。

重整或和解程序中,税务机关依法受偿后,管理人或破产企业可以向税务机关提出纳税信用修复申请,税务机关根据人民法院出具的批准重整计划或认可和解协议的裁定书评价其纳税信用级别。已被公布重大税收违法失信案件信息的上述破产企业,经税务机关确认后,停止公布并从公告栏中撤出,并将相关情况及时通知实施联合惩戒和管理的部门。有关部门应当依据各自法定职责,按照法律法规和有关规定解除惩戒,保障企业正常经营和后续发展。(税务总局及相关部门按职责分工负责)

(十五)落实重整与和解中的所得税税前扣除政策。

对于破产企业根据资产处置结果,人民法院裁定批准或认可的重整计划、和解协议确定或形成的资产损失,依照税法规定进行资产损失扣除。税务机关对破产企业提交的与此有关的申请材料应快捷审查,便利办理。(财政部、税务总局等按职责分工负责)

**六、完善资产处置配套机制**

(十六)有效盘活土地资产。

允许对破产企业具备独立分宗条件的土地、房产分割转让,市级或县级自然资源等相关主管部门审批时,对于符合条件的应及时批准。对因相关规划调整等因素确需为不动产处置设置附加条件的,应当及时向管理人告知具体明晰的标准及其依据。破产企业以划拨方式取得土地使用权的,转让房地产时,应当依法报有批准权的人民政府审批。(自然资源部、住房和城乡建设部等按职责分工负责)

(十七)妥善认定资产权属。

依法积极推动存在未办理验收等瑕疵的不动产完善有关手续,明确权属,为破产企业不动产及时办理权属登记手续,支持管理人加快破产企业财产处置。有效利用各类资产的多元化专业交易流转平台,充分发挥交易市场的价格发现、价值实现功能,提升管理人的资产处置效率。(最高人民法院、自然资源部、住房和城乡建设部等按职责分工负责)

(十八)依法解除破产企业财产保全措施。

人民法院裁定受理企业破产案件后,管理人持受理破产申请裁定书和指定管理人决定书,依法向有关部门、金融机构申请解除对破产企业财产的查封、扣押、冻结等保全措施的,相关部门和单位应当根据企业破产法规定予以支持配合。保全措施解除后,管理人应当及时通知原采取保全措施的相关部门和单位。管理人申请接管、处置海关监管货物的,应当先行办结海关手续,海关应当对管理人办理相关手续提供便利并予以指导。(最高人民法院、自然资源部、人民银行、海关总署、税务总局、银保监会、证监会等按职责分工负责)

**七、加强组织和信息保障**

(十九)建立常态化协调机制。

各地区、各部门要积极支持人民法院破产审判工作,推动和保障管理人依法履职,更好发挥政府在企业破产程序中的作用,避免对破产司法和管理人工作的不当干预。鼓励地方人民政府与人民法院建立常态化协调机制,并吸纳涉及社会稳定、职工权益、经费保障、信用修复、企业注销、企业税收等相关主管部门参加。人民法院、有关部门要严厉打击企业破产涉及的各类违法违规行为,管理人要依法公正履职,积极配合。管理人未勤勉尽责、忠实履职的,要依法追究相应责任。(最高人民法院、各地方人民政府、各相关部门负责)

(二十)强化信息共享和沟通。

加强全国企业破产重整案件信息网、全国信用信息共享平台、国家企业信用信息公示系统和金融信用信息基础数据库等信息共享,加强相关部门、金融机构与人民法院、管理人的信息沟通，推动破产程序中的数据共享、业务协同，提高各相关利益主体信息知晓便利度，便利管理人依法履职。（最高人民法院、发展改革委、人民银行、国资委、市场监管总局、银保监会、证监会等按职责分工负责）

本意见自印发之日起施行。

国家发展改革委
最高人民法院
财政部
人力资源和社会保障部
自然资源部
住房和城乡建设部
人民银行
国资委
海关总署
税务总局
市场监管总局
银保监会
证监会

## 第三节　政 府 文 件

### 企业重组改制税收政策文件汇编(节选)

目　　录

税务总局公告2010年第4号,2010年7月26日)

4.《财政部　国家税务总局关于促进企业重组有关企业所得税处理问题的通知》(财税〔2014〕109号,2014年12月25日)

5.《财政部　国家税务总局关于非货币资产投资企业所得税处理问题的通知》(财税〔2014〕116号,2014年12月31日)

6.《国家税务总局关于非货币资产投资企业所得税有关征管问题的公告》(国家税务总局公告2015年第33号,2015年5月8日)

7.《国家税务总局关于资产(股权)划转企业所得税征管问题的公告》(国家税务总局公告2015年第40号,2015年5月27日)

8.《国家税务总局关于企业重组业务企业所得税征收管理若干问题的公告》(国家税务总局公告2015年第48号,2015年6月24日)

9.《国家税务总局关于全民所有制企业公司制改制企业所得税处理问题的公告》(国家税务总局公告2017年第34号,2017年9月22日)

**二、增值税政策文件**

1.《国家税务总局关于纳税人资产重组有关增值税问题的公告》

(国家税务总局公告2011年第13号,2011年2月18日)

2.《国家税务总局关于纳税人资产重组有关增值税问题的公告》

(国家税务总局公告2013年第66号,2013年11月19日)

3.《财政部　国家税务总局关于全面推开营业税改征增值税试点的通知》(财税〔2016〕36号,2016年3月23日)(节选)

**三、契税政策文件**

《财政部　税务总局关于继续支持企业事业单位改制重组有关契税政策的通知》(财税〔2018〕17号,2018年3月2日)

**四、土地增值税政策文件**

《财政部　税务总局关于继续实施企业改制重组有关土地增值税政策的通知》(财税〔2018〕57号,2018年5月16日)

**五、印花税政策文件**

《财政部　国家税务总局关于企业改制过程中有关印花税政策的通知》(财税〔2003〕183号,2003年12月8日)

## 加快完善市场主体退出制度改革方案(节选)

(发改财金〔2019〕1104 号)

……

### 四、完善破产法律制度

市场主体达到法定破产条件,应当依法通过破产程序进行清理,或推动利益相关方庭外协议重组,以尽快盘活存量资产,释放资源要素。对陷入财务困境但仍具有经营价值和再生希望的企业,支持债权人、债务人及利益相关方利用破产重整或庭外协议重组等方式,推动企业债务、股权结构和业务重组,恢复生产经营。对丧失经营价值和再生无望的企业,要及时通过破产程序实现市场出清。

(一)完善企业破产制度

完善企业破产启动与审理程序。完善破产程序启动制度,厘清政府、法院、债务人、债权人和破产管理人在破产程序中的权利义务。企业符合破产条件时,应依法及时启动破产程序,不得设定超出法律规定的条件和程序。研究规定企业和企业高级管理人员等相关责任主体在企业陷入财务困境时负有及时申请破产清算或重整义务的必要性和可行性。总结执行转破产实践经验,明确执行转破产制度的法律地位。完善破产程序中债权清偿顺位规则。建立破产简易审理程序,实行破产案件繁简分流。完善跨境破产和关联企业破产规则,推动解决跨境破产、复杂主体破产难题。完善破产企业有关人员法律责任制度,严厉打击恶意逃废债等违法违规行为。(最高人民法院、国家发展改革委、司法部、中国银保监会等按职责分工负责)

研究建立预重整和庭外重组制度。完善金融机构债权人委员会制度,明确金融机构债权人委员会制度和庭内债权人委员会制度的程序转换和决议效力认可机制。研究建立预重整制度,实现庭外重组制度、预重整制度与破产重整制度的有效衔接,强化庭外重组的公信力和约束力,明确预重整的法律地位和制度内容。(最高人民法院、国家发展改革委、司法部、中国人民银行、中国银保监会、中国证监会等按职责分工负责)

完善企业破产重整制度。倡导积极重建的破产重整理念,切实解决企业破产污名化问题，充分利用破产重整制度促进企业重组重生。细化完善重整程序实施规则，明确强制批准重整计划的审查标准和法律依据，规范法院对重整计划的强制批准权。完善重整程序中的分组表决机制。优化管理人制度和管理模式，明确管理人与债务人、债权人之间的权利界限，合理发挥债务人在重整程序中的作用。建立吸收具备专业资质能力的人员参与重整企业经营管理的机制，促进重整企业保持经营价值。（最高人民法院、国家发展改革委、司法部、中国人民银行、中国银保监会、中国证监会等按职责分工负责）

（二）分步推进建立自然人破产制度

研究建立个人破产制度，重点解决企业破产产生的自然人连带责任担保债务问题。明确自然人因担保等原因而承担与生产经营活动相关的负债可依法合理免责。逐步推进建立自然人符合条件的消费负债可依法合理免责，最终建立全面的个人破产制度。（国家发展改革委、司法部、中国人民银行、中国银保监会等按职责分工负责）

（三）加强司法与行政协调配合

完善司法与行政协调机制。地方各级人民政府应积极支持陷入财务困境、符合破产条件的企业进行重整或破产清算。鼓励地方各级人民政府建立常态化的司法与行政协调机制，依法发挥政府在企业破产程序中的作用，协调解决破产过程中维护社会稳定、经费保障、信用修复、企业注销等问题，同时避免对破产司法事务的不当干预。（各地方人民政府负责）

明确政府部门破产行政管理职能。在总结完善司法与行政协调机制实践经验的基础上，进一步明确政府部门承担破产管理人监督管理、政府各相关部门协调、债权人利益保护、特殊破产案件清算以及防范恶意逃废债等破产行政管理职责。（各地方人民政府负责）

（四）加强司法能力及中介机构建设

加强破产审判能力建设。深化破产审判机制改革，根据各地审判实践需要，在条件成熟的中级人民法院积极推动组建破产案件专业审判团队，优化破产案件专业审判团队的职责和内部管理体系。加强对破产审判专业人员的培训和专业队伍的建设，完善对破产审判法官的考核机制。（各省级人民政府、最高人民法院等按职责分工负责）

大力培育破产管理人队伍。进一步细化完善管理人职责，明确管理人履职过程中发现恶意逃废债等违法行为时依法提请法院移送侦查的职责，进一步优化破产管理人名册制度、管理人选任机制和管理人报酬制度，积极开展管理人履职能力培训工作，支持和推动管理人行业自律组织建设，强化对管理人的履职考核和动态监督管理，督促管理人提高责任意识和履职能力。（国家发展改革委、最高人民法院等按职责分工负责）

……

## 市场监管总局关于印发《市场监督管理信用修复管理办法》的通知（节选）

（国市监信规〔2021〕3号）

国家药监局、国家知识产权局，各省、自治区、直辖市和新疆生产建设兵团市场监管局（厅、委），总局各司局：

《市场监督管理信用修复管理办法》已经2021年7月22日市场监管总局第11次局务会议通过，现印发给你们，请认真贯彻执行，并就有关事项通知如下：

一、加强组织领导。各级市场监管部门要高度重视，建立健全工作机制，明确职责分工，加强与其他部门沟通协调，统筹推进信用修复管理各项工作。加强宣传解读和业务培训，做好舆情引导，营造良好舆论环境。

二、强化技术支撑。各省级市场监管部门要按照总局数据标准规范，开发完善信用修复管理模块，升级改造国家企业信用信息公示系统，推动与经营异常名录（状态）、严重违法失信名单、登记注册、行政审批、执法办案、异地信息交换等信息化模块或系统的互联互通，确保数据准确、更新及时，实现自动交换、自动提示、自动统计等功能。

三、严格监督检查。各级市场监管部门要通过自查、大数据分析和投诉举报等手段，及时监测有关工作情况。上级市场监管部门发现信用修复管理工作中存在错误的，应当责令下级市场监管部门予以改正。对负有责任的主管人员和其他直接责任人员，依照有关规定予以处理。

《市场监督管理信用修复管理办法》实施中出现的重大问题和情况，要及时报告总局。

附件：市场监督管理信用修复管理办法

……

## 国家税务总局关于纳税信用评价与修复有关事项的公告

（国家税务总局公告2021年第31号）

为贯彻落实中办、国办印发的《关于进一步深化税收征管改革的意见》，深入开展2021年“我为纳税人缴费人办实事暨便民办税春风行动”，推进税务领域“放管服”改革，优化税收营商环境，引导纳税人及时纠正违规失信行为、消除不良影响，根据《国务院办公厅关于进一步完善失信约束制度　构建诚信建设长效机制的指导意见》（国办发〔2020〕49号）等文件要求，现就纳税信用评价与修复有关事项公告如下：

一、符合下列条件之一的纳税人，可向主管税务机关申请纳税信用修复：

（一）破产企业或其管理人在重整或和解程序中，已依法缴纳税款、滞纳金、罚款，并纠正相关纳税信用失信行为的。

（二）因确定为重大税收违法失信主体，纳税信用直接判为D级的纳税人，失信主体信息已按照国家税务总局相关规定不予公布或停止公布，申请前连续12个月没有新增纳税信用失信行为记录的。

（三）由纳税信用D级纳税人的直接责任人员注册登记或者负责经营，纳税信用关联评价为D级的纳税人，申请前连续6个月没有新增纳税信用失信行为记录的。

（四）因其他失信行为纳税信用直接判为D级的纳税人，已纠正纳税信用失信行为、履行税收法律责任，申请前连续12个月没有新增纳税信用失信行为记录的。

（五）因上一年度纳税信用直接判为D级，本年度纳税信用保留为D级的纳税人，已纠正纳税信用失信行为、履行税收法律责任或失信主体信息已按照国家税务总局相关规定不予公布或停止公布，申请前连续12个月没有新增纳税信用失信行为记录的。

二、符合《国家税务总局关于纳税信用修复有关事项的公告》（2019年第37

号）所列条件的纳税人，其纳税信用级别及失信行为的修复仍从其规定。

三、符合本公告所列条件的纳税人，可填写《纳税信用修复申请表》（附件1），对当前的纳税信用评价结果向主管税务机关申请纳税信用修复。税务机关核实纳税人纳税信用状况，按照《纳税信用修复范围及标准》（附件2）调整相应纳税信用评价指标状态，根据纳税信用评价相关规定，重新评价纳税人的纳税信用级别。

申请破产重整企业纳税信用修复的，应同步提供人民法院批准的重整计划或认可的和解协议，其破产重整前发生的相关失信行为，可按照《纳税信用修复范围及标准》中破产重整企业适用的修复标准开展修复。

四、自2021年度纳税信用评价起，税务机关按照“首违不罚”相关规定对纳税人不予行政处罚的，相关记录不纳入纳税信用评价。

五、本公告自2022年1月1日起施行。《国家税务总局关于明确纳税信用管理若干业务口径的公告》（2015年第85号，2018年第31号修改）第六条第（十）项、《国家税务总局关于纳税信用修复有关事项的公告》（2019年第37号）所附《纳税信用修复申请表》《纳税信用修复范围及标准》同时废止。

特此公告。

# 后　记

作为执业律师，免不了会接触各种类型的案件，包括民、商、行、刑等诉讼类案件和咨询、顾问等非诉讼类案件。在法律领域中，破产法是一门冷学科，并不十分受人待见，多数人都无法静下心来去系统地研究它；如果没有实践案例的历练，很难搞懂、搞透这门知识。

由于工作的关系，我们团队承接了破产重整案件，包括法律、财务、金融、资本、项目开发等专业成员必须现场驻寨，全程参与其中。在此期间，除了研究与团队承接的重整案件有关的法律问题以外，我还购买了不少专业书籍，系统地研究了《企业破产法》的相关规定，同时，还搜集了大量的破产重整案例和相关的文章资料，并分类整理，建文档储存。

重整案件涉及的问题非常复杂，仅法律领域，就涵盖民、商业务，甚至涉及刑事业务，其他方面还会涉及经济、金融、产业等行业领域。不同的专业背景会有不同的思维习惯，并会产生不同的观点和不同的表述方式。我们团队成员经常聚在一起讨论，甚至是争论，从中也学到了不少新东西，最大收获就是悟到了资本的逻辑，认识到了资本的“魔力”。

困境企业拯救是一项系统工程，对困境企业来讲，更需要的是系统化的解决方案，而不是纠结于细节的处理。碎片化的知识已经不符合系统化解决方案的需求了。重整作为困境企业“司法康复”的手段，仅靠法律行为是不够的，还需要辅以经济、管理、金融、资本等综合手段，必须具有市场化的逻辑，从市场的视角审视，才能有效地发挥司法重整的拯救功能。

随着接触重整案例的增多，我对重整业务加深了认识，决定聚焦重整、重组类业务，致力于困境企业的拯救。新冠肺炎疫情期间，正好可以静下心来整理资料，结合具体的重整实务案例，潜心研究点实际问题。经过一番讨论和考虑之后，决定以困境企业拯救为主线，将我们对企业纾困的理解和认识表达出来，经过反复修饰、锤炼语言，终于形成了本书稿，分享给大家，希望能给您以启迪。

本书的出版，得力于法律出版社认真的指导性意见，以及盈科律师事务所业务管理部门的大力支持和鼓励，在此，一并表示感谢！

盈科全国企业风险化解及债务重组中心

关振海

2022 年 9 月 15 日

## 李　华

盈科律师事务所创始合伙人、盈科全国业务指导委员会主任。

李华律师作为盈科全国业务指导委员会主任，负责盈科体系内的专业化建设，带领盈科律师，构建出完整的专业化法律服务体系，包括研究院、专业委员会及综合性法律中心，推动盈科律师专业化的法律服务，以适应法律服务市场不断细分的需要。在此基础上，通过集成各专业委员会纵深化的法律服务能力为客户提供综合性的法律服务。

曾荣获全国律师行业优秀党员律师、北京市优秀律师、朝阳区优秀律师、朝阳区首届优秀女律师、朝阳区优秀党员的荣誉称号。

本书作者简介

**关振海**

盈科全国企业风险化解及债务重组中心律师，吉林大学法学院法律硕士，执业生涯二十余年。曾担任主编出版《商业保理融资指南》，担任第一副主编出版《困境与突围——企业重整与可持续发展》，因参与破产重整案件而对困境企业拯救机制有了更深刻的理解，现聚焦于企业纾困法律业务。

**满翔宇**

盈科全国企业风险化解及债务重组中心主任，中欧国际工商管理学院EMBA，中国地方AMC论坛发起人和专家委员会委员。曾长期担任地方AMC主要领导，具有多年政府经济管理、外资企业管理、国有企业管理的工作经历和丰富的金融领域重大风险事件化解与不良资产处置经验；主持、参与了部分上市公司、大型综合性国有企业集团、大型金融机构、知名房企大型企业的资产和债务重组工作。

**侯晓宇**

中国人民大学法学院法律硕士毕业，执业二十四年，曾从事高校教育工作八年；现为盈科北京高级合伙人、盈科中国区董事会董事、盈科北京破产与不良资产法律事务部主任、盈科北京监事会副主任。

**李亚辉**

盈科北京破产与不良资产法律事务部律师。曾担任多家上市公司、国企法律顾问，参与多起股权并购、债务重组、不良资产处置业务，现专注于重大商事争议解决、企业内部风险控制、并购重组及破产重整业务。